MEMO Anästhesie

Gunther Lenz • Bernd Kottler

MEMO Anästhesie

2., völlig neu bearbeitete Auflage

Ferdinand Enke Verlag Stuttgart 1997

Prof. Dr. med. Gunther Lenz
Institut für Anästhesie und Intensivmedizin
Klinikum Ingolstadt
Krumenauer Str. 25, D-85049 Ingolstadt

Dr. med. Bernd Kottler
Klinik für Anästhesiologie
Eberhard-Karls-Universität
Hoppe-Seyler-Str. 3, D-72076 Tübingen

Die Deutsche Bibliothek – CIP-Einheitsaufnahme
Lenz, Gunther:
MEMO Anästhesie / von Gunther Lenz und Bernd Kottler. -
2., völlig neu bearb. Aufl. - Stuttgart: Enke, 1997
ISBN 3-432-94452-7
NE: Kottler, Bernd:

Wichtiger Hinweis:
Wie jede Wissenschaft ist die Medizin ständigen Entwicklungen unterworfen. Forschung und klinische Erfahrung erweitern unsere Erkenntnisse, insbesondere was Behandlung und medikamentöse Therapie anbelangt. Soweit in diesem Werk eine Dosierung oder eine Applikation erwähnt wird, darf der Leser zwar darauf vertrauen, daß Autoren, Herausgeber und Verlag große Sorgfalt darauf verwandt haben, daß diese Angabe dem **Wissensstand bei Fertigstellung des Werkes** entspricht.
Für Angaben über Dosierungsanweisungen und Applikationsformen kann vom Verlag jedoch keine Gewähr übernommen werden. **Jeder Benutzer ist angehalten,** durch sorgfältige Prüfung der Beipackzettel der verwendeten Präparate und ggf. durch Konsultation eines Spezialisten, festzustellen, ob die dort gegebene Empfehlung für Dosierungen oder die Beachtung von Kontraindikationen gegenüber der Angabe in diesem Buch abweicht. Eine solche Prüfung ist besonders wichtig bei selten verwendeten Präparaten oder solchen, die neu auf den Markt gebracht worden sind. **Jede Dosierung oder Applikation erfolgt auf eigene Gefahr des Benutzers.** Autoren und Verlag appellieren an jeden Benutzer, ihm etwa auffallende Ungenauigkeiten dem Verlag mitzuteilen.

Geschützte Warennamen (Warenzeichen®) sind **nicht immer** besonders kenntlich gemacht. Aus dem Fehlen eines solchen Hinweises kann also nicht geschlossen werden, daß es sich um einen freien Warennamen handelt.

Satz: Schreibbüro Schelling, D-71691 Freiberg – Schrift: 8/9 Times
Druck: Druckerei H. Neubert, D-95444 Bayreuth

Vorwort zur 2. Auflage

Seit dem Erscheinen der 1. Auflage des MEMO Anästhesie sind 12 Jahre vergangen, in denen sich die Anästhesiologie weiterentwickelt hat. Für die zweite Auflage mußte deshalb eine gründliche Überarbeitung und Erweiterung vorgenommen werden. Wiederum war es unser Anliegen, praxisrelevante anästhesiologische Daten in komprimierter Form für die tägliche Arbeit verfügbar zu machen. Der Erfolg der mehrfach nachgedruckten sowie in englischer und spanischer Übersetzung vorliegenden ersten Auflage bestätigte uns, dieses Konzept beizubehalten.

Allen Kolleginnen und Kollegen, die uns mit Anregungen, Vorschlägen und konstruktiver Kritik bei der Neuauflage unterstützt haben, danken wir sehr herzlich.

Unser besonderer Dank gilt wiederum Frau *Dr. Kuhlmann* und dem Ferdinand Enke Verlag für das verständnisvolle und geduldige Warten auf unsere Neuauflage und deren Realisierung in einem neuen Outfit.

Ingolstadt und Tübingen, im Mai 1997

G. Lenz
B. Kottler

Vorwort zur 1. Auflage

Die Absicht des „MEMO Anästhesie“ ist, in einem echten Taschenbuch wesentliche praxisrelevante anästhesiologische Daten und Fakten in durchgehend straffer, stichwortartiger Gliederung zu vermitteln.

Das „MEMO Anästhesie“ kann und will kein Lehrbuch der Anästhesiologie ersetzen, sondern versteht sich als praktische Ergänzung vor „Ort“. Seine sinnvolle Benutzung setzt – nicht zuletzt im Hinblick auf die Patientensicherheit – fundiertes anästhesiologisches Basiswissen und praktische Erfahrung voraus.

Eine vollständige Darstellung des anästhesiologischen Stoffgebietes ist nicht beabsichtigt und bleibt weiterhin der klassischen Fachliteratur vorbehalten.

Kritik, Anregungen und Verbesserungsvorschläge sind herzlich willkommen.

Einer Reihe von Kollegen danken wir herzlich für die freundliche Durchsicht des Manuskripts sowie für wertvolle Hinweise.

Unser besonderer Dank gilt auch Frau Dr. *M. Kuhlmann* und dem Ferdinand Enke Verlag für ihr aufgeschlossenes Entgegenkommen gegenüber unseren Ideen und für die Mithilfe bei ihrer Verwirklichung.

Tübingen, im Januar 1985

G. Lenz
B. Kottler
R. Schorer

Inhalt

Wichtige Telefonnummern

	☎

Prämedikation

Anästhesierelevante Besonderheiten bei Patienten mit medikamentöser Dauertherapie

Wirkstoff/ Präparate (Auswahl)	*Anästhesie-relevante Neben- und Wechselwirkungen*
ACE-Hemmer – s. Einzelsubstanzen	Regel: letztmalige Gabe am OP-Vortag! Bei schlecht eingestellter arterieller Hypertonie Einnahme am OP-Tag erwägenswert. Hypotensive Wirkung verstärkt bei Wasser- und Elektrolytverlusten (Erbrechen, Durchfall, Diuretika). Hyperkaliämie bei Langzeittherapie, insbesondere bei gleichzeitiger Kombination mit kaliumsparenden Diuretika und Antirheumatika. Nierenfunktionsstörungen. Agranulozytose, Leukopenie. Knochenmarkschädigende Wirkung verstärkt durch Begleitmedikation mit Allopurinol, Immunsuppressiva, Kortikosteroiden und Zytostatika.
Acebutolol – Acebutolol Heumann® – Neptal® – Prent®	S. Stichwort „Betablocker“!
Acetazolamid – Diamox® – Diuramid® – Glaupax®	Nach Langzeiteinnahme metabolische Azidose und Hypokaliämie. Eine Azidoseentstehung kann durch gleichzeitige Einnahme von Acetylsalicylsäure begünstigt werden. Verminderung der renalen Ausscheidung basischer Arzneistoffe (z.B. trizyklische Antidepressiva, Chinidin, Procainamid) durch Harnalkalisierung. S. auch Stichwort „Diuretika“!

Acetylsalicylsäure (ASS) – Acesal® – Alka-Seltzer® – Aspirin® – Aspro® – Colfarit® – Contradol Fondant® – Hermes ASS® – Menostabil-ASS® – Micristin® – Miniasal® – Romigal ASS® – Santasal® N – Spalt ASS® – Togal ASS®	Unter ASS-Dauertherapie ist ein höherer postoperativer Blutverlust zu erwarten (Thrombozytenaggregationshemmung). ASS sollte unter Risiko/Nutzen-Abwägung 5–7 Tage präoperativ abgesetzt werden. Falls erforderlich: Umstellung auf Heparin.
Acetylsalicylsäure + Dipyridamol – Asasantin®	S. Stichwörter „Acetylsalicylsäure" und „Dipyridamol"!
Ajmalin – Gilurytmal® – Tachmalin®	Potenzierung nichtdepolarisierender Muskelrelaxantien, Leukopenie, Agranulozytose S. auch Stichwort „Antiarrhythmika"!
Allopurinol – Allo-300–Tablinen® – Allo-Efeka® – Cellidrin® – Embarin® – Foligan® – Jenapurinol® – Remid® – Urosin® – Zyloric®	Gegenseitige Wirkungsverstärkung bei Kombination mit ACE-Hemmern. Bei Begleitmedikation mit Ampicillin: Wirkungsverstärkung, erhöhte Inzidenz von Juckreiz und Hautausschlägen.
Amantadin – Amantadin-ratiopharm® – PK-Merz® – Tregor® – Viregyt®	Blutdrucksenkung, Benommenheit. Zentrale Wirkungen verstärkt bei Kombination mit Sympathomimetika, Harnretention. S. auch Stichwort „Antiparkinsonmittel"!
Amilorid – Diaphal® – Esmalorid® – Moducrin® – Tensoflux®	Hyperkaliämie, hyperchlorämische Azidose S. auch Stichwort „Diuretika"!

Amiodaron – Cordarex®	Lungenfibrose, allergische Reaktionen, Neuropathien, extrapyramidalmotorische Störungen, Hyperglykämie, Transaminasenerhöhung, Hypo- und Hyperthyreose. Depression Vitamin-K-abhängiger Gerinnungsfaktoren. Erhöhung der Digitalis-Plasmakonzentration um bis zu 70%. Anwendung kontraindiziert bei Schilddrüsenfunktionsstörungen und Jodallergie. Bei Verwendung von Halothan oder Lidocain besteht ein erhöhtes Risiko hinsichtlich eines Sinusarrests. Generell ist unter Allgemeinanästhesie mit einer verstärkten antiadrenergen Wirkung (z.B. Sinusarrest, Hypotension) zu rechnen. Sympathomimetika bereithalten (evtl. Pacemaker). Besondere Vorsicht bei Patienten mit Amiodaron-induzierter Lungenfibrose: Risiko der respiratorischen Insuffizienz. S. auch Stichwort „Antiarrhythmika"!
Amitriptylin – Amineurin® – Equilibrin® – Novoprotect® – Saroten® – Syneudon®	Senkung der Krampfschwelle, kardiotoxische Wirkung, Cholestase S. auch Stichwort „Antidepressiva"!
Amitriptylin + Chlordiazepoxid – Limbatril®Tabs	Amitriptylin: Senkung der Krampfschwelle, kardiotoxische Wirkung, Cholestase (s. auch Stichwort „Antidepressiva"). Chlordiazepoxid: Cimetidin, Barbiturate und Phenothiazine verstärken den sedativen Effekt. S. auch Stichwort „Benzodiazepine"!
Antiarrhythmika – s. Einzelsubstanzen	Regel: präoperatives Absetzen vermeiden (Gefahr der Auslösung bedrohlicher Arrhythmien)! Eine evtl. Überdosierung sollte jedoch ausgeschlossen werden (z.B. durch EKG). Kardiodepression, proarrhythmogene Potenz und Verstärkung vorbestehender bradykarder Rhythmusstörungen (z.B. AV-

Antiarrhythmika	Blockierungen) sind substanzeigene Nebenwirkungen vieler Antiarrhythmika.
Antibiotika – s. Einzelsubstanzen	Aminoglykoside – Nephrotoxizität – Ototoxizität – Wirkungsverstärkung nichtdepolarisierender Muskelrelaxantien Cephalosporine: – Nephrotoxizität – Neurotoxizität Penicilline: – Elektrolytstörungen (bedingt durch K- und Na-Gehalt) – Neurotoxizität – Thrombozytenaggregationshemmung (Carboxypenicilline)
Antidepressiva – s. Einzelsubstanzen	Regel: perioperativ nicht absetzen! Einteilung: – Selektive Serotonin-Rückaufnahmehemmer-Inhibitoren (SSRI) – Thymoleptika (u.a. tri- und tetrazyklische Antidepressiva) – Thymeretika (meist MAO-Hemmstoffe) – Lithiumsalze MAO-Hemmstoffe: Ist der Patient auf die Medikation angewiesen, kann das jeweilige Präparat perioperativ weiterhin eingenommen werden. Pethidin ist absolut kontraindiziert (u.U. tödliche exzitatorische Nebenwirkungen durch Interaktion zwischen MAO-Hemmern und Opiaten). Opioide (jedoch nicht Pethidin) dürfen in reduzierter Dosis verwendet werden. Verzögerter Abbau von Barbituraten und Opioiden (Hemmung mikrosomaler Leberenzyme). Substanzen mit sympathomimetischen Eigenschaften (z.B. Ketamin, Pancuronium) vermeiden. Auf Adrenalinzusatz bei Lokalanästhesie verzichten. Inhalationsanästhetika dürfen verwendet

Antidepressiva

werden. Kontinuierliche perioperative Herzkreislaufüberwachung. Indikation zur blutigen arteriellen Druckmessung großzügig stellen. Besondere Vorsicht bei Patienten mit kardiovaskulären Begleiterkrankungen.

Selektive Serotonin-Rückaufnahme-Inhibitoren (SSRI): Die häufigsten unerwünschten Nebenwirkungen sind Unruhe, Nervosität, Übelkeit, Erbrechen, Angst- und Schlafstörungen. Kardiovaskuläre und anticholinerge Nebenwirkungen sind im Vergleich zu den trizyklischen Antidepressiva deutlich geringer.

Erhöhung der Plasmakonzentrationen bei gleichzeitiger Gabe von: Neuroleptika (u.a. Haloperidol, Clozapin), Carbamazepin, trizyklische Antidepressiva, Benzodiazepine. Gefahr des sog. Serotonin-Syndroms in Kombination mit Lithium, irreversiblen (Tranylcypromin) und reversiblen (Moclobemid) MAO-Hemmern.

Trizyklische Antidepressiva: Ist der Patient auf die Medikation angewiesen, kann das jeweilige Präparat bis zum Vortag der Operation eingenommen werden. Blutdrucksteigernde Wirkung u.a. von Adrenalin und Noradrenalin verstärkt. Halothan und Pancuronium ungünstig (Arrhythmierisiko). Vasokonstriktorzusatz bei Lokalanästhesie vermeiden. Wirkungsverstärkung von Sedativa und Neuroleptika. Indikation zur blutigen arteriellen Druckmessung großzügig stellen. Besondere Vorsicht bei Patienten mit kardiovaskulären Begleiterkrankungen.

Zeichen der Überdosierung:

- trizyklische Antidepressiva: Verbreiterung des QRS-Komplexes im EKG auf über 100 ms
- MAO-Hemmstoffe: Benommenheit bis Koma, Hyperthermie, Mydriasis, Tachykardie

Antidepressiva	– Lithium: AV-Blockierungen und Arrhythmien, Hypotension, Krämpfe, Muskelschwäche, Sedation, Verbreiterung des QRS-Komplexes im EKG
Antidiabetika, orale – s. Einzelsubstanzen	Regel: perioperatives Absetzen nur bei Biguaniden erforderlich (Gefahr der Laktatazidose)! Sulfonylharnstoffe: selten Agranulozytose, Hypothyreose. Biguanide: selten pulmonale Hypertension, Anstieg der Serumamylase. Absetzen vor OP erforderlich wegen Gefahr der Laktatazidose. Wechselwirkungen mit Betablockern, Cumarinderivaten und Salizylaten (verstärkte Blutzuckersenkung).
Antiepileptika – s. Einzelsubstanzen	Regel: präoperativ nicht absetzen! Spiegelbestimmungen bei Bedarf sinnvoll. Sedative Wirkung durch Anästhetika verstärkt. Wechselwirkungen mit Barbituraten, Digitalis und Cumarinderivaten. Elimination vermindert durch Cimetidin, Metoprolol, Propranolol.
Antihypertensiva – s. Einzelsubstanzen	Regel: präoperativ nicht absetzen (Gefahr der Rebound-Hypertonie)! Durch gleichzeitige Verabreichung von vasodilatierenden Medikamenten bzw. Anästhetika kann die blutdrucksenkende Wirkung von Antihypertensiva verstärkt werden. Nichtsteroidale Antirheumatika vermindern die therapeutische Wirkung durch Natriumretention und Hemmung gefäßerweiternder Wirkungen von Prostaglandinen.
Antikoagulantien – Cumarine: Falithrom® Marcumar® Phenpro-ratiopharm®	Regel: präoperative Umstellung auf Heparin! Verminderte Wirkung nach Barbituraten und Phenytoin (Enzyminduktion). Wechselwirkungen mit Diazepam, Opiaten, Reserpin und Salizylaten.

– Heparine: Calciparin® Clexane® Clivarin® Fragmin® Fraxiparin® innohep® Liquemin® Mono-Embolex® NM Thrombophob®	Thrombozytopenie und AT-III-Verminderung nach Langzeittherapie. Digitalis, Antihistaminika und Nitroglyzerin interferieren mit der antikoagulatorischen Potenz. Erhöhung des Diazepam-Plasmaspiegels. Niedermolekulare Heparine und rückenmarksnahe Regionalanästhesie: „Sicherheitsabstand" umstritten. Vielfach wird ein Minimum von 12 h empfohlen.
Antiparkinsonmittel – s. Einzelsubstanzen	Regel: präoperativ nicht absetzen (Gefahr der akuten Krankheitsverschlechterung, Psychose)! Vor allem vor größeren Eingriffen mit zu erwartender postoperativer Nahrungskarenz Kontaktaufnahme mit Neurologie zwecks perioperativer Therapieplanung. DHB und Promethazin (z.B. Atosil®) wegen der Gefahr der Verstärkung extrapyramidaler Symptome vermeiden. Oft liegen vegetative Begleitsymptome (Grunderkrankung) und psychische Auffälligkeiten (Therapiefolge) vor.
Atenolol – Atehexal® – Blocotenol® – Cuxanorm® – Dignobeta® – duratenol® – Evitocor® – Jenatenol® – Juvental® – Tenormin® – Tonoprotect® – Unibloc®	Eliminationshalbwertszeit > 24 h bei renaler Insuffizienz S. auch Stichwort „Betablocker"!
Azathioprin – Azaiprin® – Azathioprin-ratiopharm® – Imurek® – Zytrim®	Antagonismus zu nichtdepolarisierenden Muskelrelaxantien (Phosphodiesterasehemmung?) Wirkungsverstärkung der neuromuskulären Blockade von Succinylcholin. Akkumulationsgefahr bei Niereninsuffizienz und bei Einnahme von Allopurinol. Hepatotoxizität, Leukopenie.

Azlocillin – Securopen®	Verlängerte Blutungszeit (Störung der Plättchenaggregation) S. auch Stichwort „Antibiotika"!
Benzodiazepine – s. Einzelsubstanzen	Regel: präoperativ nicht absetzen! Interaktionen beachten. Wirkungsverstärkung von depolarisierenden und nichtdepolarisierenden Muskelrelaxantien. Verlängerung der Wirkung von Narkotika, Potenzierung der sedativen Eigenschaften von Opiaten.
Betablocker – s. Einzelsubstanzen	Regel: präoperativ nicht absetzen (Ausnahme: Timolol)! Kardiodepressive Wirkung von volatilen Anästhetika verstärkt, jedoch am ehesten nur für Enfluran relevant (Blutdruckabfall). Therapeutische Gabe von Noradrenalin aber auch Adrenalin-Zusätze zu Lokalanästhetika können exzessive Blutdrucksteigerungen bewirken. Wirkungsverstärkung von Muskelrelaxantien. Frequenzsenkender Effekt durch Kombinationen mit Clonidin, Digoxin, Neostigmin und Reserpin verstärkt (Bradykardie). Kombination mit MAO-Hemmstoffen kann hypertensive Krisen verursachen. Periphere Vasokonstriktion (Kältegefühl), Durchblutungsverminderung von Leber und Nieren. Zunahme der Plasmakaliumkonzentration, zudem höherer Kaliumanstieg bei K-Substitution unter Betablockade. Bronchokonstriktion (je nach Selektivität), Wirkungsverstärkung von Antidiabetika (Hypoglykämie). Müdigkeit, verminderte Tränensekretion. Barbiturate beschleunigen durch Enzyminduktion den Abbau vorwiegend hepatisch eliminierter Betablocker.
Betaxolol – Betoptima® Augentropfen – Kerlone®	S. Stichwort „Betablocker"!

Biperiden – Akineton® – Biperiden-ratiopharm® – Desiperiden® – Norakin®	Müdigkeit, Muskelschwäche S. auch Stichwort „Antiparkinsonmittel“!
Bisoprolol – Concor® – Fondril®	S. Stichwort „Betablocker“!
Bromocriptin – kirim® – Pravidel®	Kälteinduzierte Durchblutungsstörungen der Akren (Raynaud-Symptomatik). Blutdrucksenkung. Lungenfibrose bei Langzeittherapie. Gleichzeitige Gabe von Erythromycin erhöht Spiegel. S. auch Stichwort „Antiparkinsonmittel“!
Butizid – Saltucin®	Hypokaliämische, hypochlorämische metabolische Alkalose. Hyponatriämie, Hypomagnesiämie. Verminderte Kohlenhydrattoleranz (Hypoglykämie). S. auch Stichwort „Diuretika“!
Calciumantagonisten	S. „Kalziumantagonisten”!
Captopril – Adocor® – Capto® – Captogamma® – Captohexal Cor® – Captopress® – captoreal® – cor tensobon® – Coronorm® – Epicordin® – esparil® – Lopirin® – Mundil® – Sansanal® – Sigacap® – Tensiomin-Cor® – tensobon® – Tensostad®	Verstärkung der hypotensiven Wirkungen von Anästhetika. Additive Verstärkung der hämodynamischen Auswirkungen von Vasodilatatoren, Betablockern und Kalziumantagonisten. Herzinsuffizienz bei hochdosierter Langzeittherapie. Natrium- und Wasserretention, Nierenfunktionsstörungen (Proteinurie). Hemmung der Ausscheidung von Lithiumsalzen, Anhebung des Serumdigoxinspiegels. Müdigkeit, Neutropenie. S. auch Stichwort „ACE-Hemmer“!
Carbamazepin – Carbamazepin-ratiopharm® – Finlepsin®	Wechselwirkungen mit Barbituraten, Digitalis und Cumarinderivaten S. auch Stichwort „Antiepileptika“!

– Fokalepsin® – Sirtal® – Tegretal® – Timonil®	
Carbimazol – Carbimazol „Henning“ ® – Neo-Thyreostat®	Umwandlung im Organismus in Thiamazol. Allergische Reaktionen. Eine Leukopenie ist als Warnzeichen für die mögliche Entstehung einer Agranulozytose anzusehen.
Carteolol – Arteoptic® Augentropfen – Endak®	S. Stichwort „Betablocker“!
Cefamandol – Mandokef®	Beeinflussung von Blutgerinnung und Thrombozytenfunktion S. auch Stichwort „Antibiotika“!
Cefoperazon – Cefobis®	Beeinflussung von Blutgerinnung und Thrombozytenfunktion S. auch Stichwort „Antibiotika“!
Chinidin – Chinidin-Duriles® – Optochinidin®	Hypotension durch periphere Vasodilatation. Additive Wirkungsverstärkung bei Kombination mit anderen vasodilatierenden Medikamenten (z.B. Nitroglyzerin). Hypotonie unter Narkose verstärkt. Potenzierung nichtdepolarisierender und depolarisierender Muskelrelaxantien. Wirkungsverstärkung oraler Antikoagulantien, Potenzierung der Glykosidwirkung. Fieber, Thrombozytopenie, Agranulozytose, hämolytische Anämie, Hypoglykämie, Transaminasenerhöhung. Anticholinerge Wirkung (Cave: Glaukom, Prostataadenom). S. auch Stichwort „Antiarrhythmika“!
Chlordiazepoxid – Librium® – Multum® – Radepur®	Abbau wird durch Cimetidin gehemmt S. auch Stichwort „Benzodiazepine“!
Chlorprothixen – Truxal® – Truxaletten®	Anticholinerge Eigenwirkung S. auch Stichwort „Neuroleptika“!

Chlortalidon – Hydro-long® – Hygroton®	Hypokaliämische, hypochlorämische metabolische Alkalose. Hyponatriämie, Hypomagnesiämie. Verminderte Kohlenhydrattoleranz (Hypoglykämie). S. auch Stichwort „Diuretika“!
Clobazam – Frisium®	Nur geringe Sedation S. auch Stichwort „Benzodiazepine“!
Clomipramin – Anafranil® – Clomipramin-neuraxpharm® – Hydiphen®	Trizyklisches Antidepressivum, S. Stichwort „Antidepressiva“!
Clonazepam – Antelepsin® – Rivotril®	Muskelrelaxierende Wirkung, gegenseitige Wirkungsverstärkung durch zentral dämpfende Pharmaka. Vermehrter Speichelfluß (vor allem bei Kindern). Therapeutische Plasmakonzentrationen: 0,03–0,08 µg/ml. S. auch Stichwort „Antiepileptika“!
Clonidin – Catapresan® – Clonidin-ratiopharm® – Clonistada® – Dixarit® – Haemiton® – Isoglaucon® Augentropfen – Mirfat® – Paracefan®	Sedierende Wirkung verstärkt durch Anästhetika und Antihistaminika. Bei Clonidin-Dauertherapie erniedrigter intraoperativer Bedarf an Inhalationsanästhetika und Opiaten sowie möglicherweise höhere Bradykardie-Inzidenz. Hypotensive Wirkung durch Propranolol verstärkt. Bradykardie, EKG-Veränderungen wie bei Wenckebach-Blockierungen. Miktionsstörungen, Mundtrockenheit, Raynaud-Symptomatik, Verschlechterung der Kohlenhydrattoleranz bei Diabetikern. Positiver Coombs-Test, Erhöhung der Kreatininphosphatase. Gefahr der Rebound-Hypertonie bereits 8–36 Stunden nach letzter Einnahme. Risiko erhöht bei Begleitmedikation mit Betablockern oder trizyklischen Antidepressiva. S. auch Stichwort „Antihypertensiva“!
Clorazepat – Tranxilium®	Abbau wird durch Cimetidin gehemmt S. auch Stichwort „Benzodiazepine“!

Clozapin – Leponex®	S. Stichwort „Neuroleptika"!
Cotrimoxazol – Bactrim® – Cotrim Diolan® – Cotrim-ratiopharm® – Cotrimstada® – Drylin® – Duobiocin® – Eusaprim® – Jenamoxazol® – Kepinol® – Sulfotrimin® – Supracombin® – TMS®	Reversible Hyperkaliämie bei Hochdosistherapie S. auch Stichwort „Antibiotika"!
Cyclosporin, Ciclosporin – Sandimmun® – Sandimmun Optoral®	Regel: Nicht absetzen, Einnahme auch am OP-Tag erforderlich. Bei parenteraler Gabe keine Plastikinfusionsflaschen verwenden! Faustregel für parenterale Gabe: 1/3 der oralen Einzeldosis. Verlängerung der neuromuskulären Blokkadedauer von nichtdepolarisierenden Muskelrelaxantien. Hypertension, Hyperglykämie, Erhöhung der Toxizität von Digoxin, Erniedrigung der zerebralen Krampfschwelle, Nephrotoxizität, Parästhesien.
Desipramin – Pertofran® – Petylyl®	Trizyklisches Antidepressivum, S. Stichwort „Antidepressiva"!
Diazepam – Diazepam Desitin® – Diazepam®-Lipuro – duradiazepam® – Faustan® – Lamra® – Stesolid® – Tranquase® – Valiquid® – Valium®	Muskelrelaxation (zentraler Angriffspunkt). Blutdruckabfall in Kombination mit Opiaten. Bupivacain wird in Gegenwart von Diazepam rascher eliminiert. S. auch Stichwörter „Antiepileptika" und „Benzodiazepine"!
Dibenzepin – Noveril®	Trizyklisches Antidepressivum S. Stichwort „Antidepressiva"!

Digitalis

Regel: präoperativ nicht absetzen. Überdosierung ausschließen (evtl. Spiegelbestimmung), Normokaliämie anstreben.

Arrhythmieneigung bei Verwendung von Succinylcholin nicht gesteigert, jedoch bei Pancuronium (sympathomimetische Substanzeigenschaft) nachweisbar.

Erhöhte Digitalistoxizität (Arrhythmie, Bradykardie) bei Begleitmedikation mit Sympathomimetika, Chinidin, Kalzium, Reserpin, Theophyllin, Propranolol.

Zeichen der Digitalisüberdosierung: Sinusbradykardie, atrioventrikuläre Leitungsstörungen und/oder ventrikulärer Bigeminus.

– Digitoxin
Coramedan®
Digicor®
Digimerck®, Tardigal®

Therapeutische Plasmakonzentrationen: 1,2 – 2,5 µg/dl (entsprechend 15,7–32,7 nmol/l).

– Digoxin
Digacin®, Dilanacin®
Lanicor®, Lanitop®
Lenoxin®, Novodigal®

Therapeutische Plasmakonzentrationen: 70 – 200 ng/dl (entsprechend 0,90 – 2,56 nmol/l).

Diltiazem
- Corazet Diltiazem®
- Dil-Sanorania®
- Diltiuc® retard
- Dilzem®
- dilzereal®
- Dilzicardin®

Verstärkung der kardiodepressiven Wirkung volatiler Anästhetika. Verlangsamung der AV-Überleitung, Begünstigung von AV-Blockierungen und Sick-Sinus-Symptomatik (Vorsicht bei Patienten mit kurzem PR-Intervall).

Hypotension, aber auch Hypertension durch sympathotone Gegenregulation möglich.
Erhöhung der Plasmakonzentration von Cyclosporin, Propranolol, Metoprolol, Digitoxin. Wirkungsverstärkung durch Cimetidin.

S. auch Stichwort „Kalziumantagonisten“!

Dipyridamol – Curantyl® – Dipyridamol-ratiopharm® – Persantin®	Thrombozytenaggregationshemmung, bei Kombination mit Heparin erhöhte Blutungsgefahr
Disopyramid – Diso-Duriles® – Disonorm® – Norpace® – Rythmodul®	Hypoglykämie, Miktionsstörungen, Verschlechterung der neuromuskulären Erregung (Cave: Myasthenie). Transaminasenanstieg, cholestatische Hepatitis, Leukopenie, Agranulozytose, Fieber. Uterusstimulierende Wirkung (Abortauslösung in der Spätschwangerschaft). Myokardiale Depression vor allem bei vorbestehender linksventrikulärer Leistungseinschränkung. Eliminationshalbwertszeit bei renalen Erkrankungen stark verlängert. Wirkungsverstärkung oraler Antikoagulantien. S. auch Stichwort „Antiarrhythmika“!
Disulfiram – Antabus®	Regel: präoperativ nicht absetzen! Sedation, Hepatotoxizität. Verstärkung der Wirkung von Benzodiazepinen. Hypotensionen in Verbindung mit Allgemeinanästhesie beschrieben (verminderte Noradrenalinspeicher?). Bei geplanter Leitungsanästhesie medikamentös verursachte Polyneuropathie berücksichtigen. Alkoholhaltige Anästhetika und Hautdesinfektionsmittel vermeiden!
Diuretika – s. Einzelsubstanzen	Regel: präoperativ nicht absetzen! Korrektur eventueller Elektrolytimbalancen, Erfragung der Tagesurinmenge. Verschiebung des extrazellulären Elektrolytmusters (z.B. Hypo- und Hyperkaliämie). Bei unkorrigierter Hypokaliämie werden nichtdepolarisierende Muskelrelaxantien potenziert und es besteht eine erhöhte Digitalisempfindlichkeit.

Diuretika	Die blutdrucksenkende Wirkung vieler Diuretika beruht auf einer Verminderung des extrazellulären Volumens und/oder auf einer peripheren Vasodilatation. In Verbindung mit vasodilatierenden Anästhetika vor allem bei latenter Hypovolämie und Dehydratation vermehrt Hypotensionen bzw. orthostatische Dysregulationen.
Dosulepin – Idom®	Trizyklisches Antidepressivum mit vorwiegend psychomotorisch dämpfender Wirkung. S. Stichwort „Antidepressiva“!
Doxepin – Aponal® – Doneurin® – Doxepin-ratiopharm® – Mareen® – Sinquan®	Toxische Thrombozytopenie Trizyklisches Antidepressivum, s. Stichwort „Antidepressiva“!
Enalapril – Pres® – Xanef®	Müdigkeit, pektanginöse Beschwerden, Tachykardie. Natrium- und Wasserretention, Nierenfunktionsstörungen mit Serumkreatininanstieg und Proteinurie. S. auch Stichwort „ACE-Hemmer“!
Erythromycin – Bisolvonat® – duraerythromycin® – Ery-Diolan® – Eryhexal® – Erysec® – Erythrocin® – erythro von ct® – Infectomycin® – Lederpaediat® – Monomycin® – Paediathrocin® – Sanasepton® – Semibiocin®	Wurde Erythromycin bereits mehrfach verabreicht, kann bei gleichzeitiger Gabe von Alfentanil (z.B. Rapifen®) eine verlängerte Atemdepression auftreten. Die Hemmung des Alfentanil-Metabolismus ist bei lediglich einmaliger Erythromycin-Gabe nicht von klinischer Relevanz. Potenzierung und Wirkungsverlängerung von Midazolam (z.B. Dormicum®).
Etacrynsäure – Hydromedin® – Uregyt®	Hypokaliämische, hypochlorämische metabolische Alkalose. Hyponatriämie, Hyperglykämie. Ototoxizität (erhöht durch Begleitmedikation mit Aminoglykosiden). S. auch Stichwort „Diuretika“!

Flecainid – Tambocor®	S. Stichwort „Antiarrhythmika"!
Fluoxetin – Fluctin®	Serotonin-Wiederaufnahmehemmer, Antidepressivum mit vorwiegend psychomotorisch aktivierender Wirkung. Halbwertszeit 3–4 Tage (Metabolit ca. 7 Tage). Plasmaspiegel ist erst 5 Wochen nach Therapiebeginn im Gleichgewicht und nach dem Absetzen ist eine Wirkung noch für mindestens 5 Wochen zu erwarten. S. Stichwort „Antidepressiva"!
Fluphenazin – Dapotum® – Fluphenazin-neuraxpharm® – Lyogen® – Omca®	S. Stichwort „Phenothiazine"!
Flurazepam – Beconerv® – Dalmadorm® – Flurazepam-ratiopharm® – Staurodorm®	S. Stichwort „Benzodiazepine"!
Fluvoxamin – Fevarin®	Selektiver Serotonin-Rückaufnahme-Inhibitor (SSRI). Antidepressivum mit vorwiegend psychomotorisch aktivierender Wirkung. S. Stichwort „Antidepressiva"!
Furosemid – Diurapid® – durafurid® – Furanthril® – furo® – Furo-Puren® – Furorese® – Furosemid-ratiopharm® – Fusid® – Hydro-rapid® – Lasix® – Ödemase® – Sigasalur®	Hypokaliämische, hypochlorämische metabolische Alkalose. Hyponatriämie, Hyperglykämie. Ototoxizität (erhöht durch Begleitmedikation mit Aminoglykosiden und Cephalosporinen). Die Potenzierung nichtdepolarisierender Muskelrelaxantien beruht neben einer evtl. Hypokaliämie auf einer verminderten Acetylcholin-Freisetzung an der motorischen Endplatte. Bei hoher Dosierung ist hinsichlich nichtdepolarisierender Muskelrelaxantien ein antagonistischer Effekt nachweisbar.

Furosemid	Renale Clearance von Lithium vermindert (Lithiumspiegel erhöht durch Na-Rückresorptionsverminderung). Patienten mit Allergien gegen Sulfonamidantibiotika und Thiaziddiuretika zeigen eine höhere Inzidenz von allergischen Reaktionen auf Furosemid (Kreuzallergie). S. auch Stichwort „Diuretika"!
Gallopamil – Procorum®	Negativ inotrope Wirkung S. auch Stichwort „Kalziumantagonisten"!
Glibenclamid – Azuglucon® – Bastiverit® – duraglucon® – Euglucon® – gliben® – Glibenclamid-ratiopharm® – Glibenhexal® – Gliben-Puren® N – Glimidstada® – Gluconorm® – Glucoremed® – Gluco-Tablinen® – Glukoreduct® – Glukovital® – glycolande® N – Maninil® – Praeciglucon® – Semi-Euglucon® – Semi-Gliben-Puren® N	Sulfonylharnstoff; hohe Eiweißbindung, verminderter Abbau durch Cimetidin S. auch Stichwort „Antidiabetika"!
Glibornurid – Gluborid® – Glutril®	S. Stichwort „Antidiabetika"!
Glisoxepid – Pro-Diaban®	S. Stichwort „Antidiabetika"!
Glukokortikoide – <u>Beclometason</u>: Beclorhinol®, Sanasthmax® Sanasthmyl®	Perioperative Substitution bei Langzeittherapie innerhalb der letzten 9–12 Monate erforderlich (Gefahr der Nebennierenrindeninsuffizienz).

Glukokortikoide
- Betamethason: Betnesol® Celestan®
- Budesonid: Pulmicort®
- Cortison: Cortison CIBA
- Dexamethason: Auxiloson® Decadron® Fortecortin® Predni-F-Tablinen®
- Fludrocortison: Astonin®
- Flunisolid: Inhacort® Syntaris®
- Fluocortolon: Ultralan®, Ultralan®-oral
- Hydrocortison: Hydrocortison Hoechst®
- Methylprednisolon: Medrate®, Metypred® Predni-H-Tablinen® Urbason®
- Prednisolon: Decaprednil® Decortin®-H Deltacortril® duraprednisolon® Solu-Decortin®-H
- Prednison: Decortin® Predni-Tablinen®, Rectodelt®
- Prednyliden: Decortilen®
- Triamcinolon: Berlicort® Delphicort®, Volon®

Barbiturate, Phenytoin und Antihistaminika können durch Enzyminduktion den Metabolismus der Glukokortikoide steigern.

Glukokortikoide mit Mineralokortikoidwirkung (z.B. Cortison, Hydrocortison, Methylprednisolon, Prednisolon, Prednison): Wasser- und Salzretention, Hypokaliämie.

Kortikoidinduzierte metabolische Alkalose. Steroidmyopathie bei 10–20% aller Patienten mit Triamcinolon-Therapie nachweisbar. Auch bei Cortison, Prednisolon und Dexamethason beschrieben. Steroiddiabetes.

Glyceroltrinitrat
- Aquo-Trinitrosan®
- Corangin®
- Coro-Nitro®
- deponit® Pflaster
- Gilustenon®
- Herwicard®
- Minitran S®

Regel: Medikation perioperativ beibehalten!

Folgende Wechsel- bzw. Nebenwirkungen sind aufgrund der kurzen Halbwertszeit von 2–6 min (Metabolite 30–90 min) nur von geringer klinischer Relevanz: Wirkungsverlängerung von Pancuronium, Ver-

Glyceroltrinitrat – neos nitro® – Nitrangin® – Nitroderm® – Nitrolingual® – Nitro Mack® – Nitronal® – perlinganit® – Trinitrosan® – Turicard®	längerung der Blutungszeit (nur während der durch Nitroglycerin induzierten Blutdrucksenkung nachweisbar), Blutdruckabfall.
Guanethidin – Esimil®	Katecholaminverarmung, verminderte Autoregulation der Gefäße, schwer therapierbare hypotensive Phasen, orthostatische Dysregulation, Bradykardie. Therapeutisch verabreichte Katecholamine zeigen verstärkte Wirkung und Arrhythmieneigung. Wasser- und Natriumretention, Nierenfunktionsstörungen. S. auch Stichwort „Antihypertonika"!
Haloperidol – Buteridol® – duraperidol® – Haldol-Janssen® – Haloperidol-ratiopharm® – Sigaperidol®	Blutdrucksenkung, extrapyramidale Nebenwirkungen. Reduktion der ADH-Sekretion. Malignes neuroleptisches Syndrom.
Hydrochlorothiazid – Disalunil® – diu-melusin® – Esidrix®	Hypokaliämische, hypochlorämische metabolische Alkalose. Hyponatriämie, Hypomagnesiämie. Verminderte Kohlenhydrattoleranz (Hypoglykämie). S. auch Stichwort „Diuretika"!
Hydrochlorothiazid + Amilorid – Amiduret Trom® – Amiloretik® – Amilorid comp. Heumann® – amilozid von ct® – Aquaretic® – Dignoretik® – Diursan® – durarese®	S. Stichwörter „Amilorid", „Hydrochlorothiazid" und „Diuretika"!

Hydrochlorothiazid + Amilorid
- Hydrocomp-Tablinen®
- Moduretik®
- Rhefluin®

Hydrochlorothiazid + Triamteren
- Diuretikum Verla®
- Diutensat®
- duradiuret®
- Dytide H®
- Esiteren®
- Hypertorr®
- Jenateren®
- Nephral®
- Sali-Puren®
- Thiazid-comp. Wolff®
- Triampur compositum®
- Triampur forte®
- Triamteren comp.-ratiopharm®
- Triamteren-H Riker®
- Triarese®
- triazid von ct®
- Tri.-Thiazid Stada®
- Turfa-BASF®

S. Stichwörter „Hydrochlorothiazid", „Triamteren" und „Diuretika"!

Imipramin
- Imipramin-neuraxpharm®
- Pryleugan®
- Tofranil®

Trizyklisches Antidepressivum
S. Stichwort „Antidepressiva"!

Orthostatische Hypotension, Hyper- und Hypoglykämien.

Indometacin
- Amuno®
- Confortid®
- Elmetacin®
- indo®
- Indocontin®
- Indometacin® 25/50 Riker
- Indomet-ratiopharm®
- Indomisal®
- Indo-Phlogont®
- Indorektal®
- Indo-Tablinen®
- Jenatacin®
- Sigadoc®
- Vonum®

Inhibition der Plättchenaggregation. Selten Neutropenie, Thrombozytopenie, aplastische Anämie. Verschlechterung der Nierenfunktion vor allem bei präexistenten renalen Erkrankungen.

Isosorbiddinitrat
- Corovliss®
- Dignonitrat®
- duranitrat®
- ISDN
- Isodinit®
- Isoket®
- Iso Mack®
- Iso-Puren®
- Isostenase®
- Jenacard®
- Maycor®
- Nitrosorbon®
- Nitro-Tablinen®

Regel: Medikation perioperativ beibehalten!

Unerwünschte Nebenwirkungen: Kopfschmerzen, Blutdruckabfall, Flush, Schwindel, additive hypotensive Wirkungsverstärkung bei Kombination mit vasodilatierenden Pharmaka möglich. Halbwertszeit etwa 1 Stunde (Metabolite 2–5 h).

Isosorbidmononitrat
- Coleb®
- Conpin®
- Corangin®
- duramonitat®
- elantan®
- IS 5 mono-ratiopharm®
- ISMN
- Ismo®
- ismonoreal®
- Ismonit®
- Isosorbidmononitrat retard®
- Moni-BASF®
- Moni Sanorania®
- Monit-Puren®
- Monoclair®
- Monolong®
- Mono Mack®
- Mono Maycor®
- Monopur®
- Monostenase®
- Mono-Wolff®
- Olicard®
- Orasorbil®
- Sigacora®
- Turimonit®

Regel: Medikation perioperativ beibehalten!

Unerwünschte Nebenwirkungen: Kopfschmerzen, Blutdruckabfall, Flush, Schwindel, additive hypotensive Wirkungsverstärkung bei Kombination mit vasodilatierenden Pharmaka möglich. Halbwertszeit etwa 5 Stunden.

Kalziumantagonisten – s. Einzelsubstanzen	Regel: präoperativ nicht absetzen! Begleitmedikation mit vasodilatierenden Substanzen bzw. Anästhetika kann Blutdrucksenkung verstärken. Bradykardie, negative Chronotropie. Sedativa und Hypnotika verstärken Müdigkeit. Miktionsstörungen. Kombinationen mit Betablockern führen zu einer gegenseitigen Verstärkung der negativ chronotropen und inotropen Wirkungspotenz beider Medikamentengruppen. Bei Langzeittherapie ist durch Erschlaffung der glatten Muskulatur der Speiseröhre mit einem gastroösophagealen Reflux durch Kardiainsuffizienz zu rechnen.
Levodopa – Dopaflex®	Tachykardie, ventrikuläre Extrasystolie, orthostatische Dysregulation. Passagere Blutbildveränderungen (Leuko- und Thrombopenie) und Erhöhung von GOT, GPT, alkalischer Phosphatase sowie Harnstoff- und Harnsäure. Gelegentlich positiver Coombs-Test. Vor der Anwendung von Halothan wird wegen der evtl. Begünstigung von Arrhythmien eher abgeraten. Butyrophenone (z.B. DHB) und Phenothiazine sind zu vermeiden (Antagonismus zu Dopamin). Unspezifische MAO-Hemmstoffe (z.B. Tranylcypromin) können in Verbindung mit Levodopa zu Hypertension und Hyperthermie führen (verlängerte Katecholaminwirkung). Wirkungsverstärkung bei gleichzeitiger Gabe von Sympathomimetika. Hypokaliämie. Schwarzfärbung des Urins möglich (Oxidationsphänomen). Durch Urinmetabolite falsch-positiver Test für Ketoazidose. S. auch Stichwort „Antiparkinsonmittel“!

Levodopa + Benserazid
– Madopar®

Durch die Kombination mit dem Dopa-Decarboxilasehemmer Benserazid kann Levodopa niedriger dosiert als bei Monotherapie verabreicht werden. Entsprechend sind Levodopa-spezifische Nebenwirkungen wie Tachykardie, ventrikuläre Extrasystolie und orthostatische Dysregulation weniger häufig. Neben Hypotension auch Hypertension möglich (erhöhter Dopamin-Plasmaspiegel).

Vor der Anwendung von Halothan wird wegen der evtl. Begünstigung von Arrhythmien eher abgeraten. Butyrophenone (z.B. DHB) und Phenothiazine sind zu vermeiden (Antagonismus zu Dopamin).

Unspezifische MAO-Hemmstoffe (z.B. Tranylcypromin) können in Verbindung mit Levodopa zu Hypertension und Hyperthermie führen (verlängerte Katecholaminwirkung). Wirkungsverstärkung bei gleichzeitiger Gabe von Sympathomimetika.

Hypokaliämie. Schwarzfärbung des Urins möglich (Oxidationsphänomen).

S. auch Stichwort „Antiparkinsonmittel“!

Levodopa + Carbidopa
– Isicom®
– NACOM®
– Striaton®

Durch die Kombination mit dem Dopa-Decarboxilasehemmer Carbidopa kann Levodopa niedriger dosiert als bei Monotherapie verabreicht werden. Entsprechend sind Levodopa-spezifische Nebenwirkungen wie Tachykardie, ventrikuläre Extrasystolie und orthostatische Dysregulation weniger häufig. Neben Hypotension auch Hypertension möglich (erhöhter Dopamin-Plasmaspiegel).

Im Zusammenhang mit Therapieabbruch ist die Entwicklung eines malignen neuroleptischen Syndroms beschrieben.

Vor der Anwendung von Halothan wird wegen der evtl. Begünstigung von

Levodopa + Carbidopa	Arrhythmien eher abgeraten. Butyrophenone (z.B. DHB) und Phenothiazine sind zu vermeiden (Antagonismus zu Dopamin). Unspezifische MAO-Hemmstoffe (z.B. Tranylcypromin) können in Verbindung mit Levodopa zu Hypertension und Hyperthermie führen (verlängerte Katecholaminwirkung). Wirkungsverstärkung bei gleichzeitiger Gabe von Sympathomimetika. Hypokaliämie. Schwarzfärbung des Urins möglich (Oxidationsphänomen). S. auch Stichwort „Antiparkinsonmittel"!
Levomepromazin – Neurocil® – Tisercin®	Starke sedative Wirkung vor allem bei Therapiebeginn. Hypotonie, orthostatische Dysregulation. S. auch Stichwort „Phenothiazine"!
Lidocain – Lidocain Braun® – Xylocain®	Bradykardie, Potenzierung nichtdepolarisierender Muskelrelaxantien. Bei Plasmaspiegeln > 5–10 µg/ml periphere Vasodilatation und direkte Myokarddepression. Erniedrigung der Krampfschwelle (verstärkt bei Hypoxämie, Hyperkaliämie und Azidose). S. auch Stichwort „Antiarrhythmika"!
Lithiumsalze – Hypnorex® – leukominerase® – Li 450 „Ziethen" ® – Lithium Apogepha® – Lithium-Aspartat® – Lithium-Duriles® – Quilonum®	Wirkungsverstärkung von depolarisierenden und nichtdepolarisierenden Muskelrelaxantien. Verminderter Narkosebedarf. Hemmung der Adrenalin-, Noradrenalin- und Dopamin-Freisetzung im Hirnstamm. Muskelschwäche, Abnahme des Folatspiegels (Megaloblastenanämie), Hypermagnesiämie, Hypothyreose, Polyurie mit Dehydratation (nephrogener Diabetes insipidus). Einnahme bis zum OP-Vortag möglich, wenn für eine ausreichende Volumen- bzw.

Lithiumsalze	Kochsalzzufuhr gesorgt wird. Bei Nahrungskarenz parenterale Flüssigkeitssubstitution erforderlich. Postoperativ Therapiefortsetzung möglich, wenn eine ausgeglichene Flüssigkeitsbilanz vorliegt bzw. wenn der Patient wieder ausreichend trinken kann. Bei akutem Nierenversagen ist Lithium kontraindiziert. S. auch Stichwort „Antidepressiva“!
Lofepramin – Gamonil®	Trizyklisches Antidepressivum S. auch Stichwort „Antidepressiva“!
Lorazepam – duralozam® – Laubeel® – Pro Dorm® – Punktyl® – Somagerol® – Tavor® – Tolid®	S. Stichwort „Benzodiazepine“!
Maprotilin – Aneural® – Deprilept® – Kanopan® – Ludiomil® – Mapro-GRY® – Maprolu® – Maprostad® – Maprotilin HCl-ratiopharm® – Mirpan® – Psymion®	Trizyklisches Antidepressivum S. Stichwort „Antidepressiva“!
Medazepam – Medazepam AWD® – Rudotel®	S. Stichwort „Benzodiazepine“!
Metformin – Diabetase® – Glucophage® – Mediabet® – Meglucon® – Mescorit® – Siofor®	Einige Tage vor OP absetzen (Gefahr der Laktatazidose) und evtl. Umstellung auf Insulin. Selten Muskelschwäche, Pneumonitis. S. auch Stichwort „Antidiabetika“!

Methyldopa – Dopegyt® – Methyldopa 250 Stada® – Presinol® – Sembrina®	Verminderter Anästhetikabedarf, zentrale Sedierung, Parkinsonismus, Bradykardie, Hypotonie, orthostatische Dysregulation. Begleitmedikation mit Propranolol kann paradoxe Hypertension bewirken. Wirkungsverstärkung von Sympathomimetika und Levodopa. Natrium- und Wasserretention, Nierenfunktionsstörungen. Hämolytische Anämie, positiver Coombstest (10–20%). Dunkler Harn durch Abbau zu Metaboliten. S. auch Stichwort „Antihypertonika“!
Metoprolol – Azumetop® – Beloc® – Beloc-Duriles® – Beloc-Zok® – Dignometoprol® – Jeprolol® – Lopresor® – Meto-BASF® – Metodura® – Metohexal® – Meto-Isis® – Metoprolol Stada® – Meto-Puren® – Meto-Tablinen® – Prelis® – Sigaprolol®	S. Stichwort „Betablocker“!
Mexiletin – Mexiletin-ratiopharm® – Mexitil®	Leukopenie, Agranulozytose, Transaminasenerhöhung S. auch Stichwort „Antiarrhythmika“!
Mezlocillin – Baypen® – Mezlocillin-ratiopharm®	Verlängerte Blutungszeit (Störung der Plättchenaggregation) S. auch Stichwort „Antibiotika“!
Mianserin – HOPACEM® – Mianeurin® – Mianserin Desitin® – Prisma® – Tolvin®	Tetrazyklisches Antidepressivum S. auch Stichwort „Antidepressiva“! Im Vergleich zu anderen Antidepressiva geringere Kardiotoxizität. Selten Neutropenie, Thrombozytopenie. Als Warnzei-

Mianserin	chen für eine Agranulozytose gelten u.a. Fieber, Angina, Stomatitis, grippeartige Symptome.
Minoxidil – Lonolox®	Bei Monotherapie Herzfrequenzsteigerung, Wasser- und Natriumretention. Perikarderguß bei ca. 3% aller Patienten, besonders bei manifester Niereninsuffizienz (in Verdachtsfällen: Echokardiographie). S. auch Stichwort „Antihypertonika"!
Moclobemid – Aurorix®	Reversibler MAO-Hemmstoff, geringere Nebenwirkungen im Vergleich zu Tranylcypromin. Kombination mit Pethidin oder Selegilin bzw. Clomipramin ist kontraindiziert. S. Stichwort „Antidepressiva"!
Natriumperchlorat – Irenat®	Knochenmarksschädigung (aplastische Anämie, Agranulozytose, Leuko- und Thrombopenie)
Neuroleptika – s. Einzelsubstanzen	Regel: Perioperativ nicht absetzen! Kombination mit ZNS-dämpfenden Medikamenten wie z.B. Hypnotika, Narkotika und Opiatanalgetika führt zur gegenseitigen Wirkungsverstärkung. Bei vielen Neuroleptika ist an die Möglichkeit der Entstehung eines malignen neuroleptischen Syndroms zu denken (geschätzte Inzidenz: bis zu 2,4 % aller Patienten mit neuroleptisch wirksamer Medikation).
Nifedipin – Adalat® – Aprical® – Cisday® – Cordicant® – Corinfar® – Corotrend® – Dignokonstant® – duranifin® – Jedipin® – nife von ct® – Nife-BASF®	Abnahme der Plättchenaggregation, Blutzuckeranstieg (sympathotone Gegenregulation), Zunahme der Leberdurchblutung Erhöhung der Plasmakonzentrationen von Theophyllin, Phenytoin und Digoxin. Wirkung verstärkt durch Cimetidin. Siehe auch Stichwort „Kalziumantagonisten"!

Nifedipin – Nifeclair® – Nifedipat® – Nifedipin-ratiopharm® – Nifehexal® – Nife-ISIS® – Nifelat® – Nife-Puren® – Nifical® – nifreal® – Pidilat®	
Nitrendipin – Bayotensin®	Polyurie durch Beeinflussung des Renin-Angiotensin-Aldosteron-Systems. Verzögerter Abbau bei Begleittherapie mit Betablockern. Erhöhung der Plasmakonzentration von Digoxin. Siehe auch Stichwort „Kalziumantagonisten"!
Nortriptylin – Nortrilen®	Trizyklisches Antidepressivum S. Stichwort „Antidepressiva"!
Opipramol – Insidon®	Trizyklisches Antidepressivum mit vorwiegend psychomotorisch dämpfender Wirkung S. Stichwort „Antidepressiva"!
Orphenadrin – Norflex®	S. Stichwort „Antiparkinsonmittel"!
Ovulationshemmer – orale Kontrazeptiva – „Pille"	<u>Regel</u>: Beibehaltung oder Abbruch der Medikation je nach Schwere des geplanten Eingriffs und zu erwartender postoperativer Beeinträchtigung! Auch bei niedrig dosierten oralen Kontrazeptiva bleibt ein Restrisiko hinsichtlich thromboembolischer Komplikationen. <u>Operationen ohne erhöhtes Thromboembolierisiko und ohne postoperative Immobilisierung:</u> perioperatives Absetzen unter Thromboembolieprophylaxe nicht erforderlich. Die Patientinnen sollten jedoch darauf hingewiesen werden, daß bei Unregelmäßigkeiten der Medikamenteneinnahme ein sicherer kontrazeptioneller Effekt nicht gewährleistet ist.

Ovulationshemmer	Operationen mit erhöhtem Thromboembolierisiko und/oder zu erwartender längerer postoperativer Immobilisierung: Medikament 4 Wochen vor dem geplanten Eingriff absetzen. Ausnahmen sind bei ambulanten Operationen möglich, wenn für die Zeit der nachfolgenden Immobilisierung eine Thromboembolieprophylaxe durchgeführt wird. Als Kontraindikationen für orale Kontrazeptiva gelten u.a.: Vaskulitiden, Lupus erythematodes, nachgewiesene Antiphospholipid-Antikörper, anamnestisch bekannte thromboembolische Erkrankungen.
Oxazepam – Adumbran® – Antoderin® – Azutranquil® – durazepam® – Mirfudorm® – Noctazepam® – Oxazepam-ratiopharm® – Praxiten® – Sigacalm® – Uskan®	Nur geringe bis fehlende Muskelrelaxation S. auch Stichwort „Benzodiazepine"!
Oxprenolol – Trasicor®	S. Stichwort „Betablocker"!
Paroxetin – Seroxat® – Tagonis®	Antidepressivum mit vorwiegend psychomotorisch aktivierender Wirkung. Halbwertszeit 20–24 Stunden, keine aktiven Metabolite. Selektiver Serotonin-Rückaufnahme-Inhibitor (SSRI). S. Stichwort „Antidepressiva"!
Pentaerithrityl-tetranitrat – Dilcoran® – Pentalong®	Regel: Medikation perioperativ beibehalten! Unerwünschte Nebenwirkungen: Kopfschmerzen, Blutdruckabfall, Flush, Schwindel, additive hypotensive Wirkungsverstärkung bei Kombination mit vasodilatierenden Pharmaka möglich. Halbwertszeit 5–6 h.

Pentoxifyllin – Agapurin® – Azupentat® – Claudicat® – durapental® – Pentohexal® – Pento-Puren® – pentox von ct® – Pentoxifyllin-ratiopharm® – Ralofekt® – Rentylin® – Trental®	Hypotension, pektanginöse Beschwerden, Arrhythmien. Verlängerung der Blutungszeit und der Prothrombinzeit in Verbindung mit Plättchenaggregationshemmern.
Perphenazin – Decentan® – Perphenazin neuraxpharm®	S. Stichwort „Phenothiazine"!
Phenobarbital – Lepinal® – Luminal® – Luminaletten® – Phenaemal® – Phenaemaletten®	Wirkungsabschwächung vieler Pharmaka (Enzyminduktion). Therapeutische Plasmakonzentration 20–30 µg/ml. S. auch Stichwort „Antiepileptika"!
Phenothiazine – s. Einzelsubstanzen	Potenzierung der sedierenden Wirkung von Barbituraten, Benzodiazepinen und Opiaten. Verstärkung der Analgesie und Atemdepression von Opiaten. Wirkdauer und Wirkstärke von Suxamethonium durch verzögerten Abbau verlängert (Abnahme der Serumcholinesterase?). Mit Hypotension und orthostatischen Dysregulationen muß im Zusammenhang mit vasodilatierenden Anästhetika gerechnet werden. Nebenwirkungen korrelieren nicht mit Plasmaspiegeln. Selten Ausbildung eines malignen neuroleptischen Syndroms.
Phenylbutazon – Ambene® – Butazolidin® – Demoplas® – exrheudon®	Natrium- und Wasserretention, Abnahme des Harnvolumens, vermehrte Ödemneigung bei kardialer Insuffizienz. Vermehrte Freisetzung von oralen Antidiabetika, Sulfonamiden und Warfarin aus der Eiweißbindung.

Phenytoin – Epanutin® – Phenhydan® – Phenytoin AWD® – Zentropil®	Interaktionen mit volatilen Anästhetika mit Synergismus hinsichtlich Depression des Sinusknotens. Wirkungsverstärkung zentral dämpfender Pharmaka. Wirkungsverminderung nichtdepolarisierender Muskelrelaxantien (evtl. Dosiserhöhung erforderlich). Hyperglykämie, Megaloblastenanämie (Folsäuremangel), periphere Neuropathie, Verminderung der Vitamin-K-abhängigen Gerinnungsfaktoren bei Neugeborenen (nach Anwendung in der Schwangerschaft), interstitielle Nephritis, Hemmung der Freisetzung von ADH. Verminderung der Wirkung von Cortisol, Dexamethason, Digitalis, Dopamin, Doxycyclin, oralen Kontrazeptiva, Haloperidol, Levodopa, Phenprocoumon, Chinidin, Furosemid. Therapeutische Plasmakonzentrationen als Antiepileptikum: 5–25 μg/ml. S. auch Stichworte „Antiarrhythmika“ und „Antiepileptika“!
Pindolol – durapindol® – Glauco-Stulln® Augentropfen – Pindoptan® Augentropfen – pindoreal® – Visken®	Bei Nierenversagen Halbwertszeit > 24 h S. auch Stichwort „Betablocker“!
Prajmaliumbitartrat – Neo-Gilurytmal®	Leukopenie, Agranulozytose, Potenzierung nichtdepolarisierender Muskelrelaxantien S. auch Stichwort „Antiarrhythmika“!
Prazepam – Demetrin® – Mono Demetrin®	Geringe Muskelrelaxation, Abbau durch Cimetidin gehemmt S. auch Stichwort „Benzodiazepine“!
Prazosin – Adversuten® – duramipress® – Eurex® – Minipress® – Prazosin-ratiopharm®	Wasserretention, orthostatische Dysregulation. Peripherer α_1–Rezeptorenblocker S. auch Stichwort „Antihypertonika“!

Primidon – Liskantin® – Mylepsinum® – Resimatil®	Metabolisierung zu Phenobarbital Therapeutische Plasmakonzentrationen: 5–20 µg/ml S. auch Stichwort „Antiepileptika“!
Procainamid – Procainamid Duriles®	Potenzierung nichtdepolarisierender Muskelrelaxantien, intraoperative Hypotension. Hämolytische Anämie, Agranulozytose, Leukopenie, Miktionsstörungen, Transaminasenerhöhung. S. auch Stichwort „Antiarrhythmika“!
Promethazin – Atosil® – Eusedon® – Promethazin-neuraxpharm® – Prothazin® – Soporil®	Blutdrucksenkung. MAO-Hemmstoffe und Thiazid-Diuretika können orthostatische Regulationsstörungen verstärken. S. auch Stichwort „Phenothiazine“!
Propafenon – Propafen-BASF® – Propafenon-ratiopharm® – Propastad® – Prorynorm® – Rytmogenat® – Rytmonorm®	Potenzierung nichtdepolarisierender Muskelrelaxantien, Blockade der blutdrucksteigernden Wirkung von Sympathomimetika. Cholestase (allergisch bedingt), orthostatische Regulationsstörungen, Leukopenie, Agranulozytose, Transaminasenerhöhung, Verringerung der Leberdurchblutung. S. auch Stichwort „Antiarrhythmika“!
Propranolol – Beta-Tablinen® – Dociton® – Efektolol® – Elbrol® – Indobloc® – Obsidan® – Propabloc® – Prophylux® – propra von ct® – Propranolol-GRY® – Propranur® – Propra-ratiopharm®	Reduzierte Clearance von Lokalanästhetika vom Amidtyp (Ausnahme: Bupivacain) S. auch Stichwort „Betablocker“!

Propylthiouracil – Propycil® – Thyreostat® II	Allergische Reaktionen. Agranulozytose (progrediente Leukopenie gilt als Warnzeichen).
Reserpin (Kombination in Klammer) – Adelphan-Esidrix® (+Hydrochlorothiazid) – Barotonal® (+ Hydrochlorothiazid) – Briserin N® (+ Clopamid) – Darebon® (+ Chlortalidon) – Disalpin® (+ Hydrochlorothiazid) – Durotan® (+ Xipamid) – Modenol® (+Butizid) – Resaltex® (+ Hydrochlorothiazid + Triamteren) – Triniton® (+ Dihydralazin + Hydrochlorothiazid)	Sedation, Verarmung bzw. Entleerung der Speicher von Noradrenalin, Dopamin und Serotonin im ZNS. Anästhetika verstärken die sedierende und antihypertensive Wirkung, verminderter Anästhetikabedarf. Verminderte Autoregulation der Gefäße. Kardiotoxizität bei Langzeitgabe (Endokardfibrose). Halothan und Lachgas können den kardiodepressiven Effekt verstärken. Exogene Katecholaminzufuhr kann zu erheblichen Blutdrucksteigerungen führen. Müdigkeit, gesteigerte Salivation, Miktionsstörungen, Bradykardie, Erniedrigung der zerebralen Krampfschwelle, extrapyramidalmotorische Störungen. AV-Überleitungshemmung sowie Bradykardie- und Arrhythmie-Neigung durch Begleitmedikation mit Antiarrhythmika, Betablockern und Digitalis verstärkt. **Cave:** unmittelbar präoperatives Absetzen kann zu akuter hypertensiver Krise mit Linksherzbelastung führen. Deshalb in der Regel Medikation beibehalten. Falls präoperative Umstellung erforderlich erscheint, muß diese wegen der langen Restwirkung 2 Wochen vorher unter ständiger Kontrolle des Blutdrucks und evtl. Umsteigen auf ein anderes antihypertensives Präparat erfolgen. S. auch Stichwörter „Antihypertonika“ und „Diuretika“!
Selegilin – Antiparkin® – Deprenyl® – Movergan®	MAO-Hemmer Typ B. Keine Hemmung der peripheren Monoaminooxidase Typ A. Keine bzw. nur geringe Gefahr der Erhöhung anderer peripherer Katecholamine

Selegilin	wie Adrenalin, Noradrenalin. Wirkdauer 24 h, **nicht in Kombination mit Pethidin** geben. S. Stichwörter „Antiparkinsonmittel" und „Antidepressiva"!
Sotalol – CorSotalol® – Darob® – Gilucor® – Rentibloc® – Sotahexal® – Sotalex® – Sotalol-ratiopharm® – Sotaryt® – Sota-saar® – Sotastad®	S. Stichwort „Betablocker"!
Spironolacton – Aldactone® – Aldopur® – Aquareduct® – duraspiron® – Jenaspiron® – Osyrol® – Spironolacton Stada® – Spiro-Tablinen® – Verospiron®	Hyperkaliämie, Hyponatriämie S. auch Stichwort „Diuretika"
Sulpirid – Arminol® – Dogmatil® – Meresa® – Neogama® – Sulpirid-ratiopharm®	Nicht-trizyklisches Antidepressivum (Dopaminantagonist), S. Stichwort „Antidepressiva"!
Temazepam – Neodorm® SP – Norkotral® Tema – Planum® – Remestan® – Temazepam-ratiopharm®	S. Stichwort „Benzodiazepine"!
Thiamazol – Favistan® – Methimazol® – Thiamazol „Henning"® – Thyrozol®	Allergische Reaktionen. Agranulozytose (progrediente Leukopenie gilt als Warnzeichen). Hämolytische Krise bei Glucose-6-Phosphat-Dehydrogenasemangel.

Thioridazin – Melleretten® – Melleril® – Thioridazin-neuraxpharm®	S. Stichwort „Phenothiazine"!
Ticarcillin – Betabactyl®	Verlängerte Blutungszeit (Störung der Plättchenaggregation) S. auch Stichwort „Antibiotika"!
Timolol-Augentropfen – Arutimol® – Chibro-Timoptol® – Dispatim® – duratimol® – Timohexal® – Timolol-ratiopharm® – Tim-Ophthal® – Timosine®	Topische Anwendung am Auge im Rahmen einer Glaukomtherapie, jedoch auch systemische Wirkung nachweisbar. In Kombination mit Inhalationsanästhetika Bradykardie und Hypotension möglich. Vor elektiven operativen Eingriffen ist Absetzen und Therapieumstellung in Zusammenarbeit mit Ophthalmologie zu diskutieren. S. auch Stichwort „Betablocker"!
Tocainid – Xylotocan®	Leukopenie, Agranulozytose, Lungenfibrose, Transaminasenerhöhung S. auch Stichwort „Antiarrhythmika"!
Tolbutamid – Artosin® – Orabet® – Rastinon® – Tolbutamid R.A.N. ®	Wasserretention und Hyponatriämie (Zunahme der ADH-Freisetzung). Hypoglykämie und Verlängerung der Halbwertszeit bei Begleitmedikation mit Dicoumarol. S. auch Stichwort „Antidiabetika"!
Tranylcypromin – Jatrosom® N – Parnate®	MAO-Hemmstoff, Hemmung der ADH-Sekretion. Pethidin und indirekte Sympathomimetika gelten als kontraindiziert. Zwischen letzter Tranylcypromin-Einnahme und Pethidin-Gabe sollten mindestens 2 Wochen liegen.
Trazodon – Thombran®	Nicht-trizyklisches Antidepressivum mit vorwiegend psychomotorisch dämpfender Wirkung
Triamteren – Jatropur®	Hyperkaliämie, hyperchlorämische Azidose. Hemmung der Dihydrofolatreduktase (selten Megaloblastenanämie).

Triamteren	Von Relevanz bei bereits zu vermutendem Folsäuremangel wie u.a. bei chronischem Alkoholismus, Leberzirrhose, Mangelernährung. S. auch Stichwort „Diuretika"!
Triazolam – Halcion®	S. Stichwort „Benzodiazepine"!
Trifluoperazin – Jatroneural®	S. Stichwort „Phenothiazine"!
Triflupromazin – Psyquil®	Müdigkeit, Blutdrucksenkung S. auch Stichwort „Phenothiazine"!
Trihexyphenidyl – Artane® – Parkopan®	Anticholinerges Wirkungsspektrum, Tachykardie, Harnverhalt, Sedation S. auch Stichwort „Antiparkinsonmittel"!
Trimipramin – Herphonal® – Stangyl® – Trimipramin-neuraxpharm®	Trizyklisches Antidepressivum S. Stichwort „Antidepressiva"!
Urapidil – Alpha-Depressan® – Ebrantil®	Sedierung bzw. Müdigkeit, Orthostase S. auch Stichwort „Antihypertensiva"!
Valproinsäure – Convulex® – Convulsofin® – Ergenyl® – Leptilan® – Mylproin® – Orfiril®	Koagulopathie Therapeutische Plasmakonzentrationen: 40–140 µg/ml S. auch Stichwort „Antiepileptika"!
Verapamil – Azupamil® – Cardioprotect® – Dignover® – durasoptin® – Falicard® – Isoptin® – Jenapamil® – Praecicor® – Veradurat® – Verahexal® – Veramex® – Veranorm®	Potenzierung narkotikabedingter myokardialer Depression, Hypotension durch direkte myokardiale negative Inotropie (verstärkt bei schlechter linksventrikulärer Funktion) und durch periphere Vasodilatation. Wirkungsverstärkung von Muskelrelaxantien. Hemmung der AV-Überleitung, Hyperglykämie. Erhöhung der Plasmakonzentrationen von Ciclosporin, Theophyllin, Propranolol, Metroprolol, Phenytoin, Digoxin, Digitoxin.

Verapamil – Verapamil-ratiopharm® – Veroptinstada®	Chinidin-Wirkung durch Abbauhemmung verstärkt. Wirkungszunahme durch Cimetidin. Erniedrigung der Lithium-Plasma-Konzentration. Siehe auch Stichwort „Kalziumantagonisten"!
Viloxazin – Vivalan®	Nicht-trizyklisches Antidepressivum mit psychomotorisch neutraler Wirkung S. Stichwort „Antidepressiva"!
Xipamid – Aquaphor®	Hypokaliämische, hypochlorämische metabolische Alkalose. Hyponatriämie, Hypomagnesiämie. Verminderte Kohlenhydrattoleranz (Hypoglykämie). S. auch Stichwort „Diuretika"!

Medikamente zur oralen Prämedikation bei Erwachsenen (durchschnittliche Dosierung)

- **Benzodiazepine**

– Diazepam (Diazemuls®, Valium®)	10 mg per os
– Dikaliumclorazepat (Tranxilium®)	10–50 mg per os
– Flunitrazepam (Rohypnol®)	0,5–1,0 mg per os
– Flurazepam (Dalmadorm®)	30 mg per os
– Lorazepam (Tavor®)	1–2 mg per os
– Lormetazepam (Noctamid®, Ergocalm®)	1–2 mg per os
– Midazolam 7,5 mg (Dormicum®)	1–2 Tabl. per os
– Oxazepam (Adumbran®)	10 mg per os
– Temazepam (Planum®, Remestan®)	10–20 mg per os

- Wirkdauer
  - kurz: Lormetazepam, Midazolam, Oxazepam, Temazepam
  - mittellang: Flunitrazepam, Lorazepam
  - lang (aktive Metabolite): Diazepam, Dikaliumclorazepat, Flurazepam

- Beachte
  - in vielen Kliniken ist es üblich, am Operationstag allen für elektive Eingriffe vorgesehenen Patienten zwischen 6–8 Uhr morgens die orale Prämedikation zu verabreichen
  - Dosisreduktion bei neurologischen, pulmonalen, renalen und/ oder hepatischen Begleiterkrankungen

Medikamente zur intramuskulären Prämedikation bei Erwachsenen (durchschnittliche Dosierung)

- **Opioide**

– Buprenorphin (Temgesic®)	0,3 mg
– Fentanyl/Droperidol (Thalamonal®)	1–2 ml
– Pentazocin (Fortral®)	30 mg
– Pethidin (Dolantin®)	50–100 mg
– Piritramid (Dipidolor®)	15 mg
– Tramadol (Tramal®)	50–100 mg

- **Anticholinergika/Sekretolytika**

– Atropin	0,5–1,0 mg
– Glycopyrroniumbromid (Robinul®)	0,1–0,2 mg
– Scopolamin	0,2–0,4 mg

- **Benzodiazepine**

– Diazepam (Valium®)	10–20 mg
– Dikaliumclorazepat (Tranxilium®)	10–50 mg
– Flunitrazepam (Rohypnol®)	0,5–2,0 mg
– Midazolam (Dormicum®)	5–10 mg

- **Phenothiazine**

– Promethazin (Atosil®)	25–50 mg
– Triflupromazin (Psyquil®)	10–20 mg

- **Beachte**
  - die intramuskuläre Prämedikation wird heute nur noch selten angewandt
  - Kontraindikationen für die jeweiligen Substanzen beachten
  - nach Thalamonal®-Gabe kann aufgrund der induzierten Vigilanzminderung ein guter Prämedikationserfolg vorgetäuscht werden, obwohl tatsächlich ein hohes Angstniveau vorliegt

Orale Prämedikation bei Kindern (Vorabend)

Gewicht (kg)	Phenobarbital (Phenaemaletten®) 1 Tbl. = 15 mg (Tbl.)	(Phenaemal®) 1 Tbl. zu 0,1 g (Tbl.)	Promethazin (Atosil®-Sirup) 1 ml = 1 mg (ml)
6	2		3,0
9	3	½	4,5
12	4		6,0
15	5		7,5
18	6		9,0
21		1	10,5
24			12,0
27			13,5
30		1 ½	15,0

- **Faustregeln**
  - Phenobarbital (Phenaemaletten®, Phenaemal®) 5 mg/kg KG
  - Promethazin (Atosil®) 0,5 mg/kg KG

Orale Prämedikation bei Kindern (OP-Tag)

Gewicht (kg)	**Flunitrazepam** (Rohypnol®) oral (mg)	**Chlorprothixen** (Truxal®-Suspension*) oral (mg)	(Tropfen)
11–15	0,5	30	24
16–20	0,7	40	32
21–25	0,9	50	40
26–30	1,0	60	48
31–35	1,2	70	56
36–40	1,3	80	64
41–45	1,4	90	72
46–50	1,5	100	80

* *Truxal®-Suspension: 1 ml = 16 Tropfen = 20 mg Chlorprothixen*

- **Beachte**
  - Applikation 1–2 h vor Narkosebeginn p.o., Kind anschließend nicht unbeaufsichtigt lassen
  - Neugeborene und Säuglinge sollten präoperativ keine Sedativa oder Psychopharmaka erhalten

- **Flunitrazepam (Rohypnol®)**-Injektionslösung zu 1 ml (= 2 mg) mit 1 ml Verdünnungslösung aufziehen und oral applizieren (z.B. mit einem Löffel)

- **Faustregeln**
  - Flunitrazepam (Rohypnol®) 0,04 mg/kg KG
  - Chlorprothixen (Truxal®) 2 mg/kg KG

Gewicht (kg)	Midazolam oral (Dormicum®-Ampullen) (mg)	(Dormicum® 7,5 mg Tbl.) (Tbl.)
11–15	4,4– 6,0	
16–20	6,4– 8,0	1
21–25	8,4–10,0	
26–30	10,4–12,0	1 ½
31–35	12,0	
36–40	12,0	
41–45	12,0	
46–50	12,0	

- **Beachte**
  - Applikation (Geschmackskorrektur empfohlen) 1 h vor Narkosebeginn p.o., Kind anschließend nicht unbeaufsichtigt lassen
  - Neugeborene und Säuglinge sollten präoperativ keine Sedativa oder Psychopharmaka erhalten
  - bei oraler Midazolam-Gabe 12 mg nicht überschreiten
- Alternativ kann Midazolam auch **intranasal** verabreicht werden. Unverdünnte Lösung der Ampulle 5 mg = 1 ml verwenden. Dosierung: 0,2–0,3 mg/kg KG (Nachteil: geringe Akzeptanz)
- **Faustregel**
  - Midazolam (Dormicum®) oral 0,4 mg/kg KG
  - Midazolam (Dormicum®) intranasal 0,2–0,3 mg/kg KG

Intramuskuläre Prämedikation bei Kindern (OP-Tag)

- **Beachte**
  - die intramuskuläre Prämedikation gilt bei Kindern aufgrund der schonenderen oralen Prämedikationsalternative als obsolet und sollte nur in Ausnahmefällen zur Anwendung kommen
  - Sedativa und/oder Analgetika erst ab dem 6. Lebensmonat verordnen
  - nach Thalamonal®-Gabe kann das Kind aufgrund der induzierten Vigilanzminderung äußerlich gut prämediziert erscheinen, innerlich aber ein hohes Angstniveau aufweisen

- **Faustregeln**

– Atropin	0,015–0,02 mg/kg KG
– Promethazin (Atosil®)	0,5–1,0 mg/kg KG
– Pethidin (Dolantin®)	0,5–1,0 mg/kg KG
– Fentanyl/Droperidol (Thalamonal®)	0,03 ml /kg KG
– Diazepam (Valium®)	0,2 mg/kg KG

Gewicht (kg)	**Atropin** (mg)	**Promethazin** (Atosil®) / **Pethidin** (Dolantin®) (mg)	**Fentanyl + Droperidol** (Thalamonal®) (ml)	**Diazepam** (Valium®) (mg)
1–5	0,1			
6–10	0,15			
11–15	0,2	15	0,4	3
16–20	0,3	20	0,5	4
21–25	0,35	25	0,6	5
26–30		30	0,8	6
31–35	0,4	35	1,0	7
36–40		40	1,2	8
41–45	0,5	45	1,3	9
46–50		50	1,4	10

Rektale Prämedikation (Narkoseeinleitung) bei Kindern

- **Chloralhydrat**
  - eine Chloralhydrat-Rectiole® (Mikroklysma) = 0,6 g
  - Dosierung:

Säuglinge	1 Rectiole
Kleinkinder	2 Rectiolen
Schulkinder	3 Rectiolen

- **Methohexital (Brevimytal®)**
  - Herstellung:
    500 mg Methohexital-Trockensubstanz in 5 ml 0,9%iger Kochsalzlösung auflösen
    1 ml = 100 mg (10%ige Lösung)
  - Dosierung: 20–25 mg/kg KG rektal über einen Adapter oder einen abgeschnittenen Absaugkatheter
  - gleichzeitige rektale Atropin-Applikation (0,02 mg/kg KG) möglich
  - Kontraindikationen (relativ):
    Kinder < 1 Jahr
    Körpergewicht < 5 kg bzw. > 25 kg
  - **Beachte**: Nach Verabreichung von Methohexital ist die Überwachung durch geschultes Personal erforderlich. Narkosezubehör muß in Reichweite sein!

– Dosierungsschema Methohexital (Brevimytal®):

Gewicht (kg)	Lösung (ml)	**Methohexital** (Brevimytal®) (mg)
6	1,5	150
8	2,0	200
10	2,5	250
12	3,0	300
14	3,5	350
16	4,0	400
18	4,5	450
20	5,0	500
22	5,5	550
24	6,0	600
26	6,5	650

- **Midazolam (Dormicum®)**
  - zur Herstellung Ampulle(n) mit 5 mg/ml verwenden und mit NaCl 0,9% in einer 5- oder 10-ml-Spritze auf eine Konzentration von 1–2 mg/ml verdünnen
  - Dosierung: 0,3–0,5 mg/kg KG rektal über einen Adapter oder einen abgeschnittenen Absaugkatheter
  - gleichzeitige rektale Atropin-Applikation (0,02 mg/kg KG) möglich

  Beachte: Nach rektaler Verabreichung von Midazolam ist die Überwachung durch geschultes Personal erforderlich. Narkosezubehör muß in Reichweite sein!

– Dosierungsschema Midazolam (Dormicum®):

Gewicht (kg)	**Midazolam** (Dormicum®) rektal 0,3 mg/kg KG (mg)	0,5 mg/kg KG (mg)
6	1,8	3,0
8	2,4	4,0
10	3,0	5,0
12	3,6	6,0
14	4,2	7,0
16	4,8	8,0
18	5,4	9,0
20	6,0	10,0
22	6,6	11,0
24	7,2	12,0
26	7,8	13,0

Lungenfunktion

Allgemeines

- Indikation: Patienten mit anamnestischem/klinischem pulmonalen Risiko und geplanten ausgedehnten Oberbaucheingriffen oder Lungenoperationen
- Bei nicht vitaler OP-Indikation ist die Behandlung der pulmonalen Erkrankung vorrangig, um das postoperative Risiko zu senken (→ gezielte Atemtherapie, Antibiotika, Sekretolytika, Beatmungsinhalation, Bronchodilatatoren)

Bedside tests

- Streichholz-Test (Obstruktion, Restriktion): Brennendes Streichholz aus 5 cm Entfernung (mit offenem Mund) bzw. 15 cm Entfernung (mit gespitzten Lippen) ausblasen
- Atem anhalten lassen: normal wenigstens 15–20 s (<15 s → verminderte kardiale/pulmonale Reserve)
- Ausatemzeit der Vitalkapazität: Nach maximaler Inspiration möglichst vollständig ausatmen lassen (> 5 s → pulmonale Obstruktion)

Normalwerte bei Erwachsenen (Männer/Frauen)

• Atemzugvolumen (V_T)	660/ 550 ml
• Inspiratorisches Reservevolumen (IRV)	2200/1500 ml
• Exspiratorisches Reservevolumen (ERV)	1200/ 700 ml
• Residualvolumen (RV)	2100/1600 ml
• Vitalkapazität (VK)	4100/2800 ml
• Funktionelle Residualkapazität (FRK)	3300/2300 ml
• Totalkapazität (TK)	6000/4300 ml
• Exspiratorische Sekundenkapazität (FEV_1)	70-80% derVK
• Physiologischer Totraum (V_D)	1/3 V_T

- Faustregel Vitalkapazität: VK = 70 ml/kg KG
- Faustregel VK Männer = Größe (cm) x 25 ml
- Faustregel VK Frauen = Größe (cm) x 20 ml

Spirometrie

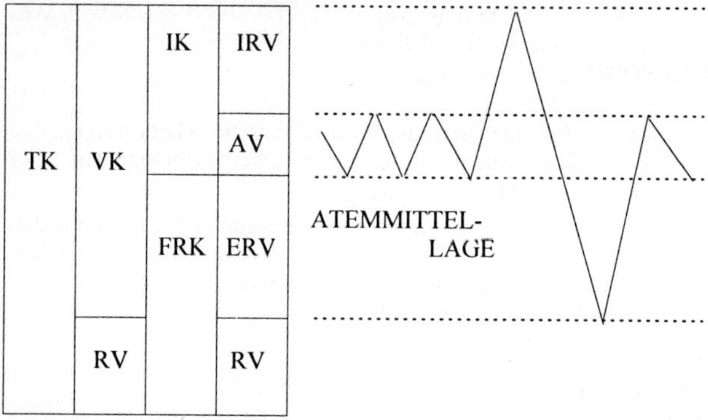

Atemvolumina

VK	=	Vitalkapazität
TK	=	Totalkapazität
RV	=	Residualvolumen
FRK	=	Funktionelle Residualkapazität
IRV	=	Inspiratorisches Reservevolumen
AV	=	Atemzugvolumen in Ruhelage
ERV	=	Exspiratorisches Reservevolumen
IK	=	Inspiratorische Kapazität

Thoraxchirurgische Eingriffe

- Flußdiagramm zur **Beurteilung der Operabilität bei pulmonalen Eingriffen** (nach *Schulz* et al. 1993)
  [FEV_1 = 1-Sekundenvolumen in l]

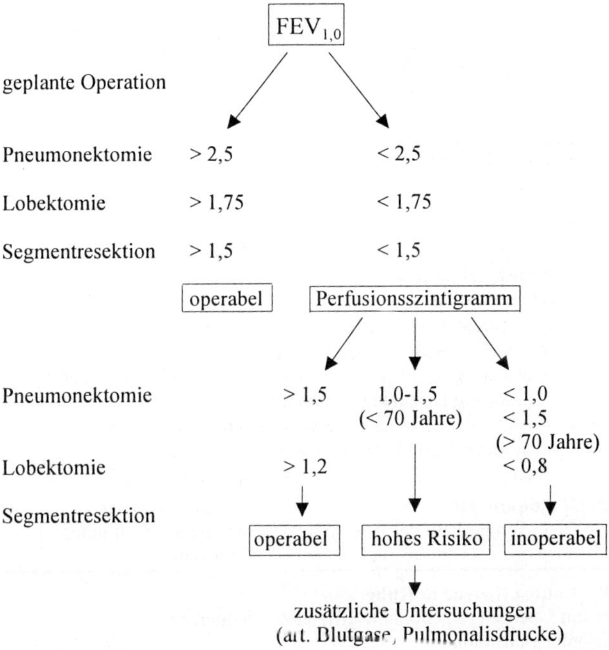

- Bei der Beurteilung der Operabilität 1-Sekundenvolumen (FEV_1 = forciertes exspiratorisches Volumen in der 1. Sekunde) und arteriellen Sauerstoffpartialdruck (P_aO_2) bewerten
- Neben absoluten FEV_1-Werten auch auf das jeweilige altersabhängige Soll bezogene Relativwerte berücksichtigen. Kritischer Bereich: 30–40 % der Norm

- Bei niedrigen FEV_1-Werten sind zusätzliche diagnostische Verfahren zur Risikoabschätzung erforderlich
- Pulmonaler Shunt wahrscheinlich, wenn unter reiner Sauerstoffatmung der P_aO_2-Wert nicht über 400 mmHg ansteigt
- **Beziehung der funktionellen Operabilität zu unterschiedlichen Konstellationen des pulmonalen Gaswechsels** (nach *Schulz* et al. 1993):

Parameterkonstellation	Funktionelle Operabilität
Globalinsuffizienz: – arterielle Hypoxämie – Hyperkapnie	inoperabel
Partialinsuffizienz in Ruhe:	
$PaO_2 \leq 55$ mm Hg	inoperabel
PaO_2 55–65 mm Hg	
• PaO_2-Anstieg bei Belastung (geringe $\dot{V}a/\dot{Q}$-Inhomogenität)	operabel
• PaO_2-Abfall bei Belastung	
– mit hohem $\dot{Q}s/\dot{Q}t$-Anteil in der OP-Region	operabel
– mit niedrigem $P\bar{v}O_2$ (Ruhe und Belastung)	inoperabel, bei Besserung der kardialen Funktion bedingt operabel
– mit hoher $\dot{V}_A/\dot{Q}$-Inhomogenität	inoperabel
– niedrige DL_{CO}	inoperabel
$PaO_2 \geq 66$mm Hg (jedoch unterhalb der Altersnorm)	operabel auch bei mäßigem Abfall unter Belastung
Partialinsuffizienz in Ruhe mit Übergang in Globalinsuffizienz unter Belastung	inoperabel

DL_{CO} = Diffusionskapazität der Lunge für CO

ASA-Risikoklassen

- Risikogruppen-Einteilung gemäß der American Society of Anesthesiologists (ASA)

- Bei Notfalloperationen wird zusätzlich die Ziffer „E" verwendet. Zwischen ASA I und III steigt das peri- und postoperative Letalitätsrisiko um das 200- bis 400fache.

- **ASA I:** völlig gesunde Patienten

- **ASA II:** Patienten mit leichter bis mäßiger Beeinträchtigung des Allgemeinzustandes wie z.B. gut eingestellte arterielle Hypertonie, nicht insulinpflichtiger Diabetes mellitus, Adipositas (> 30% des Normalgewichtes)

- **ASA III:** schwere Allgemeinerkrankung mit Leistungseinschränkung wie z.B. Angina pectoris, chronisch obstruktive Lungenerkrankung, Myokardinfarktanamnese (länger als 6 Monate zurückliegend), Ileus, lokale Peritonitis, längerfristige Immobilisation, Diabetes mellitus mit Komplikationen, Leberzirrhose, chronische Niereninsuffizienz

- **ASA IV:** schwere und lebensbedrohliche Allgemeinerkrankung wie z.B. kongestive Herzinsuffizienz, Herzinfarkt vor weniger als 6 Monaten, akute Myokarditis, Schockzustand, länger andauernder Ileus, fortgeschrittene Leber- und Niereninsuffizienz, Koma

- **ASA V:** moribunder Patient mit nur geringen Überlebenschancen wie z.B. bei rupturiertem Bauchaortenaneurysma

Techniken

Zentraler Venenzugang

Praxis

- Strenge Indikationsstellung
- Steriles Procedere:
  - Punktionsgebiet ggf. rasieren, Haut entfetten
  - streng aseptische Bedingungen
  - sorgfältige Nachbeobachtung/Katheterpflege
- Lokalanästhesie, evtl. Stichinzision der Haut
- Punktion mit aufgesetzter Kochsalz-Spritze, nach Durchstechen der Haut den Hautstanzzylinder entfernen oder in Spritze aspirieren
- Bei Verwendung von Stahlkanülen (wenn überhaupt!) den bereits vorgeschobenen Katheter **niemals** durch die liegende Nadel zurückziehen (Katheterabscherung, Katheterembolie)
- Nach Einführen des Katheters Aspiration von Blut prüfen; **Röntgenkontrolle** (Katheterlage, Ausschluß Pneumothorax, freier Abstrom des Kontrastmittels)
- **Beachte**: ein Pneumothorax ist unter Umständen erst nach einigen Stunden röntgenologisch nachweisbar
- Beidseitige Punktionsversuche der V. subclavia oder V. jugularis interna in einer Sitzung sind **verboten**
- Beachte: Arrhythmien bei tiefem Vorschieben eines Katheters in das Herz (EKG-Monitoring)
- Die Katheterspitze sollte in der Regel in der V. cava superior liegen
- **Cave**:
  - lokale/systemische Infektionen (Kathetersepsis!)
  - Luftembolie
  - Katheterfehllage

- Verletzung umgebender Strukturen (Gefäßperforation → u.U. erhebliche Blutung)
- Katheterembolie
- Herzperforation

- Ultraschallgesteuerte Punktion
  - günstig bei absehbarer problematischer Punktion zentraler Venen
  - steriles Procedere
  - ZVK-Set mit Seldinger-Technik
  - cave: Kompression der V. jugularis interna durch Druck des Schallkopfes
  - beachte: bereits die orientierende sonographische Voruntersuchung des Punktionsbereichs und des Venenverlaufs erleichtert u.U. die Punktion

ZVK-Lagekontrolle mittels EKG

- Voraussetzung: Sinusrhythmus
- EKG-Ableitung entlang der elektrischen Herzachse (Ableitung I)
- EKG-Patientenleitung mit Umschaltmöglichkeit auf das intraatriale EKG
- MedGV- und VDE-Richtlinien beachten
- Die intravasale/intrakardiale EKG-Ableitung erfolgt
  - über elektrisch leitenden Spritzenadapter, der auf den mit Blut oder NaCl 0,9% gefüllten Venenkatheter aufgesetzt wird
  - über durch den Venenkatheter vorgeschobenen speziellen J-Guide mit Verbindungsstecker
- Beim Vorschieben des Katheters/Führungsdrahtes aus der V. cava in den rechten Vorhof wird das typische intraatriale EKG abgeleitet (charakteristische überhöhte P-Welle)
- Anschließend Katheter langsam zurückziehen, bis die P-Welle wieder ihre normale Konfiguration erreicht hat; nach weiteren 2–3 cm hat die Katheterspitze die gewünschte Position in der V. cava superior erreicht

V. basilica (V. cephalica)

- Identifikation der A. brachialis
- Punktionsstelle: Innenseite (V. basilica) oder Außenseite (V. cephalica) der Ellenbeuge
- Punktion der V. basilica am günstigsten
- Durch Abduktion und Außenrotation des Armes können Hindernisse beim Vorschieben des Katheters überwunden werden
- Bei Punktion der V. cephalica läßt sich der Katheter nicht immer zentral vorschieben (rechtwinklige Einmündung in die V. axillaris); mögliche Abhilfe: Drehen des Kopfes zur Punktionsseite, Kinn auf Schulter
- Typische Komplikationen: Katheterfehllagen (am häufigsten in der Jugularvene), Intimaverletzungen bei zu forschem Vorschieben des Katheters, Verletzung der A. brachialis

V. jugularis externa

- Kopftieflage
- Drehung des Kopfes zur Gegenseite
- Ggf. Kompression der Vene über der Klavikula (Helfer)
- Patienten zum Pressen auffordern (Valsalva)
- Punktionsstelle: Mitte des M. sternocleidomastoideus
- Venenklappen erschweren häufig ein zentrales Vorschieben (Zug am Arm, Druck auf Katheterspitze hilfreich; Seldinger-Technik mit J-Guide)
- Typische Komplikationen: Katheterfehllagen

V. subclavia (infraklavikulärer Zugang)

- **Kontraindikationen**: hämorrhagische Diathese, kontralateraler Pneumothorax, Emphysemthorax
- Kopftieflage
- Drehung des Kopfes zur Gegenseite, Arme angelegt
- Bevorzugt rechte Seite punktieren (links Gefahr der Verletzung des Ductus thoracicus)

- Punktionsstelle: etwa 1 cm unterhalb des Klavikulaunterrandes in Klavikulamitte
- Punktionsrichtung: Jugulum, Oberrand des Sternoklavikulargelenkes; Erreichen der V. subclavia nach etwa 4–6 cm
- Vorpunktion mit dünner Nadel empfehlenswert (Richtung, Tiefe)
- Seldinger-Kathetersystem empfehlenswert
- **Cave**: Luftembolie
- Typische Komplikationen: Verletzung von Pleura oder A. subclavia (Pneumothorax, Hämatothorax), Schädigung des Plexus brachialis, Luftembolie

V. jugularis interna

- **Kontraindikationen**: neurologische Ausfälle (Karotisstenose), hämorrhagische Diathese; problematisch bei großer Struma, Adipositas permagna
- Kopftieflage
- Drehung des Kopfes zur Gegenseite
- Identifizierung der A. carotis mit den Fingern der linken Hand (Finger liegenlassen); die A. carotis liegt medial und tiefer als die V. jugularis int.
- Punktionsstelle: lateral der A. carotis in Höhe der den M. sternocleidomastoideus kreuzenden V. jugularis externa (etwa 5 cm oberhalb der Klavikula)
- Punktionsrichtung: medialer Rand des klavikulären Anteils des M. sternocleidomastoideus in einem Winkel von 30– 45° zur Hautoberfläche
- Falls möglich, rechte V. jugularis interna punktieren (gerader Verlauf; rechte Lungenspitze niedriger als links)
- Vorpunktion mit dünner Nadel (Richtung, Tiefe)
- Die V. jugularis interna wird nach 3,5–4,5 cm erreicht
- **Cave**: Luftembolie
- Typische Komplikationen: Fehlpunktion (A. carotis, Gefahr der Hemiparese bei Karotisstenose), Horner-Syndrom, Luftembolie, Verletzungen des Plexus brachialis, Pneumothorax/Hämatothorax

V. femoralis

- **Indikationen**: Notfallsituationen (insbesondere Einführen eines Shaldon-Katheters bei massivem Blutverlust; nicht geeignet bei starker Blutung aus Venen des Bauchraums)
- Gesäß auf der Punktionsseite durch Unterlage leicht anheben
- Palpation der A. femoralis unterhalb des Leistenbandes („IVAN": **I**nnen, **V**ene, **A**rterie, **N**erv)
- Punktionsstelle: 1 cm medial der A. femoralis unterhalb des Leistenbandes
- Punktionsrichtung: leicht nach medial und schräg kranial gerichtete Punktionsnadel (Seldinger-Technik empfohlen)
- Die V. femoralis wird durchschnittlich nach 2–4 cm erreicht
- Typische Komplikationen: **hohes Thromboserisiko**, aufsteigende Infektion, Fehlpunktion mit Verletzungen der A. femoralis oder des N. femoralis
- Katheter nur kurzzeitig belassen und möglichst bald durch einen V. cava superior-Katheter ersetzen

Intraossäre Infusion

Indikationen

- Rasch durchführbare **Notfallalternative** zur direkten Venenkanülierung (notfallmäßige Applikation von Volumen und Medikamenten)
- Insbesondere bei Kleinkindern (Reanimation, schweres Polytrauma, Schock, schwere Verbrennungen)
- Evtl. auch bei Erwachsenen mit sehr schlechten Venenverhältnissen (z.B. extreme Adipositas)

Kontraindikationen

- Massive Infektion im Punktionsgebiet
- Sepsis (Risiko einer Absiedlung in den Knochen; relative Kontraindikation)

Technik

- Intraossäre Kanüle (z.B. Pencil Point Intraosseus Needle/Cook)
- Bei Kleinkindern notfalls auch 16 G-Venenkanüle oder 18/20 G-Spinalkanüle
- Hautdesinfektion; ggf. Lokalanästhesie
- **Kleinkinder**
  - Punktionsort: proximale Tibia, ca. 2 cm unterhalb der Tuberositas tibiae
  - Punktion von Haut und Kortikalis in distaler Richtung (um die Epiphysenfuge nicht zu verletzen)
  - Widerstandsverlust zeigt den Eintritt der Kanüle in den Markraum (ca. 1 cm)
  - cave: zu tiefes Vorschieben mit Perforation der kontralateralen Kortikalis
  - Bestätigung der korrekten Kanülenlage durch freie Aspiration von Blut/Knochenmark
  - Fixation der Kanüle

- **Schulkinder/Erwachsene**
  - Punktionsort: distale Tibia, ca. 2 cm proximal des Malleolus medialis
  - Punktion von Haut und Kortikalis in leicht kranialer Richtung
  - Widerstandsverlust zeigt Eintritt der Kanüle in den Markraum
- Liegedauer der intraossären Kanüle: möglichst kurz
- **Intraossäre Applikation:**
  - Aufgrund der sehr guten venösen Drainage des Knochenmarks können Medikamente und Infusionen ähnlich wie intravenös appliziert werden
  - Intraossäre Applikation von Elektrolytlösungen, Plasmaersatzmitteln, Blut, Natriumbikarbonat, Reanimationsmedikamenten möglich

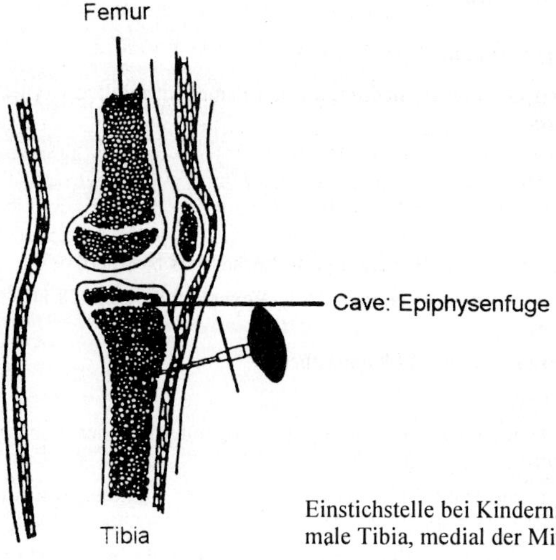

Einstichstelle bei Kindern: proximale Tibia, medial der Mittellinie

Arterielle Kanülierung

Allgemeines

- Die direkte Messung des arteriellen Blutdrucks muß unter ständiger Monitor-Kontrolle erfolgen
- Die arterielle Punktionsstelle sollte nach Möglichkeit jederzeit einsehbar sein
- Beim Anschluß des Spülsystems an den Druckaufnehmer auf Luftblasen achten
- Spülflüssigkeit: NaCl 0,9%-Infusionsbeutel; evtl. mit 2000 E Heparin (Erwachsene) versetzen; Druckmanschette auf 300 mm Hg aufblasen
- Kanüle sicher fixieren (Zügelpflaster/Naht), mit rotem Klebeband markieren (Aufschrift „Arterie"!)
- Besondere Gefahren und **Probleme** (Auswahl): unbemerkte Diskonnektion (Exsanguination), Unterbrechung der Spülung (Thrombosierung), falsche Werte (u.a. Katheterabknickung, Luftblasen, Transducer-Störung, unterschiedliche Frequenz- und Dämpfungseigenschaften von Druckmeßsystemen), versehentliche intraarterielle Injektion (Ischämie, Gangrän, Extremitätenverlust), bakterielle Kontamination (häufig: Staphylococcus epidermidis), Traumatisierung (arteriovenöse Fistel, Pseudoaneurysma), Verletzung benachbarter Nervenstränge durch Punktion bzw. Kompression bei Hämatombildung

Allen-Test

- Überprüfung des Kollateralkreislaufs A. radialis/A. ulnaris
- Bei nach oben gehaltenem Arm Radial- und Ulnararterie manuell komprimieren
- Nach mehrmaligem Öffnen und Schließen der Faust blaßt die Hand des Patienten ab
- Der palmare arterielle Gefäßbogen ist in der Regel durchgängig, wenn nach Aufhebung der radialen/ulnaren Kompression die Hand innerhalb von 5 s wieder rosig wird (Pulsoximeter-Einsatz mit Positionierung des Aufnehmers am Daumen und Darstellung der Pulskurve sinnvoll)
- Bei Patienten mit Akromegalie ist die ulnare Gefäßversorgung häufig inadäquat (ligamentäre Hypertrophie)

A. radialis

- Seitenwahl:
  - nicht-dominante Hand: z.B. bei Rechtshändern links punktieren
  - thorakales Aneurysma: rechte Seite bevorzugen, da linke A. subclavia häufig mitbetroffen bzw. okkludiert ist
  - Frühgeborene mit offenem Ductus arteriosus: rechts punktieren (linker Arm erhält u.U. desoxygeniertes Blut)
  - vorausgehende Katheterisierung der A. brachialis: Punktion nur kontralateral vornehmen
  - keine Punktion bei inadäquatem ulnaren Kollateralkreislauf
- Steriles Vorgehen
- Handgelenk leicht überstrecken, Unterarm fixieren
- Evtl. Hautquaddel, Stichinzision
- Bei Erwachsenen 20 G-Teflon-Kanüle von möglichst weit distal aus im Winkel von 20–30° langsam vorschieben, Arterie dabei mit Zeigefinger und Mittelfinger der anderen Hand palpieren
- Bei Auftreten von Blut die Punktionsnadel leicht absenken, 2 mm weiter vorschieben, Teflonkanüle drehend in das Gefäß einführen. Seldinger-Systeme vor allem bei schwierigen Punktionsverhältnissen sinnvoll.
- Hinterwand der Arterie bei Punktion nicht perforieren!
- „Return to flow"-Test (approximative Qualitätskontrolle der Druckmessung in der A. radialis): Blutdruckmanschette am Patientenarm über den systolischen Druck (Verschwinden der arteriellen Druckkurve am Monitor) aufblasen und langsam ablassen. Der Manschettendruck beim ersten Auftreten von Pulsationen entspricht dem wahren systolischen Druck (meist liegt der blutig gemessene systolische Spitzendruck etwas höher).
- Cave: Retrograde Embolie durch exzessives Spülen der Kanüle

A. femoralis

- Merke: IVAN (**I**nnen, **V**ene, **A**rterie, **N**erv)
- Steriles Vorgehen
- Arterie zwischen linkem Zeige- und Mittelfinger palpieren und fixieren
- Seldinger-Technik empfohlen
- Punktion unterhalb des Leistenbandes

- Stahlkanüle mit aufgesetzter Kochsalzspritze im Winkel von 45° auf die Arterie vorschieben
- Bei intraarterieller Lage Kanüle neigen, 2 mm in das Gefäß einführen
- Kanüle fixieren, mit der linken Hand abstützen
- Abnehmen der Spritze, steriles Einführen des Seldinger-Drahtes (weiches Ende)
- Hautinzision, Plazieren der arteriellen Kanüle über den Einführungsdraht, Draht herausziehen, roten Dreiwegehahn anschließen, durchspülen
- Sichere Fixierung der Kanüle (Naht)
- Bei Kindern kann die A. femoralis mit einer 22 G- oder 20 G-Teflonkanüle punktiert werden

A. dorsalis pedis

- Überprüfung des Kollateralkreislaufs A. dorsalis pedis/A. tibialis posterior: nach Kompression beider Arterien sollte die Großzehe nach Freigabe der A. tibialis posterior innerhalb von 5 s wieder durchblutet sein
- Bei fehlender A. tibialis posterior Pulsation ist die Punktion der A. dorsalis pedis kontraindiziert
- Kanüle sicher fixieren (Zügelpflaster/Naht)
- Beachte, daß der systolische Druck um 5–20 mm Hg zu hoch gemessen wird (jedoch: bei Fehlen arteriosklerotischer Gefäßveränderungen entspricht der Mitteldruck in etwa dem mittleren Aortendruck)
- Punktion aufgrund der kleinen Gefäßgröße in bis zu 20% erfolglos
- Bei ca. 10% aller Menschen ist die A. dorsalis pedis kongenital nicht angelegt
- Das Risiko eines thrombotischen Gefäßverschlusses ist höher als bei der Kanülierung der A. radialis

Beatmung

Indikationen zur Beatmung

- Atemmechanik
  - Atemfrequenz > 35/min (normal 12–20/min)
  - Vitalkapazität (VK) < 15 ml/kg (normal 55–75 ml/kg)
  - Exspiratorische Sekundenkapazität (FEV_1) < 10 ml/kg (normal 50–60 ml/kg)
  - Inspiratorische Kraft < 25 cm H_2O (normal 75–100 cm H_2O)
- Oxygenierung
  - PaO_2 < 70 mm Hg (FIO_2 = 0,6)
  - A-aDO_2 nach 10 min 100% O_2 > 450 mm Hg (normal 25–65 mm Hg)
- Ventilation
  - $PaCO_2$ > 55 mm Hg (ausgenommen Patienten mit chronischer Hyperkapnie)
  - $V_D/V_T > 0{,}6$

Einstellen der Beatmung

- Faustregel Atemminutenvolumen: AMV = 100–120 ml/kg (höheres AMV bei Totraumvergrößerung)
- Atemfrequenz: f = 10–16/min
- Atemzeitverhältnis (Inspiration: Exspiration): 1:2; 1:1,5 (bei erhöhtem Ausatemwiderstand, Asthma → verlängerte Exspirationsphase; bei Atelektaseneigung → I: E = 1:1 oder evtl. Inversed-ratio-Beatmung)
- PEEP-Beatmung bei Atelektasen, Luftembolieprophylaxe (3–10 mbar; optimalen PEEP individuell ermitteln)
- Inspirationsdruck bei Lungengesunden maximal 15–20 mbar
- **Beachte**: Beatmung (insbesondere mit PEEP) → Verminderung des venösen Rückstroms, Abnahme des Herzzeitvolumens, Blutdruckabfall
- FIO_2 > 0,25 (bei Risikopatienten wenigstens 40% O_2 zur Vermeidung einer Hypoxämie einstellen)

Überwachung

- Respirator: Inspiratorischer und exspiratorischer Druck, Atemzugvolumen (in/exspiratorisch), Atemminutenvolumen, Frequenzeinstellung, FIO_2, Frischgasflow (O_2, N_2O)
- Klinisch: seitengleiche Thoraxbewegungen, Auskultation, Hautfarbe
- Kapnometrie, Pulsoxymetrie
- Blutgasanalyse (bei Risikopatienten z.B. 15 min nach Einstellung des Respirators)
- Kapnometrie = Endexspiratorische CO_2-Überwachung ($PECO_2$)
- Ein normalerweise bestehender geringer CO_2-Gradient $aEDCO_2$ (= $PaCO_2$-$PECO_2$) ist auf eine „physiologische" Ventilations-Perfusions-Ungleichverteilung zurückzuführen; die Größe des $aEDCO_2$-Gradienten wird mittels gleichzeitig bestimmter arterieller Blutgasanalyse ermittelt (normalerweise 2–5 mm Hg)
- Ein signifikanter Gradient $aEDCO_2$ tritt auf bei pathologischen Ventilations-Perfusionsstörungen (z.B. Thorakotomie, Lungenembolie, Schock)
- $PaCO_2$: Maß der alveolären Ventilation (normal 40 mm Hg)
- Parameter, die $PaCO_2$ und $PECO_2$ beeinflussen:
  (1) Metabolismus (CO_2-Produktion)
  (2) Kreislauf/Lungendurchblutung
  (3) Lungenfunktion
  (4) Beatmung
- Ursachen für Anstieg des $PECO_2$:
  – Stoffwechselsteigerung, Fieber, Hyperthyreose
  – maligne Hyperthermie
  – abnehmende Narkosetiefe/Muskelrelaxation
  – Hypoventilation, Bikarbonat-Applikation
- Ursachen für Abfall des $PECO_2$:
  – Hypothermie
  – Narkose, Relaxation
  – Totraumzunahme, Schock, Lungenembolie, Luftembolie, Herzstillstand
  – Hyperventilation
  – Diskonnektion
- Umrechnung: Vol% CO_2 x 7 = $PECO_2$ [mm Hg] (Faustregel)

Ein-Lungen-Anästhesie

Indikationen

- Isolierung einer Lunge (Abszeß, massive Blutung)
- Adäquate Ventilation der gesunden Lunge bei unilateralem Lungenprozeß
  - bronchopleurale Fistel
  - Bronchusruptur
  - operative Bronchuseröffnung
  - große einseitige Lungenzyste/Emphysemblase
- Erleichterung des operativen Eingriffs durch Ein-Lungen-Beatmung
  - thorakales Aortenaneurysma
  - Pneumonektomie
  - Lobektomie
  - Ösophagusresektion
  - Eingriffe an der Brustwirbelsäule

Besonderheiten bei Ein-Lungen-Anästhesie (ELA)

- Lungendurchblutung in Seitenlage
  - obere Lunge: 40%
  - untere Lunge: 60%
- Lungendurchblutung bei **Ein-Lungen-Anästhesie** in Seitenlage
  - obligatorischer intrapulmonaler Shunt aufgrund noch bestehender Perfusion der kollabierten atelektatischen oberen Lunge
  - obere Lunge (nicht ventiliert): 20% Perfusionsanteil
  - untere Lunge (ventiliert): 80% Perfusionsanteil
  - Shuntfraktion: 20% (beachte: Reduktion der Shuntdurchblutung aufgrund hypoxischer pulmonaler Vasokonstriktion)
- **Hypoxische pulmonale Vasokonstriktion (HPV)**
  - Euler-Liljestrand-Reflex: alveoläre Hypoxie → pulmonale arterioläre Vasokonstriktion → Abnahme der Shuntdurchblutung

  - HPV → wichtigster Regelmechanismus der Umverteilung des Blutflusses von der atelektatischen Lunge in die beatmete Lunge
  - HPV wird bestimmt durch Abnahme von PAO_2 und PvO_2
- Beachte: Verminderung der (erwünschten) HPV durch Vasodilatatoren (z.B. Inhalationsanästhetika [dosisabhängig], Natriumnitroprussid) → Zunahme der Shuntdurchblutung

Technik der endobronchialen Intubation mit Doppellumentubus (DLT)

- Wenn möglich **linksseitige endobronchiale Intubation** (Grund: schwierigere korrekte Positionierung des rechtsseitigen DLT aufgrund des kurzen rechten Hauptbronchus (1,5–2 cm); das Murphy-Auge des endobronchialen Tubusanteils muß genau gegenüber dem Abgang des rechten Oberlappenbronchus plaziert werden)
- Adäquate Größe des DLT (Frauen: 35–37 Ch; Männer 39–41 Ch)
- Überprüfen von Tubuskonnektoren und Blockmanschetten
- Beachte: Blaufärbung des **endobronchialen Cuffs** (wichtig für fiberoptische Kontrolle der Tubuslage)
- Lubrifikation des Führungsstabes mit Gleitmittel
- **Intubation** mit Doppellumentubus
  - übliches laryngoskopisches Einstellen der Glottis
  - Einführen des DLT in die Trachea mit distaler Kurvatur nach vorn
  - nach Passage der Glottis Drehen des Tubus um 90° nach links (bzw. rechts) und Ziehen des Führungsstabs
  - vorsichtiges Vorschieben des DLT bis zum Auftreten eines mäßigen Widerstands (Tubusspitze liegt im linken [bzw. rechten] Hauptbronchus)
- Vorsichtiges Blocken der trachealen Blockmanschette (10 ml-Spritze) und Beginn der Beatmung
  - beidseitige Thoraxbewegungen?
  - CO_2-Kurve?
  - Beatmungsdruck?

Überprüfen der korrekten DLT-Position

- Beatmung über das Tracheallumen (Abklemmen des bronchialen Konnektors) und vorsichtiges Blocken des trachealen Cuffs (10 ml-Spritze)
  - beidseitige Thoraxbewegungen?
  - beidseitig gleiches Atemgeräusch?
  - $PECO_2$-Monitoring; CO_2-Kurvenform?
  - Beatmungsdruck?
  - **wichtig**: blockiert der tracheale Cuff den rechten/linken Hauptbronchus? (**cave Fehllage**: Tubus zu tief eingeführt)
- Anschließend vorsichtiges Blocken des endobronchialen Cuffs (2 ml-Spritze) bei Beatmung über das Tracheallumen → einseitige Beatmung (rechts bei linksendobronchialer Intubation/links bei rechtsendobronchialer Intubation)
  - **wichtig**: ist der richtige Hauptbronchus intubiert? (**cave Fehllage**: falscher Hauptbronchus)
  - **wichtig**: blockiert der endobronchiale Cuff die Trachea (**cave Fehllage**: DLT nicht weit genug eingeführt) ?
- Anschließend selektive Beatmung über das endobronchiale Lumen (Abklemmen des trachealen Lumens)
  - **wichtig**: ist der richtige Hauptbronchus intubiert? (**cave Fehllage**: falscher Hauptbronchus)
  - **wichtig**: blockiert der linksendobronchiale Cuff den linken Oberlappenbronchus? (**cave Fehllage**: DLT zu weit eingeführt)
  - **wichtig**: blockiert der endobronchiale Anteil des rechtsendobronchialen DLT den Abgang des rechten Oberlappenbronchus? (**cave Fehllage**: das Murphy-Auge des endobronchialen Tubusanteils liegt nicht genau gegenüber dem Abgang des rechten Oberlappenbronchus)
- Exakte **fiberoptische Kontrolle der DLT-Lage** mittels Kinderbronchoskop (insbesondere nach abgeschlossener Lagerung des Patienten)
  - Vorschieben des Bronchoskops durch das tracheale Lumen des DLT → Visualisierung der Carina sowie des blauen endobronchialen Cuffs im linken bzw. rechten Hauptbronchus direkt hinter der Carina

– Vorschieben des Bronchoskops durch das endobronchiale Lumen des DLT → Visualisierung des linken Oberlappenbronchus bzw. des rechten Oberlappenbronchus genau durch das Murphy-Auge

Cave

- Entscheidende Veränderungen der Lage des DLT durch Lagerungsmanöver → Risiko erheblicher Beatmungsprobleme/Hypoxie
- Bei ernsten Beatmungsproblemen DLT notfalls in Trachea zurückziehen und nach Entblocken des endobronchialen Cuffs über distales (endobronchiales) und proximales (tracheales) Lumen konventionell beatmen

Praxis

- Zur Ein-Lungen-Anästhesie kann anstatt eines Doppellumentubus auch ein Tubus mit Bronchialblocker eingesetzt werden.

Larynxmaske

Indikationen

- Kleinere extraabdominale/extrathorakale Eingriffe
- **Schwierige Intubation**
  - Herstellung eines Luftwegs
  - „blinde" Intubation mit einem (überlangen) Endotrachealtubus (6 mm ID) über Larynxmaske Größe 3 (LM #3) oder LM #4 unter 90° Drehung bei Passieren der LM-Verstrebung
  - fiberoptische Intubation über die Larynxmaske (LM)
- Bronchoskopie in Narkose

Kontraindikationen

- Fehlende Nüchternheit
- Ileussymptomatik
- Ausgeprägte Adipositas
- Kardiainsuffizienz
- Verminderte Lungencompliance

Technik

- Richtige Größe der LM wählen
- Komplette Entleerung des Cuffs ohne Faltenbildung (→ gewölbte Seite der LM auf flache Unterlage pressen, Fingerdruck auf die Rückseite der LM, Absaugen der Luft im Cuff mit großer Spritze)
- Lubrifikation der LM (Gleitmittel oder z.B. 2% Lidocain-Gel auf die Rückseite der LM aufbringen, wenig auf die Vorderseite, kein Gel in die Öffnung der LM)
- LM in anderen Größen bereithalten
- Ggf. Mundöffnung und **Vorziehen des Unterkiefers** durch Hilfsperson
- Einführen der LM nur unter **adäquater Anästhesietiefe**

- Die LM mit der dominanten Hand im „Bleistiftgriff" halten (Zeigefinger auf Steg zwischen Cuff und Rohr)
- Den Hinterkopf des Patienten in die andere Hand nehmen, Reklination des Kopfes
- Beim Einführen der LM soll die Rückseite des Cuffs glatt am harten Gaumen anliegen
- Vorsichtiges Vorschieben der LM nach kaudal mit dem Zeigefinger (falls erforderlich unter leichter Drehbewegung) bis ein leicht federnder Widerstand auftritt (Cuffspitze am oberen Ösophagussphinkter)
- Füllung des Cuffs mit entsprechender Luftmenge → die LM tritt hierbei etwas nach außen und zentriert sich selbst; LM dabei nicht festhalten, um eine Gewebeverletzung zu verhindern
- Beachte: Die schwarze Markierungslinie am Rohr der LM muß zur Oberlippe zeigen
- Vorsichtige Beatmung (< 20–25 mbar); Auskultation, Kapnometrie
- Beißschutz
- Evtl. Leckage überprüfen

LM-Größen

Größe	Alter	Gewicht	Cuffvolumen
1	Neugeborene/Säuglinge	bis 6,5 kg	3 ml
2	Kleinkinder	6,5 – 12 kg	10 ml
2,5	Kinder	12 – 25 kg	15 ml
3	Kinder/kleine Erwachsene		20 ml
4	Erwachsene		30-35 ml
5	große Erwachsene		40 ml

Anästhesieverfahren

- Intravenöse Anästhesie
  - Narkoseeinleitung mit Propofol (z.B. Disoprivan®) in mittlerer bis höherer Dosierung erlaubt in der Regel ein problemloses Einführen der LM
  - TIVA mit Propofol (z. B. Disoprivan®)/Alfentanil (z. B. Rapifen®) günstig

- **beachte**: bei Anästhesieeinleitung mit Barbituraten oder Etomidat (z. B. Hypnomidate®) sollte die Narkose vor Plazierung der LM mit einem Inhalationsanästhetikum vertieft werden

- **Inhalationsanästhesie**
  - Einleitung der Anästhesie per inhalationem bei kleineren Kindern günstig
  - ggf. zur Vertiefung/Aufrechterhaltung der Anästhesie
- Präoxygenierung empfohlen
- Muskelrelaxation nicht erforderlich

Cave

- Fehlplazierung (kann zum partiellen/totalen Verschluß der Atemwege führen, häufig durch ventrales oder dorsales Umschlagen des Cuffs)
- Überblähung des Cuffs
- Aspirationsrisiko
- Laryngospasmusrisiko (zu flache Anästhesie)
- Insufflation des Magens (→ Beatmungsdruck < 20-25 mbar)
- Kehlkopfläsion
- Dislokation der LM durch Zug
- Widerstand beim Vorschieben der LM niemals gewaltsam überwinden

Notfallkoniotomie

Indikationen

- Rascher direkter Zugang zur Trachea → Möglichkeit der (notfallmäßigen) Oxygenierung des Patienten
- „Cannot ventilate/cannot intubate"-Situation
- Verlegung der oberen Atemwege
  - entzündliche oder tumorbedingte Raumforderung
  - allergische Reaktion
  - festgeklemmter Bolus
- Larynxfraktur
- Schweres Mittelgesichtstrauma
- Verbrennungen im Gesicht/oberen Respirationstrakt

Technik

- Patient in Rückenlage; Nacken/Schultern unterpolstern, Kopf überstrecken
- Identifikation der Membrana cricothyroidea
  - zwischen Schildknorpel und Ringknorpel gelegen
  - Kehlkopf (Schildknorpel) zwischen Daumen und Zeigefinger seitlich fixieren
  - mit dem Zeigefinger kann dann das Ligamentum cricothyreoideum in der Mittellinie in der „Lücke" zwischen Schild- und Ringknorpel lokalisiert werden
- Hautdesinfektion, ggf. Lokalanästhesie
- Ggf. **Längsinzision** der Haut mit nach kaudal gerichteter Klinge zur besseren anatomischen Orientierung sowie zur Erleichterung der Punktion. (Beachte: bei querer Inzision können lateral gelegene größere Gefäße eröffnet werden)
- **Methoden**
  - operative Technik mit Skalpell, Einführen eines dünnen Tubus
  - direkte Punktion (z.B. Quicktrach®, TracheoQuick®, Nu-Trake®)
  - Seldinger-Technik (z.B. Melker-Set®, Minitrach®)

- Das jeweilige Vorgehen richtet sich nach dem verfügbaren Koniotomie-Set (→ unbedingt Gebrauchsanweisung beachten!)
- Intratracheale Lage der Beatmungskanüle durch Aspiration von Luft verifizieren
- Im Anschluß an das Einführen der Beatmungskanüle in die Trachea
  - endotracheales Absaugen von Blut oder Sekret
  - Fixierung der Kanüle
  - Anschluß an den Beatmungsbeutel (passender Konnektor, ggf. flexibler Verbindungsschlauch)

Besonderheiten der Oxygenierung/Beatmung

- Beatmung mit 100% O_2 ermöglicht oft eine ausreichende Oxygenierung, während eine adäquate alveoläre Ventilation (CO_2-Elimination) je nach Kanülengröße u.U. schwer zu erzielen ist
- Überprüfen der Beatmung
  - beidseitige Thoraxexkursionen
  - beidseitige Auskultation der Lungen
  - adäquate CO_2-Kurve im Kapnogramm (sicheres Zeichen)
- **Beachte**: Hohes Beatmungsvolumen erforderlich, da ein Teil des Inspirationsvolumens aufgrund der fehlenden Blockung bei relativ dünnlumiger Beatmungskanüle durch den Kehlkopf abströmt (sofern nicht verlegt)
- Alternative: Oxygenierung/Beatmung via (manuellem) Jet-Beatmungssystem

Cave

- Unerkannte paratracheale Lage der Beatmungskanüle (primär oder sekundär nach späterer Dislokation) → **Keine** Beatmung!
- Aspirationsrisiko (kein blockbarer Cuff)

Komplikationen

- Verletzung von Gefäßen, Blutung
- Traumatisierung von Schild- oder Ringknorpel

- Traumatisierung der Trachea (cave: Perforation der Hinterwand)
- Ösophagusperforation
- Haut-/Mediastinalemphysem
- Spätkomplikationen
  - Infektion
  - Schleimhautschäden → subglottische Stenose

Blutgasanalyse

Normalwerte

P_aO_2	70–100 mm Hg
P_aCO_2	36–44 mm Hg
pH_{art}	7,35–7,45
Standardbikarbonat	22–26 mmol/l
Aktuelles Bikarbonat	22–26 mmol/l
Gesamt-CO_2	akt. Bikarbonat + 1,2 mmol/l
Pufferbasen (BB)	44–48 mmol/l
Basenexzeß (BE)	± 2,5 mmol/l
$P_v O_2$	35–40 mm Hg
$P_v CO_2$	41–51 mm Hg
pH_v (gemischtvenös)	7,31–7,41

Formeln

- $$P_IO_2 \text{ (mm Hg)} = \frac{(p_{atm} \text{ [mm Hg]} - 47) \times \text{Vol\% } O_2}{100} \text{ (bei 37 °C)}$$

- **Alveolargas-Gleichung** (modifiziert):

  $$P_AO_2 = P_IO_2 - \frac{P_aCO_2}{R}$$

  (A: alveolär; a: arteriell; R: respiratorischer Quotient [~0,8])

- **Henderson-Hasselbalch-Gleichung** (modifiziert):

  $$pH = 6{,}1 + \log \frac{[HCO_3^-] \text{ [mmol/l]}}{0{,}3 \times P_aCO_2 \text{ [mm Hg]}}$$

- **Bohr-Gleichung:**

$$V_D/V_T = \frac{P_aCO_2 - P_{\bar{E}}CO_2}{P_aCO_2}$$

(V_T: Atemzugvolumen; V_D: physiologischer Totraum = anatomischer + alveolärer Totraum; $P_{\bar{E}}CO_2$: mittlerer exspiratorischer PCO_2 [Douglas-Sack, Mischfalle])

- **Näherungsformel für Totraumventilation:**

$$V_D/V_T = \frac{\text{Gemessenes Atemminutenvolumen}}{\text{AMV gemäß Radford-Nomogramm}} \times \frac{P_aCO_2}{40} \times 0{,}3$$

- **Faustregel für Säure-Basen-Störungen:**

  0,1 pH ≙ 12 mm Hg PCO_2 ≙ -6 mmol/l BE

- Faustregel zur **Temperaturkorrektur** des PO_2: 6% pro ^{o}C (Abnahme des PO_2 bei Hypothermie)

Praxis

- 2 ml-Spritze, nur den Konus mit Heparin (saurer pH!) füllen
- **Cave:** Luftblasen; Spritze dicht mit Stöpsel verschließen
- Transport in Eis
- **Interpretation** der Meßwerte: siehe **Nomogramme** nach *Heisler-Schorer* und *Levesque*
- Einordnung einer Säure-Basen-Störung und deren Kompensation nach dem Heisler-Schorer-Nomogramm: gemessener pH und PCO_2-Wert bestimmen im Nomogramm einen Meßpunkt (pH auf der Abszisse, PCO_2 auf der CO_2-Isobaren) → rasche und einfache Einordnung von Störung und Kompensation anhand der eingetragenen Vektoren (Nullpunkt: pH 7,4; PCO_2 40 mm Hg)
- Bestimmung von aktuellem Bikarbonat, Standardbikarbonat, Pufferbasen (BB) und Basenexzess (BE) anhand des Heisler-Schorer-Nomogramms:
  - das aktuelle Bikarbonat wird in Höhe des Meßpunkts direkt auf der Ordinate abgelesen

- anschließend wird eine Hilfsgerade konstruiert, indem der Nullpunkt (pH 7,4; PCO_2 40 mm Hg) mit der jeweiligen Hb-Konzentration verbunden wird; die eingezeichnete Gerade bezieht sich auf einen Hb von 15 g/dl
- durch den Meßpunkt wird nun eine Parallele zur Hilfsgeraden gezogen; am Schnittpunkt mit der BE-Skala wird der Basenexzeß, am Schnittpunkt mit der BB-Skala werden die Pufferbasen abgelesen; vom Schnittpunkt mit der Isobaren für 40 mm Hg wird auf der Ordinate der Wert für Standardbikarbonat bestimmt

Anionenlücke

- Zur vereinfachten Berechnung der Anionenlücke werden folgende Parameter benötigt: Natrium, Chlorid und Bikarbonat
- Formel: **Anionenlücke = $Na^+ - (Cl^- + HCO_3^-)$**
- Normaler Bereich 12 ± 2 mmol/l
- Bei einer Zunahme der Anionenlücke kann von erhöhten Konzentrationen von routinemäßig nicht erfaßten Anionen ausgegangen werden (Proteine, dissoziierte organische Säuren, PO_4, SO_4)
- Bei Erhöhung nicht gemessener Kationen (z.B. K, Ca, Mg, Tris-Puffer, Lithiumüberdosierung) oder bei einer Abnahme nicht gemessener Anionen (z.B. Albumin) findet sich eine Erniedrigung der Anionenlücke

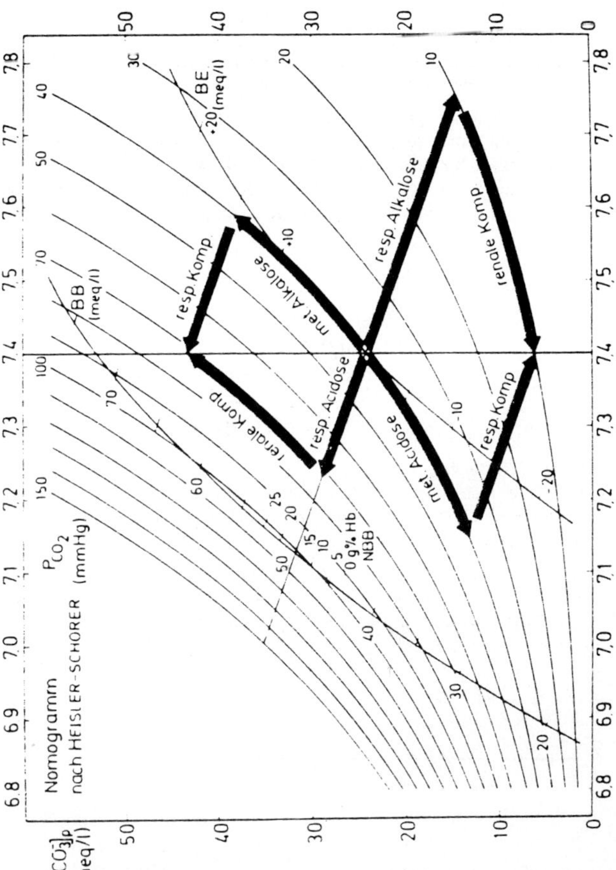

Nomogramm nach *Heisler* und *Schorer* (1970)

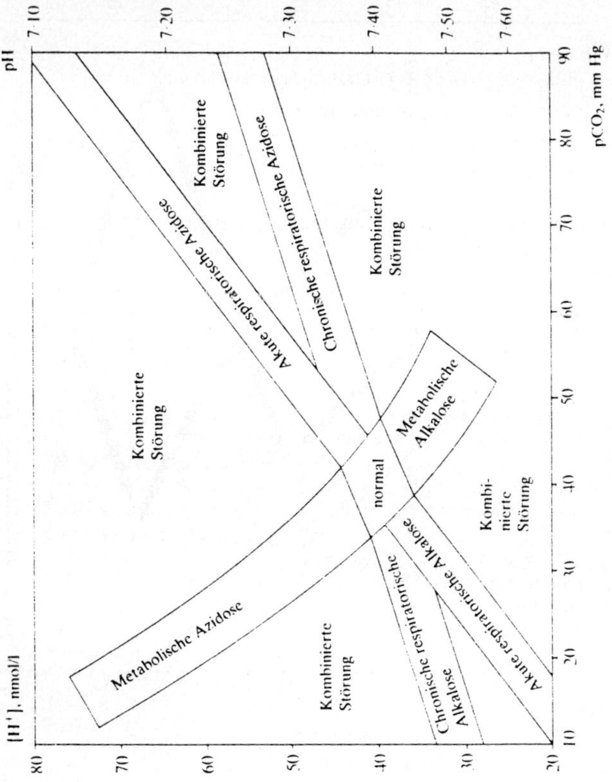

In-vivo-Säure-Basen-Diagramm nach *Levesque* (1975) (Wiedergabe mit freundl. Genehmigung der International Anesthesia Research Society und der Elsevier Science Publishing Company, Inc., New York)

Metabolische Azidose

- Ursachen:
  - Bikarbonatverlust über Gastrointestinaltrakt oder Niere
  - verminderte Bikarbonatproduktion
  - Überproduktion von Säuren: z.B. Laktatazidose, diabetische Ketoazidose, Vergiftung mit Salizylaten, Methanol und Äthylenglykol
- Differenzierung primär metabolischer Azidosen unter Berücksichtigung der Anionenlücke:

Normale Anionenlücke	*Erweiterte Anionenlücke*
Mit Hypokaliämie – renale Bikarbonatverluste (renal tubuläre Azidose) – Carboanhydrasehemmer – gastrointestinale Bikarbonatverluste (Diarrhoe) – Harnableitung in Ileumblase/Ureterosigmoidostomie Mit Normo- oder Hyperkaliämie – chronische Nebennierenrindeninsuffizienz – Hyperparathyreoidismus – Hydronephrose	– Ketoazidose bei Diabetes mellitus, Hungerzustand, Alkohol – Laktatazidose – Vergiftung durch Salizylate, Methanol, Äthylenglykol, Paraldehyd – Verminderte Säureausscheidung bei Niereninsuffizienz

- **Therapie**
  - Behandlung der Grundkrankheit
  - evtl. Hyperkaliämie-Behandlung. Hierbei ist jedoch die durch Azidoseausgleich induzierte Kaliumsenkung zu berücksichtigen. Pro pH-Veränderung um 0,1 ist eine Zunahme (bei Azidose) bzw. eine Abnahme (bei Alkalose) der Serumkaliumkonzentration um ca. 0,6 mmol/l zu erwarten.
  - **Natriumbikarbonat**
    Bedarf in mmol = [– BE] × 0,3 × kg KG
  - **Tris-Puffer 0,3 molar**
    Bedarf in ml = [– BE] × kg KG

Metabolische Alkalose

- **Ursachen**
  - gastrointestinale H^+-Ionen- und Volumen-Verluste: Erbrechen, Diarrhoe mit hohem Chloridverlust
  - renale Bikarbonatretention: Diuretika, Penicillin-Derivate, posthyperkapnische Alkalose, Hypokaliämie, Bartter-Syndrom, Hyperkalzämie
  - Mineralokortikoid-Exzeß: endogene (primärer Hyperaldosteronismus Conn, Cushing-Syndrom) oder exogene Zufuhr (Cortison, Fludrocortison) von Mineralokortikoiden
  - vermehrte Zufuhr von Basen: Bikarbonat, überhöhte Zufuhr alkalisch wirkender organischer Anionen wie bei Massivtransfusion von Zitratblutkonserven
- **Therapie**
  - Behandlung der Grundkrankheit
  - die häufigsten Formen der metabolischen Alkalosen sprechen auf die Zufuhr von Chlorid (z.B. NaCl 0,9%) an, als chloridresistent gelten Formen mit primärem Mineralokortikoidüberschuß
  - Ausgleich eines evtl. bestehenden Volumen- bzw. Kaliummangels
  - Salzsäurepräkursoren (umstritten)
  - Salzsäure

    Bedarf in mmol = [+ BE] × 0,3 × kg KG

    Beispiel 500 ml Flasche HCl:

Molarität	mmol HCl/500 ml
0,1	50
0,2	100
0,3	150

  - Acetazolamid (Diamox®): Basenverlust durch Carboanhydrasehemmung

Respiratorische Azidose / Alkalose

	Respiratorische Azidose	**Respiratorische Alkalose**
Ätiologie	Obstruktive/restriktive Lungenerkrankungen, eingeschränkte Thoraxbeweglichkeit, Depression des Atemzentrums, neuromuskuläre Störungen	Alveoläre Hyperventilation, ZNS-Stimulation, Hypoxämie, Lungenembolie, Lungenödem, Hyperthyreose, Fieber, Sepsis, iatrogene inadäquate Hyperventilation
Blutgasanalyse	Erhöht: P_aCO_2, HCO_3^- Erniedrigt: pH (jedoch normal bei chronischen Zuständen)	Erhöht: pH Erniedrigt: P_aCO_2, HCO_3^-
Therapie	Behandlung der Grundkrankheit bzw. der auslösenden Faktoren, adäquate Beatmung, Pufferung bei pH < 7,2 bzw. bei zusätzlicher metabolischer Azidose oder Bronchospasmus/ Arrhythmien	Behandlung der Grundkrankheit bzw. der auslösenden Faktoren, bei beatmeten Patienten evtl. Totraumvergrößerung

Infusionstherapie

Besonderheiten

- **Basisbedarf**
  - Wasser 30–40 ml/kg/d
  - Natrium 1–2 mmol/kg/d
  - Kalium 1–1,5 mmol/kg/d
- **Korrigierter Basisbedarf**
  - Ersatz abnormer Verluste (z.B. Fieber, Durchfallerkrankungen, Sekretverluste über Fisteln, Drainagen, Magensonde)
  - Adaptation an Grunderkrankung (z.B. Flüssigkeits- und Natriumrestriktion bei Herzinsuffizienz)
- **Korrekturbedarf**
  - Therapie vorhandener Störungen des Wasser-Elektrolyt- und Säure-Basen-Haushaltes (z.B. Ileus)
- Zusammensetzung gastrointestinaler Sekrete (Anhalt):

	Na^+ (mmol/l)	K^+ (mmol/l)	Cl^- (mmol/l)	HCO_3^- (mmol/l)
Magensaft, sauer	50	10	100	–
Magensaft, neutral	100	10	100	5–25
Pankreassekret	140	5	75	80
Galle	145	5	100	35
Dünndarmsekret	110	5	105	30
Ileum und Zäkum	80	8	45	30
Diarrhoe	80	30	60	40

Praktische Anhaltspunkte zur Volumentherapie

- Kreislaufsituation
  - Blutdruck, Herzfrequenz (Trendverlauf!)
  - Venenfüllung (V. jugularis externa), ZVD
  - Urinausscheidung
  - Kapillarfüllung (Nagelbett)
  - Konjunktivaldurchblutung
  - Hautturgor, Feuchtigkeit der Schleimhäute
  - (HZV, Wedge-Druck)
- Laborparameter
  - Hb, Hkt
  - Serum-Elektrolyte
  - Blutgasanalyse (pH, BE, HCO_3^-, SvO_2), Laktat
  - (Glukose, Osmolalität, Kreatinin, BUN, Albumin)
  - (Urinelektrolyte, U-Kreatinin, U-Osmolarität)

Präoperative Ausgangssituation

- Durchschnittliche Defizite nach etwa 16 h Nahrungskarenz bei Erwachsenen

  H_2O 1000–1500 ml

  Na^+ 70 mmol

  K^+ 20 mmol
- Zusätzliche präoperative Fastenperioden für diagnostische Untersuchungen verursachen teilweise erhebliche Elektrolyt- und Flüssigkeitsverluste und bedürfen der präoperativen Korrektur
- Verordnung geeigneter Infusionslösungen bei der Prämedikationsvisite, falls schwerwiegende Störungen im Wasser- und Elektrolyt-Haushalt vorliegen (z.B. Ileus, Exsikkose)
- Vor Narkoseeinleitung ggf. bereits 500 ml einer Elektrolytlösung infundieren (Prophylaxe von Blutdruckabfällen nach Narkoseeinleitung). **Cave**: Herzinsuffizienz, Herzfehler, terminale Niereninsuffizienz

Intraoperative Flüssigkeitsverluste

- Perspiratio (200–500 ml/h)
  - Haut
  - Respirationstrakt (vor allem bei Beatmung im halboffenen System)
  - Peritoneum, Magen, Darm (bei intraabdominellen Eingriffen)
- Intraoperativer Blutverlust
  - OP-Sauger
  - OP-Tücher, Tupfer (nicht unterschätzen!)
  - cave: „unerkannte" Blutung in Körperhöhlen
- Sequestrierung extrazellulärer Flüssigkeit (je nach Eingriff und Operationsdauer 1–3 l)
  - Verluste in den sogenannten dritten Raum
  - Ödembildung
  - Trauma
  - cave: Ileus, Pankreatitis

Intraoperative Flüssigkeitszufuhr

- Ziel: Deckung des Erhaltungsbedarfs (Basisbedarf, korrigierter Basisbedarf, Korrekturbedarf) und Ersatz intraoperativer Verluste
- Intraoperative Flüssigkeitszufuhr bei Erwachsenen (Anhaltswerte)
  - Extremitäteneingriff in Regionalanästhesie: z.B. 250 ml Vollelektrolytlösung/h
  - Extremitäteneingriff in Allgemeinanästhesie: z.B. 500 ml Vollelektrolytlösung/h
  - Thorax- und insbesondere abdominale Operationen > 500 ml Vollelektrolytlösung/h
- Faustregel für Operationen mit „schwerem Trauma" (z.B. Darmresektion bei Ileus): 2 ml/kg/h Erhaltungsbedarf + 8 ml/kg/h Ersatzbedarf
- Bei Volumenverlusten zusätzlich kristalloide Lösungen (Vollelektrolytlösung) geben, ggf. kolloidale Volumenersatzmittel; beachte, daß Kristalloide zum Volumenersatz im Verhältnis 4:1 gegeben werden müssen

- Strenge Indikationsstellung für die Gabe von Blut und Blutprodukten (Erythrozytenkonzentrat, GFP, Thrombozyten, Gerinnungsfaktoren); wenn möglich → autologe Transfusionsverfahren!

Postoperative Flüssigkeitstherapie

- Wasser- und Elektrolyt-Zufuhr, z.B. mit Zweidrittelelektrolytlösungen: etwa 40 ml/kg/d
- Flüssigkeitsverluste durch Sonden, Drainagen und Fieber müssen zusätzlich ersetzt werden
- Beachte: Adäquater Volumen- bzw. Blutersatz bei postoperativen Blutungen (cave: „unerkannte" Verluste!)

Plasmaersatzmittel

Dextran 40 (niedermolekulares Dextran)

Präparat	Mw	g/l	Na^+	Cl^-	Glc
Infukoll® M 40	40000	100	154	154	
Longasteril® 40 kochsalzfrei G	40000	100			45,45
Longasteril® 40 kochsalzhaltig	40000	100	154	154	
Onkovertin® N	40000	100	154	154	
Rheomacrodex® 10%	40000	100	154	154	
Rheomacrodex® 10% natrium-chloridfrei G	40000	100			45,45

Mw = Mittleres Molekulargewicht
Na, Cl = Elektrolyte in mmol/l
Glc = Glukose in g/l

Indikationen

- Prophylaxe und Therapie von Mikrozirkulationsstörungen
- Thromboseprophylaxe
- Hypovolämie
- Organperfusion

Kontraindikationen

- Siehe Dextran 60/70

Nebenwirkungen

- Siehe Dextran 60/70

Pharmakologische Daten

- Mittleres Molekulargewicht 40000 (Zahlenmittel: 25000)
- Kolloidosmotischer Druck: 85 mm Hg
- Fülleffekt zur infundierten Menge: 1,5
- Intravasale Halbwertszeit: 3–4 h

Dosierung

- Maximaldosierung: 1–1,5 g/kg KG (24 h)
- Bei dialysepflichtiger Niereninsuffizienz nicht mehr als 300–500 ml/Woche (wenn überhaupt!)

Praxis

- Prophylaxe schwerer Unverträglichkeitsreaktionen bei Infusion von Dextran 40 oder 60 mit **Promit**®:
  - 1 Flasche = 20 ml
    10 ml = Hapten-Dextran 1 (Molekulargewicht 1000) 1,5 g
  - Vorinjektion vor Beginn einer Dextraninfusion:
    Erwachsene: 20 ml über 1–2 min i.v.
    Kinder: 0,3 ml/kg KG über 1–2 min i.v.
  - ab Injektionsende soll sich nach etwa 1–2 min, spätestens aber nach 20 min die Dextraninfusion anschließen
  - sind nach einer Dextraninfusion 48 h oder mehr vergangen, so muß vor erneuter Dextraninfusion die Promit®-Injektion wiederholt werden
  - Nebenwirkungen: Abfall von Blutdruck und Herzfrequenz (selten)

Dextran 60/70 (hochmolekulares Dextran)

Präparat	Mw	g/l	Na^+	K^+	Ca^{++}	Mg^{++}	Cl^-	L
Longasteril® 70 mit Elektrolyten	70000	60	140	10	2,5	1,5	103	55
Macrodex® 6%	60000	60	154				154	
Onkovertin® 6%	60000	60	154				154	

L = Lactat (mmol/l)
Mw = Mittleres Molekulargewicht
Elektrolyte = mmol/l

Indikationen

- Volumenersatz (hypovolämischer Schock)
- Thromboseprophylaxe
- Hämodilution

Kontraindikationen

- **Cave:** keine Hämodilution bei Anämie
- Dextran-Allergie
- Gerinnungsstörungen
- Afibrinogenämie
- Dekompensierte Herzinsuffizienz
- Hyperlaktatämie (Longasteril® 70 mit Elektrolyten)
- Keine Gabe von künstlichen Kolloiden bei Säuglingen

Nebenwirkungen

- Anaphylaktische und anaphylaktoide Reaktionen (natürliche Dextran-Antikörper in 4–5%), prophylaktische Vorgabe von **Promit**® (s. Dextran 40, S. 86) erforderlich

- Gerinnungsstörungen (bei Dosen > 10–15 ml/kg KG):
  - unspezifische Verdünnungskoagulopathie
  - Thrombozytenaggregationshemmung
  - Quick-Wert und Thrombinzeit ↓, PTT ↑
- Kumulationsgefahr bei Niereninsuffizienz

Pharmakologische Daten

- Mittleres Molekulargewicht: 60000–70000
- Kolloidosmotischer Druck: 42 mm Hg
- Fülleffekt zur infundierten Menge: 1,05 (Dextran 60)
- Intravasale Halbwertszeit 6–8 h

Dosierung

- Maximaldosierung 1–1,5 g/kg KG (24 h)

Gelatine und Gelatinederivate

Präparat	g/l	Na^+	K^+	Ca^{++}	Mg^{++}	Cl^-	HCO_3^-	A
Gelafundin®	30	142		1,4		80		
Gelafusal®-N in Ringeracetat	40	130	5,4	0,9	1	85		27
Gelifundol®	55	145		0,5		100	30	
Haemaccel®	35	145	5,1	6,25		145		

A = Acetat (mmol/l)
Elektrolyte = mmol/l

Indikationen

- Volumenersatz
- Organperfusion
- Hämodilution

Kontraindikationen

- **Cave:** keine Hämodilution bei Anämie
- Allergie
- Gerinnungsstörungen
- Dekompensierte Herzinsuffizienz
- Keine Gabe von künstlichen Kolloiden bei Säuglingen

Nebenwirkungen

- Allergische Reaktionen (Sofortreaktionen, je nach Präparat verschieden)
- Unspezifische Verdünnungskoagulopathie
- Keine wesentliche Beeinflussung der Gerinnung (PTT ↓)

Pharmakologische Daten

- Mittleres Molekulargewicht 30000–35000 (Zahlenmittel 15000–28000)
- Kolloidosmotischer Druck: 18–35 mm Hg
- Fülleffekt zur infundierten Menge: 0,8
- Intravasale Halbwertszeit 2–4 h
- Steigerung der Diurese

Dosierung

- Maximaldosierung bis 1500 ml/24 h (Erwachsene)

Humanalbumin, Serumkonserven

Präparat	Na^+	K^+	Ca^{++}	Mg^{++}	Cl^-	Glc
Albumin human 5 % (Octapharma)	150	1				
Albumin human 5% (Armour)	125–160	0,2	1,0		110 –150	
Humanalbin® (Centeon)	155	0,5	0,5		150	
Human Albumin 5% (Immuno)	130–160	0,2				
Humanalbumin 5 % (Intersero)	130–160					
Humanalbumin 5% (Tropon)	145	2,5			98	
Humanalbumin 5% elektrolytarm (Biotest)	30,5	2,5			30	55
Humanalbumin 5% isoton (Biotest)	145	2,5			140	
Humanalbumin 5% (Curasan)	130–160	2,5	2		160	
Normal Serum Albumin 5% (Alpha)	130		1,4		130	
Biseko® (Biotest)	135–175	3–5	1,3 –2,9	0,6 –1,4	85 –120	
Humanalbumin 5% salz- und natriumarm in Glukose (Centeon)	50	0,5	0,5		10	51,4
Serumar® (Armour)	100–130	0,1	0,3		60 –100	23

Elektrolyte = mmol/l
Glc = Glukose (g/l)

Indikationen

- Volumenersatz bei Kindern bis 12 Jahren bzw. bei Erwachsenen, wenn die Maximaldosisbereiche künstlicher Kolloide erreicht wurden bzw. Kontraindikationen (z.B. Allergie) hinsichtlich der Anwendung bestehen
- Hämodilution
- Hypoproteinämie (kolloidosmotischer Druck < 15 mm Hg): 20%ige Lösungen jedoch hier günstiger
- Passive Immunprophylaxe (z.B. bei Sepsis) bei Präparationen mit hohem Immunglobulinanteil wie Biseko® und Serumar®

Kontraindikationen

- **Cave:** keine Hämodilution bei Anämie
- Dekompensierte Herzinsuffizienz
- Gerinnungsstörungen
- Kongenitale IgA-Agammaglobulinämie (Biseko®, Serumar®)

Nebenwirkungen

- Allergische Reaktionen (selten)

Pharmakologische Daten

- Mittleres Molekulargewicht 66000
- Kolloidosmotischer Druck: 20 mm Hg
- Fülleffekt zur infundierten Menge: 1,0
- Intravasale Halbwertszeit 17–23 Tage

Beachte

- Chargen-Dokumentation im Narkoseprotokoll bzw. in der Krankenakte

Hydroxiäthylstärke

Präparat	Mw	g/l	S	Na	K	Ca	Cl	L	Glc
Expa-fusin®	70000	60	0,5-0,55	138	4	1,5	125	20	
Expa-fusin® sine	70000	60	0,5-0,55	138	4		122	20	
Haemo-fusin® 6%	200000	60	0,5	154			154		
Haemo-fusin® 10%	200000	100	0,5	154			154		
HAES-steril® 3%	200000	30	0,5	154			154		
HAES-steril® 6%	200000	60	0,5	154			154		
HAES-steril® 6% NaCl-frei + Glucose 5%	200000	60	0,5						50
HAES-steril® 10%	200000	100	0,5	154			154		
HAES-steril® 10% NaCl-frei + Glucose 5%	200000	100	0,5						50
Hemohes® 6%	200000	60	0,45-0,55	154			154		
Hemohes® 10%	200000	100	0,45-0,55	154			154		
Infukoll® HES 6 %	200000	60	0,45-0,55	154			154		

Präparat	Mw	g/l	S	Na	K	Ca	Cl	L	Glc
Infukoll® HES 10%	200000	100	0,45-0,55	154			154		
Plasmafusin® HES 450	450000	60	0,7	154			154		
Plasmasteril®	450000	60	0,7	154			154		
Rheohes®	70000	60	0,5-0,55	154			154		
Serag-HAES® 6%	200000	60	0,5	154			154		
Serag-HAES® 10%	200000	100	0,5	154			154		

Mw = *Mittleres Molekulargewicht*
Elektrolyte = *Angaben in mmol/l*
S = *Substitutionsgrad*
Glc = *Glukose (g/l)*
L = *Lactat (mmol/l)*

Indikationen

- Volumenersatz
- Hämodilution

Kontraindikationen

- **Cave:** keine Hämodilution bei Anämie
- Allergie
- Gerinnungsstörungen (Fibrinogenmangel)
- Dekompensierte Herzinsuffizienz
- Frühschwangerschaft

- Hyperlaktatämie (Expafusin®, Expafusin® sine)
- Keine Gabe von künstlichen Kolloiden bei Säuglingen. Einige Hersteller verweisen darauf, daß bei Kindern bis 10 Jahren mit der Gabe von HAES keine ausreichenden Erfahrungen vorliegen

Nebenwirkungen

- Steigerung der Nephrotoxizität von Aminoglykosiden
- Erhöhte Amylasewerte (2–3 Tage nach Applikation)
- Allergische Reaktionen (Soforttyp)
- Unspezifische Verdünnungskoagulopathie

Pharmakologische Daten

- Kolloidosmotischer Druck:

6%ige HAES 450/0,7	25 mm Hg
10%ige HAES 200/0,5	38 mm Hg
6%ige HAES 200/0,5	27 mm Hg
6%ige HAES 40/0,5	31 mm Hg

- Fülleffekt zur infundierten Menge:

0,8	Expafusin®
1,3	HAES-steril® 10%
1,05	Plasmasteril®

Dosierung

- Tagesmaximaldosis (Erwachsene):
  - bis 20 ml/kg KG: Expafusin®, HAES-steril® 10%, Plasmasteril®
  - bis 33 ml/kg KG: HAES-steril® 6%

Transfusionstherapie

Erythrozyten

Indikationen

- **Strenge Indikationsstellung**
- Anhaltspunkt: Hämatokrit 20–30% bzw. Hämoglobingehalt 7–10 g/100 ml (Ausnahme: chronische Anämie bei Niereninsuffizienz)
- Erfahrungen mit isovolämischer Hämodilution belegen, daß auch Hb-Werte < 7–10 g/100 ml sicher toleriert werden können (Voraussetzung: **Normovolämie, adäquate Herzkreislauffunktion)**
- Kardiale und pulmonale Vorerkrankungen → perioperativ höherer Grenzwert

Präparationen

- **Erythrozytenkonzentrat (EK)**: Buffy-coat-frei in additiver Lösung (z.B. SAG-M, PAGGS), Hämatokrit 50–60%; Leukozytengehalt < $1{,}2 \times 10^9$; Aufschwemmung in NaCl 0,9% nicht erforderlich
- **Leukozytenarmes Erythrozytenkonzentrat**
  Verminderung des Leukozytengehalts < 10^7 (weitestgehende Vermeidung einer Alloimmunisierung gegen HLA-Antigene; Vermeidung einer febrilen Transfusionsreaktion nach eingetretener Alloimmunisierung)
  - Organtransplantationen
  - HLA-immunisierte Patienten
  - chronischer Transfusionsbedarf (z.B. Leukämie, Panmyelopathie)
  - Z.n. massiver febriler (nicht hämolytischer) Transfusionsreaktion durch HLA-Inkompatibilität

Cave

- **Rhesusfaktor**: Transfusion von Rh-positiven Erythrozyten führt bei rh-negativen Patienten meist zur Sensibilisierung (→ Gefahr des hämolytischen Transfusionszwischenfalls bei Zweitexposition)
- **Dextrane und Hydroxiäthylstärke** sowie Dys-/Paraproteinämien können die Blutgruppenbestimmung stören
- Blutkonserven dürfen weder Arzneimittel noch Infusionszusätze zugespritzt werden (Ausnahme: NaCl 0,9%)
- Beachte: „**Richtlinien zur Blutgruppenbestimmung und Bluttransfusion**" in der jeweils gültigen Fassung
- Wichtig: exakte **Dokumentation** der Gabe von Blutkonserven
- Kühlkette beachten

Praxis

- **Identitätssicherung** des für die Blutgruppenbestimmung entnommenen Blutes (Patientenname, Geburtsdatum; Unterzeichnung des Anforderungsbegleitscheins nur durch Arzt unter Angabe des Entnahmedatums)
- **Bedside test** unmittelbar vor Transfusionsbeginn (ABO-Identitätstest vor jeder Transfusionsserie durch einen Arzt); Prüfung der Konserve ist nicht verpflichtend

  (Ausnahme: bei jeder **Eigenblutkonserve muß eine ABO-Kontrolle** durchgeführt werden)
- **Faustregel**: Durch Transfusion eines Erythrozytenkonzentrats steigt der Hämoglobingehalt im Blut beim 70 kg schweren Erwachsenen um etwa 0,8 g/100 ml an
- **Faustregel**: Die Applikation von 3 ml Erythrozytenkonzentrat pro kg KG führt beim Erwachsenen zu einem Anstieg des Hb-Werts um etwa 1 g/100 ml
- Bei der Gabe von Erythrozytenkonzentrat ist ein Transfusionsbesteck mit Standardfilter (Porengröße 170–230 µm) zu verwenden, um größere Zellaggregate oder Gerinnsel zurückzuhalten; die Verwendung von Mikrofiltersystemen (40 µm) gilt in ihrer klinischen Bedeutung als nicht gesichert.
- Möglichst nur angewärmte Blutkonserven transfundieren (jedoch nicht > 37,0 °C)

- Im Notfall dürfen Erythrozytenkonzentrate der Blutgruppe 0 rh-negativ ohne Rücksicht auf die Empfänger-Blutgruppe transfundiert werden
- AB-Patienten sind **nicht** uneingeschränkt als „Universalempfänger" anzusehen, da Plasma eines Nicht-AB-Spenders Antikörper gegen Empfänger-Erythrozyten enthalten kann (Anti-A- und Anti-B-Isoagglutinine)
- Eine Transfusionsazidose sollte erst ab einem BE von -7 mmol/l korrigiert werden (Voraussetzung: intakte Leberfunktion, Normothermie)

Massivtransfusion

- **Definition** (umstritten!): Zufuhr von mehr als der Hälfte des normalen Blutvolumens mit einer Transfusionsgeschwindigkeit von mehr als 1,5 ml/kg KG/min
- **Besondere Probleme**
  - Hypothermie → Extrasystolie, Bradykardie, Kammerflimmern
  - Zitratintoxikation → Hypokalzämie
  - Hämorrhagische Diathese durch Thrombozytenabfall, Verdünnungskoagulopathie
  - Hyperkaliämie
  - Störungen des Säure-Basen-Haushaltes
  - Transfusionslunge (Hypoxämie)
  - Mikrozirkulationsstörungen
  - drohende Nieren- und Leberinsuffizienz
- Überwachung: Hb, ZVD, Urinproduktion, EKG, arterieller Druck, SvO_2, Ca^{++}, Laktat
- Labor: Blutgasanalysen, Gerinnung, Elektrolyte in regelmäßigen Abständen
- Nur angewärmte Konserven verwenden
- Applikation von gefrorenem Frischplasma (GFP) bei Verdünnungskoagulopathie
- Prophylaxe einer **Zitratintoxikation** (unterschiedliche Empfehlungen): z.B. Zufuhr von etwa 3–4 mmol (6–8 mval) Kalzium ab der 6. plasmahaltigen Blutkonserve mit Natriumzitrat im Überschuß wie z.B. Vollblut, GFP, Thrombozytenpräparate (Beispiel: 1 Amp. [10 ml] Calcium Drobena 10% enthält 2,3 mmol = 4,6 mval Ca^{++})

- **Cave**: bei Leberfunktionsstörungen, Hypoxie, Schock und Hypothermie muß die Kalziumzufuhr bereits früher erfolgen (Bestimmung des **ionisierten Kalziums** wünschenswert)
- **Cave**: relative (Hypokaliämie) oder absolute Kalziumüberdosierung (Gefahr des Kammerflimmerns)

- Frühzeitige Beatmung, evtl. mit PEEP, und postoperative Nachbeatmung

GFP (Gefrorenes Frischplasma)/ FFP (Fresh Frozen Plasma)

Indikationen

- **Strenge Indikationsstellung**
- Verdünnungskoagulopathie im Rahmen einer Massivtransfusion
- Zufuhr von Gerinnungsfaktoren und Inhibitoren in physiologischer Aktivität und Konzentration bei Blutungsneigung aufgrund komplexer Störungen des Hämostasesystems
- Notfallsubstitution bei allen Koagulopathien
- Disseminierte intravasale Gerinnung

Kontraindikationen

- Patienten mit Anti-IgA
- Plasmaeiweiß-Allergie, IgA-Mangel
- Reiner Volumenersatz ohne Störung der Homöostase

Besonderheiten

- Die in GFP vorliegenden Faktoren haben nach der Transfusion annähernd normale Halbwertszeiten
- Universalspender: AB (Notfallindikation)
- ABO-Kompatibilität beachten
- Bei sorgfältiger Herstellung fehlen zelluläre Bestandteile weitgehend (Ery < 1000/µl, Leuko < 500/µl, Thrombo < 20000/µl)

Praxis

- Faustregel: Jede GFP-Konserve enthält alle Gerinnungsfaktoren in einer Konzentration von etwa 250–300 E
- Faktor-VIII-Gehalt etwa 0,6–1,4 E/ml. Bei Monotherapie (z.B. bei Hämophilie A) ist eine Anhebung auf über 20% nur mit einer erheblichen Volumenbelastung möglich

- Beachte: "**Richtlinien zur Blutgruppenbestimmung und Bluttransfusion**" in der jeweils gültigen Fassung
- Gabe von Blut und Blutprodukten **exakt dokumentieren**

Cave

- Denaturierung der Gerinnungsfaktoren bei Auftautemperaturen > 37 °C
- Beschädigung des GFP-Beutels beim Auftauen
- Aufgetaute GFP-Konserven sollten innerhalb von 30 min infundiert werden
- Kalziumhaltige Lösungen dürfen nicht gleichzeitig über dasselbe Infusionssystem appliziert werden
- Auch quarantänegelagertes GFP ist nicht 100% virussicher

Spezielle Gerinnungspräparate

Allgemeine Anwendungsrichtlinien

- Die Anwendung von speziellen Gerinnungspräparaten erfordert eine Kenntnis der zugrundeliegenden Hämostasestörung bzw. Grunderkrankung
- Bei Massivtransfusionen und zur Therapie nicht diagnostizierter Gerinnungsstörungen zunächst nur GFP verwenden
- Therapeutisches Ziel einer rationellen Substitutionstherapie ist nicht das Erreichen von Normalbereichen, sondern eine bedarfsgerechte, sich am Hämostase-Mindestwert orientierende Dosierung (Grund: Restrisiko hinsichtlich Infektionen, Kostenaspekt)
- Vor Therapiebeginn folgende Fragen klären:
  - Umfang und Schweregrad des Hämostasedefekts?
  - zur Blutstillung erforderlicher Mindestgehalt des zur Substitution benötigten Gerinnungsfaktors?
  - Halbwertszeit des Gerinnungsfaktors?
- Unter den Gegebenheiten einer Verbrauchskoagulopathie ist eine sichere Voraussage über die jeweiligen Halbwertszeiten plasmatischer Gerinnungsfaktoren, des Fibrinogens und des AT III nicht möglich, da eine Umsatzsteigerung aller Komponenten vorliegt
- Ist während einer Substitutionsbehandlung mit Gerinnungsfaktorenkonzentraten (z.B. bei Verbrauchskoagulopathie) eine gleichzeitige Heparinisierung erforderlich, so sollten zur Vermeidung von Blutungen niedrige Dosen verwendet werden: z.B. 150 ± 50 E Heparin/kg KG/24 h. Bei zusätzlich vorhandener Thrombozytopenie ist die Heparinisierung weiter zu reduzieren

Antithrombin III

- Indikationen: angeborener oder erworbener AT-III-Mangel (z.B. Verbrauchskoagulopathie)
- Inhibitor der Blutgerinnung: außer Thrombin werden auch die Faktoren IXa, Xa, XIa und XIIa inaktiviert

- Aktivitätszunahme (> 1000fach) in Gegenwart von Heparin (Heparin-Cofaktor)
- Bei gleichzeitiger Applikation darf die Heparindosis pro Stunde nicht über 500 IE liegen (Blutungsgefahr)
- 1 Einheit AT III/kg KG bewirkt einen AT III-Aktivitätsanstieg im Plasma um etwa 1–2% (AT III-Spiegel um 80% anstreben)
- Präparate (Auswahl): Antithrombin III-Alpha®, Atenativ®, AT III thermoinaktiviert® Immuno, Kybernin® HS

Faktor I (Fibrinogen)

- Verminderung: Synthesestörungen, Verbrauchskoagulopathie, Fibrinolyse, Blutverlust, ausgedehnte Wundflächen, Dysfibrinogenämie
- Indikationen: kongenitale Hypo-, Dys– und/oder Afibrinogenämie, erworbene Hypofibrinogenämie infolge Synthesestörung bei schweren Leberparenchymschäden, bei gesteigertem Verbrauch durch disseminierte intravaskuläre Gerinnung und bei Hyperfibrinolyse
- Kontraindikationen: manifeste Thrombosen und Herzinfarkt (außer bei lebensbedrohlichen Blutungen)
- Fibrinogenkonzentrationen > 120 mg% sollten bei größeren Operationen oder bei ausgedehnten Wundflächen vorliegen
- Fibrinogenkonzentrationen > 500 mg% erhöhen das Risiko thromboembolischer Komplikationen
- Die Substitution von 0,5 g Fibrinogen pro 10 kg KG bewirkt einen Fibrinogen-Anstieg um 2 g/l
- Präparate (Auswahl): Haemocomplettan® HS

Faktor VIII – Faktor IX

- Normale Aktivität 50–100%
- **Schweregrade der Hämophilie A und B** entsprechend der Faktor VIII- bzw. IX-Aktivität (in Prozent):

– schwer	< 1%
– mittelschwer	1 –5%
– mild	5–25%
– Subhämophilie	25–50%

- **Beachte:** für größere operative Eingriffe muß die Faktor-VIII- bzw. Faktor-IX-Aktivität bis zur Wundheilung über 50% liegen
- **Faustregeln**:
  - die Aktivität der Faktoren VIII und IX wird in internationalen Einheiten (IE) angegeben. Hierbei entspricht 1 IE der Faktor-VIII- bzw. Faktor-IX-Aktivität in 1 ml normalem Frischplasma.
  - Hämophilie A: Zufuhr von 1 IE Faktor VIII/kg KG führt zum Faktor-VIII-Anstieg um ca. 1,5–2,5%
  - Hämophilie B: Zufuhr von 1 IE Faktor IX/kg KG bewirkt einen Faktor-IX-Anstieg um 1 %. Im Vergleich zur Hämophilie A werden für analoge Effekte somit etwa doppelt so hohe Dosen benötigt.
- Halbwertszeit 6–18 h (Faktor IX hat die längere Halbwertszeit)
- GFP ist zur Faktor-VIII/IX-Substitution nur beim hypovolämischen Schock geeignet (Gefahr der Volumenüberlastung)
- Vorhandene Antikörper gegen Faktor VIII bzw. IX können die Substitutionstherapie erschweren
- **Praktisches perioperatives Vorgehen bei Hämophilie-Patienten mit elektiven Eingriffen**:
  - Vorstellung beim Gerinnungsspezialisten
  - gemeinsame Absprache hinsichtlich OP-Planung mit den operativen und hämostaseologischen Kollegen
  - je nach Eingriff erforderlichen Faktorenspiegel und voraussichtliche Therapiedauer festlegen (s. S. 107)
  - bei milder Hämophilie A mit Faktor-VIII-Konzentrationen > 5–10% und kleineren operativen Eingriffen kann eine Therapie mit Desmopressin (DDAVP = Minirin®) gemäß dem Vorgehen auf S. 108 ausreichend sein. Vorsicht bei Patienten mit koronarer Herzkrankheit.
    Die Gabe von Antifibrinolytika wie Tranexamsäure gilt bei vorliegender Hämaturie als kontraindiziert (Gefahr der Ureterobstruktion durch Koagel).
  - eine Faktoren-Substitution ist bei allen schweren Hämophilie-Formen unvermeidlich (Desmopressin hier ohne Effekt)
  - nach der initialen Dosis sind zur Erzielung gleichmäßig hoher Spiegel Nachinjektionen in ca. 8stündigen Abständen bei Hämophilie A bzw. 12stündigen Abständen bei der Hämophilie B erforderlich

- **Notfalloperationen ohne Möglichkeit der Faktorenanalyse bei Hämophilie A** (nach *Koller* und *Neuhaus* 1992):
  - Initialdosis 50 IE/kg KG 30–60 min vor OP-Beginn
  - Repetitionsdosen:

    50% der Initialdosis alle 8 h über 3 Tage

    50% der Initialdosis alle 12 h in den darauffolgenden 5 Tagen

    25% der Initialdosis alle 12 h in den folgenden 5 Tagen

    25% der Initialdosis alle 24 h in den folgenden 5 Tagen

    500–1000 IE alle 2 Tage
- **Notfalloperationen ohne Möglichkeit der Faktorenanalyse bei Hämophilie B** (nach *Koller* und *Neuhaus* 1992):
  - Initialdosis 60 IE/kg KG 30–60 min vor OP-Beginn
  - Repetitionsdosen:

    50% der Initialdosis alle 12 h über 3 Tage

    50% der Initialdosis alle 24 h in den darauffolgenden 5 Tagen

    25% der Initialdosis alle 24 h in den folgenden 5 Tagen

    25% der Initialdosis alle 48 h in den folgenden 5 Tagen

    500–1000 IE zweimal wöchentlich
- Präparate:
  - **Faktor VIII (Hämophilie A):** Alpha VIII®, Autoplex®T, Beriate® HS, Bioclate™ Antihämophilie Faktor (rekombinant), Faktor VIII Intersero®, Haemate® HS, Haemoctin® SDH, Helixate™, Hemofil® M, Immunate® STIM plus Faktor VIII-Hochkonzentrat, Kogenate®, Monoclate-P®, Octavi® Faktor-VIII-Konzentrat human, Profilate®, Recombinate®
  - **Faktor IX (Hämophilie B):** Alphanine®, Berinin® HS, Immunine® STIM plus Faktor-IX-Hochkonzentrat, Mononine®, Octanyne® Faktor-IX-Konzentrat human

Anhaltswerte für die Faktorensubstitution bei Hämophilie A und B

Blutungslokalisation bzw. Operationen	Erforderlicher Faktorenspiegel (%)	Voraussichtliche Therapiedauer
Leichte Gelenkblutungen bzw. Verletzungen	15–25	2 Tage
Muskelblutungen (z.B. M. iliopsoas, Waden- und Unterarmmuskulatur), Vollbild des Hämarthros	25–50	4 Tage
Mundhöhlenblutungen, Zahnextraktionen, kleine operative Eingriffe	25–50	5 Tage
Intrathorakale und gastrointestinale Blutungen	> 50	4 - 14 Tage
Schwere Verletzungen, intrakranielle Blutungen, Blutungen in Halsregion oder Zungengrund, größere Operationen	60–100	2– 3 Wochen

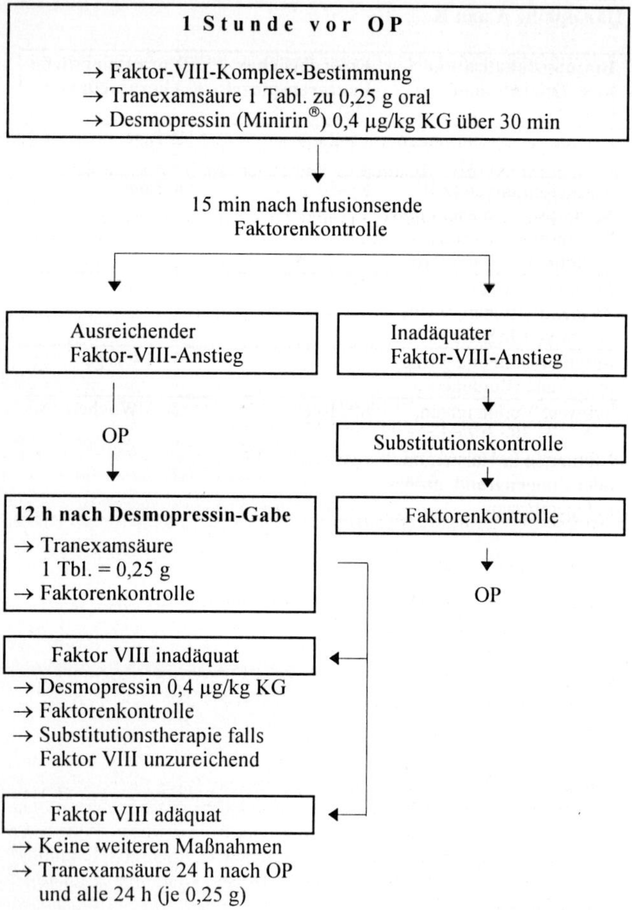

Perioperative Desmopressin (Minirin®)-Behandlung bei leichten Hämophilie-A-Formen mit Faktor-VIII-Basalkonzentrationen > 5–10 % und kleineren operativen Eingriffen. Modifiziert nach *W. Ohler* 1995

Faktor XIII

- Normbereich 70–120%
- Verminderung bei hepatogener Synthesestörung, Verbrauchskoagulopathie
- Indikationen:
  - kongenitaler Mangel an Faktor XIII und daraus resultierende hämorrhagische Syndrome, Blutungen und Wundheilungsstörungen
  - hämorrhagische Diathesen mitbedingt durch erworbenen Faktor-XIII-Mangel z.B. bei akuten Leukosen und Lebererkrankungen (Schub bei Zirrhose und Leberdystrophie) sowie bei Verbrauchskoagulopathie
  - Förderung der Wund- und Knochenbruchheilung
- Kontraindikationen: bei frischen Thrombosen ist wegen der fibrinstabilisierenden Wirkung Vorsicht geboten
- Zwischen Faktor-XIII-Erniedrigung und schlechter bzw. verzögerter Wundheilung bestehen möglicherweise Zusammenhänge
- Präparate (Auswahl): Fibrogammin® HS

Prothrombinkomplex (PPSB)

- Faktoren II, VII, IX, X
- Indikationen: kongenitaler Mangel, Cumarin-Überdosierung bzw. Blutungen unter Cumarin-Therapie, Vitamin-K-Mangel oder schwere Leberfunktionsstörungen
- Bei unkritischer Anwendung Gefahr von thromboembolischen Komplikationen in Gegenwart aktivierter Faktoren bei Antithrombin III-Mangel
- Neben den Gerinnungsfaktoren enthalten PPSB-Präparate – je nach Hersteller verschieden – auch weitere Vitamin K-abhängig gebildete Eiweiße (Protein C, S, Z) und häufig als Stabilisatoren bzw. Hilfsstoffe Heparin, AT III, Albumin und Salze. Protein C und S sind Inhibitoren der plasmatischen Gerinnung (Hemmung der Faktoren Va und VIIIa). Protein Z besitzt eine prokoagulatorische Potenz.
- Dosierung nach Prothrombinzeit (Quick) vornehmen
- **Faustregel**: gewünschter Quickanstieg in % x kg KG = Zahl der zu verabreichenden PPSB-Einheiten
- Präparate (Auswahl): Beriplex®, PPSB-Komplex®, Prothromplex® S-TIM PPSB-Konzentrat

Thrombozyten

Indikationen

- **Strenge Indikationsstellung**
- Therapeutisch: Blutungen durch Thrombozytopenie bzw. Thrombozytenfunktionsstörungen (Klinik: Purpura, Augenhintergrund)
- Prophylaktisch: Verhinderung einer drohenden Blutung bei Thrombozytopenie < 20000/mm³

Kontraindikationen

- Posttransfusionelle Purpura (Thrombozytolyse durch Antikörper etwa 8 Tage nach Transfusion) (relative Kontraindikation). Es können jedoch Thrombozyten, die das entsprechende Antigen nicht aufweisen, transfundiert werden.

Dosierung

- **Faustregel**: Die Transfusion von 1×10^{11} Thrombozyten führt beim Erwachsenen im Idealfall zur Thrombozytenzunahme von etwa $10000/mm^3$ im peripheren Blut
- Applikationsformen und durchschnittlicher Thrombozytengehalt
  - Thrombozytenkonzentrat: $0{,}5–0{,}8 \times 10^{11}$
  - Thrombozytenpräparate aus Zellseparatoren $2{,}5–5 \times 10^{11}$

Praxis

- Auf AB0–Kompatibilität achten
- Effektivitätskontrolle nach Thrombozytentransfusion durch anschließende Thrombozytenbestimmung
- **Cave**: Aufbewahrung im Kühlschrank und Anwärmen der Thrombozytenkonserve vor Applikation sind kontraindiziert
- Die Thrombozytentransfusion erfolgt über ein normales Transfusionsgerät mit einem 170 µm-Filter oder über ein spezielles Thrombozytenbesteck; die Transfusion sollte nach 30 min beendet sein
- Beachte: „**Richtlinien zur Blutgruppenbestimmung und Bluttransfusion**“ in der gültigen Fassung
- Wichtig: exakte **Dokumentation** der Gabe von Blut und Blutprodukten

Medikamente

Antiarrhythmika

Einteilung der Antiarrhythmika		Vorhof	AV-Knoten	Ventrikel	Akzessorische Bahnen
Klasse I	Lokalanästhetische Wirkung				
	Typ Chinidin	••	•	•••	•••
	Typ Lidocain			•••	o
Klasse II	Betablocker	•	•••	o	
Klasse III	Amiodaron	•••	•••	•••	•••
Klasse IV	Kalziumantagonisten	o	•••	o	

• = Wirkungsschwerpunkte o = schwache Wirkung

Vaughan-Williams-Klassifikation

- **Klasse I** (Natriumkanal-Blockade):
  - I a: Leitung verlangsamt, Repolarisation verlängert wie z.B. bei Ajmalin, Chinidin, Disopyramid, Prajmalin, Procainamid
  - I b: Leitung verlangsamt, Repolarisation verkürzt wie z.B. bei Lidocain, Mexiletin, Tocainid
  - I c: Leitung verlangsamt, Repolarisation unverändert wie z.B. bei Flecainid, Propafenon
- **Klasse II** (Hemmung der Katecholaminwirkung am Herzen durch beta-adrenerge Blockade): Esmolol, Metoprolol, Propranolol
- **Klasse III** (Verlängerung der Repolarisation): Amiodaron, Sotalol
- **Klasse IV** (Kalziumkanalblockade): Diltiazem, Gallopamil, Verapamil

Lown-Klassifikation ventrikulärer Extrasystolen

Klasse	Definition
0	Keine ventrikulären Extrasystolen
1	< 30 monotope ventrikuläre Extrasystolen/h
2	> 30 monotope ventrikuläre Extrasystolen/h
3 A	Polymorphe ventrikuläre Extrasystolen
3 B	Bigeminus (Normalschläge und VES im Wechsel)
4 A	Couplets
4 B	Salven (> 3 VES)
5	R- auf T-Phänomen

Klasse	Substanz	Handelsname	Indikationen	Einzeldosierung
I	Ajmalin	Gilurytmal®	VES, VT, WPW-Syndrom	25–50 mg i.v.
	Chinidinhydrogensulfat	Chinidin-Duriles®	SVES, VES, SVT, Rezidivprophylaxe	1 g per os/die
	Diphenylhydantoin	Phenhydan® Epanutin®	VES, VT, Digitalisintoxikation	125 mg i.v.
	Lidocain	Xylocain®	VES, VT	50–100 mg i.v.
	Mexiletin	Mexitil®	VES, VT	250 mg i.v.
	Propafenon	Rytmonorm®	SVES, VES, SVT, VT, Präexzitationssyndrom (WPW)	1 mg/kg KG i.v.
II	Acebutolol Metoprolol Pindolol Propranolol	Prent® Beloc® Visken® Dociton®	SVT, VES	12,5–25 mg i.v. 5–10 mg i.v. 0,2–0,4 mg i.v. 1 mg i.v.
III	Amiodaron	Cordarex®	Therapierefraktäre Herzrhythmusstörungen	5 mg/kg KG i.v.
	Sotalol	Sotalex®		20–40 mg i.v.
IV	Verapamil	Isoptin®	SVES, SVT, hypertone Krise	5 mg i.v.

SVES = *Supraventrikuläre Extrasystolie*
SVT = *Supraventrikuläre Tachykardie*
VES = *Ventrikuläre Extrasystolie*
VT = *Ventrikuläre Tachykardie*

Praxis

- Vor Einleitung einer medikamentösen Therapie **extrakardiale Ursachen ausschließen:**
  - flache Narkose
  - Hypoxie
  - Hyperkapnie
  - Elektrolytstörungen (Hypokaliämie)
  - okulokardialer Reflex
  - erhöhter intrakranieller Druck
  - Halothan + Adrenalin (Tachykardie, Extrasystolie)
+ Atropin (AV-Dissoziationen)
- Medikamentös-induzierte Rhythmusstörungen bei Dauertherapie mit
  - Digitalis (Extrasystolen)
  - β_2-Stimulatoren (Sinustachykardie, Extrasystolen): Wehenhemmer, Bronchospasmolytika
  - Betablocker (Bradykardie)
  - trizyklische Antidepressiva (Tachykardie durch adrenerge Wirkung)

Adenosin (Adrekar®)

1 Inj. Flasche (2 ml = 6 mg)

Indikationen

- Paroxysmale AV-junktionale Tachykardien
- Anwendung auf Patienten mit atrioventrikulären Re-entry-Tachykardien und AV-Knoten-Tachykardien beschränken, bei denen vagale Manöver nicht zum gewünschten Erfolg führten und andere antiarrhythmische Substanzen nicht angezeigt sind

Kontraindikationen

- AV-Blockierungen II. und III. Grades (Ausnahme: Patienten mit Pacer)
- Sick-Sinus-Syndrom (Ausnahme: Patienten mit Pacer)
- Vorhofflimmern/Vorhofflattern
- QT-Intervall-Verlängerung
- Obstruktive Lungenerkrankungen
- Relative Kontraindikationen: dekompensierte Herzinsuffizienz, instabile Angina pectoris, kürzlich durchgemachter Herzinfarkt, schwere Hypotonie, Schlafapnoe, Links-Rechts-Shunt, Kombination mit Dipyridamol, Kleinkinder und Kinder, Schwangerschaft und Stillzeit

Nebenwirkungen

- Dyspnoe, Bronchospasmus
- Flush
- Übelkeit, Schwindel, Kopfschmerzen, Sehstörungen, Benommenheit, intrakranieller Druckanstieg
- Hypotonie
- Asystolie
- Bradykardie

- Torsade des pointes
- Extrasystolie
- Kammerflimmern

Pharmakologische Daten

- Purinnucleosid mit Halbwertszeit < 10 s
- Erweiterung der Koronarien, negativ chronotrop am Sinusknoten, vorübergehende Blockierung am AV-Knoten, negative Inotropie am Vorhof

Dosierung

- Initial 3 mg iv (Erwachsene) über 2 s
- Falls Erstgabe ohne Erfolg weitere 6 mg i.v. (Erwachsene)
- Dritte Dosis (Erwachsene) bei Erfolglosigkeit: 9 mg i.v.
- Vierte Dosis bei fehlendem Erfolg: 12 mg (Erwachsene)
- Nach der letzten Dosis keine zusätzlichen bzw. höhere Dosen

Beachte

- Die elektrischen Phänomene sind meist selbstlimitierend, da die Halbwertszeit < 10 s und die Wirkdauer < 60 s liegt
- Anwendung nur unter kontinuierlicher EKG- und Blutdruckkontrolle
- Bei Patienten mit Vorhofflimmern/Vorhofflattern und einer akzessorischen Leitungsbahn kann eine beschleunigte Überleitung auftreten
- Schwere Bradykardien erfordern evtl. einen temporären Schrittmacher
- Wirkungsverstärkung durch Betablocker, Verapamil, Digitalis

Ajmalin (Gilurytmal®)

1 Amp. = 2 ml = 50 mg (Infusionslösungskonzentrat)
1 Amp. = 10 ml = 50 mg (Injektionslösung)

Indikationen

- Extrasystolie (supraventrikulär/ventrikulär)
- Tachyarrhythmie
- WPW- und LGL-Syndrom
- Nachbehandlung nach Elektrokonversion

Kontraindikationen

- Dekompensierte Herzinsuffizienz
- Bradykardie
- Partieller und totaler AV-Block
- Schenkelblock
- Digitalisüberdosierung

Nebenwirkungen

- Kammerflimmern
- Asystolie
- Intrahepatische Cholestase (10–28 Tage nach Applikation)
- Blutdruckabfall

Dosierung

- Applikation nur unter EKG-Monitoring, falls QRS-Verbreiterungen > 20% im Vergleich zum Ausgangswert auftreten, Zufuhr sofort beenden
- Einzeldosis:
  - **i.m.** 1 Amp. mit 2 ml = 50 mg
    Wiederholung nach 30 min möglich

– **i.v.** Maximaldosis 1 mg/kg KG über mindestens 5 min
Wiederholung nach 30 min möglich

- Dosierungsschemata:
  – **Richtdosis:** 1 mg/kg KG/h

Ajmalin (Gilurytmal®)

Perfusor 5 Ampullen zu 2 ml (50 mg/Ampulle) in 50 ml Lösung (1 ml = 5 mg Wirkstoff)

Dosierung:			Körpergewicht in kg				
1 mg/kg KG/h	40	50	60	70	80	90	100
ml/min	0,13	0,16	0,20	0,23	0,26	0,30	0,33
ml/h	8	10	12	14	16	18	20

Ajmalin (Gilurytmal®)

Infusomat (ml/h)
Tropfinfusion (Trpf/min)
5 Ampullen zu 2 ml (50 mg/Ampulle) in 250 ml Lösung (1 ml = 1 mg Wirkstoff)

Dosierung:			Körpergewicht in kg				
1 mg/kg KG/h	40	50	60	70	80	90	100
ml/h	40	50	60	70	80	90	100
Trpf/min	13	17	20	23	27	30	33

Berechnungsgrundlage für Tropfinfusion: 1 ml = 20 Tropfen

Praxis

- Mischungen mit Furosemid (Lasix®) führen zu Ausfällungen

Amiodaron (Cordarex®)

1 Amp. (3 ml) = 150 mg

Indikationen

- Therapierefraktäre supraventrikuläre, nodale und ventrikuläre Herzrhythmusstörungen
- Wolff-Parkinson-White-Syndrom

Kontraindikationen

- Sinusbradykardie
- Reizleitungsstörungen (sinuaurikuläre und nodale Erregungsleitungsverzögerungen) ohne Möglichkeit einer evtl. Schrittmachertherapie
- Kardiogener Schock
- Schilddrüsenerkrankung (euthyreote Struma relative Kontraindikation)
- Patientinnen im gebärfähigen Alter
- Jodallergie (hoher Jodgehalt!)
- Kombinationen mit Kalziumantagonisten oder Betablockern

Nebenwirkungen

- Kurzzeitiger Blutdruckabfall nach Applikation (periphere Vasodilatation)
- Schilddrüsenfunktionsstörung (Hypo- oder Hyperthyreose)
- Schweißausbruch, Hitzegefühl
- Übelkeit
- Periphere Neuropathie, Tremor
- Phlebitis bei periphervenöser Applikation
- Wechselwirkungen:
  - Betablocker, Kalziumantagonisten (verstärkte Kardiodepression)
  - Digoxin (Steigerung der Digoxin-Plasmakonzentration)

- Vitamin-K-Antagonisten (Potenzierung der Gerinnungshemmung)

- Als weitere Nebenwirkungen sind vorwiegend bei **oraler** Langzeittherapie beschrieben (meist nach Absetzen reversibel): Hornhautablagerungen, Photosensibilisierung, gastrointestinale Beschwerden, Transaminasenerhöhung, diffuse interstitielle Lungenerkrankungen (fibrosierende Alveolitis)

Dosierung

- Initialdosis: 5 mg/kg KG langsam i.v.
- Wiederholung frühestens 15 min nach Erstapplikation
- Dauerinfusion (zentraler Venenzugang erforderlich):
  - zur Dauerinfusion darf nur G 5% verwendet werden
  - 300 mg (= 2 Amp.) in 250 ml G 5%
  - Richtwert für Erwachsene: 0,5–0,8 mg/kg KG/h bzw. 10–20 mg/kg KG/d
- Die intravenöse Verabreichung sollte in der Regel nicht länger als 1 Woche dauern (Umstellung auf orale Medikation)

Betablocker

Wirkstoff	Handelsname	Handelsform	Dosierung i.v. Erwachsene	Kardioselektivität
Acebutolol	Prent®	1 Amp. (5 ml) = 25 mg	Einzeldosis: 12,5–25 mg langsam i.v. Maximaldosis: 75–100 mg/Tag	(+)
Esmolol	Brevibloc®	1 Amp. (10 ml) = 100 mg	s. S. 127ff	+
Metoprolol	Beloc®	1 Amp. (5 ml) = 5 mg	Einzeldosis: 5–10 mg über 5–10 min Maximaldosis: 20 mg/Tag	+
	Lopresor®	1 Amp. (5 ml) = 5 mg	Einzeldosis: 2–10 mg über 2–10 min Maximaldosis: 20 mg/Tag	+
Pindolol	Visken®	1 Amp. (2 ml) = 0,4 mg	Einzeldosis: 0,4 mg langsam i.v. Maximaldosis: 1–2 mg/Tag	+
Propranolol	Dociton®	1 Amp. (1 ml) = 1 mg	Einzeldosis: 1 mg langsam i.v. Maximaldosis: 10 mg/Tag	–

Indikationen

- Supraventrikuläre Tachykardie und Extrasystolie
- Ventrikuläre Tachykardie und Extrasystolie

Kontraindikationen

- Herzinsuffizienz
- Hypotonie
- Bradykardie
- AV-Blockierungen
- Obstruktive Bronchialerkrankungen

Nebenwirkungen

- Verstärkung einer Herzinsuffizienz
- Blutdruckabfall
- Bradykardie
- AV-Blockierungen
- Erhöhung des Atemwiderstandes bei obstruktiven Bronchialerkrankungen (Bronchospasmus)
- Hypoglykämie

Praxis

- Läßt sich Kammerflimmern durch Defibrillation nicht beseitigen, kann nach Vorgabe eines Betablockers manchmal eine erneute Defibrillation erfolgreich sein

Diltiazem (Dilzem® parenteral)

1 Inj.-Flasche mit 70 mg/175 mg/700 mg Trockensubstanz
= 10 mg/25 mg/100 mg Diltiazem

Indikationen

- Akutbehandlung der schweren Angina pectoris
- Prophylaxe von Koronarspasmen während Koronarangiographie oder koronarchirurgischen Revaskularisations-Eingriffen
- Paroxysmale supraventrikuläre Tachykardie
- Senkung der Kammerfrequenz bei Vorhofflimmern oder -flattern mit schneller Überleitung (außer bei gleichzeitigem WPW-Syndrom)
- Prophylaxe des Nierentransplantatversagens
- Verminderung der Ciclosporin-A-Nephrotoxizität
- Intrakoronare Anwendung (nur bei Dilzem® 10 mg parenteral): Verbesserung der Ischämietoleranz während PTCA

Kontraindikationen

- Diltiazem-Allergie
- AV- bzw. SA-Block II. oder III. Grades
- Sinusknotensyndrom
- Schock
- Akuter Myokardinfarkt mit Bradykardie
- Ausgeprägte Hypotonie und Linksherzinsuffizienz
- Manifeste Herzinsuffizienz
- Vorhofflimmern/Vorhofflattern mit gleichzeitigem WPW-Syndrom
- Bradykardie
- Intravenöse Medikation mit Betablockern
- Schwangerschaft und Stillzeit

Nebenwirkungen

- Kopfschmerzen, Müdigkeit, Schwindel, Schwächegefühl
- Knöchel- bzw. Beinödeme
- Erythema exsudativum multiforme
- Lymphadenopathie
- Eosinophilie
- Magen-Darm-Beschwerden
- Anstieg der Leberenzyme und der alkalischen Phosphatase
- In Einzelfällen bei höherer Dosierung und kardialer Vorschädigung: Bradykardie, SA/AV-Block, stärkerer Blutdruckabfall, Herzklopfen, Synkopen, Herzinsuffizienz
- Selten Schlaflosigkeit, Halluzinationen, depressive Verstimmungszustände
- Gingivahyperplasie (Langzeitanwendung)
- Hyperglykämie

Dosierung

- Initialdosen (jeweils über 2–3 min):
  - Akutbehandlung Angina pectoris und Prophylaxe von Koronarspasmen: 0,3 mg/kg KG
  - paroxysmale supraventrikuläre Tachykardie: 0,1–0,25 mg/kg KG
  - Vorhofflimmern/Vorhofflattern: 0,1–0,3 mg/kg KG
  - Prophylaxe Nierentransplantatversagen, Verhinderung der Ciclosporin-A-Nephrotoxizität: 0,28 mg/kg KG
- Wiederholung der Initialdosis nach 30 min möglich (Ausnahme: Anwendung wegen drohendem Nierentransplantatversagen bzw. Ciclosporin-A-Nephrotoxizität)
- Weiterbehandlung mit Perfusor oder Dauertropf
- Dosierungsschemata:
  - Richtwert 2,8–14 µg/kg/min
  - empfohlene **Tageshöchstdosis** bei Langzeitinfusion (Erwachsene): 300 mg (Stufe **A**)
  - **Cave:** ab Dosierung **B** wird bei Dauertherapie die empfohlene Tageshöchstdosis von 300 mg überschritten
  - **Cave:** bei Schock, schwerer Leber- und/oder Niereninsuffizienz Dosisreduktion erforderlich

Diltiazem (Dilzem® 100 mg parenteral)

Perfusor		2 Inj.Fl. Dilzem® 100 mg parenteral zu je 100 mg in 50 ml Lösung (1 ml = 4 mg Wirkstoff)							
			Körpergewicht in kg						
µg/kg/min			40	50	60	70	80	90	100
A	**2**	ml/min	0,02	0,025	0,03	0,035	0,04	0,045	0,05
		ml/h	1,2	1,5	1,8	2,1	2,4	2,7	3,0
B	**4**	ml/min	0,04	0,05	0,06	0,07	0,08	0,09	0,1
		ml/h	2,4	3,0	3,6	4,2	4,8	5,4	6,0
C	**6**	ml/min	0,06	0,075	0,09	0,105	0,12	0,135	0,15
		ml/h	3,6	4,5	5,4	6,3	7,2	8,1	9,0
D	**8**	ml/min	0,08	0,1	0,12	0,14	0,16	0,18	0,2
		ml/h	4,8	6,0	7,2	8,4	9,6	10,8	12,0
E	**10**	ml/min	0,1	0,125	0,15	0,175	0,2	0,225	0,25
		ml/h	6,0	7,5	9,0	10,5	12,0	13,5	15,0
F	**12**	ml/min	0,12	0,15	0,18	0,21	0,24	0,27	0,3
		ml/h	7,2	9,0	10,8	12,6	14,4	16,2	18,0
G	**14**	ml/min	0,14	0,175	0,21	0,245	0,28	0,315	0,35
		ml/h	8,4	10,5	12,6	14,7	16,8	18,9	21,0

Diltiazem (Dilzem® 100 mg parenteral)

Infusomat (ml/h) **Tropfinfusion (Trpf/min)**		2 Inj.Fl. zu je 100 mg in 250 ml Infusionslösung (1 ml = 0,8 mg Wirkstoff)						
		Körpergewicht in kg						
µg/kg/min		40	50	60	70	80	90	100
A **2**	ml/h	6,0	7,5	9,0	10,5	12,0	13,5	15,0
	Trpf/min	2		3		4		5
B **4**	ml/h	12,0	15,0	18,0	21,0	24,0	27,0	30,0
	Trpf/min	4	5	6	7	8	9	10
C **6**	ml/h	18,0	22,5	27,0	31,5	36,0	40,5	45,0
	Trpf/min	6	7-8	9	10–11	12	13-14	15
D **8**	ml/h	24,0	30,0	36,0	42,0	48,0	54,0	60,0
	Trpf/min	8	10	12	14	16	18	20
E **10**	ml/h	30,0	37,5	45,0	52,5	60,0	67,5	75,0
	Trpf/min	10	12–13	15	17–18	20	22–23	25
F **12**	ml/h	36,0	45,0	54,0	63,0	72,0	81,0	90,0
	Trpf/min	12	15	18	21	24	27	30
G **14**	ml/h	42,0	52,5	63,0	73,5	84,0	94,5	105,0
	Trpf/min	14	17–18	21	24–25	28	31–32	35

Berechnungsgrundlage für Tropfinfusion: 1 ml = 20 Tropfen

Esmolol (Brevibloc®)

1 Amp. (10 ml) = 100 mg
1 Infusionslösungskonzentrat (10 ml) = 2,5 g = 2500 mg

Indikationen

- Supraventrikuläre Tachykardie
- Peri- und intraoperativer Hypertonus

Kontraindikationen

- Bradykardie (Herzfrequenz < 50/min)
- Schwere Herzinsuffizienz
- Sinusknotensyndrom
- Höhergradige AV-Blockierungen
- Schock
- Ausgeprägte Hypotonie
- Obstruktive Bronchialerkrankungen
- Periphere arterielle Verschlußkrankheit
- Bei Phäochromozytom erst nach medikamentöser Einstellung mit Alphablockern
- Gleichzeitige Therapie mit MAO-Hemmern
- Schwere Leber- und Niereninsuffizienz
- Frischer Myokardinfarkt
- Kinder < 12 Jahre
- Nicht therapierte Elektrolytstörungen
- Strenge Indikationsstellung in Schwangerschaft und Stillzeit

Nebenwirkungen

- Blutdruckabfall
- Bradykardie
- Bronchospasmus

- Verwirrtheit, Kopfschmerzen, Benommenheit
- Harnverhalt
- Übelkeit, Erbrechen
- Thrombophlebitis

Pharmakologische Daten

- Kardioselektiver, gut steuerbarer Betablocker
- Schneller Wirkbeginn (1–2 min) und kurze Wirkdauer (10–20 min)
- Eliminationshalbwertszeit 9 min
- Renale Ausscheidung

Dosierung

- Initialdosis: 500 µg/kg KG i.v. über 1 min
- Wiederholung nach 5 min möglich
- Weiterbehandlung mit Dauerinfusion
- Dosierungsschemata:
  - Richtwert: 50–200 µg/kg KG/min
  - Dauerdosierungen > 200 µg/kg KG/min bieten keinen Therapievorteil
  - **Cave:** bei Niereninsuffizienz Dosisreduktion erforderlich (Eliminationshalbwertszeit bis um das 10fache verlängert)

Esmolol (Brevibloc®)

Perfusor	1 Amp. zu 2,5 g (= 2500 mg) in 50 ml NaCl 0,9% oder G 5% (1 ml = 50 mg Wirkstoff)

		Körpergewicht in kg						
µg/kg/min		40	50	60	70	80	90	100
A **50**	ml/min	0,04	0,05	0,06	0,07	0,08	0,09	0,1
	ml/h	2,4	3,0	3,6	4,2	4,8	5,4	6,0
B **100**	ml/min	0,08	0,1	0,12	0,14	0,16	0,18	0,2
	ml/h	4,8	6,0	7,2	8,4	9,6	10,8	12,0
C **150**	ml/min	0,12	0,15	0,18	0,21	0,24	0,27	0,3
	ml/h	7,2	9,0	10,8	12,6	14,4	16,2	18,0
D **200**	ml/min	0,16	0,2	0,24	0,28	0,32	0,36	0,4
	ml/h	9,6	12,0	14,4	16,4	19,2	21,6	24,0

Esmolol (Brevibloc®)

Infusomat (ml/h) **Tropfinfusion (Trpf/min)**	1 Amp. zu 2,5 g (= 2500 mg) in 250 ml NaCl 0,9% oder G 5% (1 ml = 10 mg Wirkstoff)

		Körpergewicht in kg						
µg/kg/min		40	50	60	70	80	90	100
A **50**	ml/h	12,0	15,0	18,0	21,0	24,0	27,0	30,0
	Trpf/min	4	5	6	7	8	9	10
B **100**	ml/h	24,0	30,0	36,0	42,0	48,0	54,0	60,0
	Trpf/min	8	10	12	14	16	18	20
C **150**	ml/h	36,0	45,0	54,0	63,0	72,0	81,0	90,0
	Trpf/min	12	15	18	21	24	27	30
D **200**	ml/h	48,0	60,0	72,0	84,0	96,0	108,0	120,0
	Trpf/min	16	20	24	28	32	36	40

Berechnungsgrundlage für Tropfinfusion: 1 ml = 20 Tropfen

Cave

- Rebound-Phänomen nach Absetzen der Dauerinfusion möglich
- Bei der Bolusgabe Ampullen und Infusionslösungskonzentrat nicht verwechseln

Praxis

- Nach erfolgreicher Therapie mit Esmolol Therapiefortsetzung mit anderem Antiarrhythmikum. 30 min nach der 1. Dosis des alternativen Antiarrhythmikums Esmolol-Zufuhr um 50% reduzieren. Nach der 2. Dosis Esmolol-Auslaßversuch
- Kasuistischer Einsatz auch bei Vorhofflimmern, Vorhofflattern beschrieben

Lidocain (Xylocain®)

1 Amp. 2% (5 ml) = 100 mg
1 Amp. 20% (5 ml) = 1000 mg

Indikationen

- Ventrikuläre Extrasystolie
- Ventrikuläre Tachykardie

Kontraindikationen

- Schwere Überleitungsstörungen (z.B. AV-Blockierungen)
- Dekompensierte Herzinsuffizienz

Nebenwirkungen

- Benommenheit, Schwindel, Erbrechen
- Krämpfe
- Bradykardie

Dosierung

- Initialdosis : 50–100 mg als Bolus
- Weiterbehandlung mit Perfusor oder Dauertropf
- Dosierungsschemata:
  - empfohlene **Tageshöchstdosis** bei Langzeitinfusion: 3–6 g (Stufe **A–B**)
  - **Cave:** ab Dosierung **C** und **D** muß mit beginnender Überdosierung gerechnet werden (Überschreitung der Tageshöchstdosis bei Dauertherapie)
  - **Cave:** bei Schock, manifester Herzinsuffizienz, ausgeprägter Leber- und Niereninsuffizienz Dosisreduktion erforderlich

Lidocain (Xylocain®)

Perfusor	1 Amp. 20% zu 5 ml (=1000 mg) in 50 ml Lösung (1 ml = 20 mg Wirkstoff)

		Körpergewicht in kg						
µg/kg/min		40	50	60	70	80	90	100
A **20**	ml/min	0,04	0,05	0,06	0,07	0,08	0,09	0,1
	ml/h	2,4	3,0	3,6	4,2	4,8	5,4	6,0
B **40**	ml/min	0,08	0,1	0,12	0,14	0,16	0,18	0,2
	ml/h	4,8	6,0	7,2	8,4	9,6	10,8	12,0
C **60**	ml/min	0,12	0,15	0,18	0,21	0,24	0,27	0,3
	ml/h	7,2	9	10,8	12,6	14,4	16,2	18,0
D **80**	ml/min	0,16	0,2	0,24	0,28	0,32	0,36	0,4
	ml/h	9,6	12,0	14,4	16,8	19,2	21,6	24

Lidocain (Xylocain®)

Infusomat (ml/h) **Tropfinfusion (Trpf/min)**	1 Amp. zu 20% zu 5 ml (= 1000 mg) in 250 ml Infusionslösung (1 ml = 4 mg Wirkstoff)

		Körpergewicht in kg						
µg/kg/min		40	50	60	70	80	90	100
A **20**	ml/h	12	15	18	21	24	27	30
	Trpf/min	4	5	6	7	8	9	10
B **40**	ml/h	24	30	36	42	48	54	60
	Trpf/min	8	10	12	14	16	18	20
C **60**	ml/h	36	45	54	63	72	81	90
	Trpf/min	12	15	18	21	24	27	30
D **80**	ml/h	48	60	72	84	96	108	120
	Trpf/min	16	20	24	28	32	36	40

Berechnungsgrundlage für Tropfinfusion: 1 ml = 20 Tropfen

Mexiletin (Mexitil®)

1 Amp. (10 ml) = 250 mg

Indikationen

- Ventrikuläre Extrasystolie
- Medikamentös induzierte (z.B. Digitalis) ventrikuläre Extrasystolie
- Ventrikuläre Tachykardie

Kontraindikationen

- Schwere AV-Überleitungsstörungen
- Dekompensierte Herzinsuffizienz (negative Inotropie)

Nebenwirkungen

- Benommenheit, Schwindel, Erbrechen
- Krämpfe
- Bradykardie
- Transitorische AV-Blockierungen
- Hypotonie
- Tremorverstärkung bei Parkinsonismus

Dosierung

- **Initialdosis:** 125–250 mg i.v. über 5–10 min unter EKG-Kontrolle
- Weiterbehandlung mit **Dauertropf:**
  - 1. Stunde: 125–250 mg
  - 2. + 3. Stunde: jeweils 125 mg
  - ab 4. Stunde: 30–60 mg/h

Praxis

- Mexiletin kann bei lebensbedrohlichen symptomatischen Kammerarrhythmien wirksam sein, die sich gegenüber konventionellen Antiarrhythmika therapieresistent verhalten

Propafenon (Rytmonorm®)

1 Amp. (20 ml) = 70 mg

Indikationen

- Ventrikuläre und supraventrikuläre Extrasystolie
- Ventrikuläre und supraventrikuläre Tachykardie und Tachyarrhythmie
- WPW-Syndrom

Kontraindikationen

- Manifeste Herzinsuffizienz
- Bradykardie
- Schwere Erregungsleitungsstörungen (z.B. Schenkelblock)
- Kranker Sinusknoten
- Elektrolytentgleisungen
- Schwere obstruktive Lungenerkrankungen

Nebenwirkungen

- Übelkeit
- Schwindel, Sehstörungen
- Negative Inotropie
- Bradykardie
- Sinuatriale oder AV-Blockierungen
- Auslösung von Kammerflimmern oder Kammerflattern
- Cholestase

Dosierung

- Initialdosis: 0,5–1 mg/kg KG i.v. über 3–5 min unter EKG und Blutdruckkontrolle
- Bei Verlängerung der QRS-Dauer > 20% Applikation sofort beenden

- Weiterbehandlung mit Dauerinfusion (Cave: Rytmonorm® ist mit NaCl 0,9% nicht mischbar!)
- Dosierungsschemata:
  - empfohlene Tageshöchstdosis bei Langzeittherapie 560 mg/24 h
  - Dosierung **B** und **C** nur kurzfristig bei Therapiebeginn erlaubt, Dosierung **A** zur Langzeittherapie
  - bei Patienten mit eingeschränkter Leber- und Nierenfunktion auf mögliche Kumulation achten (EKG)

Propafenon (Rytmonorm®)

Perfusor			2 Amp. zu je 20 ml (70 mg/Ampulle) unverdünnt (1 ml = 3,5 mg Wirkstoff)						
			Körpergewicht in kg						
µg/kg/min			40	50	60	70	80	90	100
A	**4**	ml/min	0,046	0,057	0,069	0,08	0,091	0,103	0,114
		ml/h	2,76	3,42	4,14	4,8	5,46	6,18	6,84
B	**6**	ml/min	0,069	0,086	0,103	0,12	0,137	0,154	0,171
		ml/h	4,14	5,16	6,18	7,2	8,22	9,24	10,26
C	**8**	ml/min	0,091	0,114	0,137	0,16	0,183	0,206	0,229
		ml/h	5,46	6,84	8,22	9,6	10,98	12,36	13,74

Propafenon (Rytmonorm®)

Infusomat (ml/h) **Tropfinfusion (Trpf/min)**			8 Amp. zu 20 ml (70 mg/Ampulle) + 90 ml G 5% (1 ml = 2,24 mg Wirkstoff)						
			Körpergewicht in kg						
µg/kg/min			40	50	60	70	80	90	100
A	**4**	ml/h	4,3	5,4	6,4	7,5	8,6	9,6	10,7
		Trpf/min	1	2	2	2–3	3	3	3–4
B	**6**	ml/h	6,4	8,0	9,6	11,3	12,9	14,5	16,1
		Trpf/min	2	2–3	3	4	4	5	5
C	**8**	ml/h	8,6	10,7	12,9	15	17,1	19,3	21,4
		Trpf/min	3	3–4	4	5	6	6–7	7

Berechnungsgrundlage für Tropfinfusion: 1 ml = 20 Tropfen

Sotalol (Sotalex® i.v. 40 mg)

1 Amp. (4 ml) = 40 mg

Indikationen

- Therapiebedürftige tachykarde supraventrikuläre Herzrhythmusstörungen wie z.B. AV-junktionale Tachykardien, supraventrikuläre Tachykardien bei WPW-Syndrom oder paroxysmales Vorhofflimmern
- Schwerwiegend symptomatische ventrikuläre tachykarde Rhythmusstörungen

Kontraindikationen

- Blutddruckkrise
- Allergie
- Sulfonamidüberempfindlichkeit
- Frischer Herzinfarkt
- Vorbestehende QT-Verlängerung
- Kombination mit anderen Antiarrhythmika der Klasse III nach *Vaughan-Williams*
- Strenge Indikationsstellung in Schwangerschaft und Stillzeit

Nebenwirkungen

- Tachyarrhythmie
- Sinusknotenarrest
- Proarrhythmische Wirkungen
- In Kombination mit Alkohol oder trizyklischen Antidepressiva höhere Inzidenz von Kammerarrhythmien
- Bei Überdosierung Auftreten von ventrikulären Tachyarrhythmien incl. Torsade de pointes

Pharmakologische Daten

- Klasse III Antiarrhythmikum nach *Vaughan* und *Williams* mit Verlängerung des Aktionspotentials und der Refraktärzeit am Herzen
- Zusätzliches Wirkprofil eines Betablockers
- Primäre renale Elimination
- Proarrhythmische Wirkungen bei Langzeittherapie möglich
- Eliminationshalbwertszeit 9–10 h
- Dialysierbar

Dosierung

- Initialdosis (Erwachsene): 20 mg i.v. über 5 min
- Wiederholung nach 20 min möglich: 20 mg bzw. je nach Zustand des Patienten bis 1,5 mg/kg KG langsam i.v. (1 mg pro Minute)
- Dosisreduktion bei Niereninsuffizienz

Cave

- Bei einer Kombinationsbehandlung mit Antiarrhythmika der Klasse I nach *Vaughan* und *Williams* sind Substanzen (insbesondere chinidinähnliche Präparate) zu meiden, die den QRS-Komplex verbreitern können
- Keine Kombinationsbehandlung mit anderen Antiarrhythmika der Klasse III nach *Vaughan* und *Williams*

Praxis

- Beim Auftreten ventrikulärer Salven bzw. Torsade des pointes Stimulation mit temporärem Schrittmacher (Frequenz 80–100/min)
- Therapieüberprüfung bei:
  - Verlängerung der QRS- bzw. QT-Zeit um > 25%
  - Zunahme der PQ-Zeit um > 50%
  - QT-Verlängerung > 500 ms
  - Häufung der Anzahl bzw. des Schweregrades von Herzrhythmusstörungen

Verapamil (Isoptin®)

1 Amp. (2 ml) = 5 mg
1 Infusionslösungskonzentrat (20 ml) = 50 mg

Indikationen

- Supraventrikuläre Tachykardie
- Vorhofflattern und Vorhofflimmern mit schneller Überleitung und Tachyarrhythmie
- Hypertone Krise

Kontraindikationen

- Kardiogener Schock
- Dekompensierte Herzinsuffizienz
- AV-Block II. und III. Grades
- Vorhofflimmern mit WPW-Syndrom (→ Kammerflimmern)

Nebenwirkungen

- AV-Block I.–III. Grades
- Blutdrucksenkung
- Obstipation
- Flush
- Wechselwirkungen mit Betablockern (**Cave:** verstärkte Kardiodepression) und Digoxin (Erhöhung des Digoxinspiegels)

Dosierung

- Initialdosis: 2,5–5 mg langsam i.v.
- Wiederholung nach 5–10 min möglich
- Weiterbehandlung mit Dauerinfusion
- Dosierungsschemata:
  - empfohlene Tageshöchstdosis bei Langzeitinfusion: 100 mg
  - Dosierung **B** entspricht der durchschnittlichen Gesamtdosis von etwa 1,5 mg/kg KG und Tag

Verapamil (Isoptin®)

Perfusor			50 mg Verapamil in 50 ml Lösung (1 ml = 1 mg Wirkstoff)						
			Körpergewicht in kg						
µg/kg/min			40	50	60	70	80	90	100
A	**0,5**	ml/min	0,02	0,025	0,03	0,035	0,04	0,045	0,05
		ml/h	1,2	1,5	1,8	2,1	2,4	2,7	3,0
B	**1,0**	ml/min	0,04	0,05	0,06	0,07	0,08	0,09	0,1
		ml/h	2,4	3,0	3,6	4,2	4,8	5,4	6,0
C	**1,5**	ml/min	0,06	0,075	0,09	0,105	0,12	0,135	0,15
		ml/h	3,6	4,5	5,4	6,3	7,2	8,1	9,0

Verapamil (Isoptin®)

Infusomat (ml/h) **Tropfinfusion (Trpf/min)**			50 mg Verapamil in 250 ml Infusionslösung (1 ml = 0,2 mg Wirkstoff)						
			Körpergewicht in kg						
µg/kg/min			40	50	60	70	80	90	100
A	**0,5**	ml/h	6	7,5	9	10,5	12	13,5	15
		Trpf/min	2	2–3	3	3–4	4	4–5	5
B	**1,0**	ml/h	12	15	18	21	24	27	30
		Trpf/min	4	5	6	7	8	9	10
C	**1,5**	ml/h	18	22,5	27	31,5	36	40,5	45
		Trpf/min	6	7–8	9	10–11	12	13–14	15

Berechnungsgrundlage für Tropfinfusion: 1 ml = 20 Tropfen

Antifibrinolytika

Aprotinin (Antagosan®, Trasylol®)

Antagosan®:
1 Amp. (10 ml) = 200 000 KIE
1 Inf.Fl. (25 ml) = 500 000 KIE
1 Inf.Fl. (50 ml) = 1 000 000 KIE

Trasylol®:
1 Amp. (5 ml) = 100 000 KIE
1 Inf.Fl. (50 ml) = 500 000 KIE

Indikationen

- Hämorrhagien aufgrund einer hyperfibrinolytischen Hämostasestörung wie z.B. perioperativ, posttraumatisch, peripartal und bei extrakorporaler Zirkulation

Kontraindikationen

- Aprotinin-Allergie
- 1. Trimenon der Schwangerschaft
- Strenge Indikationsstellung bei Patienten, die bereits früher mit Aprotinin behandelt wurden

Nebenwirkungen

- Allergie/Anaphylaxie mit erhöhtem Risiko bei wiederholter Anwendung. Bei Erstkontakt mit Aprotinin beträgt das Anaphylaxie-Risiko < 0,5%
- Anstieg des Serumkreatinins
- Thrombophlebitis an der Injektionsstelle bei periphervenöser Applikation
- Dosisabhängige Wirkungsverminderung von Thrombolytika (z.B. Streptokinase, tPA, Urokinase)

Pharmakologische Daten

- Proteolytischer Enzyminhibitor mit Wirkung auf Plasmin und Kallikrein
- Hemmung der Bildung von Plasmin, Kallikrein, Thrombin
- Verbesserung der Thrombozytenfunktion
- Halbwertszeit 2 h
- Plasmaeiweißbindung 80%
- Renale Ausscheidung

Dosierung

- Gabe von H_1-H_2-Rezeptorantagonisten vor Anwendung erwägen
- Testdosis mindestens 10 min vor Gabe der Wirkdosis zur Erkennung einer allergischen Disposition empfohlen: z.B. 10 000 KIE bei Erwachsenen i.v.
- Hyperfibrinolytische Hämorrhagie:
  - 500 000 KIE als Infusion, maximal 10 ml/min (Erwachsene)
  - danach 200 000 KIE alle 4 h
- Hämostasestörung peripartal:
  - initial 1 Mill. KIE als Kurzinfusion
  - danach 200 000 KIE/h bis zum Sistieren der Blutung
- Extrakorporale Zirkulation (Erwachsene):
  - Beginn mit 2 Mill. KIE, zusätzlich 2 Mill. KIE in die Herz-Lungen-Maschine
  - danach 500 000 KIE/h bis zum OP-Ende
- Tagesdosierung für Kinder: 20 000 KIE/kg KG/d

Cave

- Nicht mit anderen Lösungen mischen
- Schwere anaphylaktische Reaktionen bei Aprotinin-Reexposition möglich

Praxis

- Bei Gabe von Aprotinin zu heparinisiertem Blut ist die aktivierte Gerinnungszeit (ACT) verlängert. Dadurch erschwertes Heparin-Monitoring an der Herz-Lungen-Maschine, da die üblicherweise angestrebten ACT-Werte von 400–450 s unter Aprotinin keine sichere antikoagulatorische Einstellung bedeuten. Einsatz von Meßmethoden sinnvoll, die nicht mit Aprotinin interferieren (z.B. Kaolin-aktivierte Systeme wie Hemotect®)
- Postoperativ nach kardiopulmonalem Bypass neben ACT- auch PTT-Verlängerung möglich

Tranexamsäure (Anvitoff®)

1 Amp. (5 ml) = 250 mg
1 Amp. (5 ml) = 500 mg

Indikationen

- Prophylaxe und Therapie von Blutungen bei primär gesteigerter Fibrinolyse, z.B. bei Operationen an Lunge, Uterus, Prostata, Gehirn, Magen und Rachenmandeln
- Antidot bei Streptokinase- oder Urokinase-Überdosierung

Kontraindikationen

- Thrombose- bzw. Embolierisiko
- Schwere Niereninsuffizienz (Kumulationsgefahr)
- Bei sekundärer Fibrinolyse nach/bei Verbrauchskoagulopathie ist vor der Gabe die Vorbehandlung der disseminierten intravasalen Gerinnung mit Heparin erforderlich
- Strenge Indikationsstellung bei Hämaturien, die ursächlich auf die oberen Harnwege lokalisiert werden können (Gefahr der Harnwegsobstruktion durch Gerinnselbildung)
- Strenge Indikationsstellung im 1. Trimenon der Schwangerschaft und während der Stillzeit

Nebenwirkungen

- Blutdruckabfall
- Schwindel
- Übelkeit, Erbrechen
- Störungen des Farbensehens

Pharmakologische Daten

- Hemmung physiologischer Plasminogenaktivatoren
- Wirkdauer 4– 6 h
- Halbwertszeit bei i.v.-Gabe 1,9 h
- Renale Aussscheidung

Dosierung

- Richtdosis (jeweils langsam i.v.):
  - Erwachsene: 250–500 mg
  - Kinder: 10 mg/kg KG
- Bei Operationen auch als Infusionszusatz: 500–2500 mg in NaCl 0,9% oder G 5% (Erwachsene)
- Dosisreduktion bei Niereninsuffizienz

Cave

- Kombination mit Chlorpromazin kann bei Subarachnoidalblutungen zerebrale Vasospasmen und zerebrale Ischämien auslösen
- Nicht mit anderen Medikamenten mischen

Antihistaminika

Wirkstoff	Handelspräparat	Handelsformen
H_1-Antagonisten		
– Clemastinhydrogenfumarat	Tavegil®	1 Amp. (5 ml) = 2 mg
– Dimetindenmaleat	Fenistil®	1 Amp. (4 ml) = 4 mg
– Pheniraminhydrogenmaleat	Avil®	1 Amp. (2 ml) = 45,5 mg
H_2-Antagonisten		
– Cimetidin	Tagamet®	1 Amp. (2 ml) = 200 mg
– Ranitidin	Sostril®	1 Amp. (5 ml) = 50 mg
	Zantic®	1 Amp. (5 ml) = 50 mg

Indikationen

- Prophylaxe (z.B. Röntgenkontrastmittel) und Therapie histaminbedingter allergischer Reaktionen
- H_2-Antagonisten: Hemmung der Magensäuresekretion, Verminderung der Magensaftazidität (Aspirationsprophylaxe)

Dosierung

- Jeweils 1–2 Ampullen i.v. (allergische Reaktionen)

Cave

- Allergische Reaktionen vom Schweregrad II-IV dürfen **nie allein** mit Antihistaminika behandelt werden
- Bei Kleinkindern zentrale Exzitation möglich
- Engwinkelglaukom (eventuell Glaukomauslösung)

Antihypertensiva

Clonidin (Catapresan®, Paracefan®)

1 Amp. (1 ml) = 0,15 mg

Kontraindikationen

- Bradykarde Sinusknotenerkrankungen
- Schwangerschaft (nur bei strenger Indikation)

Nebenwirkungen

- Initiale Blutdrucksteigerung (rasche Injektion vermeiden)
- Bradykardie
- Verminderung des Herzzeitvolumens (Akuttherapie)
- Müdigkeit
- Mundtrockenheit

Pharmakologische Daten

- Stimulation zentraler Alpha-Rezeptoren mit allgemeiner Hemmung des Sympathikotonus

Dosierung

- i.v.: 0,15 mg in 10 ml NaCl 0,9% langsam über 10 min
- i.m./s.c.: 0,15 mg
- Dauerinfusion: 5 Amp. (= 0,75 mg) auf 500 ml G 5%

Cave

- Rasche Injektion
- Hypertensive Krisen bei plötzlichem Absetzen der Medikation (Langzeittherapie)
- Ausgeprägte Bradykardien bei digitalisierten Patienten

Diazoxid (Hypertonalum®)

1 Amp. (= 20 ml) = 300 mg

Kontraindikationen

- Kompensatorische Hypertonie (z.B. Aortenisthmusstenose)
- Thiazidunverträglichkeit
- Subarachnoidalblutung (Zunahme der Blutung durch Lösung von Gefäßspasmen)
- Hirnödem (zerebrale Durchblutungssteigerung)
- Akute Koronarinsuffizienz
- Aneurysma dissecans der Aorta (Steigerung von Schlag- und Herzzeitvolumen kann zur Aneurysmavergrößerung führen)

Nebenwirkungen

- Hyperglykämie
- Tachykardie mit Zunahme des Herzzeitvolumens
- Hypotonie
- Kopfschmerzen
- Natrium- und Wasserretention
- Wehenhemmung

Pharmakologische Daten

- Rascher Wirkungsbeginn
- Arteriolare Dilatation

Dosierung

- Erwachsene 150 mg über 10–30 s i.v. (Bolus!)
- Kinder: 5 mg/kg KG i.v.
- Injektion nur in periphere Venen vornehmen

Cave

- Verschlechterung der Koronarperfusion bei Patienten mit koronarer Herzerkrankung (reflektorische Tachykardie)

Praxis

- Schlechte Steuerbarkeit
- Antidot bei Überdosierung: Noradrenalin (Arterenol®)

Dihydralazin (Nepresol® Inject)

1 Amp. = 25 mg als Trockensubstanz

Kontraindikationen

- Angina pectoris

Nebenwirkungen

- Orthostase
- Lupus erythematodes-Symptomatik (Hydralazinsyndrom) bei Langzeittherapie: Fieber, Polyarthritis, Gesichtserythem
- Tachykardie
- Migräne
- Knochenmarkdepression
- Periphere Neuritiden (Vitamin B_6-Antagonismus)

Pharmakologische Daten

- Halbwertszeit 2–8 h
- Hauptwirkungsort: präkapilläre arterielle Widerstandsgefäße (Afterload-Senkung)
- Verbesserung der Durchblutung von Niere, Uterus und Netzhaut

Dosierung

- Einzeldosis (Erwachsene) = 12,5–25 mg langsam i.v./i.m.
- Dosierungsschemata:
  - Tagesmaximaldosis: 100 mg (Erwachsene)
  - Stufen **C** + **D** sollten nur kurzfristig eingestellt werden (Gefahr der Überdosierung bei Dauertherapie)

Dihydralazin (Nepresol®)

Perfusor			2 Amp. zu je 25 mg in 50 ml NaCl 9% (1 ml = 1 mg Wirkstoff)						
			Körpergewicht in kg						
µg/kg/min			40	50	60	70	80	90	100
A	**0,5**	ml/min	0,02	0,025	0,03	0,035	0,04	0,045	0,05
		ml/h	1,2	1,5	1,8	2,1	2,4	2,7	3,0
B	**1,0**	ml/min	0,04	0,05	0,06	0,07	0,08	0,09	0,1
		ml/h	2,4	3,0	3,6	4,2	4,8	5,4	6,0
C	**1,5**	ml/min	0,06	0,075	0,09	0,105	0,12	0,135	0,15
		ml/h	3,6	4,5	5,4	6,3	7,2	8,1	9,0
D	**2,0**	ml/min	0,08	0,1	0,12	0,14	0,16	0,18	0,2
		ml/h	4,8	6,0	7,2	8,4	9,6	10,8	12,0

Dihydralazin (Nepresol®)

Infusomat (ml/h) **Tropfinfusion (Trpf/min)**			4 Amp. zu je 25 mg in 250 ml NaCl 0,9% (1 ml = 0,4 mg Wirkstoff)						
			Körpergewicht in kg						
µg/kg/min			40	50	60	70	80	90	100
A	**0,5**	ml/h	3	3,75	4,5	5,25	6	6,75	7,5
		Trpf/min	1	1	1–2	2	2	2	2–3
B	**1,0**	ml/h	6	7,5	9	10,5	12	13,5	15
		Trpf/min	2	2–3	3	3–4	4	4–5	5
C	**1,5**	ml/h	9	11,25	13,5	15,75	18	20,25	22,5
		Trpf/min	3	4	4–5	5	6	7	7–8
D	**2,0**	ml/h	12	15	18	21	24	27	30
		Trpf/min	4	5	6	7	8	9	10

Berechnungsgrundlage für Tropfinfusion: 1 ml = 20 Tropfen

Cave

- Bei Auftreten folgender Symptome sofortiger Therapieabbruch
  - Exanthem
  - unklares Fieber

Praxis

- Kombinationen mit Nitraten (Preload-Senkung) oder Betablockern (Abschwächung einer reflektorischen Tachykardie) verstärken die antihypertensive Wirkung
- Bei Herstellung der Infusionslösung kann die Verwendung von Glukoselösungen zur Inaktivierung des Wirkstoffes führen
- Zur antihypertensiven Therapie bei **Eklampsie** besonders geeignet (Verbesserung der uterinen Durchblutung)

Nitroglycerin (Nitrolingual®, perlinganit®, Trinitrosan®)

Kontraindikationen

- Schock (Ausnahme: Überwachung und Steuerung der hämodynamischen Auswirkungen mit Swan-Ganz-Katheter)

Nebenwirkungen

- Kopfschmerzen
- Hypotension
- Tachykardie
- Methämoglobinbildung (bei klinischer Dosierung nicht relevant)

Pharmakologische Daten

- Dilatation der venösen Kapazitätsgefäße **(Preload-Senkung)** und der extramural gelegenen Koronarien

Dosierung

- Bolusinjektion: 0,1–1 mg (verdünnt) i.v.
- Tropfinfusion:
  - Beginn: 0,2–0,8 µg/kg KG/min
  - Steigerung bis zu 5 µg/kg KG/min möglich

- Dosierungsschemata:

Nitroglycerin

Perfusor			50 mg Nitroglycerin in 50 ml Lösung (1 ml = 1 mg Wirkstoff)						
			Körpergewicht in kg						
µg/kg/min			40	50	60	70	80	90	100
A	**0,25**	ml/min	0,01	0,0125	0,015	0,0175	0,02	0,0225	0,025
		ml/h	0,6	0,75	0,9	1,05	1,2	1,35	1,5
B	**0,5**	ml/min	0,02	0,025	0,03	0,035	0,04	0,045	0,05
		ml/h	1,2	1,5	1,8	2,1	2,4	2,7	3,0
C	**0,75**	ml/min	0,03	0,0375	0,045	0,0525	0,06	0,0675	0,075
		ml/h	1,8	2,25	2,7	3,15	3,6	4,05	4,5
D	**1,0**	ml/min	0,04	0,05	0,06	0,07	0,08	0,09	0,1
		ml/h	2,4	3,0	3,6	4,2	4,8	5,4	6,0
E	**2,0**	ml/min	0,08	0,1	0,12	0,14	0,16	0,18	0,2
		ml/h	4,8	6,0	7,2	8,4	9,6	10,8	12,0
F	**3,0**	ml/min	0,12	0,15	0,18	0,21	0,24	0,27	0,3
		ml/h	7,2	9,0	10,8	12,6	14,4	16,2	18,0
G	**4,0**	ml/min	0,16	0,2	0,24	0,28	0,32	0,36	0,4
		ml/h	9,6	12,0	14,4	16,8	19,2	21,6	24
H	**5,0**	ml/min	0,2	0,25	0,3	0,35	0,4	0,45	0,5
		ml/h	12	15	18	21	24	27	30

Nitroglycerin

Infusomat (ml/h) **Tropfinfusion (Trpf/min)**		50 mg Nitroglycerin in 250 ml Infusionslösung (1 ml = 0,2 mg Wirkstoff)							
			Körpergewicht in kg						
µg/kg/min			40	50	60	70	80	90	100
A	**0,25**	ml/h	3	3,75	4,5	5,25	6	6,75	7,5
		Trpf/min	1	1	1–2	2	2	2	2–3
B	**0,5**	ml/h	6	7,5	9	10,5	12	13,5	15
		Trpf/min	2	2–3	3	3–4	4	4–5	5
C	**0,75**	ml/h	9	11,25	13,5	15,75	18	20,25	22,5
		Trpf/min	3	4	4–5	5	6	7	7–8
D	**1,0**	ml/h	12	15	18	21	24	27	30
		Trpf/min	4	5	6	7	8	9	10
E	**2,0**	ml/h	24	30	36	42	48	54	60
		Trpf/min	8	10	12	14	16	18	20
F	**3,0**	ml/h	36	45	54	63	72	81	90
		Trpf/min	12	15	18	21	24	27	30
G	**4,0**	ml/h	48	60	72	84	96	108	120
		Trpf/min	16	20	24	28	32	36	40
H	**5,0**	ml/h	60	75	90	105	120	135	150
		Trpf/min	20	25	30	35	40	45	50

Berechnungsgrundlage für Tropfinfusion: 1 ml = 20 Tropfen

Cave

- Patienten mit geringer Linksherzinsuffizienz (LVEDP < 20 mm Hg) reagieren häufig mit einem Abfall des Herzzeitvolumens (geringere diastolische Vordehnung)
- Bei ausgeprägter Linksherzinsuffizienz (LVEDP > 20 mm Hg) nimmt das Herzzeitvolumen zu

Nitroprussidnatrium (nipruss®)

1 Amp. = 60 mg Trockensubstanz

Kontraindikationen

- Kompensatorische Hypertonie (z.B. Aortenisthmusstenose)
- Leber-Optikusatrophie
- Tabak-Alkohol-Amblyopie
- Hypothyreose
- Vitamin-B_{12}-Mangel
- Azidose
- Hypovolämie
- Relative Kontraindikationen: Kinder, Schwangerschaft

Nebenwirkungen

- Gastrointestinale Störungen
- Müdigkeit
- Muskelzuckungen
- Hör- und Sehstörungen
- Erregungszustände
- Tachykardie
- Bedrohliche Hypotension
- Zyanidakkumulation (Gefahr der Zyanidintoxikation)

Pharmakologische Daten

- Dilatation der arteriellen und venösen glatten Gefäßmuskulatur
- Metabolite (hämodynamisch unwirksam): Zyanid, Thiozyanat

Dosierung

- Applikation als Dauerinfusion bzw. besser mit Perfusor (geringere Volumenbelastung)
- Variable individuelle Empfindlichkeit!
- Dosierungsschemata (Nach Angaben des Herstellers)
  - **Anfangsdosis:** 0,25 μg/kg KG/min (Dosierung **A**)
  - langsame Dosissteigerung bis zum Eintritt des gewünschten Effektes (mittlere Dosierung 1–6 μg/kg KG/min)
  - **Maximaldosis:** 10 μg/kg KG/min (Dosierung **H**)
  - zur Prophylaxe einer Zyanidintoxikation **parallele Infusion von Natriumthiosulfat** (Natriumthiosulfat 10% Köhler Chemie oder S-hydril®) über den gleichen Venenzugang, jedoch in einer zweiten Flasche:

Perfusor Infusomat/Tropfinfusion Dosierung	Natriumthiosulfat (10%) ml/h
A – D	1
E	2
F	3
G	4

  - maximale Gesamtdosis zur intraoperativen kontrollierten Hypotension: 1,0–1,5 mg/kg KG
  - bei Dosierung >2 μg/kg KG/min muß mit Zyanidkumulation gerechnet werden (gleichzeitige Natriumthiosulfatgabe obligat)

Praxis

- Richtlinien zur Anwendung von Nitroprussidnatrium:
  - obligat: EKG, Infusomat bzw. Perfusor, blutige arterielle Druckmessung, zentralvenöser Katheter
  - fakultativ: Swan-Ganz-Katheter

- **Zeichen der Zyanidintoxikation**
  - tetaniforme Muskelrigidität
  - Konvulsionen
  - Koma
  - häufig: ausbleibender hypotensiver Effekt trotz hoher Dosierung (Tachyphylaxie)
  - Blutgasanalyse: metabolische Azidose (anaerober Stoffwechsel, Gewebshypoxie) trotz evtl. noch „normaler" Sauerstoffpartialdrucke, erhöhte zentralvenöse/gemischt-venöse Sauerstoffsättigung (Zellen können Sauerstoff nicht utilisieren → „inneres Ersticken")
- **Therapie der Zyanidintoxikation**
  - Absetzen der Infusion
  - Beatmung mit 100% Sauerstoff
  - Antidot: 4-Dimethylaminophenol (4-DMAP, Köhler Chemie): 3–4 mg/kg KG i.v.
  - Infusion von Natriumthiosulfat (Natriumthiosulfat 10% Köhler Chemie): 50–100 mg/kg KG

    Repetitionsdosen bis zur Gesamtmenge von 30 g möglich
- Anwendung > 48 h: Plasma-Thiozyanatspiegel bestimmen

Nitroprussidnatrium (nipruss®)

Perfusor 1 Trockensubstanz-Ampulle (60 mg) in 3 ml der beiliegenden Natriumzitratlösung auflösen, mit einer 50 ml-Perfusorspritze aufziehen und mit 5%iger Glukoselösung bis zur Markierung 50 ml auffüllen
Lichtschutzfolie verwenden

	Trocken-substanz µg/kg/ min	Nitro-prussid-natrium µg/kg/ min		Körpergewicht in kg 40	50	60	70	80	90	100
A	**0,25**	**0,3**	ml/min	0,01	0,012	0,015	0,017	0,018	0,022	0,023
			ml/h	0,6	0,7	0,9	1,0	1,1	1,3	1,4
B	**0,5**	**0,6**	ml/min	0,018	0,023	0,028	0,033	0,038	0,043	0,047
			ml/h	1,1	1,4	1,7	2,0	2,3	2,6	2,8
C	**1,0**	**1,1**	ml/min	0,038	0,047	0,057	0,067	0,075	0,085	0,095
			ml/h	2,3	2,8	3,4	4,0	4,5	5,1	5,7
D	**2,0**	**2,3**	ml/min	0,075	0,095	0,113	0,133	0,152	0,17	0,19
			ml/h	4,5	5,7	6,8	8,0	9,1	10,2	11,4
E	**4,0**	**4,6**	ml/min	0,152	0,19	0,227	0,267	0,303	0,342	0,378
			ml/h	9,1	11,4	13,6	16,0	18,2	20,5	22,7
F	**6,0**	**6,8**	ml/min	0,227	0,285	0,342	0,4	0,455	0,512	0,568
			ml/h	13,6	17,1	20,5	24,0	27,3	30,7	34,1
G	**8,0**	**9,1**	ml/min	0,303	0,378	0,455	0,533	0,607	0,682	0,758
			ml/h	18,2	22,7	27,3	32,0	36,4	40,9	45,5
H	**10,0**	**11,4**	ml/min	0,378	0,473	0,568	0,667	0,758	0,853	0,948
			ml/h	22,7	28,4	34,1	40,0	45,5	51,2	56,9

Die zubereitete Lösung ist nur 12 Stunden haltbar

Nitroprussidnatrium (nipruss®)

Infusomat (ml/h) **Tropfinfusion (Trpf/min)**	1 Trockensubstanz-Ampulle (60 mg) in 3 ml der beiliegenden Natriumzitratlösung auflösen und einer 250 ml-Flasche G 5% zuspritzen **Lichtschutzfolie** verwenden

	Trocken-substanz **µg/kg/min**	Nitro-prussid-natrium **µg/kg/min**		**Körpergewicht in kg** 40	50	60	70	80	90	100
A	**0,25**	**0,3**	ml/h	3	3,5	4,5	5	5,5	6,5	7
			Trpf/min	1	1	1–2	2	2	2	2
B	**0,5**	**0,6**	ml/h	5,5	7	8,5	10	11,5	13	14
			Trpf/min	2	2	3	3	4	4	5
C	**1,0**	**1,1**	ml/h	11,5	14	17	20	22,5	25,5	28,5
			Trpf/min	4	5	6	7	7–8	8–9	9–10
D	**2,0**	**2,3**	ml/h	22,5	28,5	34	40	45,5	51	57
			Trpf/min	7–8	9–10	11	13	15	17	19
E	**4,0**	**4,6**	ml/h	45,5	57	68	80	91	102,5	113,5
			Trpf/min	15	19	23	27	30	34	38

Berechnungsgrundlage für Tropfinfusion: 1 ml = 20 Tropfen

Die zubereitete Lösung ist nur 12 Stunden haltbar

Cave

- Unbedingt Lichtschutzfolie und spezielle, lichtundurchlässige schwarze Schlauchleitungen verwenden
- Rebound-Hypertonie nach plötzlichem Absetzen (kann in der Regel durch vorherige Applikation eines Betablockers verhindert werden)

Phentolamin (Regitin®)

1 Amp. (1 ml) = 10 mg

Kontraindikationen

- Kompensatorische Hypertonie (z.B. Aortenisthmusstenose)

Nebenwirkungen

- Orthostatischer Kollaps
- Reflektorische Tachykardie
- Ausgeprägte Hypotonie

Pharmakologische Daten

- α-Rezeptorenblockade
- Direkte gefäßdilatierende Wirkung
- Angriffspunkte: arterielle (überwiegend) und venöse Gefäße
- Wirkbeginn 1–2 min
- Wirkdauer 10–15 min

Dosierung

- Einzeldosis (Erwachsene): 5–10 mg i.v./i.m.

Cave

- Koronarchirurgie (Zunahme des myokardialen Sauerstoffverbrauchs)

Praxis

- Therapieversager bei chronischer Herzinsuffizienz möglich (Vasokonstriktion bzw. Hypertonie durch Angiotensin II verursacht)
- Phentolamin kann nur eine durch Katecholamine bedingte Vasokonstriktion aufheben
- Regitin® ist in Deutschland nicht mehr im Handel. Bezug über eine internationale Apotheke in patientenbezogener Menge möglich

Urapidil (Ebrantil® 25/50)

10 ml Injektionslösung = 50 mg
5 ml Injektionslösung = 25 mg

Kontraindikationen

- Kompensatorische Hypertonie (z.B. Aortenisthmusstenose)

Nebenwirkungen

- Kopfschmerzen
- Müdigkeit
- Arrhythmien
- Herzklopfen
- Retrosternales Druckgefühl und Atemnot

Pharmakologische Daten

- α_1 -Rezeptorblockade
- Zentrale Minderung des Sympathikotonus
- Wirkbeginn < 5 min
- Eliminationshalbwertszeit 2–3 h

Dosierung

- Bolusinjektion von 25 mg (Erwachsene)
- Repetitionsdosis 25 mg (falls Erstinjektion erfolglos)
- Blutdruckstabilisierung durch Tropfinfusion:
  - Herstellung: 250 mg und 200 ml NaCl 0,9% (1 ml = 1 mg)
  - Anfangsdosierung: 2–3 mg/min
  - Erhaltungsdosis: 0,15 mg/min
  - Perfusor: 5 Amp. (10 ml) zu je 50 mg (1 ml = 5 mg)

Cave

- Anwendung in der Frühschwangerschaft nur bei strenger Indikation

Praxis

- Antidot: Dihydroergotamin (Dihydergot® Sandoz) 1–2 mg

Elektrolytzusätze

Kaliumchlorid, Natriumchlorid

Kaliumchlorid 7,45% (1molare Lösung), 1 ml = 1 mmol
Natriumchlorid 5,85% (1molare Lösung), 1 ml = 1 mmol

Kontraindikationen

- Hypernatriämie (Natriumchlorid)
- Hyperkaliämie (Kaliumchlorid)
- Hyperchlorämie

Pharmakologische Daten

- Zum Ausgleich eines Kalium- oder Chloriddefizits (z.B. hypokaliämische, hypochlorämische Alkalose)
- Verminderung der renalen Bikarbonatrückresorption bei Zufuhr von Chloridionen

Dosierung

- Faustregeln zum Korrekturbedarf:
  - Natriumdefizit (mmol) = $(140 - Na_{ist}) \times$ kg KG $\times$ 0,3
  - Kaliumdefizit: zur Erhöhung des Serumkaliums um 1 mmol/l werden in Abhängigkeit vom Ausgangswert benötigt:

$K^+ < 3$ mmol/l	200–400 mmol
$K^+ > 3$ mmol/l	100–200 mmol

  - Chloriddefizit: 100 mmol Chlorid pro Chloriderniedrigung um 10 mmol/l
- **Cave:** pro Stunde **nie mehr als 20 mmol Kalium** (Zusatz zu Infusionslösungen, Perfusor) infundieren

Praxis

- 1 g NaCl = 17,1 mmol Na^+
- 10 ml NaCl 10% = 17 mmol Na^+

Kalzium-Glukonat, Kalziumchlorid

Kalzium-Glukonat-Lösungen:
– Calcium-Sandoz® 10%:
1 Amp. (10 ml) = 2,25 mmol (4,5 mval) Ca^{++}
– Calcium gluconicum „Eifelfango" 20% :
1 Amp. (10 ml) = 4,5 mmol (9 mval) Ca^{++}

Kalziumchlorid-Lösungen:
– 0,5 ml-Calciumchlorid-Lösung salvia:
1 Amp. (20 ml) = 10 mmol (20 mval) Ca^{++},
Zusatzampulle zu Infusionslösungen

Indikationen

- Relative oder absolute Kalziummangelzustände (Tetanie, Gabe von Zitratblut)
- Kurzfristige Kontraktilitätsverbesserung des Herzens
- Hyperkaliämie > 6,5 mval/l (Reduzierung der kardiotoxischen Kaliumwirkung)
- Allergische Reaktionen
- Bei Reanimation wird Kalzium-Applikation zunehmend **abgelehnt**

Kontraindikationen

- Drohender Herzstillstand (Bradykardie, Asystolie)
- Hypothermie (AV-Blockierungen, Kammerflimmern)
- Digitalisintoxikation

Pharmakologische Daten

- Physiologisch nur in ionisierter Form aktiv
- Positiv inotrop (kurzfristiger Anstieg von Blutdruck und Herzzeitvolumen)
- Stabilisierung des Ruhepotentials erregbarer Membranen
- Elektromechanische Koppelung
- Wichtiger Faktor der Blutgerinnung

Dosierung

- Einzeldosierung: 5–10 ml der 10%igen Kalzium-Glukonat-Lösung
- Bei **Massivtransfusion** zur Vermeidung einer Zitratintoxikation (unterschiedliche Dosierungsempfehlungen):
  - z.B. ab der 6. Blutkonserve pro 500–1000 ml Blut 3–4 mmol (6–8 mval) Kalzium
  - **Cave:** bei gleichzeitiger Hypokaliämie Gefahr des Kammerflimmerns

Cave

- Digitalisierte Patienten dürfen intravenöse Kalziumgaben nur mit besonderer Vorsicht erhalten (langsame Injektion, EKG-Monitoring)
- Gleichzeitige Verabreichung mit phosphat- oder karbonathaltigen Lösungen (Ausfällungen)
- Fehlinjektionen (z.B. bei intramuskulärer Verabreichung) in Fettgewebe (Infiltrationen, Abszeßbildung) unbedingt vermeiden

Herzglykoside

Medikamentenübersicht (Auswahl)

Wirkstoff	Tägliche Abkling-quote	Handels-name	Handels-form	Wirkstoff pro Einheit
Digoxin	20%	Lanicor®	Tabletten Liquidum Ampullen	0,25 mg 15 Trpf = 0,25 mg 0,25 mg
		Novodigal®	Ampullen	0,2 mg = 1 ml 0,4 mg = 2 ml
β-Acetyl-digoxin	20%	Novodigal® Novodigal® mite	Tabletten Tabletten	0,2 mg 0,1 mg
Metil-digoxin	20%	Lanitop®	Tabletten Liquidum Ampullen	0,1 mg 15 Trpf = 0,2 mg 0,2 mg
		Lanitop® mite	Tabletten	0,05 mg
		Lanitop® E	Tabletten	0,15 mg
Digitoxin	7%	Digimerck®	Tabletten Ampullen	0,1 mg 0,1 mg/0,25 mg
		Digimerck® minor	Tabletten	0,07 mg
		Digimerck® pico	Tabletten	0,05 mg
		Tardigal®	Tabletten	0,1 mg
		Tardigal® minor	Tabletten	0,08 mg

Indikationen

- Manifeste Herzinsuffizienz
- Tachyarrhythmie bei Vorhofflimmern
- Paroxysmale supraventrikuläre Tachykardie

Kontraindikationen

- Digitalisunverträglichkeit
- Digitalisintoxikation
- Elektrolytstörungen: Hyperkalziämie, Hypokaliämie
- Hypertrophe obstruktive Kardiomyopathie

Dosierungstabelle für Erwachsene (mittlerer Glykosidbedarf)

• **Lanicor®**	1 Tabl. = 0,25 mg 1 Amp. (1 ml) = 0,25 mg Digoxin	
– *Aufsättigung:*	oral	i.v.
1. Tag	2–3 × 1 Tabl.	2 x 1 Amp.
2. Tag	2–3 × 1 Tabl.	2 x 1 Amp.
3. Tag	2–3 × 1 Tabl.	2 x 1 Amp.
– *Erhaltung:*	1 × 1– 1½ Tabl.	1 x 1 Amp.
• **Lanitop®**	1 Tabl. = 0,1 mg 1 Amp. (2 ml) = 0,2 mg Metildigoxin	
– *Aufsättigung:*	oral	i.v.
1. Tag	2 × 1½ –2 Tabl.	1 x 1½ –2 Amp.
2. Tag	2 × 1½ –2 Tabl.	1 x 1½ –2 Amp.
3. Tag	2 × 1½ –2 Tabl.	1 x 1½ –2 Amp.
– *Erhaltung:*	1 × 1½ –2 Tabl.	1 x 1 Amp.
• **Novodigal®**	1 Tabl. = 0,2 mg β-Acetyldigoxin 1 Amp. (1 ml) = 0,2 mg Digoxin	
– *Aufsättigung:*	oral	i.v.
1. Tag	2 × 1–2 Tabl.	2–3 x 1 Amp.
2. Tag	2 × 1–2 Tabl.	2–3 x 1 Amp.
3. Tag	1–2 × 1 Tabl.	1–2 x 1 Amp.
– *Erhaltung:*	1–2 × 1 Tabl.	1–2 x 1 Amp.

• **Digimerck®**	1 Tabl. = 0,1 mg 1 Amp. (1 ml) = 0,25 mg Digitoxin	
– *Aufsättigung:*	oral	i.v.
1. Tag	3 × 1 Tabl.	2 x 1 Amp.
2. Tag	3 × 1 Tabl.	1 x 1 Amp.
3. Tag	3 × 1 Tabl.	1 x 1 Amp.
– *Erhaltung:*	1 × 1– 1½ Tabl.	1 x ½ Amp.

Parenterale Dosierung von Metildigoxin (Lanitop®) bei Kindern

(aus *Keck, W.*: Pädiatrische Kardiologie. 3. Aufl. Urban & Schwarzenberg, München–Wien–Baltimore 1980, S. 76)

Alter in Jahren	Gewicht in kg	Vollsättigungsdosis in mg	Vollsättigung 1. und 2. Tag je 50% ml pro Tag	Vollsättigung 3. Tag 30 % ml pro Tag	Erhaltung ab 4. Tag 20% ml pro Tag
Früh- u. Neugeborene 1.–4. Woche	1	0,03	0,1	0,1	0,1
	2	0,06	0,3	0,1	0,1
	3	0,09	0,4	0,2	0,1
	4	0,12	0,6	0,4	0,2
	3	0,2	1,0	0,6	0,4
	4	0,23	1,1	0,6	0,4
	5	0,26	1,3	0,7	0,5
	6	0,30	1,5	0,9	0,6
	7	0,34	1,7	1,0	0,6
	8	0,37	1,8	1,1	0,7
	9	0,40	2,0	1,2	0,8
	10	0,43	2,1	1,2	0,8

Alter in Jahren	Gewicht in kg	Vollsättigungsdosis in mg	Vollsättigung 1. und 2. Tag je 50% ml pro Tag	3. Tag 30 % ml pro Tag	Erhaltung ab 4. Tag 20% ml pro Tag
1	10,5	0,45	2,2	1,3	0,9
	11	0,48	2,4	1,4	0,9
	12	0,5	2,5	1,5	1,0
2	13	0,55	2,7	1,6	1,1
	14	0,58	2,9	1,7	1,1
3	15	0,6	3,0	1,8	1,2
	16	0,65	3,2	1,9	1,3
4	17	0,7	3,5	2,1	1,4
	18	0,73	3,6	2,2	1,4
5	19	0,75	3,7	2,2	1,5
	20	0,8	4,0	2,4	1,6
6	21	0,83	4,1	2,4	1,6
	22	0,85	4,2	2,5	1,7
7	23	0,88	4,4	2,6	1,7
	24	0,9	4,5	2,7	1,8
8	25	0,95	4,7	2,8	1,9
	26	0,98	4,9	2,9	1,9
9	27	1,0	5,0	3,0	2,0
	28	1,05	5,2	3,1	2,1
10	30	1,1	5,5	3,3	2,2
	31	1,13	5,6	3,3	2,2
11	32	1,15	5,7	3,4	2,3
	34	1,18	5,9	3,5	2,3
12	36	1,2	6,0	3,6	2,4
	38	1,25	6,2	3,7	2,5
13	40	1,3	6,5	3,9	2,6
	42	1,35	6,7	4,0	2,7
14	45	1,4	7,0	4,2	2,8

1 Ampulle Lanitop® zu 2 ml = 0,2 mg Metildigoxin
Die Vollsättigungs- und Erhaltungsdosis ist auf 2–3 Einzelgaben zu verteilen

Orale Dosierung von Metildigoxin (Lanitop®) bei Kindern

(aus *Keck, W.*: Pädiatrische Kardiologie, 3. Aufl. Urban & Schwarzenberg, München–Wien–Baltimore 1980, S. 77)

Alter in Jahren	Gewicht in kg	Vollsättigungsdosis in mg	Vollsättigung 1. und 2. Tag je 50 % Trpf. pro Tag	Vollsättigung 1. und 2. Tag je 50 % Tabl. pro Tag	3. Tag 30 % Trpf. pro Tag	3. Tag 30 % Tabl. pro Tag	Erhaltung ab 4. Tag 20% Trpf. pro Tag	Erhaltung ab 4. Tag 20% Tabl. pro Tag
Früh- u.								
Neuge-	1	0,03	1		1		1	
borene	2	0,06	2		1		1	
1.–4.	3	0,09	3		2		1	
Woche	4	0,12	4		3		1	
	3	0,2	7		4		3	
	4	0,23	8		5		3	
	5	0,26	9		5		3	
	6	0,30	11		6		4	
	7	0,34	12		7		5	
	8	0,37	13		8		5	
	9	0,40	15		9		6	
	10	0,43	16		9		6	
1	10,5	0,45	16		10		6	
	11	0,48	18		10		7	
	12	0,5	18		11		7	
2	13	0,55	20		12		8	
	14	0,58	21		13		8	
3	15	0,6	22		13		9	
	16	0,65	24		14		9	
4	17	0,7	26		15		10	
	18	0,73	27		16		10	
5	19	0,75	28		16		11	
	20	0,8	30	4	18	2	12	1–2
6	21	0,83	31		18		12	
	22	0,85	31		19		12	
7	23	0,88	33		19		13	
	24	0,9	33		20		13	

Alter in Jahren	Gewicht in kg	Vollsättigungsdosis in mg	Vollsättigung 1. und 2. Tag je 50 % Trpf. pro Tag	Vollsättigung 1. und 2. Tag je 50 % Tabl. pro Tag	3. Tag 30 % Trpf. pro Tag	3. Tag 30 % Tabl. pro Tag	Erhaltung ab 4. Tag 20% Trpf. pro Tag	Erhaltung ab 4. Tag 20% Tabl. pro Tag
8	25	0,95	35		21		14	
	26	0,98	36		22		14	
9	27	1,0	37	5	22	3	15	2
	28	1,05	39		23		15	
10	30	1,1						
	31	1,13						
11	32	1,15						
	34	1,18		6		4		2–3
12	36	1,2						
	38	1,25						
13	40	1,3						
	42	1,35						
14	45	1,4						

15 Tropfen Lanitop® = 0,2 mg Metildigoxin
45 Tropen Lanitop® = 1 ml Liquidum Metildigoxin
1 Tablette Lanitop® = 0,1 mg Metildigoxin
Die Vollsättigungs- und Erhaltungsdosis ist auf 2–3 Einzelgaben zu verteilen

Parenterale und orale Dosierung von Digoxin (Lanicor®) bei Kindern

(nach *Keck, W.*: Pädiatrische Kardiologie, 3. Aufl., Urban & Schwarzenberg, München–Wien–Baltimore 1980, S. 78)

Körperoberfläche	**i.v. Vollsättigung**		**i.v. Erhaltung**		**Oral-Vollsättigung**			**Oral-Erhaltung**		
(m²)	mg	ml	mg	ml	mg	Trpf	Tabl	mg	Trpf pro Tag	Tabl pro Tag
0,1	0,1	0,4	0,02	0,08	0,15	9		0,03	2	
0,15	0,15	0,6	0,03	0,12	0,23	14	1	0,04	3	
0,2	0,2	0,8	0,04	0,16	0,30	18		0,06	4	
0,25	0,25	1,0	0,05	0,20	0,38	23	1½	0,07	4	
0,3	0,3	1,2	0,06	0,24	0,45	27		0,09	5	
0,35	0,35	1,4	0,07	0,28	0,53	32	2	0,10	6	
0,4	0,4	1,6	0,08	0,32	0,60	36	2½	0,12	7	½
0,45	0,45	1,8	0,09	0,36	0,68	41		0,13	8	
0,5	**0,5**	**2,0**	**0,10**	**0,4**	**0,75**	**45**	**3**	**0,15**	**9**	
0,6	0,6	2,4	0,12	0,48	0,90	54		0,18	11	
0,7	0,7	2,8	0,14	0,56	1,05	63	4	0,20	12	
0,8	0,8	3,2	0,16	0,64	1,20	72		0,25	15	1
0,9	0,9	3,6	0,18	0,72	1,35	81	5	0,27	17	
1,0	**1,0**	**4,0**	**0,20**	**0,8**	**1,50**	**90**	**6**	**0,30**	**18**	
1,1	1,1	4,4	0,22	0,88	1,65			0,33	20	
1,2	1,2	4,8	0,24	0,96	1,80		7	0,36	22	1½
1,3	1,3	5,2	0,26	1,0	1,95			0,39	23	
1,4	1,4	5,6	0,28	1,1	2,10		8	0,42	25	
1,5	**1,5**	**6,0**	**0,30**	**1,2**	**2,25**		**9**	**0,45**	**27**	
1,6	1,6	6,4	0,32	1,3	2,40			0,48	29	
1,7	1,7	6,8	0,34	1,4	2,55		10	0,51	30	2
1,8	1,8	7,2	0,36	1,45	2,70			0,54	32	
1,9	1,9	7,6	0,38	1,5	2,85		11	0,57	34	
2,0	**2,0**	**8,0**	**0,40**	**1,6**	**3,00**		**12**	**0,60**	**36**	**2½**

1 Ampulle = 1 ml = 0,25 mg iv
45 Tropfen = 1 ml = 0,75 mg oral (Lanicor® Liquidum)
1 Tablette = 0,25 mg oral

Die Vollsättigungsdosis ist auf 4–6 Einzeldosen (2–3 Tagesdosen) zu verteilen und in 48 h zu geben
Bei Bedarf Vollsättigungsdosis in kürzerem Zeitraum
Die Erhaltungsdosis ist auf 2–3 Einzeldosen zu verteilen

i.v.
Sättigung: **1,0** mg/m² Körperoberfläche in 48 h
Erhaltung: **0,2** mg/m² Körperoberfläche täglich

oral
Sättigung: **1,5** mg/m² Körperoberfläche in 48 h
Erhaltung: **0,3** mg/m² Körperoberfläche täglich

Kortikosteroide

Pharmakologische Daten

	Relative Potenz als Gluko-kortikoid	Relative Potenz als Mineralo-kortikoid	Äquivalenz-dosis als Gluko-kortikoid (mg)
Cortisol (Hydrocortison®)	1	1	20
Prednison (Decortin®)	4	0,8	5
Prednisolon (Solu-Decortin®-H)	4	0,8	5
Methylprednisolon (Urbason®)	5	0,5	4
Triamcinolon (Volon® A solubile)	5	0	4
Dexamethason (Fortecortin®)	20–30	0	0,75
Aldosteron (Aldocorten®)	0,1	400	0

Dosierung

- Kardiogener, anaphylaktischer, traumatischer und septischer **Schock** (i.v.-Initialdosis)
  - Cortisol (Hydrocortison®) 1–2 g
  - Prednisolon (Solu-Decortin®-H) 1–3 g
  - Methylprednisolon (Urbason®) 1–2 g
  - Dexamethason (Fortecortin®) 100–200 mg
- **Inhalative Vergiftung** durch Reizgase, toxisches Lungenödem

  Zusätzlich zur Dosierung wie bei Schocktherapie:
  Dexamethason (Auxiloson®) Dosier-Aerosol 5 Hübe alle 10 min (Initialtherapie)

- **Status asthmaticus** (i.v.-Initialdosis)
  - Prednisolon (Solu-Decortin®-H) 250–1000 mg
  - Methylprednisolon (Urbason®) 250– 500 mg
  - Dexamethason (Fortecortin®) 40– 80 mg

  Auxiloson Dosier-Aerosol ist für die Therapie des akuten Status asthmaticus nicht geeignet!
- **Akutes Hirnödem** (i.v.-Initialdosis)
  - Prednisolon (Solu-Decortin®-H) 250–1000 mg
  - Methylprednisolon (Urbason®) 500–1000 mg
  - Dexamethason (Fortecortin®) 40– 100 mg
- **Akute Nebennierenrindeninsuffzienz** (i.v.-Inititaldosis)
  - Cortisol (Hydrocortison®) 100– 300 mg
  - Prednisolon (Solu-Decortin®-H) 50– 100 mg
  - Methylprednisolon (Urbason®) 250– 500 mg
  - Dexamethason (Fortecortin®) 8– 16 mg
  - Aldosteron (Aldocorten®) 0,5 mg

Perioperative Kortikoidtherapie

- Prophylaxe und/oder Therapie einer perioperativ drohenden oder bereits vorbestehenden Nebennierenrindeninsuffizienz
- Dexamethason und Triamcinolon haben keine mineralokortikoide Wirkung und sind deswegen für eine vollwertige Substitutionstherapie nicht geeignet
- Indikationen:
  - pathologischer ACTH-Stimulationstest
  - Steroidtherapie über eine Woche Dauer
  - Kortison-Dauertherapie über einen Monat im letzten Halbjahr vor dem chirurgischen Eingriff

    Kortisonschutz obligat, wenn die Dauertherapie erst innerhalb der letzten 3 Monate vor dem Eingriff beendet wurde.
    Liegt das Ende der Medikation vor dieser Frist, so ist eine perioperative Applikation nur bei einer längeren Kortison-Behandlung in Dosen > 20 mg Prednison/Tag erforderlich
  - Adrenalektomie oder Hypophysektomie
  - Addisonismus

- Dosierung:
  - **Vorabend der Operation**
    Cortisol (Hydrocortison®) 100–200 mg (im/iv)
  - **Operationstag**
    Cortisol (Hydrocortison®) 100 mg (Prämedikation)
    100 mg (intraoperativ)
    100 mg (postoperativ)
    Applikation i.m. oder i.v., bei Dauerinfusion Tagesdosis in 500 ml G 5% auflösen und kontinuierlich verabreichen
  - **1. postoperativer Tag und später**
    Dosisreduktion, Ausschleichen bzw. schrittweiser Rückgang auf die präoperative Erhaltungsdosis in den folgenden Tagen

Phosphodiesterasehemmer

Amrinon (Wincoram®)

1 Amp. (20 ml) = 100 mg

Indikationen

- Kurzzeittherapie (maximal 14 Tage) der schweren Herzinsuffizienz, die refraktär ist gegen Herzglykoside, Diuretika, Vasodilatantien und/oder ACE-Hemmer

Kontraindikationen

- Herzerkrankungen, bei denen aus funktionellen oder anatomischen Gründen eine Steigerung des Herzzeitvolumens nicht möglich ist (z.B. Obstruktion der links- und/oder rechtsventrikulären Ausflußbahn)
- Unbehandelte Hypovolämie
- Tachyarrhythmie
- Herzwandaneurysma
- Thrombozytopenie
- Schwere Niereninsuffizienz
- Allergie gegen Disulfit
- Strenge Indikationsstellung bei frischem Myokardinfarkt und bei Kindern
- Schwangerschaft und Stillzeit

Nebenwirkungen

- Blutdruckabfall
- Herzrhythmusstörungen
- Thrombozytopenie
- Erhöhung von GOT, LDH, AP; evtl. Cholestase

- Kopfschmerzen, Schwindel
- Übelkeit, Erbrechen, Bauchschmerzen
- Störungen der Geschmacks- und Geruchsempfindung
- Myalgien, Myositis
- Splenomegalie
- Lungeninfiltrationen
- Vaskulitis, Polyserositis
- Allergische Reaktionen auf Bestandteil Natrium-Disulfit vor allem bei Patienten mit Bronchialasthma

Pharmakologische Daten

- Hemmung der Phosphodiesterase III: Erhöhung des cAMP mit intrazellulärem Kalziumanstieg
- Positive Inotropie, Chronotropie, Dromotropie und Lusitropie (= Zunahme der myokardialen Relaxationsgeschwindigkeit)
- Keine Erhöhung des myokardialen Sauerstoffverbrauchs
- Positive Inotropie und Vasodilatation (Abfall des systemischen und pulmonal-arteriellen Widerstandes) führen zu einer Ökonomisierung der Herzarbeit
- Keine Down-Regulation der β_1-Rezeptoren
- Keine Tachyphylaxie
- Wirkung auch bei Patienten, die unter einer Behandlung mit Betablockern stehen
- Wirkbeginn 2–5 min
- Wirkdauer 60 min
- Eliminationshalbwertszeit 2,5–6 h (bei Herz- und Niereninsuffizienz verlängert bis zu 15 h)
- Plasmaeiweißbindung 30%
- Hämodialysierbar

Dosierung

- Anwendung nur über Infusionspumpe und unter kontinuierlichem hämodynamischen Monitoring
- Ampulle mit 100 mg (20 ml) im Verhältnis 1:1 mit NaCl 0,9% verdünnen
- Initialdosis: 0,5 mg/kg KG langsam i.v.
- Wiederholung in Abständen von 10–15 min möglich (max. 4 mg/kg KG in der ersten Stunde) bzw. Weiterbehandlung mit Dauerinfusion
- **Dosierungsschemata:**
  - Richtwert: 5–10 µg/kg KG/min
  - empfohlene Tageshöchstdosis (Erwachsene) bei Langzeitinfusion:10 mg/kg KG
  - ab Dosierung **D–E** wird die Tageshöchstdosis überschritten
  - **Cave:** Dosisreduktion bei Niereninsuffizienz, Leberinsuffizienz und Patienten über 65 Jahre

Amrinon (Wincoram®)

Perfusor		1 Amp. (20 ml) zu 100 mg + 20 ml NaCl 0,9% (1 ml = 2,5 mg Wirkstoff)						
		Körpergewicht in kg						
µg/kg/min		40	50	60	70	80	90	100
A **2**	ml/min	0,032	0,04	0,048	0,056	0,064	0,072	0,08
	ml/h	1,92	2,4	2,88	3,36	3,84	4,32	4,8
B **4**	ml/min	0,064	0,08	0,096	0,112	0,128	0,144	0,16
	ml/h	3,84	4,8	5,76	6,72	7,68	8,64	9,6
C **6**	ml/min	0,096	0,12	0,144	0,168	0,192	0,216	0,24
	ml/h	5,76	7,2	8,64	10,08	11,52	12,96	14,4
D **8**	ml/min	0,128	0,16	0,192	0,224	0,256	0,288	0,32
	ml/h	7,68	9,6	11,52	13,44	15,36	17,28	19,2
E **10**	ml/min	0,16	0,2	0,24	0,28	0,32	0,36	0,4
	ml/h	9,6	12,0	14,4	16,8	19,2	21,6	24,0

Cave

- Unter Therapie Abfall des arteriellen Sauerstoffpartialdruckes möglich (Hemmung der hypoxiebedingten pulmonalarteriellen Vasokonstriktion)
- Regelmäßige Überwachung von Blutbild, Transaminasen, Cholestaseparametern, Flüssigkeits- und Elektrolythaushalt und Nierenfunktion
- Bei Thrombozytopenie Dosisreduktion bzw. Therapieabbruch

Praxis

- Bei Patienten mit Vorhoftachykardie prophylaktische Digitalisierung (Verkürzung der AV-Überleitung unter Amrinon zu erwarten)

Enoximon (Perfan®)

1 Amp. (20 ml) = 100 mg

Indikationen

- Kurzzeittherapie (maximal 48 h) der schweren Herzinsuffizienz, die mit den üblichen Behandlungsprinzipien nicht befriedigend therapierbar ist
- Akute Herzinsuffizienz nach herzchirurgischen Eingriffen

Kontraindikationen

- Schwere obstruktive Kardiomyopathie
- Schwere obstruktive Klappenerkrankung
- Unbehandelte Hypovolämie
- Supraventrikuläre Tachyarrhythmie
- Herzwandaneurysma
- Frischer Myokardinfarkt
- Kinder < 12 Jahre
- Schwangerschaft und Stillzeit

Nebenwirkungen

- Blutdruckabfall
- Herzrhythmusstörungen
- Tachykardie
- Kopfschmerzen
- Übelkeit, Erbrechen, Diarrhoe
- Selten Schüttelfrost, Fieber, Harnverhalt, Muskelschmerzen, Schwindel, Flüssigkeitsrestriktion
- Thrombophlebitis an der Injektionsstelle
- Thrombozytopenie
- Transaminasen- und Bilirubinanstieg

Pharmakologische Daten

- Hemmung der Phosphodiesterase III: Erhöhung des cAMP mit intrazellulärem Kalziumanstieg
- Positive Inotropie, Chronotropie, Dromotropie und Lusitropie (= Zunahme der myokardialen Relaxationsgeschwindigkeit)
- Keine Erhöhung des myokardialen Sauerstoffverbrauchs
- Positive Inotropie und Vasodilatation (Abfall des systemischen und pulmonal-arteriellen Widerstandes) führen zu einer Ökonomisierung der Herzarbeit
- Keine Down-Regulation der β_1-Rezeptoren
- Keine Tachyphylaxie
- Wirkung auch bei Patienten, die unter einer Behandlung mit Betablockern stehen
- Wirkbeginn < 5 min
- Wirkdauer 3–6 h (dosisabhängig)
- Eliminationshalbwertszeit 4,2 h (bei Herzinsuffizienz > 6 h)
- Plasmaeiweißbindung 85%
- Hepatische und renale Oxidation zu Enoximon-Sulfoxid (besitzt noch 20% Restaktivität)
- Hämodialysierbar

Dosierung

- Anwendung nur über Infusionspumpe und unter kontinuierlichem hämodynamischen Monitoring
- Ampulle mit 100 mg (20 ml) im Verhältnis 1:1 mit Aqua dest. oder NaCl 0,9% verdünnen
- Initialdosis: 0,5 mg/kg KG i.v. (Infusionsgeschwindigkeit maximal 12,5 mg/min)
- Wiederholung nach 30 min möglich (maximale kumulative Dosis 1,5 mg/kg)
- Weiterbehandlung mit Dauerinfusion
- Dosierungsschemata:
  - Richtwert: 2,5–10 µg/kg KG/min
  - empfohlene Tageshöchstdosis (Erwachsene) bei Langzeitinfusion: 12 mg/kg KG

– ab Dosierung **D–E** wird die Tageshöchstdosis überschritten

– **Cave:** Dosisreduktion bei Niereninsuffizienz, Leberinsuffizienz und Patienten über 65 Jahre

Enoximon (Perfan®)

Perfusor			1 Amp. (20 ml) zu 100 mg + 20 ml NaCl 0,9% (1 ml = 2,5 mg Wirkstoff)						
			Körpergewicht in kg						
µg/kg/min			40	50	60	70	80	90	100
A	**2**	ml/min	0,032	0,04	0,048	0,056	0,064	0,072	0,08
		ml/h	1,92	2,4	2,88	3,36	3,84	4,32	4,8
B	**4**	ml/min	0,064	0,08	0,096	0,112	0,128	0,144	0,16
		ml/h	3,84	4,8	5,76	6,72	7,68	8,64	9,6
C	**6**	ml/min	0,096	0,12	0,144	0,168	0,192	0,216	0,24
		ml/h	5,76	7,2	8,64	10,08	11,52	12,96	14,4
D	**8**	ml/min	0,128	0,16	0,192	0,224	0,256	0,288	0,32
		ml/h	7,68	9,6	11,52	13,44	15,36	17,28	19,2
E	**10**	ml/min	0,16	0,2	0,24	0,28	0,32	0,36	0,4
		ml/h	9,6	12,0	14,4	16,8	19,2	21,6	24,0

Cave

- Unter Therapie Abfall des arteriellen Sauerstoffpartialdruckes möglich (Hemmung der hypoxiebedingten pulmonalarteriellen Vasokonstriktion)
- Regelmäßige Überwachung von Blutbild, Transaminasen, Bilirubin, Flüssigkeits- und Elektrolythaushalt und Nierenfunktion
- Bei Thrombozytopenie Dosisreduktion bzw. Therapieabbruch

Praxis

- Bei Patienten mit Vorhofflattern/Vorhofflimmern prophylaktische Digitalisierung (Verkürzung der AV-Überleitung unter Enoximon zu erwarten)

- Die gebrauchsfertige Lösung ist nach vorgeschriebener Verdünnung bei Raumtemperatur 12 h haltbar
- Inkompatibel mit glukosehaltigen Lösungen

Milrinon (Corotrop®)

1 Amp. (10 ml) = 10 mg

Indikationen

- Kurzzeittherapie der schweren Herzinsuffizienz, die refraktär ist gegen Herzglykoside, Diuretika, Vasodilatantien und/oder ACE-Hemmer

Kontraindikationen

- Überempfindlichkeit gegenüber Milrinon
- Herzerkrankungen, bei denen aus funktionellen oder anatomischen Gründen eine Steigerung des Herzzeitvolumens nicht möglich ist: z.B. Obstruktion der links- und/oder rechtsventrikulären Ausflußbahn
- Unbehandelte Hypovolämie
- Kinder < 12 Jahren
- Frischer Myokardinfarkt
- Herzinsuffizienz durch Hyperthyreose
- Akute Myokarditis oder Amyloidkardiomyopathie
- Herzwandaneurysma
- Schwangerschaft und Stillzeit

Nebenwirkungen

- Blutdruckabfall
- Herzrhythmusstörungen
- Thrombo- und Erythrozytopenie
- Hypokaliämie
- Kopfschmerzen, Schwindel
- Fieber

Pharmakologische Daten

- Hemmung der Phosphodiesterase III: Erhöhung des cAMP mit intrazellulärem Kalziumanstieg
- Positive Inotropie, Chronotropie, Dromotropie und Lusitropie (= Zunahme der myokardialen Relaxationsgeschwindigkeit)
- Keine Erhöhung des myokardialen Sauerstoffverbrauchs
- Positive Inotropie und Vasodilatation (Abfall des systemischen und pulmonal-arteriellen Widerstandes) führen zu einer Ökonomisierung der Herzarbeit
- Keine Down-Regulation der β_1-Rezeptoren
- Keine Tachyphylaxie
- Wirkung auch bei Patienten, die unter einer Behandlung mit Betablockern stehen
- Wirkbeginn 15 min nach Bolusapplikation von 50 µg/kg
- Wirkdauer 1 h nach Bolusgabe von 50 µg/kg
- Eliminationshalbwertszeit 0,6–0,8 h (bei Herzinsuffizienz 1,7–2,6 h)
- Plasmaeiweißbindung 70–91%

Dosierung

- Anwendung nur über Infusionspumpe und unter kontinuierlichem hämodynamischen Monitoring
- Initialdosis: 50 µg/kg KG über 10 min
- Weiterbehandlung mit Dauerinfusion
- Dosierungsschemata:
  - Richtwert: 0,375–0,75 µg/kg KG/min
  - empfohlene Tageshöchstdosis bei Langzeitinfusion: 1,3 mg/kg bei Anwendung der Dosierungen A–D wird die Tageshöchstdosis nicht überschritten
  - **Cave:** Dosisreduktion bei Niereninsuffizienz

Milrinon (Corotrop®)

Perfusor	1 Amp. (10 ml) zu 10 mg + 40 ml NaCl 0,9% oder G 5% (1 ml = 0,2 mg Wirkstoff)

			Körpergewicht in kg						
µg/kg/min			40	50	60	70	80	90	100
A	**0,4**	ml/min	0,08	0,1	0,12	0,14	0,16	0,18	0,2
		ml/h	4,8	6,0	7,2	8,4	9,6	10,8	12,0
B	**0,5**	ml/min	0,1	0,125	0,15	0,175	0,2	0,225	0,25
		ml/h	6,0	7,5	9,0	10,5	12,0	13,5	15,0
C	**0,6**	ml/min	0,12	0,15	0,18	0,21	0,24	0,27	0,3
		ml/h	7,2	9,0	10,8	12,6	14,4	16,2	18,0
D	**0,7**	ml/min	0,14	0,175	0,21	0,245	0,28	0,315	0,35
		ml/h	8,4	10,5	12,6	14,7	16,8	18,9	21,0

Cave

- Unter Therapie Abfall des arteriellen Sauerstoffpartialdruckes möglich (Hemmung der hypoxiebedingten pulmonalarteriellen Vasokonstriktion)
- Regelmäßige Überwachung von Blutbild, Flüssigkeits- und Elektrolythaushalt und Nierenfunktion
- Bei Thrombozytopenie Dosisreduktion bzw. Therapieabbruch

Praxis

- Bei Patienten mit Vorhofflattern/Vorhofflimmern prophylaktische Digitalisierung (Verkürzung der AV-Überleitung unter Milrinon zu erwarten)

Puffersubstanzen

Arginin-Hydrochlorid

L-Arginin-Hydrochlorid 21% (1molare Lösung) 1 ml = 1 mmol

Indikationen

- Metabolische Alkalose (umstritten!)

Kontraindikationen

- Fortgeschrittene Leber- und Niereninsuffizienz
- Azidosen

Pharmakologische Daten

- Freisetzung von H^+-Ionen nach Metabolisierung in der Leber
- Extrazellulärer Puffereffekt
- Fehlende intrazelluläre Wirkung, sogar Anstieg des intrazellulären pH-Wertes möglich

Dosierung

- mmol (= ml) einer 1molaren Korrekturlösung = BE × kg KG × 0,3
- Nie unverdünnt anwenden

Praxis

- Kausale Therapie der die Alkalose verursachenden Grunderkrankung
- Vor Anwendung evtl. vorhandene Hypokaliämie und/oder Hypochlorämie ausgleichen

Natriumbikarbonat

Natriumbikarbonat 4,2% (0,5 molare Lösung), 1 ml = 0,5 mmol
Natriumbikarbonat 8,4% (1 molare Lösung), 1 ml = 1 mmol

Indikationen

- Metabolische Azidose

Kontraindikationen

- Hypernatriämie
- Natriumretention oder unerwünschte Natriumzufuhr (Herzinsuffizienz, Lungenödem, generalisierte Ödeme, Eklampsie)
- Hypokaliämie **ohne** gleichzeitige Kalium-Substitution
- **Beachte:** Applikation bei respiratorischer Insuffizienz nur unter regelmäßiger Kontrolle der Atmung
- Alkalosen

Nebenwirkungen

- Verstärkung einer Hyperkapnie bei respiratorischer Insuffizienz
- Hypernatriämie und Hyperosmolalität
- Hirnödem und Krampfanfälle bei zu rascher Infusion
- Initiale Zunahme einer intrazellulären zerebralen Azidose (Bikarbonat durchdringt Blut-Hirn-Schranke sehr langsam, das im Blut bei Azidosekorrektur entstehende CO_2 dagegen schnell)
- Hypokalzämische Tetanie bei Überdosierung

Pharmakologische Daten

- Hoher Natriumgehalt
- Körpereigene, physiologische Puffersubstanz
- Verteilung vorwiegend im Extrazellulärraum
- Intrazelluläre Wirkung nachgewiesen

Dosierung

- Natriumbikarbonat mmol = (– BE) × kg KG × 0,3
- Exzessive Anwendung wird durch Hypernatriämie limitiert (**Cave:** renale Störungen)

Praxis

- Kausale Therapie der die Azidose verursachenden Grunderkrankung!
- **Regel:** chronische Azidosen werden langsam, akute Formen rasch ausgeglichen
- Zunächst nur die **Hälfte der errechneten Puffermenge** infundieren, danach Blutgasanalyse und Neuorientierung
- Applikation über zentralen Venenkatheter

  Ausnahme: Natriumbikarbonat 4,2% kann kurzfristig über periphere Venen infundiert werden
- Meistens ist auch bei normalem Serum-Kalium eine gleichzeitige Kalium-Substitution erforderlich (intrazellulärer Kalium-Einstrom)
- Überkorrekturen mit konsekutiver Alkalose (Linksverschiebung der **Sauerstoffbindungskurve** mit erschwerter Sauerstoffabgabe ins Gewebe, Herzrhythmusstörungen, gesteigerte Krampfneigung) können durch wiederholte Blutgasanalysen vermieden werden
- **Blindpufferung:** 1–2 mmol/kg KG (zunächst maximal 100 mmol)

Salzsäure

Salzsäure 0,1 normal, 1 ml = 0,1 mmol

Indikationen

- Metabolische Alkalose

Kontraindikationen

- Applikation über periphere Venen
- Azidosen

Nebenwirkungen

- Hämolysegefahr bei höher konzentrierten Lösungen und Infusion im Hauptschluß

Pharmakologische Daten

- Direkte Pufferwirkung durch Protonenzufuhr

Dosierung

- mmol = BE × kg KG × 0,3
- Infusionsgeschwindigkeit: < 0,25 mmol/kg KG/h
- Tagesmaximaldosis: 100 mmol/24 h, entsprechend 1 l der 0,1 normalen Lösung (unterschiedliche Angaben!)

Praxis

- Kausale Therapie der die Alkalose verursachenden Grunderkrankung!
- Vor Anwendung evtl. vorhandene Hypokaliämie oder Hypochlorämie ausgleichen
- Wegen der geringen Volumenbelastung sind teilweise auch 0,3 normale Lösungen im Gebrauch
- Vorsicht bei Hyperkaliämie
- Zunächst nur die Hälfte der errechneten Elektrolyt- bzw. Puffermenge infundieren, danach Blutgasanalyse und Neuorientierung
- Zentraler Venenkatheter bei Salzsäuregabe obligat

Trometamol (Tris-Puffer, THAM)

0,3molare Lösung, 1 ml = 0,3 mmol (z.B. THAM-Köhler Infusio®)

Indikationen

- Metabolische Azidose (umstritten!)

Kontraindikationen

- Niereninsuffizienz mit Oligurie/Anurie
- Hyperkaliämie
- **Beachte:** Applikation bei respiratorischer Insuffizienz nur unter regelmäßiger Kontrolle der Atmung, evtl. Beatmung
- Alkalosen

Nebenwirkungen

- Atemdepression bei Dosierung > 500 ml
- Kumulationsgefahr bei Niereninsuffizienz
- Tiefe Nekrosen bei paravasaler Infusion
- Extrazellulärer Kaliumanstieg
- Hypoglykämische Attacken

Pharmakologische Daten

- Geringer Natriumgehalt (je nach Präparat)
- Verteilung im Extrazellulär- und Intrazellulärraum (Elimination von H^+-Ionen, Bildung von Bikarbonat)
- Langsame, nur geringe intrazelluläre Aufnahme (→ $NaHCO_3$ bevorzugen)

Dosierung

- THAM-Lösung 0,3 molar (ml) = (– BE) × kg KG
- Einlaufgeschwindigkeit < 0,3 ml/kg KG/min
- Maximaldosis: 12,5 ml/kg KG/24 h (unterschiedliche Angaben!)

Praxis

- Siehe Natriumbikarbonat (S. 190f)

Sympathomimetika

Adrenalin (Suprarenin®)

0,1%ige Lösung (= Adrenalin 1:1000): 1 Amp. (1 ml) = 1 mg

Indikationen

- Anaphylaktischer Schock
- Asthma bronchiale (Bronchodilatation)
- Vasokonstriktorzusatz bei Lokalanästhesie
- Reanimation

Kontraindikationen

- Bei Reanimation: keine
- Koronare Herzerkrankung
- Hyperthyreose
- Schwere Hypertonie
- Dekompensierte Herzinsuffizienz
- Cor pulmonale
- Schwangerschaft (Uteruskontraktion), Eklampsie

Nebenwirkungen

- Ventrikuläre Rhythmusstörungen
- Kammerflimmern
- Reduktion der Nierendurchblutung mit Abnahme der Urinausscheidung
- Mydriasis (z.B. bei Reanimation!)

Pharmakologische Daten

- α-Rezeptorenwirkung (Vasokonstriktion)
- β_1-Rezeptorenwirkung (positiv inotrop, chronotrop und dromotrop)
- β_2-Rezeptorenwirkung (Bronchodilatation, Vasodilatation)
- Der gefäßerweiternde Effekt ist wegen überwiegender α-Rezeptorenwirkung klinisch nicht nachweisbar
- Erweiterung der Koronargefäße

Dosierung

- Einzeldosis (Erwachsene): 0,1 mg i.v.
  0,2–0,3 mg i.m./s.c.
- Kardiale **Reanimation**: 1 mg iv (1 Amp. Adrenalin = 1 mg mit 9 ml NaCl 0,9% verdünnen), Wiederholungsdosen in einer Dosierung von 1–5 mg bis zum Erfolg möglich
- Konzentration als **Vasokonstriktorzusatz zur Lokalanästhesie**:

  0,1 ml (Insulinspritze) = 0,1 mg Adrenalin und
  10 ml Lokalanästhetikum → 1:100000
  20 ml Lokalanästhetikum → 1:200000

  Pro Anwendung dürfen **nicht mehr als 0,25 mg** Adrenalin (Gesamtdosis) verwendet werden
- Dosierungsschemata:
  - Applikation möglichst über zentralen Venenkatheter
  - Kombinationen mit Dopamin oder Dobutamin sinnvoll
  - Dosierung **B** entspricht einer mittleren Dosierung bei Monotherapie

Cave

- Adrenalinzusätze zur Lokalanästhesie an Nase, Ohr, Fingern, Zehen und Penis (Gangrän)
- Anwendung bei **Halothannarkose**

Adrenalin (Suprarenin®)

Perfusor	2 Amp. zu je 1 ml (1 mg/Ampulle) in 50 ml Lösung (1 ml = 0,04 mg Wirkstoff)

			Körpergewicht in kg						
µg/kg/min			40	50	60	70	80	90	100
A	**0,05**	ml/min	0,05	0,063	0,075	0,088	0,1	0,113	0,125
		ml/h	3,0	3,75	4,5	5,25	6,0	6,75	7,5
B	**0,1**	ml/min	0,1	0,125	0,15	0,175	0,2	0,225	0,25
		ml/h	6,0	7,5	9,0	10,5	12,0	13,5	15,0
C	**0,15**	ml/min	0,15	0,188	0,225	0,263	0,3	0,338	0,375
		ml/h	9,0	11,25	13,5	15,75	18,0	20,25	22,5
D	**0,2**	ml/min	0,2	0,25	0,3	0,35	0,4	0,45	0,5
		ml/h	12,0	15,0	18,0	21,0	24,0	27,0	30,0

Adrenalin (Suprarenin®)

Infusomat (ml/h) **Tropfinfusion (Trpf/min)**	4 Amp. zu je 1 ml (1 mg/Ampulle) in 250 ml Infusionslösung (1 ml = 0,016 mg Wirkstoff)

			Körpergewicht in kg						
µg/kg/min			40	50	60	70	80	90	100
A	**0,05**	ml/h	7,5	9,4	11,3	13,1	15	16,9	18,8
		Trpf/min	2–3	3	4	4	5	5–6	6
B	**0,1**	ml/h	15	18,8	22,5	26,3	30	33,8	37,5
		Trpf/min	5	6	7–8	9	10	11	12–13
C	**0,15**	ml/h	22,5	28,1	33,8	39,4	45	50,6	56,3
		Trpf/min	7–8	9	11	13	15	17	19
D	**0,2**	ml/h	30	37,5	45	52,5	60	67,5	75
		Trpf/min	10	12–13	15	17–18	20	22–23	25

Berechnungsgrundlage für Tropfinfusion: 1 ml = 20 Tropfen

Dobutamin (Dobutrex®)

1 Injektionsflasche = 250 mg Dobutamin (Trockensubstanz)

Indikationen

- Akute Herz- und Kreislaufinsuffizienz (kardiogener Schock, Low-output-Syndrom)

Kontraindikationen

- Idiopathische hypertrophe Subaortenstenose

Nebenwirkungen

- Herzklopfen
- Blutdruckanstieg
- Tachykardie (weniger ausgeprägt als bei Dopamin)
- Extrasystolie
- Pektanginöse Beschwerden

Pharmakologische Daten

- **Synthetisches Katecholamin** mit überwiegender β_1-Stimulation (dosisabhängige Kontraktilitäts- und Herzfrequenzsteigerung)
- Kein wesentlicher Effekt auf α- und β_2-Rezeptoren
- Senkung des linksventrikulären Füllungsdruckes
- Steigerung der Nierenperfusion (jedoch nur entsprechend der Zunahme des Herzzeitvolumens)
- Keine Noradrenalin-Freisetzung
- Plasmahalbwertszeit 2 min

Dosierung

- Kontinuierliche Applikation über Perfusor bzw. Dauertropf
- **Individuelle Dosis** nach Wirkung ermitteln (**A-E**)
- **Durchschnittliche Dosierung:** 2–10 µg/kg KG/min
- **Maximaldosierung:** 15 µg/kg KG/min
- Kombination mit Dopamin sinnvoll, falls systolischer Blutdruck < 80 mm Hg
- Dosierungsschemata:
  – Applikation möglichst über zentralen Venenkatheter

Dobutamin (Dobutrex®)

Perfusor			1 Amp. (= 250 mg) in 50 ml Lösung (1 ml = 5 mg Wirkstoff)						
			Körpergewicht in kg						
µg/kg/min			40	50	60	70	80	90	100
A	**2**	ml/min	0,016	0,02	0,024	0,028	0,032	0,036	0,04
		ml/h	0,96	1,2	1,44	1,68	1,92	2,16	2,4
B	**4**	ml/min	0,032	0,04	0,048	0,056	0,064	0,072	0,08
		ml/h	1,92	2,4	2,88	3,36	3,84	4,32	4,8
C	**6**	ml/min	0,048	0,06	0,072	0,084	0,096	0,108	0,12
		ml/h	2,88	3,6	4,32	5,04	5,76	6,48	7,2
D	**8**	ml/min	0,064	0,08	0,096	0,112	0,128	0,144	0,16
		ml/h	3,84	4,8	5,76	6,72	7,68	8,64	9,6
E	**10**	ml/min	0,08	0,1	0,12	0,14	0,16	0,18	0,2
		ml/h	4,8	6,0	7,2	8,4	9,6	10,8	12,0

Dobutamin (Dobutrex®)

Infusomat (ml/h) **Tropfinfusion (Trpf/min)**			1 Amp. (= 250 mg) in 250 ml Lösung (1 ml = 1 mg Wirksstoff)						
			Körpergewicht in kg						
µg/kg/min			40	50	60	70	80	90	100
A	**2**	ml/h	4,8	6	7,2	8,4	9,6	10,8	12
		Trpf/min	1–2	2	2–3	3	3	3–4	4
B	**4**	ml/h	9,6	12	14,4	16,8	19,2	21,6	24
		Trpf/min	3	4	5	5–6	6–7	7	8
C	**6**	ml/h	14,4	18	21,6	25,2	28,8	32,4	36
		Trpf/min	5	6	7	8–9	9–10	11	12
D	**8**	ml/h	19,2	24	28,8	33,6	38,4	43,2	48
		Trpf/min	6–7	8	9–10	11	13	14–15	16
E	**10**	ml/h	24	30	36	42	48	54	60
		Trpf/min	8	10	12	14	16	18	20

Berechnungsgrundlage für Tropfinfusion: 1 ml = 20 Tropfen

Cave

- Bei Vorhofflimmern Erhöhung der ventrikulären Frequenz (schnelle Überleitung)
- Bei Auftreten von Nebenwirkungen **Überdosierung** ausschließen

Dopamin (Dopamin Giulini®, Dopamin Fresenius®)

Dopamin Giulini®

1 Amp.	(5 ml) =	50 mg
1 Amp.	(10 ml) =	200 mg
1 Injektionslösung	(50 ml) =	250 mg
1 Injektionslösung	(50 ml) =	500 mg

Dopamin Fresenius®

1 Amp.	(5 ml) =	50 mg
1 Amp.	(5 ml) =	200 mg
1 Injektionslösung	(50 ml) =	250 mg
1 Injektionslösung	(50 ml) =	500 mg

Indikationen

- Akute Herz- und Kreislaufinsuffizienz mit drohendem Nierenversagen (Schock)
- Kardiogener Schock, wenn Vasokonstriktion erwünscht
- In Kombination mit anderen diuretischen Maßnahmen zur Diuresesteigerung (akute Intoxikationen mit nierengängigen Pharmaka)
- Unterstützung von Herz- und Nierenfunktion unter PEEP-Beatmung

Kontraindikationen

- Linksventrikuläre Überlastung:
  - kardiale Verschlechterung durch Anstieg der links- und rechtsventrikulären Füllungsdrucke
  - falls auf Dopamin wegen Nierenversagens nicht verzichtet werden kann: Anwendung im Niedrigdosisbereich in Kombination mit Vasodilatatoren
- Unbehandelte Tachyarrhythmien
- Phäochromozytom
- Akute gastrointestinale Blutungen (Gefahr der Nachblutung durch erhöhten mesenterialen Blutfluß)

Nebenwirkungen

- Herzklopfen
- Angina pectoris-Anfälle
- Tachykardie
- Herzrhythmusstörungen
- Erhöhung des peripheren Widerstandes
- Zunahme von:
  - enddiastolischem linksventrikulären Druck
  - Pulmonalarteriendruck
  - Pulmonalkapillardruck

Pharmakologische Daten

- **Biogenes Katecholamin** (Direkte Noradrenalinvorstufe)
- Dosisabhängige, direkte α- und β-Rezeptorenstimulation
- Dilatation und Durchblutungssteigerung der mesenterialen und renalen (Steigerung der glomerulären Filtrationsrate) Gefäße durch Stimulation spezifischer Dopamin-Rezeptoren
- Indirekte adrenerge Wirkung durch **Noradrenalin-Freisetzung**
- Plasmahalbwertszeit 2 min

Dosierung

- Kontinuierliche Applikation über Perfusor bzw. Dauertropf
- Dosisabhängige α- und β-Rezeptorenstimulation :
  - **Niedrigdosisbereich (2–4 µg/kg KG/min)**

    Fast ausschließliche β-Rezeptorenstimulation Steigerung der Kontraktilität, geringe Zunahme der Herzfrequenz, bereits ausgeprägte Steigerung der glomerulären Filtrationsrate
    Dosierung **A + B**
  - **Mittlerer Dosisbereich (6–8 µg/kg KG/min)**

    α- und β-Rezeptorenstimulation mit Zunahme der Herzfrequenz und Erhöhung des peripheren Widerstandes durch Vasokonstriktion
    Dosierung **C + D**

– **Hochdosisbereich (> 10 µg/kg KG/min)**

Überwiegende α-Rezeptorenwirkung (Vasokonstriktion)
Dosierung **E**

- **Individuelle Dosis** nach Wirkung ermitteln
- Kombinationstherapie mit Dobutamin und/oder Vasodilatatoren sinnvoll, falls Anstieg des linksventrikulären enddiastolischen Druckes unerwünscht
- Dosierungsschemata:

  – Applikation möglichst über zentralen Venenkatheter

Dopamin

Perfusor			250 mg Dopamin in 50 ml Lösung (1 ml = 5 mg Wirkstoff)						
			Körpergewicht in kg						
µg/kg/min			40	50	60	70	80	90	100
A	**2**	ml/min	0,016	0,02	0,024	0,028	0,032	0,036	0,04
		ml/h	0,96	1,2	1,44	1,68	1,92	2,16	2,4
B	**4**	ml/min	0,032	0,04	0,048	0,056	0,064	0,072	0,08
		ml/h	1,92	2,4	2,88	3,36	3,84	4,32	4,8
C	**6**	ml/min	0,048	0,06	0,072	0,084	0,096	0,108	0,12
		ml/h	2,88	3,6	4,32	5,04	5,76	6,48	7,2
D	**8**	ml/min	0,064	0,08	0,096	0,112	0,128	0,144	0,16
		ml/h	3,84	4,8	5,76	6,72	7,68	8,64	9,6
E	**10**	ml/min	0,08	0,1	0,12	0,14	0,16	0,18	0,2
		ml/h	4,8	6,0	7,2	8,4	9,6	10,8	12,0

Dopamin

Infusomat (ml/h) **Tropfinfusion (Trpf/min)**	250 mg Dopamin in 250 ml Infusionslösung (1 ml = 1 mg Wirkstoff)

			Körpergewicht in kg						
µg/kg/min			40	50	60	70	80	90	100
A	**2**	ml/h	4,8	6	7,2	8,4	9,6	10,8	12
		Trpf/min	1–2	2	2–3	3	3	3–4	4
B	**4**	ml/h	9,6	12	14,4	16,8	19,2	21,6	24
		Trpf/min	3	4	5	5–6	6–7	7	8
C	**6**	ml/h	14,4	18	21,6	25,2	28,8	32,4	36
		Trpf/min	5	6	7	8–9	9–10	11	12
D	**8**	ml/h	19,2	24	28,8	33,6	38,4	43,2	48
		Trpf/min	6–7	8	9–10	11	13	14–15	16
E	**10**	ml/h	24	30	36	42	48	54	60
		Trpf/min	8	10	12	14	16	18	20

Berechnungsgrundlage für Tropfinfusion: 1 ml = 20 Tropfen

Cave

- Paravenöse Infusion
- Bei akralen Durchblutungsstörungen Gefahr von Hautnekrosen

Praxis

- Beim chronisch-insuffizienten Herzen darf bei beginnendem Frequenzanstieg während der Therapie keine weitere Dosissteigerung mehr erfolgen (Gefahr der Überdosierung mit Lungenödem)
- Auf Zeichen der **Überdosierung** achten (s. unter Nebenwirkungen)

Dopexamin (Dopacard®)

1 Amp. (5 ml) = 50 mg

Indikationen

- Akutbehandlung der schweren Herzinsuffizienz (maximal 48 h), die mit konventioneller Therapie nicht befriedigend behandelbar ist

Kontraindikationen

- Unbehandelter Volumenmangel
- Obstruktion der linksventrikulären Ausflußbahn (z.B. Aortenstenose, hypertrophe obstruktive Kardiomyopathie)
- Lungenembolie
- Thrombozytopenie < 100 000/µl
- Instabile Angina pectoris
- Septischer Schock
- Phäochromozytom
- Therapie mit MAO-Hemmern
- Kinder
- Schwangerschaft und Stillzeit

Nebenwirkungen

- Blutdruckabfall
- Tachykardie
- Arrhythmien (ventrikuläre Tachykardie, Extrasystolie, Vorhofflimmern)
- Myokardischämie
- Übelkeit, Erbrechen
- Tremor
- Thrombozytopenie
- Abfall des arteriellen P_aO_2

- Anstieg des PCWP vor allem bei Mitralstenose bzw. Mitralklappenersatz
- Hypokaliämie
- Hyperglykämie
- Thrombophlebitis

Pharmakologische Daten

- Stimulation von β_2-, peripheren Dopamin-2- und postsynaptischen Dopamin-1-Rezeptoren
- Hemmung der Noradrenalinwiederaufnahme
- Anstieg des Herzzeitvolumens durch Nachlastsenkung und positive Inotropie
- Dilatation mesenterialer und renaler Gefäße mit vermehrter Diurese und Natriurese
- Wirkbeginn 2–3 min
- Wirkdauer ca. 5 min
- Plasmahalbwertszeit 5–6 min
- Elimination jeweils zu 50% hepatisch und renal

Dosierung

- Anwendung nur über eine Infusionspumpe unter kontinuierlicher hämodynamischer Überwachung
- Dosierungsschemata:
  - mit 0,5 µg/kg KG/min beginnen
  - Dosissteigerungen nur in Ausnahmefällen > 4 µg/kg KG/min
  - empfohlene Tageshöchstdosis (Erwachsene) bei Langzeitinfusion: 7 mg/kg KG
  - mit den Dosierungen **A–D** wird die empfohlene Tageshöchstdosis nicht erreicht

Dopexamin (Dopacard®)

Perfusor	1 Amp. zu 5 ml = 50 mg in 50 ml NaCl 0,9% oder G 5% (1 ml = 1 mg Wirkstoff)

			Körpergewicht in kg						
µg/kg/min			40	50	60	70	80	90	100
A	**0,5**	ml/min	0,02	0,025	0,03	0,035	0,04	0,045	0,05
		ml/h	1,2	1,5	1,8	2,1	2,4	2,7	3,0
B	**1,0**	ml/min	0,04	0,05	0,06	0,07	0,08	0,09	0,1
		ml/h	2,4	3,0	3,6	4,2	4,8	5,4	6,0
C	**1,5**	ml/min	0,06	0,075	0,09	0,105	0,12	0,135	0,15
		ml/h	3,6	4,5	5,4	6,3	7,2	8,1	9,0
D	**2,0**	ml/min	0,08	0,1	0,12	0,14	0,16	0,18	0,2
		ml/h	4,8	6,0	7,2	8,4	9,6	10,8	12,0

Dopexamin (Dopacard®)

Infusomat (ml/h) **Tropfinfusion (Trpf/min)**	1 Amp. zu 5 ml (= 50 mg) in 250 ml NaCl 0,9% oder G 5% (1 ml = 0,2 mg Wirkstoff)

			Körpergewicht in kg						
µg/kg/min			40	50	60	70	80	90	100
A	**0,5**	ml/h	6,0	7,5	9,0	10,5	12,0	13,5	15,0
		Trpf/min	2		3		4		5
B	**1,0**	ml/h	12,0	15,0	18,0	21,0	24,0	27,0	30,0
		Trpf/min	4	5	6	7	8	9	10
C	**1,5**	ml/h	18,0	22,5	27,0	31,5	36,0	40,5	45,0
		Trpf/min	6	7–8	9	10–11	12	13–14	15
D	**2,0**	ml/h	24,0	30,0	36,0	42,0	48,0	54,0	60,0
		Trpf/min	8	10	12	14	16	18	20

Berechnungsgrundlage für Tropfinfusion: 1 ml = 20 Tropfen

Cave

- Bei Patienten mit deutlich erniedrigtem systemischen Widerstand (z.B. Schock) muß vor Dopexamin-Gabe z.B. durch Volumensubstitution und/oder Gabe von Alpha-Agonisten für einen ausreichenden Blutdruck gesorgt werden
- Bei Abfall des P_aO_2 bzw. Anstieg des PCWP innerhalb von 15 min nach Therapiebeginn Dopexaminzufuhr beenden
- Bei Auftreten von Angina pectoris innerhalb von 10 min nach Therapiebeginn Dopexaminzufuhr reduzieren bzw. abbrechen

Praxis

- Eine evtl. Rosafärbung der verdünnten Lösung bedeutet keinen Wirkungsverlust
- Die zubereitete Infusionslösung ist 24 h haltbar

Noradrenalin (Arterenol®)

1 Amp. (1 ml) = 1 mg

Indikationen

- Verschiedene Schockformen (z.B. kardiogener oder septischer Schock)
- Reanimation
- Intraoperativ unmittelbar nach Entfernung eines Phäochromozytoms

Kontraindikationen

- Bei Reanimation: keine
- Koronare Herzerkrankung
- Hyperthyreose
- Schwere Hypertonie
- Dekompensierte Herzinsuffizienz
- Cor pulmonale
- Schwangerschaft (Uteruskontraktion)

Nebenwirkungen

- Ventrikuläre Rhythmusstörungen
- Kammerflimmern
- Bradykardie (reflektorische Gegenregulation)
- Reduktion der Nierendurchblutung mit Abnahme der Urinausscheidung

Pharmakologische Daten

- α-Rezeptorenwirkung (Vasokonstriktion, Anstieg des systolischen und diastolischen Blutdruckes, Verbesserung der koronaren Perfusion)
- Erweiterung der Koronarien (!)
- Geringere, überwiegend β_1-sympathikomimetische Wirkung (positiv inotrop, chronotrop und dromotrop)

Dosierung

- Einzeldosis: 0,1 mg i.v. (nur verdünnt applizieren)
- Tropfinfusion/Perfusor
- Dosierungsschemata:
  - Applikation möglichst über zentralen Venenkatheter
  - Kombinationen mit Dopamin oder Dobutamin sinnvoll
  - Dosierung **B** entspricht einer mittleren Dosierung bei Monotherapie

Noradrenalin (Arterenol®)

Perfusor			2 Amp. zu je 1 ml (1 mg/Ampulle) in 50 ml Lösung (1 ml = 0,04 mg Wirkstoff)						
			Körpergewicht in kg						
µg/kg/min			40	50	60	70	80	90	100
A	**0,05**	ml/min	0,05	0,063	0,075	0,088	0,1	0,113	0,125
		ml//h	3,0	3,75	4,5	5,25	6,0	6,75	7,5
B	**0,1**	ml/min	0,1	0,125	0,15	0,175	0,2	0,225	0,25
		ml/h	6,0	7,5	9,0	10,5	12,0	13,5	15,0
C	**0,15**	ml/min	0,15	0,188	0,225	0,263	0,3	0,338	0,375
		ml/h	9,0	11,25	13,5	15,75	18,0	20,25	22,5
D	**0,2**	ml/min	0,2	0,25	0,3	0,35	0,4	0,45	0,5
		ml/h	12,0	15,0	18,0	21,0	24,0	27,0	30,0

Noradrenalin (Arterenol®)

Infusomat (ml/h) **Tropfinfusion (Trpf/min)**			4 Amp. zu je 1 ml (1 mg/Ampulle) in 250 ml Infusionslösung (1 ml = 0,016 mg Wirkstoff)						
			Körpergewicht in kg						
µg/kg/min			40	50	60	70	80	90	100
A	**0,05**	ml/h	7,5	9,4	11,3	13,1	15	16,9	18,8
		Trpf/min	2–3	3	4	4	5	5–6	6
B	**0,1**	ml/h	15	18,8	22,5	26,3	30	33,8	37,5
		Trpf/min	5	6	7–8	9	10	11	12–13
C	**0,15**	ml/h	22,5	28,1	33,8	39,4	45	50,6	56,3
		Trpf/min	7–8	9	11	13	15	17	19
D	**0,2**	ml/h	30	37,5	45	52,5	60	67,5	75
		Trpf/min	10	12–13	15	17–18	20	22–23	25

Berechnungsgrundlage für Tropfinfusion: 1 ml = 20 Tropfen

Cave

- Ischämische Nekrosen bei paravenöser oder langdauernder periphervenöser Infusion
- Anwendung bei Halothannarkose (Arrhythmien, Kammerflimmern)
- Dosen > 0,3 µg/kg KG/min führen zu einer erheblichen Zunahme des peripheren und pulmonalvaskulären Widerstandes (HZV-Abnahme)

Orciprenalin (Alupent®)

1 Amp. (1 ml) = 0,5 mg
1 Amp. (10 ml) = 5 mg

Indikationen

- Bradykarde Herzrhythmusstörungen
- Antidot bei Überdosierung von Betablockern
- Asthma bronchiale

Kontraindikationen

- Herzkreislaufstillstand (Reanimation) wegen vasodilatierender Wirkung und fehlender α-Rezeptorenstimulation → Anstieg des myokardialen Sauerstoffverbrauchs bei niedrigem koronaren Perfusionsdruck

Nebenwirkungen

- Blutdruckabfall
- Tachykardie
- Herzrhythmusstörungen

Pharmakologische Daten

- β_1-Rezeptorenstimulation (positiv inotrop, chronotrop, dromotrop)
- β_2-Rezeptorenstimulation (Bronchodilatation, Blutdruckabfall durch Vasodilatation mit Abnahme des peripheren Widerstandes)

Dosierung

- Einzeldosis: 0,25–0,5 mg i.v.
  0,5–1,0 mg i.m./s.c.

- Dosierungsschemata:
  - individuelle Dosis nach Wirkung ermitteln
  - Therapie nur stufenweise (mit Dosierung **A**) beginnen und beenden

Orciprenalin (Alupent®)

Perfusor		1 Amp. (10 ml) zu 5 mg in 50 ml Lösung (1 ml = 0,1 mg Wirkstoff)						
		Körpergewicht in kg						
µg/kg/min		40	50	60	70	80	90	100
A **0,05**	ml/min	0,02	0,025	0,03	0,035	0,04	0,045	0,05
	ml/h	1,2	1,5	1,8	2,1	2,4	2,7	3,0
B **0,1**	ml/min	0,04	0,05	0,06	0,07	0,08	0,09	0,1
	ml/h	2,4	3,0	3,6	4,2	4,8	5,4	6,0
C **0,15**	ml/min	0,06	0,075	0,09	0,105	0,12	0,135	0,15
	ml/h	3,6	4,5	5,4	6,3	7,2	8,1	9,0
D **0,2**	ml/min	0,08	0,1	0,12	0,14	0,16	0,18	0,2
	ml/h	4,8	6,0	7,2	8,4	9,6	10,8	12,0

Orciprenalin (Alupent®)

Infusomat (ml/h) **Tropfinfusion (Trpf/min)**		1 Amp. zu 10 ml (= 5 mg) in 250 ml Infusionslösung (1 ml = 0,02 mg Wirkstoff)						
		Körpergewicht in kg						
µg/kg/min		40	50	60	70	80	90	100
A **0,05**	ml/h	6	7,5	9	10,5	12	13,5	15
	Trpf/min	2	2–3	3	3–4	4	4–5	5
B **0,1**	ml/h	12	15	18	21	24	27	30
	Trpf/min	4	5	6	7	8	9	10
C **0,15**	ml/h	18	22,5	27	31,5	36	40,5	45
	Trpf/min	6	7–8	9	10–11	12	13–14	15
D **0,2**	ml/h	24	30	36	42	48	54	60
	Trpf/min	8	10	12	14	16	18	20

Berechnungsgrundlage für Tropfinfusion: 1 ml = 20 Tropfen

Cave

- Bei Bradykardie **und** Hypotonie durch aufsteigende oder hohe Spinal- bzw. Periduralanästhesie ist nach Orciprenalin-Applikation eine zusätzliche Vasodilatation zu befürchten → Atropin, Vasopressor vorziehen

Vasopressoren

Cafedrinhydrochlorid + Theodrenalin-hydrochlorid (Akrinor®)

1 Ampulle (2 ml) = 200 mg Cafedrinhydrochlorid
+ 10 mg Theodrenalinhydrochlorid
1 Ampulle pro infusione (10 ml) = 1000 mg Cafedrinhydrochlorid
+ 50 mg Theodrenalinhydrochlorid

Kontraindikationen

- Arterielle Hypertonie
- Pulmonale Hypertonie (z.B. Mitralstenose)
- Engwinkelglaukom
- Phäochromozytom
- Prostataadenom mit Restharnbildung

Nebenwirkungen

- Pektanginöse Beschwerden bei ausgeprägter koronarer Herzerkrankung möglich
- Herzrhythmusstörungen

Pharmakologische Daten

- Wirkungsweise:
  - β-Rezeptorenstimulation
  - Mobilisierung von Blutreserven durch Tonussteigerung im kapazitiven Venensystem
  - der periphere Widerstand bleibt praktisch unverändert
- Hämodynamik:
  - Zunahme des systolischen und diastolischen Blutdruckes, der Blutdruckamplitude, des Herzzeitvolumens und des Pulmonalarteriendruckes

  – Abnahme der Herzfrequenz
- Niere: Steigerung der glomerulären Filtrationsrate
- Atmung: Zunahme von Atemfrequenz und Atemvolumen

Dosierung

- Einzeldosis (Erwachsene): ½ –1 Ampulle i.v., bei Bedarf wiederholen
- Tropfinfusion: 1 Ampulle pro infusione (10 ml) auf 500 ml Infusionslösung, Tropfgeschwindigkeit nach Wirkung

Cave

- Ein eventuell vorliegender **Volumenmangel** sollte bei Applikation ausgeschlossen bzw. parallel mit adäquater Volumenzufuhr behandelt werden

Praxis

- Zur Anwendung in der geburtshilflichen Anästhesie geeignet, da keine Vasokonstriktion uteriner oder plazentarer Arterien erfolgt

Inhalationsanästhetika

Desfluran (Suprane®)

Kontraindikationen

- Bekannte Überempfindlichkeit gegenüber halogenierten Substanzen
- Maligne Hyperthermie (Anamnese, Prädisposition)
- Unklares Fieber, Leukozytose oder Leberfunktionsstörungen nach früherer Narkose mit halogenierten Inhalationsanästhetika
- Narkoseeinleitung per inhalationem bei Kindern
- Patienten mit Neigung zu Bronchokonstriktion
- Koronare Herzkrankheit
- Intrakranielle Eingriffe
- Schwangerschaft/Geburtshilfe
- Stillende Mütter

Nebenwirkungen

- Hypotension (dosisabhängig)
- Dämpfung der Spontanatmung (dosisabhängig)
- Herzrhythmusstörungen, Tachykardie (dosisabhängig)
- Myokardischämie (dosisabhängig)
- Husten, Anhalten des Atems, Apnoe
- Laryngospasmus, Bronchospasmus
- Vermehrte Sekretion (vor allem bei Kindern)
- Zunahme der Hirndurchblutung und Liquorzunahme (→ möglicher Anstieg des intrakraniellen Drucks)
- Vorübergehende Leukozytose
- Vorübergehende erhöhte Aktivität von Leberenzymen und Anstieg der Serumglukosekonzentration, besonders bei Kindern

Pharmakologische Daten

- MAC (Erwachsene):
  5,75–7,25 Vol% (100% O_2)
  1,75–4,25 Vol% (60% Lachgas)
- MAC (Kinder):
  7,20–10,65 Vol% (100% O_2)
  5,75–7,75 Vol% (60% Lachgas)
- Abnahme des MAC-Werts mit zunehmendem Alter
- Niedriger Blut-Gas-Verteilungskoeffizient: 0,42 (→ schneller Wirkungseintritt, gute Steuerbarkeit, rasches Wiedererwachen [„fast in/fast out"])
- Minimale Metabolisierung (0,02%)

Dosierung

- Inspiratorische Desfluran-Konzentrationen von 4–11% führen in 2–4 min zum für operative Eingriffe erforderlichen Toleranzstadium
- Bei gleichzeitiger Applikation von Lachgas kann die Anästhesie mit einer Desfluran-Konzentration von 2–6% aufrechterhalten werden (ohne Lachgas: 2,5–8,5 % Desfluran)
- Abnehmende Desfluran-Dosierung mit zunehmendem Alter
- Geringere Desfluran-Dosierung bei gleichzeitiger Anwendung von Opioiden und/oder Sedativa
- Dosisreduzierung bei hypovolämischen, hypotonen oder geschwächten Patienten

Cave

- Bei Applikation hoher Desfluran-Konzentrationen zusammen mit Lachgas muß eine adäquate inspiratorische O_2-Konzentration sichergestellt werden (> 25%)!
- Vorsicht bei mehrmaliger Anwendung innerhalb kurzer Zeit (keine ausreichenden Erfahrungen)
- Bei der Applikation von Desfluran in Zusammenhang mit der Verwendung von Thiopental ist wegen der kumulativen Wirkung Vorsicht geboten

Praxis

- Die Wirkung gebräuchlicher Muskelrelaxantien wird durch Desfluran potenziert
- Bei zusätzlicher Applikation von Fentanyl sollte eine Dosis von 6 µg/kg KG nicht überschritten werden

Enfluran (Ethrane®)

Kontraindikationen

- Frühschwangerschaft
- Hirndruck
- Maligne Hyperthermie (Anamnese, Prädisposition)
- Schwere Lebererkrankungen
- Unklares Fieber, Ikterus oder Transaminasenanstieg nach früherer Enflurannarkose
- Eingeschränkte Nierenfunktion
- Epilepsie, erhöhte Krampfbereitschaft: Applikation vertretbar, wenn hohe Konzentrationen und Hyperventilationsphasen bei der Beatmung vermieden werden

Nebenwirkungen

- Atemdepression
- Dosisabhängige Myokarddepression, negative Inotropie (geringer als bei Halothan)
- Blutdruckabfall, dosisabhängige Vasodilatation
- Zentralnervöse Übererregbarkeit, Krampfpotentiale, lokalisierte Muskelzuckungen (vorwiegend bei Konzentrationen > 3 Vol% und Hyperventilation)
- Nephrotoxizität (Anstieg der Serumfluoridkonzentration nach mehrstündiger Narkosedauer): für normalgewichtige, nierengesunde Patienten nicht relevant
- Erhöhung des intrakraniellen Druckes, Steigerung der Liquorproduktion
- Muskelrelaxierende Eigenwirkung und Potenzierung nichtdepolarisierender Muskelrelaxantien
- Erhöhung des Blutzuckers

Pharmakologische Daten

- MAC (Erwachsene):
  1,68 Vol% (100% O_2)
  0,56 Vol% (70% Lachgas)
- Blut-/Gas-Verteilungskoeffizient: 1,8
- Geringe Metabolisierungsrate (2–3%), jedoch postnarkotisch Anstieg der Serumfluoridkonzentration
- Kardiovaskuläre Stabilität: arrhythmogene Schwellendosis 5 x höher als bei Halothan
- Relaxierung der glatten Muskulatur → Bronchodilatation
- Die uterusrelaxierende Wirkung von Enfluran unterscheidet sich bei äquipotenter Dosierung nicht von der anderer Inhalationsanästhetika wie Halothan und Isofluran
- Plazentagängig

Dosierung

- Einleitung in Kombination mit Lachgas: 0,5–3,5 Vol%
- Narkoseunterhaltung: 0,8–1,5 Vol%
- Konzentrationen > 4 Vol% vermeiden

Cave

- Assistierte bzw. kontrollierte Beatmung bei Narkosedauer > 30 min erforderlich
- Adipöse Patienten und Narkosedauer > 2 h → Anstieg der Fluoridkonzentrationen durch höhere Metabolisierungsrate bis in einen unteren potentiell nephrotoxischen Bereich möglich
- Verwechslungen beim Nachfüllen des Enfluran-Verdampfers mit anderen Inhalationsanästhetika

Praxis

- Nichtdepolarisierende Muskelrelaxantien können in reduzierter Dosierung zur Anwendung kommen
- Bei Narkoseausleitung rasche Abflutung beachten

- Gleichzeitige Applikation von Adrenalin zur Lokalanästhesie möglich
  - Ausnahmen: Koronare Herzerkrankung, Infarkt-Anamnese, Herzrhythmusstörungen, Hyperthyreose, Hypertonie, Dauermedikation mit herzwirksamen Medikamenten wie z.B. Digitalis, Betablockern oder Antiarrhythmika
  - Voraussetzungen: adäquate Ventilation mit einem P_aCO_2 um 40 mm Hg, nur Adrenalin-Konzentrationen von 1:100.000 bis 1:200.000 verwenden
  - Dosierung: 1 Amp. Adrenalin (Suprarenin®) zu 1 ml = 1 mg; 0,1 ml = 0,1 mg (Insulinspritze) dieser Lösung auf 10 ml Lokalanästhetikum = 1:100.000 (auf 20 ml Lokalanästhetikum = 1:200.000); pro 10 min maximal 10 ml dieser Lösung verwenden, Gesamtdosis nicht mehr als 30 ml
- Differentialdiagnose bei Spontanbewegungen des Patienten unter Enflurannarkose:
  - Unterdosierung
  - Überdosierung mit ZNS-Übererregbarkeit

Halothan (Fluothane®, Halothan Hoechst®)

Kontraindikationen

- Hirndruck
- Maligne Hyperthermie (Anamnese, Prädisposition)
- Schwere Lebererkrankungen
- Unklares Fieber, Ikterus oder Transaminasenanstieg nach früherer Halothannarkose
- Anwendung für Narkosen im Rahmen einer Strahlentherapie (möglicher Halothanzerfall unter Gammabestrahlung zu dem Lebertoxin Dichlorohexafluorbuten)
- Frühschwangerschaft (strenge Indikationsstellung)

Nebenwirkungen

- Atemdepression (inspiratorische Konzentration > 0,5 Vol%)
- Dosisabhängige Myokarddepression, negative Inotropie
- Blutdruckabfall, Abnahme des peripheren Gefäßwiderstandes
- Arrhythmogene Wirkung
- Myokard-Sensibilisierung gegenüber endogen produzierten (Schmerz, Streß, Phäochromozytom) oder exogen zugeführten Katecholaminen. **Cave**: Hypoxie, Hyperkapnie, gleichzeitige Verabreichung bestimmter Medikamente (z.B. AV-Dissoziation nach Atropin)
- Erhöhung des intrakraniellen Druckes
- Uterusrelaxation (kann bei bestimmten gynäkologisch-geburtshilflichen Eingriffen erwünscht sein)
- Mögliche Lebertoxizität

Pharmakologische Daten

- MAC (Erwachsene):
  0,7–0,8 Vol% (100% O_2)
  0,3 Vol% (70% Lachgas)
- MAC (Kinder): 1,0 Vol% (100% O_2)

- Blut-/Gas-Verteilungskoeffizient: 2,3
- Biotransformation: langsame Ausscheidung der Metabolite Bromid, Chlorid und Trifluoressigsäure in 2–3 Wochen
- Relaxierung der glatten Muskulatur → Bronchodilatation
- Starke narkotische Wirkung, gute Steuerbarkeit
- Plazentagängig

Dosierung

- Einleitung in Kombination mit Lachgas: 1,5–3 Vol%
- Narkoseunterhaltung: 0,7 Vol%

Cave

- Mehrfache Halothannarkosen innerhalb von 3 Monaten (Ausnahme: Kinder)
- Risikofaktoren für eine „Halothan-Hepatitis“
  - Zweit-Narkose innerhalb von 4 Wochen
  - Alter > 40 Jahre
  - Adipositas
  - Allergie
  - Autoimmunerkrankung
- Assistierte bzw. kontrollierte Beatmung bei Narkosedauer > 30 min erforderlich
- Die uterusrelaxierende Wirkung kann in der geburtshilflichen Anästhesie eine unerwünschte Zunahme des intraoperativen Blutverlustes verursachen (Uterusatonie)
- Kombination mit Lokalanästhetika, die Adrenalin als Vasokonstriktor enthalten (Gefahr von Herzrhythmusstörungen)

Praxis

- Bei Kindern für Maskeneinleitung besonders geeignet wegen schneller Anflutung, geringerer Inzidenz von Husten und Laryngospasmus (im Vergleich zu Isofluran und Enfluran)

Isofluran (Forene®)

Kontraindikationen

- Hirndruck
- Maligne Hyperthermie (Anamnese, Prädisposition)
- Frühschwangerschaft (strenge Indikationsstellung)

Nebenwirkungen

- Atemdepression
- Senkung des systemischen arteriellen Blutdrucks, des peripheren Gesamtwiderstandes und der linksventrikulären Schlagarbeit
- Steigerung der Herzfrequenz (kann vor allem bei älteren Patienten ausbleiben)
- Negative Inotropie in üblicher Dosierung gering
- Zunahme der Hirndurchblutung bei Konzentrationen > 1,1 MAC
- Erhöhung des intrakraniellen Druckes
- Muskelrelaxierende Eigenwirkung und Potenzierung nichtdepolarisierender Muskelrelaxantien

Pharmakologische Daten

- MAC (Erwachsene):
  1,15 Vol% (100% O_2)
  0,5 Vol% (70% Lachgas)
- MAC (Kinder): 1,4–1,6 Vol%
- Blut-/Gas-Verteilungskoeffizient: 1,4
- Geringe Biotransformation
- Hepatotoxizität auch unter hypoxischen Bedingungen gering bis fehlend
- Stabiler Herzrhythmus (keine wesentliche Myokardsensibilisierung gegenüber Adrenalin)
- Koronare Vasodilatation (kann möglicherweise zu einem Steal-Phänomen führen)

- Relaxierung der glatten Muskulatur → Bronchodilatation
- Uterusrelaxation (50%ige Abnahme der Uteruskontraktilität bei 1,5 MAC)
- Plazentagängig

Dosierung

- Bei Anästhesieeinleitung in Kombination mit Lachgas über Maske: **langsame** Konzentrationssteigerung in Stufen von 0,25–0,5 Vol% bis auf einen Durchschnittswert von etwa 2,5 Vol% (**cave:** Husten, Laryngospasmus)
- Narkoseunterhaltung: 1,4 (0,7–2,1) Vol%

Cave

- Assistierte bzw. kontrollierte Beatmung bei Narkosedauer > 30 min erforderlich
- Scharfer Geruch (reflektorisches Atemanhalten und Husten bei Narkoseeinleitung per inhalationem), Laryngospasmusrisiko
- Die uterusrelaxierende Wirkung kann in der geburtshilflichen Anästhesie eine unerwünschte Zunahme des intraoperativen Blutverlustes verursachen (Uterusatonie)
- Anwendung bei Patienten mit Mitral-/Aortenklappenstenose

Praxis

- Nichtdepolarisierende Muskelrelaxantien können in reduzierter Dosierung zur Anwendung kommen
- Bei erhöhtem Hirndruck Konzentrationen > 1,1 MAC vermeiden und den Patienten mäßig hyperventilieren

Sevofluran (Sevorane®)

Kontraindikationen

- Bekannte Überempfindlichkeit gegenüber Sevofluran oder anderen halogenierten Inhalationsanästhetika
- Maligne Hyperthermie (Anamnese, Prädisposition)
- Leberfunktionsstörungen, unklares Fieber, Leukozytose nach Narkosen mit einem halogenierten Inhalationsanästhetikum
- Schwangerschaft und Stillzeit (strenge Indikationsstellung)
- Anwendung unter Low-flow- oder Minimal-flow-Bedingungen und CO_2-Absorption mit Atemkalk (umstritten)

Nebenwirkungen

- Blutdruckabfall durch periphere Vasodilatation (dosisabhängig)
- Atemdepression, Apnoe
- Steigerung der Hirndurchblutung und des intrakraniellen Drucks
- Arrhythmien

Pharmakologische Daten

- MAC (Erwachsene):
  1,4–2,5 Vol% (100% O_2)
  0,7–1,4 Vol% (65% Lachgas)
- MAC (Kinder):
  2,4–3,3 Vol% (100% O_2)
  2,0 Vol% (65% Lachgas)
- Blut-/Gas-Verteilungskoeffizient: 0,59 (rasche Anästhesieeinleitung [„fast in/fast out“])
- Niedrige Gewebelöslichkeit (rasches Aufwachen)
- Biotransformation 2–3%: oxidative Metabolisierung in der Leber mit Bildung von Fluoridionen (ähnlich wie bei Enfluran)
- Bronchodilatatorischer Effekt
- Keine Sensibilisierung des Myokards gegenüber Katecholaminen

- Dosisabhängige Uterusrelaxation
- Plazentagängig

Dosierung

- Aufgrund des akzeptablen Geruchs und der fehlenden Atemwegreizung kann Sevofluran sowohl bei Kindern als auch bei Erwachsenen zur Einleitung per inhalationem verwendet werden
- Bei Maskeneinleitung mit Sevofluran/50–70% Lachgas kann die Sevoflurankonzentration alle 3 Atemzüge um 0,5–1,5 Vol% gesteigert werden, bis in etwa 60–90 s bei einer maximalen Konzentration von 7 Vol% die gewünschte Narkosetiefe erreicht ist
- Narkoseunterhaltung: 0,5–3 Vol% Sevofluran (mit oder ohne Lachgas)

Cave

- Bildung von **Compound A** bei Interaktion von Sevofluran mit Atemkalk (vermehrt bei zunehmender Sevoflurankonzentration und Absorbertemperatur sowie abnehmendem Frischgasfluß) → keine Verwendung in Low-flow- oder geschlossenen Anästhesiesystemen (Frischgasfluß > 2 l/min)
- Vorsicht bei Patienten mit Mitral- oder Aortenklappenstenose

Praxis

- Direkter muskelrelaxierender Effekt → Potenzierung der Wirkung nichtdepolarisierender Muskelrelaxantien
- Sevofluran reizt die Luftwege weniger als Enfluran, Isofluran und Desfluran, aber mehr als Halothan
- Aufgrund geringer Erfahrungen ist Sevofluran bei neurochirurgischen Patienten mit Vorsicht anzuwenden
- Faustregel: Sevofluran kann ähnlich wie Enfluran dosiert werden

Lachgas (N_2O)

Kontraindikationen

- Undrainierter Pneumothorax
- Mediastinalemphysem
- Pneumenzephalon
- Pneumoperikard
- Zwerchfellruptur/hernie
- Ileus (Zunahme der Darmblähung, erschwerter Verschluß des Abdomens)
- Angeborene Herzfehler mit Rechts-Links-Shunt (Widerstandszunahme des pulmonalen Gefäßbetts → Shuntzunahme → Zunahme der Hypoxie möglich)
- Strenge Indikationsstellung bei erhöhtem Hirndruck
- Strenge Indikationsstellung bei neurochirurgischen Eingriffen in sitzender Position (mit dem Risiko einer Luftembolie)
- Tympanoplastik (relative Kontraindikation)

Nebenwirkungen

- Kardiodepression bei extrem eingeschränkter Leistungsreserve
- Erhöhung des systemischen und pulmonalarteriellen Widerstands
- Knochenmarkdepression bei längerer Anwendung (Leukopenie, megaloblastische Anämie) durch Aktivitätsabnahme Vitamin-B_{12}-abhängiger Enzyme
- Erhöhung des intrakraniellen Druckes

Pharmakologische Daten

- MAC: 101 Vol% (theoretisch!)
- Schwaches Anästhetikum, starkes Analgetikum
- Blut-/Gas-Verteilungskoeffizient: 0,47
- Biotransformation: nicht bekannt

- Diffusion in lufthaltige Hohlräume: 35 mal bessere Blutlöslichkeit als Stickstoff
- Plazentagängig

Dosierung

- Inspiratorischer Lachgas-Anteil bis maximal 75 Vol% (zusammen mit Sauerstoff)

Cave

- Lachgasdiffusion in Tubuscuff (Gefahr der Trachealschädigung durch Volumen- und Druckzunahme, Risiko einer Manschettenhernie)
- Diffusionshypoxie bei Narkoseausleitung
- Intraoperative Luftembolie (auch Verdachtsfälle): N_2O-Zufuhr sofort beenden, Beatmung mit 100% Sauerstoff (z.B.: Subclaviakatheter, Neurochirurgie [sitzende Position], Strumaresektion, Ablatio mammae)
- Frühschwangerschaft: Lachgas-Konzentrationen < 50 Vol% verwenden (Mitosehemmung)
- Anwendung bei Patienten mit pulmonaler Hypertonie (pulmonale Widerstandszunahme)
- Keine Lachgasapplikation > 24 h
- Kein Lachgas bei Patienten mit Vitamin-B_{12}-Mangel (perniziöse Anämie, funikuläre Myelose)

Praxis

- Bei Narkosen mit Lachgasapplikation Cuffdruck überprüfen (Cuff-Controller), Tubus ggf. neu blocken (Alternative: primäre Blokkung mit einem Lachgas-Sauerstoff-Gemisch)
- Bei Narkoseende Lachgaszufuhr beenden und 3–5 min mit hohem O_2-Flow beatmen (Vermeidung der Diffusionshypoxie)
- Patienten mit pulmonalen Verteilungsstörungen benötigen eine längere Auswaschzeit

- N_2O ist 1,5mal schwerer als Luft (schonende Narkoseeinleitung bei Kindern, da die Maske bei Narkosebeginn zunächst nicht unbedingt dicht aufgesetzt werden muß)
- Der Inhalt einer Lachgasflasche kann nur durch Wiegen ermittelt werden:
  N_2O-Vorrat [l] = (Istgewicht [kg] – Leergewicht [kg]) x 500

Injektionsanästhetika

Etomidat (z.B. Hypnomidate®, Etomidat®-Lipuro)

0,2%ige Lösung; 1 Amp. = 10 ml = 20 mg

Kontraindikationen

- Allergie gegen Etomidat
- Bekannte Überempfindlichkeit gegenüber Fettemulsionen (Etomidat®-Lipuro)
- Schwangerschaft und Stillzeit (strenge Indikationsstellung)
- Neugeborene und Säuglinge unter 6 Monaten (strenge Indikationsstellung)
- Porphyrie

Nebenwirkungen

- Blutdruckabfall
- Exzitationsphänomene, unwillkürliche Muskelbewegungen, Myokloni (vor allem bei nichtprämedizierten Patienten)
- Injektionsschmerz, Venenreizung, Thrombophlebitis (vermindert bzw. nicht bei Etomidat®-Lipuro)
- Depression der Nebennierenrinden-Funktion (Hemmung der 11β-Hydroxylase) für bis zu 8 h nach einmaliger Gabe → Absinken der Glukokortikoid- und Mineralokortikoidspiegel im Plasma
- Geringe Atemdepression

Pharmakologische Daten

- Große therapeutische Breite, keine Organtoxizität
- Keine analgetische Wirkung
- Histaminliberation sehr selten
- Wirkungseintritt: 20 s
- Wirkungsdauer: 2–5 min (dosisabhängig)
- Metabolisierung (Leber, Plasma) zu unwirksamen Metaboliten
- Eliminationshalbwertszeit: 2–4 h
- Ausscheidung überwiegend renal
- Plazentagängig; Übertritt in Muttermilch

Dosierung

- Einleitungsdosis 0,15–0,30 mg/kg KG i.v.
- Fraktionierte Nachinjektion geringerer Einzeldosen möglich (nicht mehr als 80 mg = 40 ml = 4 Amp. bei 70 kg schwerem Erwachsenen)

Cave

- Versehentliche intraarterielle Injektion

Praxis

- Abschwächung/Verhinderung unwillkürlicher Muskelbewegungen und Myokloni durch Prämedikation mit Benzodiazepin oder Opioid
- Verminderung/Verhinderung des Injektionsschmerzes durch Verwendung von Etomidat in Fettemulsion

Methohexital (z.B. Brevimytal®)

1%ige Lösung; 10 ml = 100 mg; Lösungsmittel Aqua dest., NaCl 0,9%, Glukose 5%

Kontraindikationen

- Porphyrie
- Barbituratallergie
- Status asthmaticus
- Dekompensierte Herzinsuffizienz, Schock
- Akuter Myokardinfarkt
- Schwere Leberschädigung
- Atemwegobstruktion
- Akute Intoxikation mit zentral wirksamen Substanzen

Nebenwirkungen

- Dosisabhängige Atemdepression, Apnoe
- Dosisabhängige kardiovaskuläre Depression: Vasodilatation, Blutdruckabfall, Abnahme des Herzzeitvolumens, Myokarddepression (nicht so ausgeprägt wie nach Thiopental [Trapanal®])
- Laryngospasmus, Bronchospasmus
- Allergische Reaktion (Histaminliberation)
- Unwillkürliche Muskelbewegungen, Singultus, Exzitationszustände
- Injektionsschmerz

Pharmakologische Daten

- Wirkungseintritt: 20–45 s i.v.
- Toleranzzeit: 2–3 min

- Wirkungsdauer: 5–10 min nach i.v.-Applikation
  45 min nach rektaler Applikation
- Erholungszeit: 30 min
- Eliminationshalbwertszeit: 2 h
- Rasche Biotransformation in der Leber, Ausscheidung unwirksamer Metaboliten im Urin
- Plazentagängig (aber dennoch aufgrund der raschen Metabolisierung als Einleitungsanästhetikum bei Sectio caesarea geeignet)
- Nur geringer Übertritt in Muttermilch

Dosierung

- Narkoseeinleitung
  - i.v.: 1–1,5 mg/kg KG
  - i.m.: 7 mg/kg KG (Kinder)
  - rektal: 20–30 mg/kg KG; wäßrige Lösung (Kinder über 18 Monate, < 25 kg KG)
- Bei Kindern relativ höhere i.v.-Dosierung erforderlich
- Nachinjektion: 1/3 der Initialdosis
- Kontinuierliche Applikation:
  - Dosierung: 1–2,5 mg/kg KG/h
  - z.B. 500 mg Methohexital in 50 ml NaCl 0,9% (1 ml = 10 mg)
  - Flußrate: etwa 7–17 ml/h beim 70 kg schweren Erwachsenen

Cave

- Versehentliche paravenöse Injektion (Schmerzen, Schwellung, Ulzerationen, Nekrosen)
- Akzidentelle intraarterielle Injektion (cave: Gangrän der Extremität!)
- Dosisreduktion erforderlich bei
  - alten Patienten
  - Hypovolämie
  - eingeschränkter kardialer Kompensation
  - Hypoproteinämie
  - schlechtem Allgemeinzustand

- Hypoxie
- Sectio caesarea (cave: Depression des Neugeborenen)

- Wirkungspotenzierung durch andere zentral wirksame Pharmaka
- Nur klare Lösung verwenden

Praxis

- Nicht verbrauchte Lösung nach 24 h verwerfen
- Nebenwirkungen bei unprämedizierten Patienten, großer Dosis, rascher Injektion häufiger
- Als Monoanästhetikum zur Erreichung des chirurgischen Toleranzstadiums ungeeignet (fehlende analgetische Wirkung)

Thiopental (z.B. Trapanal®)

2,5%ige Lösung; 1 ml = 25 mg; Lösungsmittel Aqua dest., NaCl 0,9%

Kontraindikationen

- Porphyrie
- Barbituratallergie
- Status asthmaticus, schwere obstruktive Lungenerkrankungen
- Dekompensierte Herzinsuffizienz, Schock
- Akuter Myokardinfarkt
- Schwere Leberschädigung
- Atemwegsobstruktion
- Akute Intoxikation mit zentral wirksamen Substanzen

Nebenwirkungen

- Dosisabhängige Atemdepression, Apnoe
- Dosisabhängige kardiovaskuläre Depression: Vasodilatation, Blutdruckabfall, Myokarddepression, Abnahme des Herzzeitvolumens
- Allergische Reaktion (Histaminliberation)
- Laryngospasmus, Bronchospasmus
- Venenreizung, Injektionsschmerz, Phlebitis

Pharmakologische Daten

- Wirkungseintritt: 20–45 s i.v.
  10–15 min nach rektaler Applikation
- Toleranzzeit: 2–3 min
- Wirkungsdauer: 5–15 min
- Erholungszeit: 100 min
- Plasmahalbwertszeit: 45 min

- Eliminationshalbwertszeit: 5–10 h
- Biotransformation (10–15% pro h) in der Leber
- Plazentagängig
- Übertritt in Muttermilch
- Keine Analgesie

Dosierung

- Narkoseeinleitung
  - i.v.: 3–7 mg/kg KG (5 mg/kg KG) über 30 s (nicht mehr als 500 mg)
  - rektal: 30 mg (25–40 mg)/kg KG als 5%ige Lösung (Lösungsmittel Aqua ad inj.; maximal 1 g)
- Bei Kindern relativ höhere Dosierung erforderlich
  - Säuglinge/Kleinkinder: 6–8 mg/kg
  - **Aber:** Neugeborene: 3–5 mg/kg

Cave

- Kumulation, Überdosierung bei Nachinjektion
- Paravenöse Injektion (Schwellung, Ulzeration, Nekrose)
- Intraarterielle Injektion (cave: Gangrän der Extremität)
- Dosisreduktion bei
  - alten Patienten
  - Hypovolämie
  - Hypoxie
  - schlechtem Allgemeinzustand
  - eingeschränkter kardialer Kompensation
  - Hypoproteinämie
  - Ileus
  - Sectio caesarea (cave: Depression des Neugeborenen)

Praxis

- Nicht verbrauchte Lösung nach 24 h verwerfen
- Atropin vorgeben (Vaguserregung)
- Hochdosierte kontinuierliche Thiopentalapplikation zur „Hirnprotektion" (nicht unumstritten)
  - Wirkungsweise: zerebrale Vasokonstriktion, Verminderung der Hirndurchblutung, Verminderung des erhöhten intrakraniellen Drucks, Senkung des zerebralen Stoffwechsels und Sauerstoffverbrauchs
  - Anhaltspunkte für Dosierung: Bolusinjektion (Loading Dosis) von 10–30 mg/kg KG Thiopental innerhalb von 5–10 min, anschließende Infusion von 4–8 mg/kg KG/h
  - Anhaltspunkt für Tagesdosis: 1 g/10 kg KG
  - cave: Kreislaufdepression (Volumengabe, Katecholamine)

Propofol (z.B. Disoprivan®, Klimofol® 1%)

1%ige Propofolemulsion

1 Amp. = 20 ml = 200 mg

1 Infusionsflasche = 50 ml = 500 mg

Kontraindikationen

- Allergie gegen Propofol
- Allergie gegen Eier/Sojaöl
- Schwangerschaft
- Geburtshilfe
- Stillzeit
- Kinder unter 3 Jahren
- Sedierung bei Kindern
- Epilepsie
- Fettstoffwechselstörungen

Nebenwirkungen

- Blutdruckabfall, Kreislaufdepression
- Atemdepression, Apnoe
- Bradykardie bis zur Asystolie (zentraler vagotoner Effekt/Hemmung der Sympathikusaktivität) → Atropin(vor)gabe
- Exzitationssymptome (Spontanbewegungen, Muskelzuckungen)
- Venenreizung, lokale Schmerzempfindung
- Husten bei Aufrechterhaltung der Anästhesie
- Schwere Überempfindlichkeitsreaktionen (selten)
- Epileptiforme Anfälle, Opistotonus (selten)
- Postoperatives Fieber (selten)

Pharmakologische Daten

- Wirkungseintritt: 30–40 s i.v.
- Wirkungsdauer: 4–6 min
- Eliminationshalbwertszeit (β-Phase): 34–64 min
- Halbwertszeit des „tiefen Kompartiments" (γ-Phase): 184–382 min
- Keine klinisch relevante Kumulation
- Plasmaeiweißbindung 98%
- Metabolisierung überwiegend in der Leber
- Plazentagängig; Übergang in die Muttermilch
- Keine Analgesie

Dosierung

- Narkoseeinleitung bei Erwachsenen
  - 2,0–2,5 mg/kg KG (20–40 mg alle 10 s)
  - individuelle Dosierung nach Wirkung
  - bei Risikopatienten langsamer applizieren
- Narkoseaufrechterhaltung bei Erwachsenen: (wiederholte) Nachinjektion von 25–50 mg
- Kontinuierliche Applikation:
  - Dosierung: (4)–6–12 mg/kg KG/h
  - Infusionspumpe: 50 ml Propofolemulsion à 500 mg (1 ml = 10 mg)
  - Flußrate: etwa 40 ml/h beim Erwachsenen
- Narkoseeinleitung bei Kindern ab 3 Jahren
  - langsame Applikation nach Wirkung bis zum Eintritt der Bewußtlosigkeit
  - Anhalt für Dosierung: 2,5 mg/kg KG (ab 8 Jahre, bei jüngeren Kindern evtl. höhere Dosis)
- Sedierung bei Erwachsenen
  - Infusionsdosierung: 1–4 mg/kg/h
  - maximale Anwendungsdauer: 7 Tage

Cave

- Dosisreduktion und langsamere Applikation erforderlich bei
  - älteren Patienten
  - Patienten in reduziertem Allgemeinzustand
  - Hypovolämie
  - Patienten mit koronaren/zerebralen Durchblutungsstörungen
  - Myokardinsuffizienz
  - Risikopatienten (ASA > II)
- Additive Verstärkung der Beeinträchtigung von Blutdruck, Herzfrequenz und Atmung durch andere Medikamente möglich (z.B. Opioide)
- Disoprivan® enthält keine antimikrobiellen Konservierungsmittel → strenge Asepsis, unverzügliche Applikation
- Die Infusionsdauer von unverdünntem Disoprivan® aus **einem** Infusionssystem darf 12 h nicht überschreiten
- Angebrochene Disoprivan®-Ampullen/-Flaschen dürfen nur einmalig bei einem Patienten verwendet werden
- **Cave:** paravenöse Injektion

Praxis

- Aufbewahrung zwischen 4 und 25° C; vor Gebrauch schütteln
- Verminderung des Injektionsschmerzes bei Narkoseeinleitung durch
  - Vorgabe eines Opioids (z.B. Alfentanil [Rapifen®])
  - Mischen von Disoprivan® mit Lidocain (Xylocain®) unmittelbar vor i.v.-Gabe (20 ml Disoprivan® mit bis zu 1 ml Lidocain 1%; cave: Nebenwirkungen und Kontraindikationen von Lidocain)
- i.v.-Applikation eines Anticholinergikums (Atropin) vor Propofolgabe erwägen
- Propofol nicht über Bakterienfilter applizieren
- Propofol nicht mit anderen Injektions-/Infusionslösungen mischen; Zugabe in laufende 5% Glukoselösung, physiologische NaCl-Lösung oder Glukose-/NaCl-Lösung erlaubt

Ketamin (z.B. Ketanest®, Ketalar®, Ketamin Curamed ®)

1% Lösung: 1 ml = 10 mg; 5%ige Lösung: 1 ml = 50 mg

Kontraindikationen (Ketamin-Monoanästhesie)

- Erhebliche/unbehandelte Hypertonie
- Präeklampsie, Eklampsie
- Hyperthyreose
- Hirndruck, Schädelhirntrauma, intrakranielle Tumoren
- Perforierende Augenverletzung, erhöhter Augeninnendruck
- Instabile Angina pectoris, kürzlich abgelaufener Myokardinfarkt
- Psychiatrische Erkrankungen
- Alkoholismus (Anästhesie in Spontanatmung)
- Eingriffe im Bereich von Pharynx, Larynx und Trachea (Anästhesie in Spontanatmung)
- Zustand nach zerebrovaskulärem Insult
- Schwangerschaft (1. Trimenon)
- Ambulante Anästhesie

Nebenwirkungen (Ketamin-Monoanästhesie)

- Sympathikusaktivierung, Blutdruckanstieg, Herzfrequenzsteigerung, Steigerung des pulmonalarteriellen Drucks
- Anstieg von intrakraniellem Druck und Augeninnendruck
- Unfreiwillige extrapyramidale Bewegungen (Anästhesie in Spontanatmung)
- Profuse Salivation
- Psychomimetische Wirkung, Halluzinationen, unangenehme postnarkotische Träume
- Atemdepression bei zu rascher Injektion/Überdosierung

Pharmakologische Daten

- Wirkungseintritt: 30 s i.v.
  5–10 min im
- Wirkungsdauer (Toleranzzeit): 5–15 min nach 2 mg/kg KG i.v.
  12–25 min nach 6 mg/kg KG i.m.
- Eliminationshalbwertszeit: 3 h
- Sehr große therapeutische Breite, fehlende Organtoxizität
- Bronchodilatatorische Wirkung
- Plazentagängig
- Uteruskontrahierende Wirkung
- Biotransformation in der Leber
- Sehr gute Analgesie

Dosierung

- Narkoseeinleitung
  - i.v.: 0,5–**1,0–2,0** (-3) mg/kg KG langsam (!) (1 mg/kg KG/min)
  - i.m.: 3–8 mg/kg KG (Atropin nicht vergessen)
- Aufrechterhaltung der Anästhesie: Nachinjektion von 0,3–1,0 mg/kg KG i.v. bei Eingriffen über 10 min; individuelle Dosierung!
- Kontinuierliche Applikation: 1–6 mg/kg KG/h
- Analgesie bei beatmeten Intensivpatienten: 0,4–1,0–(3) mg/kg KG/h bei gleichzeitiger Applikation eines Benzodiazepins
- Therapieresistenter Status asthmaticus: 1–2 –(5) mg/kg KG i.v.

Cave

- Ketamin unbedingt langsam injizieren (Risiko von Atemdepression, Kreislaufstimulation)
- Bei Erwachsenen keine Monoanästhesie (s. u.)

Ketamin-Kombinationsanästhesie (Ataranästhesie)

- Die psychomimetischen Nebenwirkungen und die unerwünschte kardiovaskuläre Stimulation können (ebenso wie der Anstieg von Hirndruck und Augeninnendruck) durch gleichzeitige Applikation eines Benzodiazepins vermieden oder abgedämpft werden
- Geeignete Benzodiazepine: Diazepam (Valium®), Flunitrazepam (Rohypnol®), Midazolam (Dormicum®)
- Dosierung der Benzodiazepine unbedingt individuell nach Wirkung
- Ataranästhesie mit Ketamin kann in Spontanatmung oder mit Intubation + Beatmung (Muskelrelaxation) durchgeführt werden
- Bei Anästhesie in Spontanatmung O_2/N_2O per Nasensonde/Maske zuführen (1,5 l/3 l)

Praxis

- Bei Kleinkindern Ketamin-Monoanästhesie möglich: Narkoseeinleitung kann intramuskulär erfolgen
- Bei Erwachsenen Ataranästhesie mit Midazolam (Dormicum®) günstig
  - Atropin zur Prämedikation
  - Midazolam (Dormicum®) zur Narkoseeinleitung: individuelle Dosierung; 1 mg/20 s solange bis Sprache verwaschen, Augenbewegungen verlangsamt (Einleitungsdosis 5–7,5–10 mg/70 kg KG)
  - anschließend Ketamin (Ketanest®) 0,5–1,5 mg/kg langsam i.v. (maximal 1 mg/kg KG/min), Dosis vor OP-Beginn wiederholen
  - bei Auftreten von motorischer Unruhe ist die Anästhesie in Spontanatmung ungünstig zu führen → Relaxierung, Intubation, Beatmung (O_2/N_2O)
  - Nachinjektion von Ketamin: 0,3–1,0 mg/kg KG (25–75 mg)
  - bei niedriger Midazolam-Einleitungsdosis oder hohem Ketamin-Bedarf evtl. vorsichtige Nachinjektion von Midazolam
- Kontraindikationen für die Ketamin-Midazolam Ataranästhesie
  - Myasthenia gravis
  - dystrophe Säuglinge
- **Cave:** Anwendung bei ambulanten Anästhesien

Diazepam (z.B. Valium®)

0,5%ige Lösung; 1 Amp. = 2 ml = 10 mg

Kontraindikationen

- Myasthenia gravis
- Myopathie
- Porphyrie
- Sectio caesarea (bis zur Abnabelung)
- Erhebliche Leber- oder Niereninsuffizienz
- Alkoholintoxikation
- Morbus haemolyticus neonatorum (Gefahr des Kernikterus)
- Allergie gegenüber Benzodiazepinen
- Unbehandeltes Engwinkelglaukom
- Strenge Indikation in der Schwangerschaft

Nebenwirkungen

- Atemdepression bei rascher Injektion/Überdosierung
- Kreislaufdepression bei hoher Dosierung
- Venenreizung, Thrombophlebitis (nicht bei Lösung in Intralipid [Diazemuls®])
- Selten paradoxe Reaktion (Verwirrtheit, Erregung)

Pharmakologische Daten

- Große therapeutische Breite
- Wirkungseintritt:

i.v.:	1–2 min
i.m.:	15–30 min
oral:	30–60 min
rektal:	30–60 min

  Resorption nicht sicher vorhersagbar
- Wirkungsdauer: dosisabhängig 15 min–3 h (und länger)
- Eliminationshalbwertszeit: 26–40 h (28 h)
- Eliminationshalbwertszeit pharmakologisch ebenfalls wirksamer Metaboliten: 2–4 Tage
- Keine analgetische Wirkung
- Antegrade Amnesie
- Sedierend, zentral muskelrelaxierend, antikonvulsiv, schlaffördernd, anxiolytisch
- Plazentagängig
- Übertritt in Muttermilch

Dosierung

- i.v. immer individuell nach Wirkung
- Langsam injizieren
- Anhaltspunkt für i.v.-Dosierung: 0,1–0,2 mg/kg KG
- Prämedikation: 0,2 mg/kg KG i.m. oder per os

Cave

- Dosisreduktion bei Hypoproteinämie, Kachexie, alten Patienten
- Bei wiederholter Gabe ausgeprägte Kumulationsgefahr
- Beeinträchtigte Verkehrstüchtigkeit bei ambulanten Patienten
- Diazepam kann die Toxizität von Diphenylhydantoin (Epanutin®, Phenhydan®) erhöhen

Praxis

- Langsame Injektion durch große Venen reduziert das Thrombophlebitisrisiko
- Überdosierung/Überhang durch Flumazenil (Anexate®) antagonisierbar

Flunitrazepam (z.B. Rohypnol®)

1 Amp. (1 ml) Wirksubstanz = 2 mg + 1 Amp. (1 ml) Lösungsmittel
→ 0,1%ige Lösung: 1 mg = 1 ml

Kontraindikationen

- Myasthenia gravis
- Myopathie
- Porphyrie
- Sectio caesarea (bis zur Abnabelung)
- Leberinsuffizienz
- Alkoholintoxikation
- Morbus haemolyticus neonatorum
- Allergie gegenüber Benzodiazepinen
- Früh- und Neugeborene
- Akutes unbehandeltes Engwinkelglaukom
- Strenge Indikation in der Schwangerschaft und Stillzeit

Nebenwirkungen

- Atemdepression bei rascher Applikation/Überdosierung
- Venenreizung, Phlebitis
- Husten, Singultus
- Periphere Vasodilatation
- Paradoxe Reaktion bei alten Menschen möglich

Pharmakologische Daten

- Große therapeutische Breite
- Wirkungseintritt: 2–4 min i.v.
- Wirkungshalbwertszeit: ca. 4 h (dosisabhängig)

- Eliminationshalbwertszeit: 19 h
- Keine analgetische Wirkung
- Ausgeprägter amnestischer Effekt
- Sedierend, muskelrelaxierend, schlafördernd, anxiolytisch, antikonvulsiv
- Metabolisierung in der Leber zu z.T. noch wirksamen Metaboliten (Wirkungsverlängerung bei ausgeprägter Niereninsuffizienz)
- Plazentagängig
- Übertritt in Muttermilch

Dosierung

- i.v.-Applikation immer individuell nach Wirkung
- Injektionsgeschwindigkeit: 0,2 mg/20 s
- Anhaltspunkt für Dosierung zur i.v.-Einleitung: 0,015–0,03 mg/kg KG
- Anhaltspunkt für orale Dosierung: 0,5–1–2 mg/70 kg KG

Cave

- Kumulationsgefahr bei wiederholter Applikation
- Dosisreduktion bei Hypoproteinämie, Kachexie, alten Patienten, Hypovolämie
- Beeinträchtigte Verkehrstüchtigkeit bei ambulanten Patienten

Praxis

- Verdünnen der Wirkstoffampulle (1 ml = 2 mg) mit 9 ml NaCl 0,9% → 0,02%ige Lösung: 1 ml = 0,2 mg
- Beachte: Betäubungsmittel-Vorschriften!
- Überdosierung/Überhang durch Flumazenil (Anexate®) antagonisierbar

Midazolam (z.B. Dormicum®)

1 Amp. = 3 ml = 15 mg; 1 ml = 5 mg (0,5%ige Lösung)

Kontraindikationen

- Myasthenia gravis
- Alkoholintoxikation
- Intoxikation mit Psychopharmaka
- Endogene Depression, Schizophrenie
- Schwangerschaft (1. Trimenon), Stillperiode
- Allergie gegenüber Benzodiazepinen
- Sectio caesarea (bis zur Abnabelung)
- Früh- und Neugeborene
- Akutes unbehandeltes Engwinkelglaukom
- Strenge Indikationsstellung im 2. und 3. Schwangerschaftstrimenon

Nebenwirkungen

- Atemdepression/Apnoe bei rascher Injektion/Überdosierung
- Leichter Blutdruckabfall (evtl. stärker bei höherer Dosierung oder gleichzeitiger Opioidgabe)
- Laryngospasmus, Bronchospasmus

Pharmakologische Daten

- Große therapeutische Breite
- Wirkungseintritt: 3 min
- Wirkungsdauer: 45 min (–90 min)
- Eliminationshalbwertszeit: 1,5–2,5 h
- Keine analgetische Wirkung

- Antegrade Amnesie
- Sedierend, anxiolytisch, schlafinduzierend, zentral muskelrelaxierend, antikonvulsiv
- Rasche Metabolisierung zu unwirksamen Metaboliten in der Leber
- Resorption nach i.m.-Applikation rasch und vollständig
- Plazentagängig
- Tritt in kleinen Mengen in die Muttermilch über

Dosierung

- i.v. immer individuell nach Wirkung, langsam injizieren!
- Anhaltspunkt für i.v.-Dosierung: 0,025–0,1–0,2 mg/kg KG
- Prämedikation: 0,1–0,15 mg/kg KG i.m. (20–30 min präoperativ)
- Kontinuierliche Applikation
  - Dosierung: 0,25–1,5 µg/kg KG/min
  - z.B. 90 mg Midazolam (18 ml) + 32 ml NaCl 0,9% (→ 1 ml = 1,8 mg)
  - Flußrate: etwa 0,5–3,5 ml/h

Cave

- Dosisreduktion bei Hypoproteinämie, Kachexie, alten Patienten, Hypovolämie, Herzinsuffizienz, Niereninsuffizienz, verminderter Leberdurchblutung
- Dosisreduktion bei chronisch obstruktiven Lungenerkrankungen (Gefahr der verstärkten Atemdepression)
- Beeinträchtigte Verkehrstüchtigkeit bei ambulanten Patienten

Benzodiazepinantagonist Flumazenil (Anexate®)

1 Amp. à 5 ml = 0,5 mg; 1 Amp. à 10 ml = 1 mg

Kontraindikationen

- Mit Benzodiazepinen eingestellte Epilepsie
- Strenge Indikationsstellung bei Kindern
- Intoxikation mit trizyklischen Antidepressiva
- Allergie gegen Flumazenil
- Strenge Indikation bei Leberinsuffizienz

Nebenwirkungen

- Kurzfristiges Angstgefühl, Zittern, Unruhe (bei nichttitrierender Dosierung)
- Arrhythmien, Blutdruckanstieg, Angina pectoris
- Injektionsschmerz, Thrombophlebitis
- Entzugssymptome bei Langzeitabusus von Benzodiazepinen (→ Risiko zerebraler Krampfanfälle)

Pharmakologische Daten

- Kompetitiver Antagonist am Benzodiazepin-Rezeptor mit hoher Bindungsaffinität; ausschließliche Wirkung bei Benzodiazepinen
- Aufhebung von Sedierung und Atemdepression
- Wirkbeginn: 1–2 min
- Wirkdauer: 45–90 min

Dosierung

- 4–20 µg/kg KG (Erwachsene initial 0,2 mg)
- Dosis bis zum gewünschten Effekt titrieren
- Einzelmaximaldosis 1 mg
- Dosisreduktion bei beeinträchtigter Leberfunktion

Cave

- Resedierung (→ adäquate Überwachung)
- Nach alleiniger Antagonisierung des Benzodiazepinanteils bei Benzodiazepin-Opioid-Anästhesie kann es zu bedrohlichen Apnoezuständen kommen
- Auslösen einer Entzugssymptomatik bei Benzodiazepinabhängigen
- Das Risiko zerebraler Krampfanfälle ist erhöht bei Entzugstherapie, Therapie mit trizyklischen Antidepressiva

Praxis

- Verminderung/Verhinderung des Injektionsschmerzes durch Injektion in eine große Vene

Droperidol (z.B. Dehydrobenzperidol®, DHB)

1 ml = 2,5 mg, 1 Amp = 10 ml = 25 mg

Kontraindikationen

- Hypovolämie, Schock (Alphablockade)
- AV-Block II. Grades
- Parkinsonismus, extrapyramidale Symptomatik
- Therapie mit L-Dopa oder Dopamin
- Endogene Depression
- Epilepsie, Enzephalitis
- Digitalis-Intoxikation
- Geburtshilfliche Anästhesie
- Stillzeit

Nebenwirkungen

- Blutdruckabfall (Alphablockade), Tachykardie
- Gelegentlich extrapyramidale Störungen
- Chinidin-ähnlicher antiarrhythmischer Effekt
- Paradoxe psychomimetische Wirkungen, Angst, Agitiertheit (selten)
- Psychomotorische Störungen (auch in niedriger Dosierung bis zu 10 h nachweisbar)
- Verlängerung der QT-Zeit (cave: Hypokaliämie, Patienten mit vorbestehender QT-Verlängerung)
- Malignes neuroleptisches Syndrom

Pharmakologische Daten

- Wirkungseintritt: 5–7 min i.v.
- Wirkungsdauer: 2 – 6 – 24 h
- Dopamin-blockierender und alpha-1–adrenolytischer Effekt
- Fehlende Organtoxizität, hohe therapeutische Breite
- Metabolisierung in der Leber zu nicht neuroleptisch wirksamen Abbauprodukten
- Starke antiemetische Wirkung
- Plazentagängig
- Übertritt in die Muttermilch

Dosierung

- 1,25–2,5 mg/70 kg gute antiemetische Wirkung, aber keine Schlafinduktion (Narkoseeinleitung mit i.v.-Hypnotikum)
- Neuroleptanästhesie: 0,1–0,2 mg/kg KG i.v. in Kombination mit einem Opioid; individuelle Dosierung

Praxis

- Dosisreduktion bei Leberinsuffizienz, alten Patienten
- Behandlung extrapyramidaler Bewegungsstörungen durch Biperiden (Akineton®) 2,5–5 mg i.v. (beachte Kontraindikationen: Tachyarrhythmie, Blasenentleerungsstörung, mechanische Stenose im GI-Trakt, Engwinkelglaukom)

Alfentanil (z.B. Rapifen®)

0,05%ige Lösung; 1 ml = 0,5 mg

Kontraindikationen

- Überempfindlichkeit gegenüber Alfentanil oder anderen Opioiden
- Säuglinge
- Schwangerschaft
- Geburtshilfliche Anästhesie (bis zur Abnabelung)
- Stillende Mütter
- Akute hepatische Porphyrie
- Hirndruck (ohne kontrollierte Beatmung)
- Opiatsucht

Nebenwirkungen

- Dosisabhängig starke Atemdepression
- Blutdruckabfall
- Bradykardie
- Muskelrigidität im Thoraxbereich
- Gesteigerter Tonus des M. sphincter oddi
- Emetische Wirkung
- Miosis

Pharmakologische Daten

- Synthetischer Fentanylabkömmling
- Große therapeutische Breite
- Starke Analgesie
- Dosisabhängige atemdepressive Wirkung (Beatmung erforderlich)
- Wirkungseintritt: 1 min

- Wirkungsdauer: dosisabhängig (10 min bei 20 µg/kg KG)
- Eliminationshalbwertszeit: 70 min (nicht dosisabhängig)
- Biotransformation in der Leber
- Plazentagängig
- Übertritt in die Muttermilch in geringem Umfang

Dosierung

- Kurzeingriffe: 15–20 µg/kg KG i.v. (2–3 ml/70 kg KG)
- Mittlere Eingriffe (10–30 min): 20–40 µg/kg KG i.v. (3–6 ml/70 kg KG)
- Bei fraktionierter Bolusinjektion: 15 µg/kg KG/15 min (2 ml/70 kg KG)
- Kontinuierliche Applikation:
  - Dosierung: 1 µg/kg KG/min
  - z.B. 10 mg Alfentanil (20 ml) + 30 ml NaCl 0,9% (→ 1 ml = 0,2 mg)
  - Flußrate: 21 ml/h beim Erwachsenen

Cave

- Dosisreduktion bei alten Patienten, Leberinsuffizienz, Hypothyreose, Hypovolämie, Schock

Praxis

- Prämedikation mit Atropin empfohlen
- Antagonisierung der atemdepressorischen Wirkung von Alfentanil mit Naloxon (Narcanti®) möglich

Fentanyl (z.B. Fentanyl®-Janssen)

(1 ml = 0,05 mg); 2 ml = 0,1 mg; 10 ml = 0,5 mg

Kontraindikationen

- Überempfindlichkeit gegenüber Fentanyl oder anderen Opioiden
- Kurzdauernde Eingriffe
- Geburtshilfliche Anästhesie (bis zur Abnabelung!)
- Opiatsucht
- Ambulante Patienten
- Asthma bronchiale
- Hirndruck (ohne kontrollierte Beatmung)
- Strenge Indikationsstellung in der Schwangerschaft

Nebenwirkungen

- Dosisabhängig starke Atemdepression (Apnoe bei 0,2 mg/70 kg möglich)
- „Remorphinisierung" nach wiederholten Fentanylinjektionen möglich (Rückverteilung des Fentanyl aus langsamen peripheren Kompartimenten; auch noch nach Stunden!): erneuter Anstieg der Fentanylkonzentration im Blut → postoperative Atemdepression → Gefahr des „silent death"
- Vorübergehender Blutdruckabfall
- Geringgradige Sinusbradykardie
- Muskelrigidität im Thoraxbereich
- Tremor bei Morbus Parkinson
- Gesteigerter Tonus des M. sphincter oddi
- Bronchokonstriktion
- Emetische Wirkung
- Unterdrückung des Hustenreizes
- Miosis
- Allergische Reaktionen

Pharmakologische Daten

- Wirkungseintritt: 20–30 s i.v.
- Maximale Wirkung: 3 min
- Hypnotische Wirkung: 10 min (länger bei hoher Loading-Dosis)
- Analgetische Wirkung: 20–40 min (länger bei hoher Loading-Dosis)
- Eliminationshalbwertszeit: 2 h (cave: verlängert z.B. durch Halothanapplikation!)
- Biotransformation in der Leber; zum kleineren Teil unverändert renal ausgeschieden
- Große therapeutische Breite (Voraussetzung: adäquate Beatmung!)
- Plazentagängig (!)
- Dosisabhängige atemdepressive Wirkung bis zu einigen Stunden, Rebound-Effekt möglich. Cave: gleichzeitige Applikation langwirksamer Benzodiazepine in höheren Dosen
- Atemdepression bei Einzeldosis
  - 10 µg/kg KG ca. 1 h
  - 25 µg/kg KG ca. 3–4 h
  - 50 µg/kg KG ca. 7 h

Dosierung

- Unterscheide einmalige hohe Dosis zu Anästhesiebeginn und fraktionierte Dosierung nach geringerer Initialdosis (s.u.)
- Bei fraktionierter Dosierung möglichst geringe Dosen in möglichst großen Abständen nachinjizieren
- Anhaltspunkt für Initialdosis: 5–10 µg/kg KG (0,35–0,7 mg/70kg KG)
- Anhaltspunkt für Wiederholungsdosis: 1–3 µg/kg KG (0,05–0,2 mg/70 kg KG)
- Reine Fentanylanästhesie (+ O_2/N_2O + Relaxation) erfordert hohe Dosierung (50 µg/kg KG), deshalb langanhaltende postoperative Atemdepression (aber geringes Remorphinisierungsrisiko)
- Bei Neuroleptanästhesie niedrigere Fentanyldosis erforderlich → Kombination mit Droperidol (Dehydrobenzperidol®) oder Benzodiazepinen (Diazepam [Valium®], Flunitrazepam [Rohypnol®], Midazolam [Dormicum®]) → trotz geringerer postoperativer

Atemdepression höheres Remorphinisierungsrisiko, verminderte postoperative Vigilanz

- Kontinuierliche Applikation:
  - Dosierung: 1–3 µg/kg KG/h
  - z.B. 1,5 mg Fentanyl (30 ml) + 20 ml NaCl 0,9% (→ 1 ml = 0,03 mg)
  - Flußrate: etwa 2–7 ml/h beim Erwachsenen

Cave

- Dosisreduktion bei alten Patienten, Hypovolämie, Schock
- Remorphinisierung auch bei primär „wachen" Patienten mit befriedigender Spontanatmung möglich → Dauerüberwachung des Patienten über mehrere Stunden
- Wirkung von Atemanaleptika unsicher!
- Wirkungsdauer des reinen Opiatantagonisten Naloxon (Narcanti®) nur von relativ kurzer Dauer (dosisabhängig 15–90 min)

Praxis

- Fentanyl-bedingte Thoraxrigidität wird durch Muskelrelaxation aufgehoben
- Antagonisierung der Fentanyl-bedingten Atemdepression durch Opiatantagonisten

Remifentanil (z.B. Ultiva®)

Lyophilisiertes Pulver; Ultiva® 1 mg, Ultiva® 2 mg, Ultiva® 5 mg

Kontraindikationen

- Überempfindlichkeit gegenüber Remifentanil oder anderen Fentanylanaloga
- Schwangerschaft, Geburt und Stillzeit
- Epidurale/intrathekale Applikation (aufgrund des Glycingehalts)
- Kinder unter 2 Jahren (keine Daten)

Nebenwirkungen

- Dosisabhängige Atemdepression
- Blutdruckabfall
- Bradykardie
- Thoraxrigidität (abhängig von Dosis und Geschwindigkeit der Remifentanil-Gabe)
- Übelkeit, Erbrechen

Pharmakologische Daten

- Selektiver μ-Opioid-Agonist mit raschem Wirkungseintritt und sehr kurzer Wirkungsdauer
- Effektive Halbwertszeit (i.v.-Injektion/Infusion): 3–10 min
- Eliminationshalbwertszeit: 2 h
- Rascher Abbau durch Hydrolyse (unspezifische Blut- und Gewebsesterasen; unabhängig von Plasmacholinesteraseaktivität)
- Keine Kumulation bei wiederholter Gabe oder kontinuierlicher Applikation
- Nicht zur Monoanästhesie geeignet
- Remifentanil vermindert die für die Anästhesie benötigten Dosen von Inhalationsanästhetika, Hypnotika und Benzodiazepinen deutlich
- Plazentagängig

Dosierung

- Narkoseeinleitung:
  - Remifentanil-Gabe zusammen mit Hypnotikum (Propofol, Thiopental) oder Isofluran
  - initiale Bolusinjektion: 1 μg/kg KG langsam i.v. (wenigstens 30 s)
  - oder kontinuierliche Gabe: 0,5–1 μg/kg KG/min
- Aufrechterhaltung der Anästhesie beim beatmeten Patienten:
  - zusammen mit Isofluran/Lachgas oder Propofol
  - Dosisbereich: 0,25–0,4 μg/kg/min [0,05–2,0 μg/kg KG/min]
- **Merke**:
  - 0,25 μg/kg/min → Flußrate 21 ml/h/70 kg KG [bei 50 μg Remifentanil/ml]
  - 0,4 μg/kg/min → Flußrate 34 ml/h/70 kg KG [bei 50 μg Remifentanil/ml]
  - 1 μg/kg/min → Flußrate 84 ml/h/70 kg KG [bei 50 μg Remifentanil/ml]
- Bei älteren Patienten Halbierung der empfohlenen Erwachsenendosis (erhöhte Empfindlichkeit, verminderte Clearance)
- Dosierung bei stark adipösen Patienten anhand des „idealen" Körpergewichts

Cave

- Nach Beendigung der Remifentanil-Gabe kann in i.v.-Infusionsschläuchen oder im Kanülentotraum noch genügend Substanz verbleiben, um beim Durchspülen des Infusionssystems Opioid-Effekte, möglicherweise auch eine Atemdepression, hervorzurufen
- Dosisverminderung bei älteren und geschwächten Patienten und bei Hypovolämie
- Erhöhtes Risiko einer Atemdepression bei Patienten mit eingeschränkter Leberfunktion

Praxis

- Zubereitung einer 0,005%igen Remifentanil-Lösung:
  - Remifentanil als lyophilisiertes Pulver wird zuerst in Wasser für Injektionszwecke (H_2O) gelöst, anschließend weiter verdünnt

- 1 mg Substanz + 1 ml H_2O + 19 ml H_2O oder NaCl 0,9%
- 2 mg Substanz + 2 ml H_2O + 38 ml H_2O oder NaCl 0,9%
- Endkonzentration: **50 µg/ml**

- Eine unter Remifentanil auftretende Muskelrigidität kann durch Applikation eines Muskelrelaxans, zusätzliche Applikation eines Hypnotikums oder Verringerung/Absetzen der Remifentanil-Infusion behandelt werden
- **Beachte:** 5–10 min nach Absetzen der Remifentanil-Applikation ist praktisch keine Opioidwirkung mehr vorhanden → rechtzeitige Gabe von Analgetika zur adäquaten postoperativen Schmerztherapie
- Antagonisierung durch Naloxon (Narcanti ®) möglich

Sufentanil (z.B. Sufenta®)

Sufenta®: 0,005%ige Lösung; 1 ml = 0,05 mg Sufentanil;
5 ml = 0,25 mg
Sufenta® mite 10: 0,0005%ige Lösung; 1 ml = 0,005 mg Sufentanil;
10 ml = 0,05 mg

Kontraindikationen

- Nichtbeatmete Patienten
- Bekannte Unverträglichkeit
- Neugeborene und Säuglinge
- Schwangerschaft
- Geburtshilfliche Anästhesie (bis zur Abnabelung)
- Stillende Mütter
- Akute hepatische Porphyrie
- Opiatsucht

Nebenwirkungen

- Atemdepression, Apnoe
- Thoraxrigidität
- Blutdruckabfall (vor allem bei Hypovolämie)
- Bradykardie (bis Asystolie)
- Übelkeit, Erbrechen
- Juckreiz (selten)
- Schmerzen im Injektionsbereich
- Laryngospasmus
- Spasmus des M. sphincter oddi
- Miosis

Pharmakologische Daten

- Spezifischer μ-Agonist
- Sehr starke Analgesie bei guter hämodynamischer Stabilität
- Keine Histaminfreisetzung
- Große therapeutische Breite
- Wirkungseintritt: 1–3 min
- Wirkungsdauer: 20–45 min (i.v.)
- Eliminationshalbwertszeit: 2–3 h
- Biotransformation in der Leber
- Dosisabhängige atemdepressive Wirkung
- Plazentagängig
- Übertritt in die Muttermilch in geringem Umfang

Dosierung

- Analgesie im Rahmen einer Kombinationsnarkose (balanzierte Anästhesie)
  - Einleitung: 0,7–2 μg/kg KG langsam i.v. (1–3 ml Sufenta®/ 70 kg KG)
  - Erhaltungsdosis: 0,15–0,7 μg/kg KG i.v. (0,2–1,0 ml Sufenta®/ 70 kg KG)
- Sufentanil als Monoanästhetikum
  - Einleitung: 7–20 μg/kg KG langsam i.v. (10–30 ml Sufenta®/ 70 kg KG)
  - Erhaltungsdosis: 0,35–1,4 μg/kg KG i.v. (0,5–2,0 ml Sufenta®/ 70 kg KG)
- Kontinuierliche Applikation (TIVA):
  - Dosierung: 0,015–0,025 μg/kg/min
  - z.B. 50 ml Sufenta® mite (= 0,250 mg Sufentanil) (→ 5 μg/ml)
  - Flußrate 12–20 ml Sufenta® mite 10/h beim Erwachsenen

Cave

- Dosisreduktion bei alten und hämodynamisch instabilen Patienten
- Atemdepression bei Schädelhirntrauma und gesteigertem Hirndruck
- Verstärkung der Wirkung anderer zentral dämpfender Anästhetika und Pharmaka sowie von Alkohol
- Anhalten bzw. Wiederauftreten einer Atemdepression in der postoperativen Phase

Praxis

- Eine Sufentanil-bedingte Atemdepression ist durch Morphinantagonisten, z.B. Naloxon (Narcanti®), antagonisierbar
- Verhinderung/Verminderung einer Thoraxrigidität durch langsame i.v.-Injektion, Prämedikation mit Benzodiazepin (ggf. Muskelrelaxation)
- Verhinderung/Verminderung einer Bradykardie durch Atropinvorgabe
- Verhinderung/Verminderung von Übelkeit und Erbrechen durch Vorgabe von Dehydrobenzperidol (DHB)
- **Sufenta® epidural 10 µg/2 ml** ist als analgetisches Adjuvans zu epidural appliziertem Bupivacain während der Wehen und vaginalen Entbindung zugelassen

Opiatantagonist Naloxon (z.B. Narcanti®)

Narcanti®: 1 ml = 0,4 mg; Narcanti neonatal®: 2 ml = 0,2 mg

Kontraindikationen

- Naloxon-Überempfindlichkeit
- Strenge Indikationsstellung in der Schwangerschaft
- Strenge Indikationsstellung bei Patienten mit Herzerkrankungen

Nebenwirkungen

- Tachykardie, Arrhythmien
- Blutdruckanstieg, Blutdruckabfall
- Lungenödem
- Entzugssymptomatik bei Opiatabhängigen
- Übelkeit, Erbrechen
- Unruhe, Schmerzen, Krampfanfälle
- Allergische Reaktionen

Pharmakologische Daten

- Reiner Opioid-Antagonist (kompetitiv)
- Wirkungsdauer bei Einzelinjektion: dosisabhängig 15–90 min
- Wirkungseintritt: 1–2 min i.v.
- Plazentagängig

Dosierung

- Individuelle Antagonisierung der opiatbedingten Atemdepression (Titrationsmethode); langsame i.v.-Injektion, evtl. 1 Amp. mit 9 ml NaCl 0,9% verdünnen
- Anhaltspunkt für Dosierung: 1–5 µg/kg KG i.v. oder i.m.

- Besser mehrmals kleine Dosen (0,1 mg/70 kg) als einmalig hohe Einzeldosis (0,4 mg/70 kg) zur Verhinderung von postoperativer Atemdepression und „Remorphinisierung" nach Fentanylnarkosen

Cave

- Atemdepressive Wirkung des Opiats kann die Wirkung von Naloxon überdauern!
- Bei „Überdosierung" plötzlicher Analgesieverlust, Übelkeit, Erbrechen, kardiovaskuläre Streßreaktion (u.U. hypertone Krise!)

Muskelrelaxantien

Succinylcholin (z.B. Lysthenon®)

1%ige Lösung: 1 ml = 10 mg; 2%ige Lösung: 1 ml = 20 mg; 5%ige Lösung: 1 ml = 50 mg

Kontraindikationen

- Disposition zur **Malignen Hyperthermie**
- (Verdacht auf) **Muskelerkrankungen (z.B. Morbus Duchenne)**, insbesondere bei Kindern (klinische Untersuchung, Familienanamnese)
- Erhöhung der Kreatinkinase (CK)
- Bekannte frühere anästhesieinduzierte Myoglobinurie
- Hyperkaliämie (terminale Niereninsuffizienz)
- Verbrennungen (bis zu 10 Wochen)
- Polytrauma (Ende der 1. bis 10. Woche)
- Tetanus
- Immobilisation von mehr als 3 Tagen
- Neuromuskuläre Störungen. z.B.
  - Querschnittslähmung
  - Myotonie
  - Poliomyelitis
  - Apoplex (Paresen)
- Sepsis (katabole Phase)
- Penetrierende Augenverletzungen
- Paroxysmale idiopathische Myoglobinurie
- Signifikant verminderte Pseudocholinesteraseaktivität
- Allergie gegen Succinylcholin

Nebenwirkungen

- Hyperkaliämie (cave: Kammerflimmern bei K > 6,5 mmol/l) (Anstieg der Serumkaliumkonzentration um etwa 0,5 mmol/l beim Gesunden auch durch Präkurarisierung nicht völlig zu verhindern)
- Muskelfaszikulationen
  - postoperative Myalgie
  - Augeninnendrucksteigerung
  - intragastrale Drucksteigerung
  - intrakranielle Drucksteigerung
  - Erhöhung des Tonus der Kaumuskulatur
- Histaminfreisetzung (allergische Reaktionen, Bronchospasmus)
- Herzrhythmusstörungen (Bradykardie [vor allem nach Gabe einer zweiten Dosis], Tachykardie, ventrikuläre Arrhythmie, Kammerflimmern, Asystolie)
- **Cave: Triggerung einer Malignen Hyperthermie**
- **Cave: Triggerung einer Rhabdomyolyse**
  bei nicht bekannter Myopathie von Kindern und Jugendlichen (→ Myoglobinämie, Myoglobinurie) mit massiver Freisetzung von Kaliumionen → Risiko des **hyperkaliämischen Herzstillstands**
- **Phase-II-Block**, prolongierte Apnoe (Einzeldosis > 3 mg/kg KG; Gesamtdosis > 7 mg/kg KG; erhebliche individuelle Unterschiede!). Diagnose mittels Relaxometrie. Ein reiner Phase-II-Block („Dual-Block") kann mit Cholinesterasehemmern antagonisiert werden
- Hypersalivation

Pharmakologische Daten

- Depolarisierendes Muskelrelaxans (Phase-I-Block)
- Wirkungseintritt: 30–45 s (i.v.); 2–5 min (i.m.)
- Wirkungsdauer: 5–10 min
- Rasche Spaltung von Succinyldicholin durch im Plasma vorhandene Pseudocholinesterase in Succinyl-Monocholin und Cholin; Elimination der Abbauprodukte großteils über die Niere

- Verminderte Pseudocholinesteraseaktivität → verlangsamter Succinylcholinabbau (Wirkungsverlängerung!)
  - Patienten mit atypischer Cholinesterase (Cholinesterasemangel, genetisch bedingt; heterozygot in 4%, homozygot 0,04%)
  - schwere Leberzirrhose, Lebermetastasen
  - Muskelerkrankungen
  - Spätschwangerschaft, Wochenbett
  - fortgeschrittene Karzinomstadien
  - Mangelernährung
  - Pancuronium (hemmt die Pseudocholinesterase)
  - langwirksame Miotika (z.B. Ecothiopat®) sind Cholinesterasehemmer
- Klinisch relevant ist Pseudocholinesteraseaktivität im Serum < 50% (Normalwert 3000–9300 U/l [Monotest®, Böhringer])
- Succinylcholin ist nicht plazentagängig
- Kein Übertritt in die Muttermilch

Dosierung

- Intubationsdosis: 1–1,5 mg/kg KG (höhere Dosis nach Präkurarisierung) i.v.
- Bei Säuglingen: 1–2 mg/kg KG iv; 2–3 mg/kg KG i.m.
- Tropfinfusion (nur noch selten in Verwendung!)
  - 500 ml Glukose 5% + 500 mg Succinylcholin (0,1%ige Lösung)
  - 0,5 ml Indigoblau zusetzen (Sicherheitsgründe)
  - Dosierung initial 5–10 mg/min (5–10 ml/min), anschließend 0,5–5,0 mg/min (0,5–5 ml/min = 10–100 Tropfen/min/70 kg KG)
  - neuromuskuläres Monitoring

Cave

- Aufgrund der möglichen Nebenwirkungen und Komplikationen wird Succinylcholin vielfach nur noch bei deutlicher Indikation verwendet (z.B. Ileuseinleitung, schwierige Intubation, Notfallintubation)

- Bei Auftreten von Muskelrigidität nach Succinylcholin (Rigidität der Kiefermuskulatur) Verdacht auf **Maligne Hyperthermie** (DD: Anschlagzeit von Succinylcholin nicht abgewartet/unzureichende Dosierung)
- **Lebensbedrohliche Hyperkaliämie** bei zuvor unbekannter Muskelerkrankung (z.B. Morbus Duchenne) durch **Succinylcholin-getriggerte Rhabdomyolyse**
- Rasche Nachinjektion (Bolus) bei Intubationsschwierigkeiten/ Hypoxie → Risiko bedrohlicher Herzrhythmusstörungen bis hin zum Herzstillstand (K^+-Freisetzung, sensibilisierende Wirkung von Cholin)
- Prolongierte Apnoe bei verminderter Pseudocholinesteraseaktivität/atypischer Pseudocholinesterase (bis zu mehreren Stunden). Risikoärmste Therapie: geduldiges Nachbeatmen (1–3–6 h); neuromuskuläres Monitoring einsetzen
- Verlängerte Wirkung bei Hypothermie

Praxis

- Lösung im Kühlschrank aufbewahren
- Atropinvorgabe empfohlen
- Präkurarisierung empfohlen (Verhinderung/Abschwächung von Muskelfaszikulationen und deren Folgen):
  - Alcuronium (Alloferin®) 0,025–0,05 mg/kg KG (2–3 mg/70 kg)
  - Atracurium (Tracrium ®) 0,05–0,1 mg/kg KG (5 mg/70 kg)
  - Pancuronium (Pavulon®) 0,01–0,02 mg/kg KG (1–1,5 mg/70 kg)
  - Vecuronium (Norcuron ®) 0,01–0,015 mg/kg KG (1 mg/70 kg)
- Derzeit gibt es keine wissenschaftlich fundierten Daten, die beweisen, daß alternative Muskelrelaxantien oder Anästhesietechniken zur Intubation sicherer und effizienter eingesetzt werden können als Succinylcholin.

Alcuronium (z.B. Alloferin®)

0,1%ige Lösung; 1 ml = 1 mg

Kontraindikationen

- Myasthenia gravis
- Lambert-Eaton-Syndrom (Muskelschwäche bei Neoplasien)
- (Primäre Myopathien)
- Porphyrie

Nebenwirkungen

- Blutdruckabfall (rasche Injektion, Halothananästhesie)
- Histaminliberation
- Bronchospasmus
- Arrhythmien

Pharmakologische Daten

- Nichtdepolarisierendes Muskelrelaxans
- Wirkungseintritt: 2–3 min
- Wirkungsdauer: 20–30 min
- Erholungszeit 25–75%: 30 min
- Ausscheidung überwiegend renal
- Nicht plazentagängig

Dosierung

- Präkurarisierung: 0,025–0,05 mg/kg KG (2–3 mg beim Erwachsenen)
- Intubationsdosis: 0,3 mg/kg KG

- Initialdosis (nach Succinylcholin): 0,15 mg/kg KG
- Wiederholungsdosis: 0,03 mg/kg KG alle 15–25 min
- Beachte: Reduzierte Dosis bei Säuglingen

Cave

- Bei Niereninsuffizienz Dosisreduktion
- Keine Vollrelaxierung zur Intubation bei zu erwartenden Beatmungsproblemen (Maske), Intubationsschwierigkeiten oder bei Ileus
- Wirkungsverlängerung durch z.B.
  - Hypokaliämie
  - respiratorische Azidose
  - alle Aminoglykoside
  - Polymyxinantibiotika
  - Succinylcholin

Praxis

- Im Kühlschrank lagern (nicht über 8 °C); lichtempfindlich
- Antagonisierung durch Cholinesterasehemmer

Atracurium (z.B. Tracrium ®)

1%ige Lösung; 1 Amp. à 5 ml = 50 mg

Kontraindikationen

- Bekannte Allergie auf Atracurium
- Neuromuskuläre Erkrankungen (strenge Indikationsstellung)
- Schwangerschaft (strenge Indikationsstellung)
- Allergische Diathese (strenge Indikationsstellung)
- Asthma bronchiale (strenge Indikationsstellung)

Nebenwirkungen

- Hautrötung, Urtikaria
- Histaminfreisetzung, anaphylaktoide Reaktionen
- Laryngospasmus, Bronchospasmus
- Vasodilatation, Blutdruckabfall, Sinustachykardie

Pharmakologische Daten

- Nichtdepolarisierendes Muskelrelaxans
- Anschlagzeit: 2–3 min
- Wirkungsdauer: 30–40 min
- Erholungszeit 25–75%: 10–15 min
- Metabolisierung unabhängig von Nieren- und Leberfunktion (Hofmann-Elimination und Esterhydrolyse im Plasma; Entstehung von Laudanosin)
- Praktisch keine Plazentagängigkeit
- Keine Kumulation
- Keine Wirkungsverlängerung bei Leber- und Nierenerkrankungen
- Verstärkung der neuromuskulären Blockade durch volatile Inhalationsanästhetika

Dosierung

- Präkurarisierung: 0,05–0,1 mg/kg KG (5 mg beim Erwachsenen)
- Intubationsdosis: 0,3–0,6 mg/kg KG (**0,5 mg/kg KG**) (35 mg beim 70 kg schweren Erwachsenen)
- Wiederholungsdosis: 0,1–0,2 mg/kg KG
- Infusionspumpe:
  - Dosierung: 0,3–0,6 mg/kg KG/h
  - z.B. 100 mg Atracurium (10 ml Tracrium ®) + 40 ml NaCl 0,9% (1 ml = 2 mg) (Flußrate etwa 10–20 ml/h beim 70 kg schweren Erwachsenen) unter neuromuskulärem Monitoring

Cave

- Keine Vollrelaxierung zur Intubation bei Patienten mit zu erwartenden Beatmungsproblemen oder Intubationsschwierigkeiten
- Bereits nach Gabe einer Präkurarisierungsdosis kann es ggf. zu Atemproblemen kommen (z.B. Schwangere, Adipositas)
- Wirkungsverlängerung durch
  - Hypokaliämie
  - Magnesium, Lithium
  - volatile Anästhetika
  - respiratorische Azidose
  - alle Aminoglykoside
  - Polymyxinantibiotika
  - Succinylcholin
  - Hypothermie
- Simultane Injektion von Atracurium und Thiopental (Trapanal®) kann durch Aggregatbildung anaphylaktoide Reaktionen hervorrufen; Injektionskanüle deshalb vor Atracuriumgabe mit NaCl 0,9% spülen

Praxis

- Aufbewahrung der Ampullen lichtgeschützt im Kühlschrank (+2 bis +8° C), ununterbrochene Kühlkette
- Zur Vermeidung von Nebenwirkungen langsam injizieren (über 1–2 min)
- Gute Intubationsbedingungen ergeben sich etwa 2–3 min nach Gabe der Intubationsdosis

Cis-Atracurium (z.B. Nimbex®)

0,2%ige Lösung; 1 Amp. à 5 ml = 10 mg

Kontraindikationen

- Allergie gegen Cis-Atracurium, Atracurium oder andere Benzylisochinolinderivate
- Schwangerschaft (keine Erfahrungen)
- Kinder unter 2 Jahren (keine Erfahrungen)
- Neuromuskuläre Erkrankungen (strenge Indikationsstellung)

Nebenwirkungen

- Bradykardie (selten)
- Hypotension (selten)
- Hautrötung, Flush (selten)
- Bronchospasmus (selten)

Pharmakologische Daten

- Nichtdepolarisierendes Muskelrelaxans
- Cis-Atracurium ist eines der 10 Stereoisomere, aus denen Atracurium besteht, mit 4- bis 5facher neuromuskulär blockierender Wirkung
- Im Vergleich zu Atracurium wesentlich höhere Sicherheitsbreite hinsichtlich der unspezifischen Histaminfreisetzung
- Anschlagzeit: 2–3–(4) min
- Wirkungsdauer: 30–40 min
- Erholungszeit 25–75%: 10–15 min
- Metabolisierung unabhängig von Nieren- und Leberfunktion (Hofmann-Elimination und Esterhydrolyse im Plasma)
- Praktisch keine Plazentagängigkeit

- Keine Kumulation
- Keine Wirkungsverlängerung bei Leber- und Nierenerkrankungen
- Verstärkung der neuromuskulären Blockade durch volatile Inhalationsanästhetika
- Erheblich verminderte Bildung von Laudanosin im Vergleich zu Atracurium

Dosierung

- Intubationsdosis: 0,1–0,15 mg/kg KG
- Wiederholungsdosis: 0,02–0,03 mg/kg KG
- Bei Kindern führt eine Dosis von 0,1 mg/kg KG zu schnellerem Wirkungseintritt, kürzerer Wirkdauer und schnellerer Spontanerholung als bei Erwachsenen

Cave

- Keine Vollrelaxierung zur Intubation bei Patienten mit zu erwartenden Beatmungsproblemen oder Intubationsschwierigkeiten
- Bereits nach Gabe einer Präkurarisierungsdosis kann es ggf. zu Atemproblemen kommen (z.B. Schwangere, Adipositas)

Praxis

- Aufgrund des sauren pH-Wertes soll Cis-Atracurium nicht gleichzeitig mit alkalischen Substanzen (wie z.B. Thiopental) appliziert werden
- Cis-Atracurium darf nicht gleichzeitig durch dieselbe Kanüle wie Propofol appliziert werden

Mivacurium (z.B. Mivacron®)

Kontraindikationen

- Allergie gegen Mivacurium oder andere Benzylisochinolinderivate
- Cholinesterasemangel, atypische Cholinesterase
- Allergische Diathese, Asthma bronchiale (relative Kontraindikation)
- Neuromuskuläre Erkrankungen (z.B. Myasthenie, myasthenisches Syndrom) (strenge Indikationsstellung)
- Säuglinge unter 2 Monate

Nebenwirkungen

- Histaminliberation (vor allem nach rascher Injektion)
- Hautrötung, Flush-Symptomatik
- Blutdruckabfall (vor allem bei hoher Dosierung und rascher Injektion)
- Bronchospasmus (selten)
- Verlängerte Wirkdauer bei verminderter Plasmacholinesterase-Aktivität

Pharmakologische Daten

- Kurz wirkendes nichtdepolarisierendes razemisches Muskelrelaxans mit Benzylisochinolin-Struktur
- Wirkungseintritt: 2–3 min
- Wirkungsdauer: 15–25 min
- Erholungszeit 25–75%: 5–10 –(15) min
- Rasche Metabolisierung, fehlende Kumulation
- Abbau durch hydrolytische Spaltung (Plasmacholinesterase)
- Anschlagzeit und Erholungsdauer bei Säuglingen/Kleinkindern kürzer als bei Erwachsenen

Dosierung

- Intubationsdosis: 0,15–0,2 mg/kg KG (15 mg bei Erwachsenen)
- Kontinuierliche Mivacurium-Applikation
  - 4–**6–8** –(10–15) µg/kg/min
  - niedrigere Dosierung bei Verwendung halogenierter Inhalationsanästhetika (bei Enflurane/Isoflurane bis zu 40%)
  - höhere Dosierung bei Kindern: 14 µg/kg/min
  - neuromuskuläres Monitoring empfohlen

Cave

- Verlängerte Wirkung bei Inhalationsanästhesie (z.B. Enflurane, Isoflurane)
- Verlängerter Effekt bei Nieren- und Leberinsuffizienz
- Verlängerte Wirkung bei Patienten mit verminderter Plasmacholinesteraseaktivität, besonders bei homozygot atypischer Plasmacholinesterase

Praxis

- In der Kinderanästhesie kann Mivacurium aufgrund der kurzen Wirkdauer bei kurzdauernden elektiven Eingriffen eine Alternative zu Succinylcholin darstellen
- Bei stark adipösen Patienten wird eine auf das errechnete Idealgewicht bezogene initiale Dosierung empfohlen
- Neuromuskuläres Monitoring empfohlen

Pancuronium (z.B. Pancuronium Organon®, Pavulon®)

0,2%ige Lösung; 1 ml = 2mg

Kontraindikationen

- Bekannte Allergie auf Pancuronium
- Myasthenia gravis
- Lambert-Eaton-Syndrom (Muskelschwäche bei Neoplasien [Bronchialkarzinom!])
- (Primäre Myopathien)

Nebenwirkungen

- Tachykardie
- Leichte Blutdrucksteigerung
- Selten Bronchospasmus

Pharmakologische Daten

- Nichtdepolarisierendes Muskelrelaxans
- Wirkungseintritt: 2–3 min (Anschlagzeit ist dosisabhängig)
- Wirkungsdauer: 35–55 min (cave: bei > 0,1 mg/kg sowie Niereninsuffizienz verlängert bis 120 min)
- Erholungszeit 25–75%: 30 min
- Bei Säuglingen und Kleinkindern erhöhte Empfindlichkeit
- Ausscheidung überwiegend renal
- Nicht plazentagängig

Dosierung

- Präkurarisierung: 0,01–0,02 mg/kg KG (1–1,5 mg beim Erwachsenen)
- Intubationsdosis: 0,07–0,1 mg/kg KG i.v. (6 mg beim Erwachsenen)
- Initialdosis: 0,05 mg/kg KG i.v. (4 mg beim Erwachsenen)
- Wiederholungsdosis: 0,01 mg/kg KG i.v.
- Beachte: reduzierte Dosierung bei Säuglingen

Cave

- Eingeschränkte Nierenfunktion → verlängerte Wirkung, prolongierte Apnoe; Dosisreduktion!
- Bei Vorbehandlung mit trizyklischen Antidepressiva Gefahr der Kammertachykardie
- Keine Vollrelaxierung zur Intubation mit Pancuronium bei Ileus und zu erwartenden Beatmungsproblemen (Maske) oder Intubationsschwierigkeiten
- Wirkungsverlängerung durch
  - Hypokaliämie
  - respiratorische Azidose
  - alle Aminoglykoside
  - Polymyxinantibiotika
  - Succinylcholin

Praxis

- Thermolabil (Aufbewahrung im Kühlschrank)
- Antagonisierung mit Cholinesterasehemmern (s. S. 289)
- Neuromuskuläres Monitoring empfohlen

Rocuronium (z.B. Esmeron®)

1%ige Lösung; 1 Amp. à 5 ml = 50 mg; 1 Amp. à 10 ml = 100 mg

Kontraindikationen

- Überempfindlichkeit gegenüber Rocuronium oder Bromid
- Vorausgegangene Kinderlähmung
- Schwangerschaft (strenge Indikationsstellung)
- Stillende Mütter (strenge Indikationsstellung)
- Myasthenia gravis
- Lambert-Eaton-Syndrom

Nebenwirkungen

- Tachykardie (vagolytischer Effekt bei höheren Dosen)
- Lokale/systemische Histaminliberation, anaphylaktoide Reaktionen, Bronchospasmus, kardiovaskuläre Manifestationen (selten)

Pharmakologische Daten

- Nichtdepolarisierendes steroidales Muskelrelaxans
- Wirkungseintritt: 1–1,5 min (Anschlagzeit ist dosisabhängig)
- Wirkungsdauer: 35–45 min (cave: dosisabhängig auch länger)
- Erholungszeit 25–75%: 15–25 min
- Ausscheidung unverändert überwiegend über die Galle
- Nicht plazentagängig

Dosierung

- Intubationsdosis: 0,6 mg/kg KG (40 mg beim Erwachsenen)
- Wiederholungsdosis: 0,075–0,1–(0,15) mg/kg KG
- Kontinuierliche Applikation: 5–6–(10) µg/kg/min
  - z.B. 100 mg (= 10 ml Rocuronium) + 40 ml NaCl 0,9% → 2 mg/ml
  - Flußrate etwa 10–20 ml/h
  - neuromuskuläres Monitoring empfohlen

Cave

- Keine Vollrelaxierung zur Intubation bei Patienten mit zu erwartenden Beatmungsproblemen oder Intubationsschwierigkeiten
- Wirkungsverlängerung bei Leber- und Niereninsuffizienz

Praxis

- Aufgrund des sauren pH-Werts darf Rocuronium nicht gleichzeitig mit alkalischen Substanzen (wie z.B. Thiopental) appliziert werden

Vecuronium (z.B. Norcuron®)

1 Amp. = 4 mg Trockensubstanz; Lösungsmittel: Aqua dest., 0,9% NaCl, Glukose 5%, Ringer-Laktat-Lösung

Kontraindikationen

- Allergische Reaktionen auf Vecuronium oder Bromid
- Neuromuskuläre Erkrankungen (strenge Indikationsstellung)
- Therapie mit langwirksamen Miotika (Ecothiopat, Demecarium)

Nebenwirkungen

- Selten Histaminfreisetzung

Pharmakologische Daten

- Nichtdepolarisierendes Muskelrelaxans
- Keine ganglienblockierenden Eigenschaften
- Wirkungseintritt: 1,5–2,5 min
- Wirkungsdauer: 20–30 min
- Erholungszeit 25–75%: 10 min
- Ausscheidung hauptsächlich biliär
- Keine Kumulation
- Nicht plazentagängig

Dosierung

- Präkurarisierung: 0,01–0,015 mg/kg KG
- Intubationsdosis: 0,08–0,1 mg/kg KG
- Wiederholungsdosis: 0,02–0,05 mg/kg KG

- Kontinuierliche Applikation
  - Dosierung: 0,8–1,4 µg/kg/min
  - z.B. 20 mg Vecuronium + 50 ml NaCl 0,9% (1 ml = 0,4 mg)
  - Flußrate: etwa 8–15 ml/h bei Erwachsenen
  - neuromuskuläres Monitoring empfohlen

Cave

- Vollrelaxierung bei zu erwartenden Intubations- oder Beatmungsproblemen, Ileus
- Wirkungspotenzierung durch z.B.
  - Hypokaliämie
  - Hyperkalzämie
  - Azidose
  - Hyperkapnie
  - Vorausgabe von Succinylcholin
  - Aminoglykoside, Polypeptidantibiotika
- Dosisverminderung bei Lebererkrankungen
- Mögliche Prädisposition zu Bradykardie bei Kombination von Vecuronium mit Sufentanil oder Etomidat/Fentanyl

Praxis

- Lichtgeschützt aufbewahren. Gebrauchsfertige Lösung bis 12 h im Kühlschrank haltbar.
- Antagonisierung durch Cholinesterasehemmer
- Rascherer Wirkungseintritt bei Vorinjektion von 1/5 der Intubationsdosis (2–3 min zuvor): Priming-Prinzip
- Bei Neugeborenen und Kleinkindern schnellerer Wirkungseintritt, längere Wirkdauer und Erholungszeit als bei Erwachsenen

Cholinesterasehemmer: Neostigmin (z.B. Prostigmin®), Pyridostigmin (z.B. Mestinon®)

Indikationen

- Rasche Antagonisierung der durch nichtdepolarisierende Muskelrelaxantien hervorgerufenen Muskelrelaxation

Kontraindikationen

- Asthma bronchiale
- Bradyarrhythmie, AV-Block
- Fehlender Muskeltonus, fehlende Eigenatmung (Vollrelaxierung)
- Mechanischer Ileus
- Harnwegobstruktion
- Stenosen oder Spasmen von Darm, Gallen- oder Harnwegen
- Iritis
- Myotonie
- Morbus Parkinson
- Hyperthyreose
- Stillzeit

Nebenwirkungen

- Salivation, gesteigerte Bronchialsekretion
- Bronchospasmus
- Bradykardie, Extrasystolie, Asystolie, Blutdruckabfall
- Gesteigerte Darmmotilität
- Miosis
- Gefahr der neuromuskulären Blockade bei Überdosierung
- Bei Pyridostigmin weniger muskarinartige Nebenwirkungen als bei Neostigmin

Dosierungen

- **Neostigmin (Prostigmin®)**: 1 Amp. = 1 ml = 0,5 mg
  - mit Atropin kombinieren (2 oder 3 Amp. Prostigmin + 1 Amp. Atropin)
  - Prostigmin 0,01–0,035 mg/kg KG + 0,01–0,02 mg/kg KG Atropin i.v.
  - am besten langsam nach Wirkung applizieren
  - maximal 2,5 mg Prostigmin
  - Wirkungseintritt: 2–5 min
  - Wirkungsdauer: bis zu 3 h
- **Pyridostigmin (Mestinon®):** 1 Amp. = 1 mg/ml oder 5 mg/ml
  - mit Atropin kombinieren (muskarinartige Nebenwirkungen)
  - Pyridostigmin 0,1–0,25 mg/kg KG + 0,01–0,02 mg/kg KG Atropin i.v.
  - am besten langsam nach Wirkung applizieren
  - maximal 10 mg Pyridostigmin i.v.
  - Wirkungseintritt: 5–10 min
  - Wirkungsdauer: 4 h

Cave

- Neuromuskuläre Blockade bei **Überdosierung** von Cholinesterasehemmern
- Patienten mit kardialem/pulmonalem Risiko besser nachbeatmen anstatt zu antagonisieren
- Bei vorliegenden Kontraindikationen nachbeatmen
- „Normale“ muskuläre Reizantwort, wenn noch 70% der Rezeptoren durch Muskelrelaxans blockiert sind → Risiko der Rekurarisierung (spontan, Gabe von Antibiotika)

Praxis

- Neuromuskuläres Monitoring empfohlen
- Klinische Kriterien für ausreichende Erholung von der neuromuskulären Blockade: Mindestens 10 s Augen öffnen, Zunge herausstrecken, Arm hochheben, Kopf anheben

Lokalanästhesie

Lokalanästhetika

Einzel-Maximaldosen (Anhaltspunkte)

Präparat	ohne Adrenalin	mit Adrenalin 1:200000
Lidocain (z.B. Xylocain®)	200 mg (3 mg/kg KG)	500 mg (7 mg/kg KG)
Mepivacain (z.B. Meaverin®, Scandicain®)	300 mg (4 mg/kg KG)	500 mg (7 mg/kg KG)
Prilocain (z.B. Xylonest®)	400 mg (6 mg/kg KG)	600 mg (9 mg/kg KG)
Bupivacain (z.B. Carbostesin®)	150 mg (2 mg/kg KG)	150 mg (2 mg/kg KG)
Etidocain (z.B. Dur-Anest®)	300 mg (4 mg/kg KG)	300 mg (4 mg/kg KG)

Empfohlene Konzentrationen

Präparat	Infiltrationsanästhesie	periphere Blockade	Periduralanästhesie	Relative Toxizität
Lidocain (z.B. Xylocain®)	0,5–1%	1–1,5%	1–2%	1
Mepivacain (z.B. Meaverin®, Scandicain®)	0,5–1%	1–1,5%	1,5–2%	1
Prilocain (z.B. Xylonest®)	0,5–1%	1%	1,5–2%	0,5
Bupivacain (z.B. Carbostesin®)	0,25–0,5%	0,25–0,5%	0,25–0,75%	4
Etidocain (z.B. Dur-Anest®)	0,5%	0,5–1%	1%	2

Besonderheiten

- **Lidocain** (z.B. Xylocain®) mit Adrenalinzusatz besonders geeignet für Infiltrationsanästhesie (rascher Wirkungseintritt, relativ lange Wirkungsdauer)
- **Mepivacain** (z.B. Meaverin®) besitzt eine ähnliche anästhetische Wirksamkeit und Toxizität wie Lidocain
- **Prilocain** (Xylonest®)
  - relativ geringe Toxizität, hohes Penetrationsvermögen
  - bei Dosierung > 600 mg signifikante Methämoglobinbildung möglich (→ Zyanose, verminderte O_2-Kapazität)
  - bei klinisch relevanter **Methämoglobinämie** → O_2-Gabe, ggf. Methylenblau 1 mg/kg KG
- **Etidocain** (z.B. Dur-Anest®) bewirkt eine ausgeprägte motorische Blockade; die sensorische Blockade ist nicht immer vollkommen
- **Bupivacain** (z.B. Carbostesin®)
  - relativ lange Anschlagzeit
  - cave: kardiotoxische Effekte (blutspiegelabhängig)
  - besondere Bedeutung in der geburtshilflichen Anästhesie aufgrund des nur geringen Übertritts auf das Kind (hohe Proteinbindung)
  - Bupivacainkonzentration in der Geburtshilfe und bei Kindern nicht größer als 0,5%
- **Ropivacain** (Naropin®)
  - neues langwirksames Lokalanästhetikum vom Amidtyp (reines S-Enantiomer)
  - Ropivacain wirkt in äquivalenter Dosierung weniger arrhythmogen und weniger kardiodepressiv als Bupivacain
  - geringere ZNS-Toxizität als Bupivacain
  - lumbale Epiduralanästhesie: 15–20–(25) ml Ropivacain 0,75%; Anschlagszeit 10–20 min; Wirkdauer 3–5 h

Praxis

- Merke: 1 ml 1%ige Lösung = 10 mg

Intoxikation durch Lokalanästhetika

Beachte

- **Lokalanästhetikumüberdosierung** (absolut/relativ) manifestiert sich am Zentralnervensystem (ZNS) und kardiovaskulären System
- Blutspiegel des Lokalanästhetikums hängt ab von
  - Injektionsort (Resorption)
  - Dosis (Konzentration, Volumen)
  - pharmakologischen Eigenschaften
  - Vasokonstriktorzusatz
  - Metabolismus, Interaktion mit anderen Medikamenten
- **Cave:** Höhe des Lokalanästhetikumblutspiegels bei Interkostalblockade > Kaudalanästhesie > lumbale Periduralanästhesie > Blockade des Plexus brachialis > Femoralisblockade > subkutane Infiltrationsanästhesie
- Prämedikation mit Benzodiazepin (z.B. Diazepam [Valium®]) erhöht die zerebrale Krampfschwelle gegenüber Lokalanästhetika

Ursachen

- Absolute Überdosierung
- Zu rasche Resorption
- Versehentliche intravasale Injektion

Symptome

- Ohrensausen, Schwindel, Benommenheitsgefühl, Zittern, Unruhe, Übelkeit, Kribbeln in Lippen und Zunge, verwaschene Sprache
- Verwirrtheit, Bewußtseinsverlust, Muskelzuckungen, tonisch-klonische Krämpfe (= **zentrale Erregung**)
- Unregelmäßige Atmung, Atemstillstand, Bradykardie, Blutdruckabfall, Hyposystolie, Asystolie, totale Paralyse, Koma (= **zentrale und kardiovaskuläre Depression**)

Therapie

- O_2-Zufuhr in allen Fällen
- Diazepam (Valium®) 2,5–10–(30) mg i.v.
- Beatmung (Maske/Intubation); mäßige Hyperventilation
- Kopftieflagerung
- Therapie der Kreislaufdepression
  - Atropin 0,25–1,0 mg i.v.
  - Akrinor® 0,5–4 ml i.v.
  - Adrenalin (Suprarenin®) 0,05–0,1 mg i.v.
- Volumenzufuhr
- Kardiopulmonale Reanimation

Prophylaxe

- Prämedikation mit Benzodiazepin (z.B. Diazepam [Valium®]) → antikonvulsiver Effekt
- **Cave:** Überdosierung
- **Cave:** versehentliche intravasale Injektion (Aspirationstest!)
- **Beachte:** Ausmaß der Resorption des Lokalanästhetikums hängt ab von Injektionsort, pharmakologischen Eigenschaften, Vasokonstriktorzusatz
- Techniken mit Katheter/immobiler Nadel bevorzugen
- **Beachte:** Bei jeder LA-Injektion auf **präkonvulsive Warnzeichen** achten (hohe Plasmakonzentration → Schwellendosis für toxische Frühreaktionen des ZNS)
  - taubes Gefühl von Lippen und Zunge
  - metallischer Geschmack
  - Schwindelgefühl
  - Benommenheitsgefühl
  - Ohrensausen
  - verwaschene Sprache
  - Zittern
  - Unruhe
  - Sehstörungen

Vasokonstriktorzusatz zu Lokalanästhetika

Besonderheiten

- Vasokonstriktorzusatz → Resorptionsverzögerung des Lokalanästhetikums durch verminderte Gewebedurchblutung → verminderte systemische Toxizität durch niedrigere Blutspiegel, verlängerte Wirkungsdauer
- Beachte: geringer Effekt bei vasodilatierend wirkenden Lokalanästhetika (Bupivacain, Etidocain)

Kontraindikationen

- Injektion an der Basis von Fingern, Zehen, Penis, Ohren, Nasenspitze
- Zirkuläre Injektion an Extremitäten
- Hypertonie
- Koronare Herzkrankheit
- EPH-Gestose
- Fortgeschrittene Arteriosklerose
- Thyreotoxikose
- Gleichzeitige Behandlung mit trizyklischen Antidepressiva
- (Säuglinge, Kleinkinder, fortgeschrittenes Lebensalter)

Nebenwirkungen (Adrenalin [Suprarenin®])

- Angstgefühl, Unruhe, kalter Schweiß, Blutdruckanstieg
- Hypertone Krise
- Tachykardie, Tachyarrhythmie, heterotope Reizbildung
- Kammerflimmern

Nebenwirkungen (Ornipressin [POR 8 Sandoz®])

- Hautblässe
- Blutdrucksteigerung
- Blutdruckabfall
- Angina pectoris
- Bradykardie, Arrhythmien
- Lungenödem
- Kammerflimmern, Herzstillstand

Dosierung Adrenalin (Suprarenin®)

- 1 Amp. Adrenalin (Suprarenin®) = 1 ml = 1 mg (1:1000)
- Übliche Dosierung: **1:200.000** (0,1 mg = 0,1 ml Adrenalin 1:1000 auf 20 ml Lokalanästhetikum [Tuberkulinspritze])
- **Maximaldosis: 0,25 mg** = 0,25 ml Adrenalin 1:1000

Dosierung Ornipressin (POR 8 Sandoz®)

- 1 Amp. Ornipressin (POR 8 Sandoz®) = 0,5 ml = 2,5 I.E. Ornipressin
- Anwendung nur in verdünnter Form: → übliche Dosierung 1 I.E. auf 10 ml Lokalanästhetikum (0,1 I.E. Ornipressin/ml Lokalanästhetikum)
- **Maximaldosis: 2,5 I.E. Ornipressin (POR 8 Sandoz®)**

Cave

- Kein Adrenalinzusatz bei Halothananästhesie (Arrhythmierisiko)
- Versehentliche intravasale Injektion (→ Aspiration in 2 Ebenen, vorsichtige Injektion)
- Beachtung der Maximaldosierungen

Therapie der Adrenalinintoxikation

- O_2-Zufuhr!
- Sedierung (Diazepam [Valium®] 5–10 mg i.v.)
- β-Rezeptorenblocker (z.B. Pindolol [Visken®] 0,1–0,4 mg) langsam i.v.
- α-Rezeptorenblocker (z.B. Phentolamin [Regitin®] 2–5 mg langsam i.v.)
- Defibrillation bei Kammerflimmern
- Ggf. kardiopulmonale Reanimation

Spinalanästhesie

Kontraindikationen

- Ablehnung der Methode durch den Patienten
- Angeborene/erworbene Gerinnungsstörungen
- Antikoagulantientherapie (Ausnahme: präoperative Thromboseprophylaxe mit [unfraktioniertem] Low-dose-Heparin unter Kontrolle der Blutgerinnung)
- Hypovolämie, Schock
- Infektion im Bereich der Punktionsstelle
- Sepsis
- Hirndruck (bei Liquorverlust Gefahr der Hirnverlagerung mit Einklemmung)
- Darmperforation
- Neurologische Vorerkrankungen (Exazerbation könnte vom Laien der Regionalanästhesie zugeschrieben werden)
- Limitiertes Herzzeitvolumen (konstriktive Perikarditis, Aortenstenose, AV-Block III. Grades)
- Koronare Herzkrankheit, Vitium cordis, Zustand nach kürzlich abgelaufenem Infarkt
- Betablockertherapie, Therapie mit MAO-Hemmern
- Bestehende Rückenbeschwerden, Kopfschmerzen
- Deformitäten der Wirbelsäule
- Wirbelsäulenmetastasen, Bandscheibenvorfall

Probleme bei der Punktion

- Blutiger Liquor
  - abtropfen lassen, bis Liquor klar wird
  - bleibt der Liquor blutig tingiert, muß die Spinalanästhesie abgebrochen werden

- Kein Liquor („trockene Punktion"), Liquor tropft nicht spontan ab oder läßt sich nur mühsam aspirieren
  - erneut punktieren
  - „Ohne Liquor keine Anästhesie!" (Gefahr der intraneuralen Injektion)
- Trüber Liquor
  - Probe für Untersuchungszwecke abnehmen
  - Spinalanästhesie abbrechen
- Erfolglose Punktion
  - Lagerung des Patienten überprüfen
  - Abweichung von der Mittellinie?
  - anatomische Probleme?
  - Punktionsversuch mit lateralem Zugang
  - Kanüle bei Richtungswechsel immer bis zum Unterhautfettgewebe zurückziehen
  - bei Knochenkontakt ggf. neue Spinalkanüle (cave: beschädigte Kanülenspitze)
- Parästhesie bei Punktionsversuch
  - bei kurzfristiger Parästhesie ist Injektion des Lokalanästhetikums erlaubt (Kanüle hat Fasern der Cauda equina gestreift)
  - bei anhaltendem Schmerz Spinalanästhesie abbrechen (Läsion eines Spinalnerven?)
- Parästhesie ohne Abtropfen von Liquor
  - peridurale Irritation einer Nervenwurzel
  - cave: Verletzung

Frühkomplikationen

- Rascher **Blutdruckabfall** (Sympathikusblockade!)
- **Bradykardie** (Bainbridge-Reflex/Blockierung der Nn. accelerantes)
- **Herzstillstand → sofort Adrenalin einsetzen!**
- **Respiratorische Insuffizienz**, Dyspnoe (hohe Spinalanästhesie, Lähmung der Interkostalmuskulatur)
- Übelkeit, Erbrechen
- **Totale Spinalanästhesie** (Apnoe, Herzstillstand)

- Abgebrochene Nadel
- Versehentliche intravasale Injektion
- Verletzung von Nerven/Cauda equina

Postoperative Komplikationen

- Postspinale Kopfschmerzen
- Postoperativer Blutdruckabfall (adäquate Überwachung!)
- **Cave: Aufsteigende Spinalanästhesie nach kurzdauernden Eingriffen** (adäquate Überwachung!)
- Harnverhalt (Gefahr der Blasenüberdehnung; Grund für „unerklärlichen" Blutdruckanstieg)
- Rückenschmerzen, vor allem nach traumatischen Punktionsversuchen, Periostverletzung

Spätkomplikationen

- Periphere Nervenläsion (Parästhesie; radikuläre Symptome)
- Hirnnervenparese (vor allem N. abducens)
- Direkte Rückenmarks-/Kaudaverletzung
- Spinales Hämatom
- Septische/aseptische Meningitis
- Chronisch adhäsive Arachnoiditis

Postpunktioneller Kopfschmerz

- Postpunktionelle Kopfschmerzen durch Liquorverlust über Duraleck (Liquorunterdrucksyndrom); Verschlimmerung im Stehen und Sitzen, vorwiegend im Hinterkopfbereich
- Auftreten vor allem bei jungen Patienten sowie nach Verwendung „großlumiger" Spinalkanülen (20/22 G)
- Therapie
  - Bettruhe, flache Lagerung
  - reichliche Flüssigkeitszufuhr (oral/parenteral) (umstritten)
  - Analgetika (keine obstipierenden Opiate!)

– bei Persistieren: Anlegen eines periduralen „blood patch" mit 10–20 ml Eigenblut im Bereich der Punktionsstelle unter sterilen Kautelen

Merke

- Das Rückenmark (Conus medullaris) endet in der Regel an der Untergrenze von L1, in Höhe von L1/L2 oder L2
- Bei Kindern endet das Rückenmark in Höhe von L3
- **Cave: anatomische Variationen!**
- **Orientierungshilfe**: Die Verbindungslinie der beiden Darmbeinkämme schneidet die Interspinallinie meist in Höhe des Dornfortsatzes von L4 oder in Höhe von L4/5
- Distanz Haut/Ligamentum flavum = 4–5 cm (3–9 cm)
- Distanz Haut/Dura = 4–6 cm
- Distanz Ligamentum flavum/Dura = 3–6 mm
- Dermatom Th 10 = Nabelhöhe
- Dermatom Th 7 = Xiphoid
- Dermatom Th 4 = Mamillenhöhe
- Nn. accelerantes = Th 1–4
- N. phrenicus = C 4
- Sympathische Blockade beginnt in der Regel 2–3 Segmente höher als sensorische Blockade
- Gesamtes Liquorvolumen = 120–150 ml
  Spinales Liquorvolumen = 20–35 ml
  Spezifisches Gewicht von Liquor = 1,003–1,009 g/cm^3
- Glukosegehalt von Liquor = 50% des Blutglukosegehalts
- Liquordruck in Seitenlage = 7–18 cm H_2O
- Liquorproduktion = 15–30 ml/h

Technik

- Venöse Verweilkanüle, EKG, Blutdruckmanschette, (Pulsoximetrie)
- Streng aseptisches Vorgehen
- Vollelektrolytlösung vorinfundieren

- Orientierung am Darmbeinkamm, Tasten der Dornfortsätze, Markierung der Punktionsstelle (L3/4)
- Evtl. Hautquaddel, Infiltrationsanästhesie bis zum Ligamentum flavum
- Punktion am besten in Seitenlage (auf der zu operierenden Seite)
  - angezogene Beine („Katzenbuckel")
  - maximale Beugung der LWS, kein Hohlkreuz
  - Kopf auf einem Kissen lagern
- Sattelblockanästhesie bei sitzendem Patienten
- Punktionskanüle:
  - 25/26 G-Spinalnadel empfohlen (geringere Inzidenz postspinaler Kopfschmerzen)
  - „Pencil-point"-Spinalnadel (Sprotte, Whitacre) wahrscheinlich vorteilhafter als Standard-Spinalnadel (Quincke) gleicher Größe
- Bei Einsatz ultradünner Spinalnadeln spezielle Führungskanülen verwenden
- Punktion mit eingeführtem Mandrin vornehmen (cave: Hautzylinder in der Spinalkanüle)
- Wichtig: Korrekte Nadelführung ohne Abbiegen der Spinalkanüle; Abstützen am Rücken des Patienten
- **Medianer Zugang**
  - Vorschieben der Kanüle in der Interspinalebene senkrecht zur Haut oder leicht kranial gerichtet
  - vermeide seitliches Abweichen (Voraussetzung: korrekte Lagerung des Patienten)
  - beim Vorschieben der Kanüle durch das Ligamentum flavum meist deutlicher Widerstand in 4–5 cm Tiefe
  - nach Perforation der Dura (weitere 3–6 mm) ca. 1 mm weiter vorschieben, Abtropfen von Liquor abwarten
- **Lateraler Zugang**
  - Einstichstelle liegt ca. 1,5 cm lateral der Mittellinie am kaudalen Ende des gewählten Interspinalraums bzw. etwas darunter
  - Vorschieben der Kanüle erstens in Richtung Mittellinienposition und zweitens in leicht kranialer Richtung (ca. 80° zur Hautoberfläche)
- Injektion:
  - Spritze mit dem Lokalanästhetikum fest aufsetzen

- 0,2 ml Liquor aspirieren (Sicherstellen, daß Kanülenspitze im Subarachnoidalraum liegt)
- Kanüle während der gesamten Injektionsdauer fixieren; mit der (linken) Hand am Rücken des Patienten abstützen
- isobares Lokalanästhetikum relativ rasch injizieren (gute Durchmischung mit dem Liquor), evtl. Barbotage
- hyperbares Lokalanästhetikum langsam injizieren (Unterschichtung des Liquors mit dem Lokalanästhetikum)

• Anschließend Kanüle entfernen, steriles Pflaster, Patienten wieder in Rückenlage bringen (cave: Pressen!)
• Bei geplanter Halbseitenspinalanästhesie den Patienten bis zur sicheren Fixierung des Lokalanästhetikums auf der Seite liegen lassen
• Bei Sattelblockanästhesie Patienten bis zur Fixierung des Lokalanästhetikums sitzen lassen
• Überwachung der Spinalanästhesie
  - EKG/Herzfrequenz, Pulsoximetrie
  - Blutdruck bis zur Fixierung jede Minute
  - Ausbreitung der Anästhesiehöhe mit Berührungs- oder Kältereiz kontrollieren

Hyperbare Technik

• **Lidocain 5% hyperbar** (z.B. Xylocain® schwer 5%)
  - Sattelblock: 0,5–1,0 ml (25–50 mg)
  - Spinalanästhesie: 1,0–2,0 ml (50–100 mg)
  - Analgesiedauer: 1–1,5 h
• **Mepivacain 4% hyperbar** (z.B. Meaverin 4% hyperbar, Scandicain® 4% hyperbar)
  - Sattelblock: 0,5–1,0 ml (20–40 mg)
  - Spinalanästhesie: 1,0–2,0 ml (40–80 mg)
  - Analgesiedauer: 1,5–2 h
• **Bupivacain 0,5% hyperbar** (z.B. Carbostesin® 0,5% hyperbar)
  - Sattelblock: 0,5–1,0 ml (2,5–5 mg)
  - Spinalanästhesie: 1,0–3,0–[4,0] ml (5–15–[20] mg)
  - Analgesiedauer: 2,5–4 h

Isobare Technik

- **Bupivacain 0,5%** (z.B. Carbostesin® 0,5%)
  - beidseitige Spinalanästhesie: 2–4 ml (10–20 mg)
  - Blockadehöhe hängt eher von der Gesamtdosis als von Volumen oder Konzentration des Lokalanästhetikums ab
  - vorteilhaft bei Punktion im Sitzen
  - Analgesiedauer: 2,5–4 h
  - maximale Ausbreitung nach 10–15 min
  - Steuerung des Anästhesieniveaus durch Lagerung nicht möglich
- **Beachte**: Ausbreitung der Anästhesie hängt ab von Lagerung, Injektionsvolumen, Punktionsstelle; Volumenreduktion bei kleiner Körpergröße, höherer Punktionsstelle, erhöhtem intraabdominalen Druck (Adipositas, Gravidität, Tumor)
- Vermeide Husten, Pressen, Valsalva-Manöver!
- Bessere Ausbreitung durch rasche Injektion und Barbotage (auf 4–5 ml Gesamtvolumen)

Periduralanästhesie (PDA)

Kontraindikationen

- Die Kontraindikationen der Periduralanästhesie entsprechen denen der Spinalanästhesie, weil bei der PDA immer das Risiko der versehentlichen subarachnoidalen Punktion und Injektion besteht
- Ablehnung der Methode durch den Patienten
- Angeborene/erworbene Gerinnungsstörungen
- Antikoagulantientherapie (Ausnahme: präoperative Thromboseprophylaxe mit [unfraktioniertem] Low-dose-Heparin unter Kontrolle der Blutgerinnung)
- Hypovolämie, Schock
- Infektion im Bereich der Punktionsstelle
- Sepsis
- Hirndruck (bei Liquorverlust Gefahr der Hirnverlagerung mit Einklemmung)
- Darmperforation
- Neurologische Vorerkrankungen (Exazerbation könnte vom Laien der Regionalanästhesie zugeschrieben werden)
- Limitiertes Herzzeitvolumen (konstriktive Perikarditis, Aortenstenose, AV-Block III. Grades)
- Koronare Herzkrankheit, Vitium cordis, Zustand nach kürzlich abgelaufenem Infarkt
- Betablockertherapie, Therapie mit MAO-Hemmern
- Bestehende Rückenbeschwerden, Kopfschmerzen
- Deformitäten der Wirbelsäule
- Wirbelsäulenmetastasen, Bandscheibenvorfall

Komplikationen

- **Blutdruckabfall** (→ prophylaktische Volumengabe, Vasopressoren)
- Bradykardie (Sympathikolyse, Bainbridge-Reflex)
- Übelkeit, Erbrechen
- **Aufsteigende (hohe) Periduralanästhesie** (cave: Interkostallähmung; Nn. accelerantes: Th1–4; N. phrenicus: C4)
- Versehentliche Durapunktion
- Totale Spinalanästhesie nach akzidenteller Durapunktion
- Subdurale Katheterfehllage
- Versehentliche intravasale Injektion (cave: „Wanderung“ der Katheterspitze in ein peridurales Gefäß bei Nachinjektion möglich)
- Harnverhalt (**cave**: Prostatahypertrophie)
- Einseitige/inkomplette Anästhesie (problematische Segmente: L4/5, L5/S1)
- Epidurales Hämatom/Infektion
- Radikuläre Läsion
- Abbrechen der Kanüle
- Katheterabriß/-abscherung bei kontinuierlicher PDA (**cave**: niemals Katheter durch liegende Kanüle zurückziehen)

Merke

- Das Rückenmark (Conus medullaris) endet an der Untergrenze von L1, in Höhe von L1/L2 oder von L2; bei Kindern in Höhe von L3
- **Cave: anatomische Variationen**
- Orientierungshilfe: Die Verbindungslinie der beiden Darmbeinkämme schneidet die Interspinallinie meist in Höhe des Dornfortsatzes von L4 oder in Höhe von L4/5
- Distanz Haut/Ligamentum flavum = 4–5 cm (3–9 cm)
- Distanz Haut/Dura = 4–6 cm
- Distanz Ligamentum flavum/Dura = 3–6 mm
- Dermatom Th10 = Nabelhöhe
- Dermatom Th7 = Xiphoid

- Dermatom Th4 = Mamillenhöhe
- Nn. accelerantes = Th1–4
- N. phrenicus = C4
- Sympathische Blockade beginnt in der Regel 2–3 Segmente höher als sensorische Blockade
- **Unterscheidung von Liquor und periduraler Testlösung:**
  - Glukosetest (Glucostix) bei Liquor schwach positiv (cave: falsch- negative Ablesung bei hypoglykämischen Patienten!)
  - Liquor ist „warm“, Testlösung „kalt“ (Unterarminnenseite)

Technik

- Evtl. Vollelektrolytlösung vorinfundieren
- Streng aseptisches Vorgehen
- Punktion in Seitenlage („Katzenbuckel“) oder sitzend
- Orientierungslinie: Verbindung der Beckenkämme liegt in Höhe von L4 oder L4–5
- Medianer oder lateraler Zugang
- Markierung der Punktionsstelle
- Hautquaddel, Infiltrationsanästhesie
- Punktionskanüle mit Öffnung nach kranial bis zum Ligamentum flavum vorschieben (4–5 cm) → absoluter Injektionswiderstand
- Identifizierung des Periduralraums mittels Widerstandsverlustmethode (bei 18 G-Tuohy-Kanüle mit steriler Kochsalzlösung/bei 22 G-Kanüle mit Luft; bei dicht aufgesetzter Spritze)
- Abtropfen von Blut/Liquor?
- Sorgfältige Aspiration
- Injektion einer Testdosis (z.B. 3 ml Bupivacain 0,5% mit Adrenalin 1:200 000)
  - Zeichen einer intrathekalen Injektion?
  - Zeichen einer intravasalen Injektion?
  - **cave**: die Injektion einer Testdosis bietet keine absolute Sicherheit
- Nachinjektion des restlichen Lokalanästhetikums nach etwa 3 min
  - am besten langsam (10 ml/min)

  - beachte: Zeichen versehentlicher i.v.-Injektion (Taubheitsgefühl, Kribbeln der Zunge, Tinnitus, Benommenheit)

- **Katheter-PDA**
  - Durchgängigkeit des Katheters überprüfen
  - Katheter nicht zu weit einführen (cave: seitliche Abweichung, Perforation der Dura)
  - der Katheter soll 2–3 cm im Periduralraum liegen
  - beachte die aufgedruckten Distanzmarkierungen
  - manche Autoren halten ein Vorschieben der Katheterspitze in den Periduralraum bis auf 6 cm für optimal, da bei intravasaler oder unilateraler Fehllage durch Zurückziehen des Katheters oftmals noch eine korrekte Positionierung zu erzielen ist
  - cave: Katheter niemals durch die liegende Kanüle zurückziehen (Gefahr der Abscherung!)
- **Bewertung der motorischen Blockade** (nach *Bromage*)

  0: kein motorischer Block

  1: Unfähigkeit, das gestreckte Bein zu heben

  2: zusätzlich fehlende Kniebeugung

  3: zusätzlich fehlende Sprunggelenkbeugung

Dosierung

- **Faustregel:**

5 Jahre	→	0,5 ml/Segment
8 Jahre	→	0,7 ml/Segment
20 Jahre	→	1,5 ml/Segment
40 Jahre	→	1,4 ml/Segment
80 Jahre	→	0,8 ml/Segment

- Die Anästhesie breitet sich segmental nach kranial und kaudal aus
- **Dosiserhöhung** bei Injektion in sitzender Position, überlanger Körpergröße
- **Dosisreduktion** bei hohem Alter, geringer Körpergröße, erhöhtem intraabdominalen Druck (verminderter Periduralraum), Adipositas, Schwangerschaft (30%), thorakaler PDA (30–50%), Arteriosklerose
- Bei Katheter-PDA eher frühzeitig nachinjizieren (1/3–1/2 der Initialdosis) zur Vermeidung einer Tachyphylaxie

- Problematische Segmente mit dem Risiko einer inkompletten Blockade sind L5 und S1

Prilocain (z.B. Xylonest®)

- Konzentration zur operativen Analgesie: 1,5–2%
- Empfohlene Höchstdosis:
  - ohne Adrenalinzusatz 6 mg/kg (400 mg = 20 ml 2%ige Lösung)
  - mit Adrenalinzusatz 9 mg/kg (600 mg = 30 ml 2%ige Lösung)
- Latenzzeit: 7–8 min
- Vollständige Analgesie: 18–22 min
- Wirkungsdauer: 2 h (2,5–4 h mit Adrenalinzusatz)
- Gute motorische Blockade

Bupivacain (z.B. Carbostesin®)

- Konzentration zur operativen Analgesie: 0,5–0,75% (0,75% nicht bei Kindern oder in der Geburtshilfe)
- Empfohlene Höchstdosis:
  - ohne Adrenalinzusatz 2 mg/kg (150 mg = 30 ml 0,5%ige Lösung)
  - mit Adrenalinzusatz 2–[3] mg/kg (150-[225] mg = 30–[45] ml 0,5%ige Lösung)
- Latenzzeit: 6–8 min
- Vollständige Analgesie: 18–22 min
- Wirkungsdauer: 4–6 h (5–7 h bei 0,75%)
- Motorische Blockade: mäßig bei 0,5%, besser bei 0,75%
- Bupivacain-CO_2 (Bupivacain-Woelm® 0,5% CO_2)
  - verkürzte Latenzzeit, rasche Analgesie
  - beachte die Instabilität der Lösung

Etidocain (z.B. Dur-Anest®)

- Konzentration zur operativen Analgesie: 1%
- Empfohlene Höchstdosis:
  4 mg/kg (300 mg = 30 ml 1%ige Lösung)
- Latenzzeit: 4–6 min
- Vollständige Analgesie: 12–18 min
- Wirkungsdauer: 5–8 h
- Motorische Blockade: ausgeprägt
- Sensible Blockade nicht so sicher wie bei Bupivacain (für Eingriffe, bei denen eine motorische Blockade wünschenswert ist, kann z.B. eine Mischung von Etidocain 1% und Bupivacain 0,5% im Verhältnis 1:1 eingesetzt werden)

Ropivacain (z.B. Naropin®)

- Konzentration zur operativen Analgesie: 0,75–1% (1% nicht in der Geburtshilfe)
- Empfohlene Dosierung: 15–20–[25] ml
- Vollständige Analgesie: 10–20 min
- Wirkdauer: 3–5 h [4–6 h bei 1%]

Periphere Leitungsanästhesie

Axilläre Blockade des Plexus brachialis

Indikationen

- Eingriffe an Hand, Unterarm, Ellenbogenbereich
- Anästhesie im Bereich des N. radialis evtl. erst verzögert, nicht selten problematisch im Innervationsgebiet des N. musculocutaneus
- Der subaxilläre Block ist das Standardverfahren der Plexusanästhesie

Kontraindikationen

- Ablehnung der Methode durch den Patienten
- Pyodermie
- Lymphknotenschwellung im Punktionsbereich (aktive Infektion, maligner Prozeß)
- Sepsis
- Lokale Nervenschädigung
- Systemische Nervenkrankheiten (Multiple Sklerose, Polyneuropathie)
- Kompressionssyndrom des Arms (Halsrippe in 1%; Verdachtsdiagnose: Brachialgie bei ausgeschlossener HWS-Osteochondrose)
- Hämorrhagische Diathese
- Allergie gegenüber Lokalanästhetika
- Nicht abduzierbarer Arm

Komplikationen

- Intravasale Injektion
- Nervenschädigung, vor allem im Innervationsgebiet des N. ulnaris oder N. medianus bei Verwendung scharf geschliffener Kanülen. Vor Versorgung frischer Verletzungen in Plexusanästhesie neurologischen Status dokumentieren
- Hämatom bei Punktion der A. axillaris (Risiko der mechanischen Nervenschädigung; deshalb mindestens 5 min lang komprimieren)
- Allergische/toxische Reaktion auf das Lokalanästhetikum
- Reaktion auf Vasokonstriktorzusatz

Merke

- **N. medianus**
  - radial (lateral) der A. axillaris gelegen
  - sensible Versorgung: Hohlhand, Fingerspitzen
- **N. ulnaris**
  - ulnar (medial) der A. axillaris gelegen
  - sensible Versorgung: ulnare Anteile der Hand (volar und dorsal)
- **N. radialis**
  - dorsal der A. axillaris gelegen
  - sensible Versorgung: Dorsalfläche von Oberarm, Ellenbogengelenk und Unterarm, radiale Hälfte des Handrückens
- **N. intercostobrachialis** und **N. cutaneus brachii medialis** (aus dem medialen Faszikel) versorgen den medialen Oberarm
- **N. cutaneus brachii lateralis** (aus dem N. axillaris) versorgt die Haut über dem M. deltoideus
- **N. cutaneus antebrachii medialis** (aus dem medialen Bündel des Plexus brachialis) versorgt den ulnaren Unterarm
- **N. cutaneus antebrachii lateralis** (sensibler Endast des **N. musculocutaneus**) versorgt die radiale Seite des Unterarms. Der N. musculocutaneus verläßt den lateralen Faszikel sehr früh und ist schwer zu erreichen
- **Motorische** Funktion der Armnerven
  - N. axillaris: Abduktion des Armes
  - N. musculocutaneus: Beugung des Ellenbogens in Supination

– N. radialis: Strecken von Ellenbogen, Hand, Fingern
– N. medianus: Pronation Unterarm, Beugung der Hand, Abspreizen des Daumens
– N. ulnaris: Ulnarflexion der Hand, Beugung des 3. und 4. Fingers, Spreizen der Finger

Technik

- Oberarm um 90° abduzieren, gebeugter Ellenbogen; A. axillaris palpieren
- Steriles Vorgehen
- Hautquaddel
- **Single-shot-Technik** mit kurz angeschliffener „stumpfer" Kanüle oder **kontinuierliche Technik** mit Kunststoffverweilkanüle oder Katheter
- Einsatz eines **Nervenstimulators** empfohlen
- Einstich möglichst hoch in der Axilla in Richtung auf die Gefäßnervenscheide (ca. 30° zur Haut). Kanüle parallel und lateral (radial) der A. axillaris vorschieben
- Widerstandsverlust („Knacks") nach Durchdringen der Fascia axillaris zeigt Eintritt in die Gefäßnervenscheide
- Beachte die relativ oberflächliche Lage des Plexus brachialis (1,5–3,5 cm)
- „Immobile Kanüle" (Verlängerungsschlauch, Aspiration und Injektion durch Hilfsperson)
- Bei korrekter Lage der Kanüle führt die Injektion von 4–5 ml kaltem NaCl 0,9% zu thermischen Parästhesien
- Während der Injektion distale digitale Kompression, damit sich das Lokalanästhetikum nach proximal ausbreitet (N. musculocutaneus wird besser erreicht)
- Bei kontinuierlicher Technik Katheter innerhalb der Faszienloge bis tief in die Axilla vorschieben; Nachinjektion augmentiert die Blockade
- **N. intercostobrachialis und N. cutaneus brachii medialis** können zusätzlich durch halbringförmige subkutane Infiltration (ca. 5 ml) in der Achselhöhle dorsal der A. axillaris anästhesiert werden (wichtig bei Verwendung einer Staumanschette)
- Bei unzureichender Anästhesie des **N. musculocutaneus** (N. cutaneus antebrachii lateralis) → nachträgliche Blockade des Haut-

astes durch Injektion von ca. 5 ml Lokalanästhetikum in den M. coracobrachialis in der Axilla direkt vor der Gefäßnervenscheide

- Der **N. radialis** kann auch am Ellenbogengelenk blockiert werden: Einstechen der Kanüle radial (lateral) der Bizepssehne; Vorschieben nach kranial und medial gerichtet bis zum Kontakt mit dem Condylus lateralis humeri; beim Zurückziehen der Kanüle fächerförmige Injektion von 5–7 ml Lokalanästhetikum
- Volle Ausbreitung des Blocks in etwa 30–45 min

Dosierung

- Infiltrationsmenge: **40–50 ml** beim Erwachsenen
- **Cave**: akzidentelle intravasale Injektion
- Bupivacain (z.B. Carbostesin®) 0,25%: 100–125 mg (Analgesie etwa 10–16 h; beachte: die lange Wirkdauer kann eine postoperative Beurteilung erschweren!)
- Lidocain (z.B. Xylocain®) 1%: 400–500 mg mit Vasokonstriktorzusatz beim Erwachsenen
- Mepivacain (z.B. Scandicain®) 1%: 400–500 mg mit Vasokonstriktorzusatz beim Erwachsenen
- Prilocain (z.B. Xylonest®) 1%: 400–500 mg mit Vasokonstriktorzusatz beim Erwachsenen (aufgrund des Potentials zur Met-Hb-Bildung nicht zur wiederholten Nachinjektion geeignet)
- Günstig im Hinblick auf Latenzzeit, Analgesiedauer, Analgesiequalität: Kombination von Bupivacain 0,5% + Prilocain 1% im Verhältnis 1:1

Cave

- Intraneurale Injektion (Kanüle nach Auslösen von Parästhesien 1 mm zurückziehen [Parästhesien sollten falls möglich nicht gezielt ausgelöst werden])
- Bei **Niereninsuffizienz** raschere Resorption des Lokalanästhetikums (erhöhte Toxizität, verkürzte Wirkdauer) → am besten kontinuierliche Plexusanästhesie (primär niedriger dosieren, anschließend nach Bedarf nachinjizieren)

Interskalenusblockade des Plexus brachialis

Kontraindikationen

- Ablehnung der Methode durch den Patienten
- Pyodermie im Punktionsbereich
- Sepsis
- Hämorrhagische Diathese
- Kontralaterale Phrenikusparese
- Kompressionssyndrom des Arms (Halsrippe in ca. 1%; Verdachtsdiagnose: Brachialgie bei ausgeschlossener HWS-Osteochondrose)
- Lokale Nervenschädigungen
- Systemische Nervenkrankheiten (Multiple Sklerose, Polyneuropathie)
- Allergie gegen Lokalanästhetika

Komplikationen

- Hohe Periduralanästhesie
- **Totale Spinalanästhesie** (sehr selten; sofort erkennbar)
- Phrenikusparese (relativ häufig)
- Rekurrensparese
- Horner-Syndrom
- Punktion der A. vertebralis
- Plexusschädigung (vor allem bei Verwendung scharf geschliffener Kanülen)
- Allergische/toxische Reaktion auf das Lokalanästhetikum
- Reaktion auf Vasokonstriktorzusatz

Technik

- Hintere Skalenuslücke in Höhe von Ringknorpel oder Tuberculum caroticum (C6) aufsuchen
  - abgewandten Kopf anheben lassen

  - lateral des M. sternocleidomastoideus den M. scalenus anterior tasten
  - nach dorsal „fällt" man in die vom M. scalenus medius begrenzte Lücke
- Steriles Vorgehen
- Hautquaddel; kurzgeschliffene 3–4 cm lange 22 G-Kanüle
- **Nervenstimulator** empfohlen
- Einstichrichtung: von der Skalenuslücke senkrecht zur Haut nach medial, kaudal und dorsal
- Bei Knochenkontakt mit dem Querfortsatz neu stechen
- Aspirieren (Blut? Liquor?)
- „Immobile Nadel" (Verlängerungsschlauch, Injektion durch Hilfsperson)
- Dosierung: 30–40 ml Lokalanästhetikum
  - z.B. 1–1,5% Lidocain (z.B. Xylocain®)
  - z.B. 0,25–0,5% Bupivacain (z.B. Carbostesin®)
  - mit Vasokonstriktorzusatz

Cave

- Beidseitige Blockade
- Intraneurale Injektion
- Verminderte Dosierung bei niereninsuffizienten Patienten

Praxis

- Bei mangelhafter Blockade des N. ulnaris → zusätzlich Ulnarisblock
- Bei mangelhafter Blockade des N. cutaneus brachii medialis → subaxillärer Wall

Handblock

Indikationen

- Operationen im Handbereich
- Supplementierend bei inkompletter Plexusanästhesie

Ulnarisblock

- Sensible Versorgung: ulnare Anteile der Hand (volar und dorsal)
- Einstechen der 25 G-Kanüle am Handgelenk ulnar der A. ulnaris zwischen Arterie und Sehne des M. flexor carpi ulnaris zum Processus styloideus, Injektion von 3–5 ml Lokalanästhetikum

Radialisblock

- Sensible Versorgung: radiale Hälfte des Handrückens (Ausnahme: der vom N. ulnaris versorgte ulnare Bereich)
- Direkt oberhalb des Handgelenks werden 3–5 ml Lokalanästhetikum lateral der A. radialis injiziert
- Zusätzlich ringförmige subkutane Infiltration mit Lokalanästhetikum bis zur Tabatière, um auch die dorsalen Anteile des N. radialis zu anästhesieren

Medianusblock

- Sensible Versorgung: Hohlhand (Ausnahme: der vom N. ulnaris versorgte ulnare Bereich), Fingerspitzen
- Identifikation der Sehnen des M. flexor palmaris longus und des M. flexor carpi radialis durch Beugen des Handgelenks
- Vorschieben der Kanüle zwischen die beiden Sehnen durch die tiefe Faszie und Injektion von 3–5 ml Lokalanästhetikum

Intravenöse Regionalanästhesie (IVRA)

Indikationen

- Extremitäteneingriffe in **Blutleere** bis maximal 2 h
- **Absprache mit dem Operateur erforderlich**

Kontraindikationen

- Ablehnung der Methode durch den Patienten
- Lokale Infektion
- Durchblutungsstörungen (Arteriosklerose; diabetische Angiopathie)
- Periphere Nervenschädigung
- Dauer des Eingriffs länger als 90 min
- Intraoperative Aufhebung der Blutleere geplant
- Allergie auf Lokalanästhetika

Technik

- Übliches Monitoring, sicherer venöser Zugang am anderen Arm
- Venenverweilkanüle an der zu operierenden Extremität legen, abstöpseln
- Mit Esmarch-Binde Blutleere herstellen
- Doppelmanschette anlegen; proximale Manschette aufblasen; Esmarch-Binde entfernen
- **Manschettendruck** mindestens 50 mm Hg höher als systolischer Blutdruck
  - Arm 300 mm Hg
  - Bein 500 mm Hg
- Lokalanästhetikum in die blutleere Extremität injizieren
- Nach 15–20 min kann die distale Manschette aufgeblasen und anschließend die proximale abgelassen werden

Dosierung

- Obere Extremität:
  40–60 ml 0,5% Lidocain (z.B. Xylocain®)
  40–60 ml 0,5% Prilocain (z.B. Xylonest®)
- Untere Extremität:
  60–80 ml 0,5% Lidocain/Prilocain
- Anschlagzeit: durchschnittlich 8 min
- Bei Kindern 2,5–4 mg/kg Lidocain 0,5% (z.B. Xylocain®)
- Cave: Met-Hb-Bildung bei 600 mg Prilocain bis 10%
- **Beachte: kein Vasokonstriktorzusatz!**

Cave

- Ablassen der Staumanschette frühestens 30 min nach Injektion des Lokalanästhetikums (Risiko toxischer Reaktionen: Höhe des LA-Blutspiegels umgekehrt proportional der Dauer der Blutleere)
- Postoperativ Manschettendruck langsam (2–3 min) ablassen
- Nach Anästhesieende Patienten wenigstens 30 min überwachen (biphasischer Lokalanästhetikum-Blutspiegelverlauf)

3-in-1-Block

Indikationen

- Analgesie umfaßt Vorderseite von Ober- und Unterschenkel, mediale und laterale Seite des Oberschenkels (**N. femoralis, N. cutaneus femoris lateralis, N. obturatorius**)

Technik

- Patient in Rückenlage, Anästhesist steht auf der kontralateralen Seite
- Punktionsstelle liegt 1–1,5 cm unterhalb des Leistenbandes, lateral der A. femoralis (IVAN = **I**nnen, **V**ene, **A**rterie, **N**erv)
- Nervenstimulator einsetzen
- Steriles Vorgehen
- Hautquaddel
- 3–5 cm lange 22 G-Kanüle in leicht kranialer Richtung ca. 1,5–2,5 cm vorschieben
- Nach Auftreten von Parästhesien liegt die Kanülenspitze sicher in der Nervenscheide. Technik der „**immobilen Nadel**" mit Verlängerungsschlauch und Aspiration (!) und Injektion durch Hilfsperson
- Während der Injektion distale digitale Kompression, damit sich das Lokalanästhetikum nach proximal ausbreitet

Dosierung

- Prilocain (z.B. Xylonest®) 1% 30 ml
- Bupivacain (z.B. Carbostesin®) 0,375%-0,5% 20–30 ml
- Etidocain (z.B. Dur-Anest®) 1% 30 ml

Ischiadikusblockade

Indikationen

- In Kombination mit 3-in-1-Block für Eingriffe an der unteren Extremität
- Eingriffe am Unterschenkel und Fuß mit Ausnahme der medialen Anteile

Technik

- Lagerung des Patienten auf der gegenüberliegenden Seite, 20–30° Beugung im Hüftgelenk. Knie rechtwinklig gebeugt
- Orientierung: Verbindungslinie von Spina iliaca posterior superior und Trochanter major halbieren; Punktionsstelle liegt etwa 3–5 cm senkrecht dazu in kaudaler/medialer Richtung
- Nervenstimulator einsetzen (bessere Lokalisierung des Nerven, höhere Erfolgsquote)
- Steriles Vorgehen
- Hautquaddel
- 7–10 cm lange 22 G-Kanüle senkrecht zur Haut unter vorsichtigem Infiltrieren 5–8 cm bis zum Auftreten von Parästhesien langsam vorschieben (Technik der **„immobilen Nadel"** mit Verlängerungsschlauch und Aspiration/Injektion durch Hilfsperson)

Dosierung

- Prilocain (z.B. Xylonest®) 1% 20–30 ml
- Bupivacain (z.B. Carbostesin®) 0,375% 20–30 ml

Cave

- Bei kombinierter Ischiadikusblockade mit 3-in-1-Block Maximaldosierungen der Lokalanästhetika beachten!

Fußblock

Indikationen

- Eingriffe an Zehen, Fußsohle oder Fußrücken ohne Blutsperre
- Besonders geeignet bei Zehenamputationen

Kontraindikationen

- Infektion im Injektionsbereich
- Hämorrhagische Diathese
- Beachte: Maximaldosis des eingesetzten Lokalanästhetikums

Merke

- Die sensible Versorgung des Fußes erfolgt durch 5 Nerven
- **N. tibialis**: distale Fußsohle und medialer Fußrand
- **N. saphenus**: medialer Fußrand
- **N. peronaeus superficialis**: Fußrücken mit dorsalem Bereich der Zehen (Ausnahme: die dorsalen, einander zugewandten Seiten der 1. und 2. Zehe sowie die laterale Seite der 5. Zehe)
- **N. peronaeus profundus**: einander zugewandte Seiten der 1. und 2. Zehe
- **N. suralis**: lateraler Fußrand bis zur Kleinzehe

Technik

- Patient in Rückenlage, ggf. auch Bauchlage oder sitzende Position
- Steriles Procedere
- Blockade der Nerven entsprechend der Lokalisation des Eingriffs
- Als Lokalanästhetikum wird oft 0,5–1% Prilocain (z.B. Xylonest®) oder 0,5–1% Lidocain (z.B. Xylocain®) empfohlen
- Latenzzeit: 5 bis 30 min

- Beachte: Maximaldosis des eingesetzten Lokalanästhetikums (entsprechend 500 mg bzw. 8 mg/kg bei mittellang wirksamem Lokalanästhetikum vom Amidtyp)
- Bei Patienten mit Gefäßerkrankungen kein Adrenalinzusatz zum Lokalanästhetikum

Tibialisblock

- Sensible Versorgung: vordere **Fußsohle** und medialer Fußrand
- Bevorzugt in Bauchlage, aber auch in sitzender Position oder Rückenlage mit Außenrotation des Fußes
- Bei tastbarer A. tibialis: Hautquaddel hinter der Arterie in Höhe des Innenknöchels
- Bei nicht tastbarer A. tibialis: Hautquaddel vor der Achillessehne in Höhe des Innenknöchels
- Einführen einer dünnen Kanüle (25/26 G) senkrecht zur Haut auf die Tibia zu
- Nach Auslösen von Parästhesien Injektion von 5–10 ml Lokalanästhetikum nach negativer Aspiration
- Falls keine Parästhesien ausgelöst werden können, Vorschieben der Kanüle bis zum Knochenkontakt mit der Tibia und Injektion von 10–12 ml Lokalanästhetikum unter Zurückziehen der Kanüle um etwa 1 cm

Suralisblock

- Hautnerv: **lateraler Fußrand** bis zur Kleinzehe
- Blockade durch subkutanen Hautwall zwischen Achillessehne und Außenknöchel
- 5–10 ml Lokalanästhetikum
- Alternative: Kombinierte Blockade des N. suralis und des N. peroneus superficialis durch subkutanen Wall von der Tibiavorderkante bis zur Achillessehne, etwa eine Handbreit oberhalb des Außenknöchels (mit 10–20 ml Lokalanästhetikum)

Peronaeus superficialis-Block

- Sensible Versorgung: **Fußrücken** (Ausnahme: erster Interdigitalraum [N. peronaeus profundus], lateraler Fußrand [N. suralis] und evtl. medialer Fußrand [N. saphenus])
- Subkutaner Wall zwischen Tibiavorderkante und Außenknöchel (5–10 ml Lokalanästhetikum)
- Alternative: Kombinierte Blockade des N. peronaeus superficialis und des N. suralis durch subkutanen Wall von der Tibiavorderkante bis zur Achillessehne, etwa eine Handbreit oberhalb des Außenknöchels (mit 10–20 ml Lokalanästhetikum)

Peronaeus profundus-Block

- Sensible Versorgung: **erster Interdigitalraum** am Fußrücken bis zur Fußsohle
- Punktion mit dünner Nadel (25/26 G) am distalen Unterschenkel direkt oberhalb der Knöchel zwischen der lateral gelegenen Sehne des M. extensor hallucis longus und der medial gelegenen Sehne des M. tibialis anterior (medial der Arterie)
- Vorschieben der Kanüle bis zum Knochenkontakt und Injektion von 5–10 ml Lokalanästhetikum unter leichtem Zurückziehen der Kanüle (nach negativer Aspiration)
- Alternative: Injektion von 2–3 ml Lokalanästhetikum medial und lateral der A. dorsalis pedis am proximalen Fußrücken

Saphenusblock

- Sensible Versorgung: **medialer Fußrücken**
- Subkutaner Hautwall um die V. saphena magna direkt oberhalb des Innenknöchels mit 5–10 ml Lokalanästhetikum (cave: versehentliche intravasale Injektion)

Kinderanästhesie

Beachte: Ein Kind ist kein kleiner Erwachsener
Ein Neugeborenes ist kein kleines Kind

Physiologische Besonderheiten bei Neugeborenen und Kleinkindern

Besonderheiten des Respirationstraktes

- Enge Nasenpassage (Säuglinge sind Nasenatmer!)
- Relativ große Zunge
- Kehlkopf steht höher als beim Erwachsenen
- U-förmige, relativ lange, steife Epiglottis → gerader Spatel zur Intubation empfohlen
- Engste Stelle des Luftweges ist der **Ringknorpel** (subglottisch), nicht die Glottis wie bei Erwachsenen (**Cave**: zu großer Tubus)
- Kurze Trachea (4 cm beim Neugeborenen)
- Relativ kleiner Tracheadurchmesser (4–5 mm beim Neugeborenen), bei Verminderung enormer Anstieg des Atemwiderstandes
- Endobronchiale Intubation ist links und rechts möglich
- Beachte: Disposition zur **Atemwegobstruktion** (enge Passage, Glottisödem, subglottisches Ödem)
- **Geringe Hypoxietoleranz** (Gründe: kleinere funktionelle Residualkapazität mit entsprechend schlechter „Pufferfunktion“ und relativ hoher Sauerstoffverbrauch)
- **Cave: Hypoxämie** bewirkt
  - Bradykardie
  - systemische und pulmonale Vasokonstriktion
  - Herzzeitvolumenabnahme (Cave: Herz-Kreislauf-Stillstand)

- Höhere Stoffwechselrate als beim Erwachsenen
  - **höherer O_2-Verbrauch** (8 ml/kg/min)
  - 2- bis 3mal so große alveoläre Ventilation pro kg KG
- Totraum VD = 2 ml/kg KG
- Atemzugvolumen VT = 3 x VD = 6–7 ml/kg KG
- Atemfrequenz Neugeborenes f = 30–50/min
- Atemminutenvolumen AMV = VT x f (Faustregel: 100–150 ml/kg)
- PaO_2 bei Neugeborenen 60–70 mm Hg

Besonderheiten des kardiovaskulären Systems

- Nach Geburt Umstellung von fetalem auf Erwachsenenkreislauf
  - Abnahme des pulmonalen Gefäßwiderstands bei Ventilation der Lungen
  - Shuntumkehr im Ductus arteriosus Botalli
  - Verschluß von Ductus und Foramen ovale
- **Cave**: Bei Hypoxie (→ hypoxische pulmonale Vasokonstriktion [HPV]) kann es in der frühen neonatalen Phase zu Wiedereröffnung des Ductus mit Rechts-Links-Shunt und konsekutiver Verschlechterung der Hypoxämie kommen (persistierende fetale Zirkulation [PFC])
- Herzzeitvolumen (ml/kg) 2–3mal höher als beim Erwachsenen; Schlagvolumen bei Neugeborenen etwa 5 ml
- Herzzeitvolumen ist hauptsächlich frequenzabhängig (limitierte Ventrikelcompliance)
  - bei Säuglingen jede Bradykardie sofort behandeln (Atropin 6–10 µg/kg)
  - **Beachte:** die kindliche Bradykardie ist oft Ausdruck einer **Hypoxämie** → O_2, Beatmung!
- Eingeschränkte Reaktionsfähigkeit der Kapazitätsgefäße → **Volumenverluste** (Blutung, Dehydratation) und Volumenüberladung (Überinfusion) werden extrem schlecht toleriert
- **Systolischer Blutdruck** ist guter Anhaltspunkt für das zirkulierende Blutvolumen sowie brauchbarer Parameter für adäquaten Volumenersatz
- Sinusarrhythmie bei Kindern häufig

- Normale Herzfrequenz (pro min)

Neugeborenes	120 (100–180 postnatal)
2 Jahre	110
4 Jahre	100
8 Jahre	90

- Systemischer Blutdruck (mm Hg)

Neugeborenes	70/45
1 Jahr	80/60
6 Jahre	90/60
10 Jahre	100/65
16 Jahre	120/75

Besonderheiten des Wasser-Elektrolyt-Haushaltes

- Extrazellulärvolumen des Neugeborenen (EZR = 40% KG) doppelt so groß wie beim Erwachsenen (EZR = 20% KG)
- Höheres Gesamtkörperwasser und höherer Wasserumsatz als beim Erwachsenen
- **Eingeschränkte Nierenfunktion**
  - beschränkte Fähigkeit zur Ausscheidung von überschüssigem Wasser und Natrium
  - Ödemrisiko, vor allem bei Neugeborenen
  - relative Unfähigkeit zur Urinkonzentration und Wasserkonservierung
  - rasche Dehydratation bei Flüssigkeitsverlusten oder Flüssigkeitsrestriktion
- Vor allem bei Neugeborenen Tendenz zu **Hypoglykämie** und metabolischer Azidose
- Täglicher Kohlenhydratbedarf
  - bei Neugeborenen 5–10 g Glukose/kg
  - bei Kleinkindern 3– 6 g Glukose/kg
- Trägerlösung zur Aufrechterhaltung ausreichender Blutzuckerspiegel
  - bei Säuglingen und Kleinkindern 5%ige Glukoselösung
  - bei Frühgeborenen 10%ige Glukoselösung

- Mindesturinmenge für Kinder
  - 40–50 ml/kg/24 h
  - 2 ml/kg/h
- Beachte: Wasserverlust durch **Perspiratio insensibilis**
  - Anhaltspunkt: 30– 40 ml/kg/24 h
  - erhöht bei Fieber

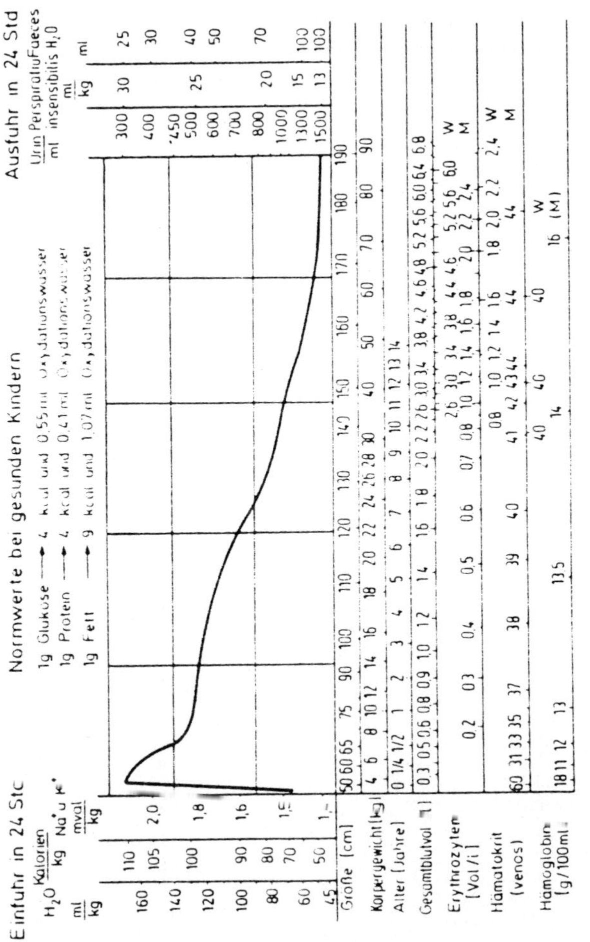

Aberdeen-Schema für den Wasser- und Elektrolytbedarf unter normalen Bedingungen

West-Nomogramm zur Bestimmung der Körperoberfläche (KOF)

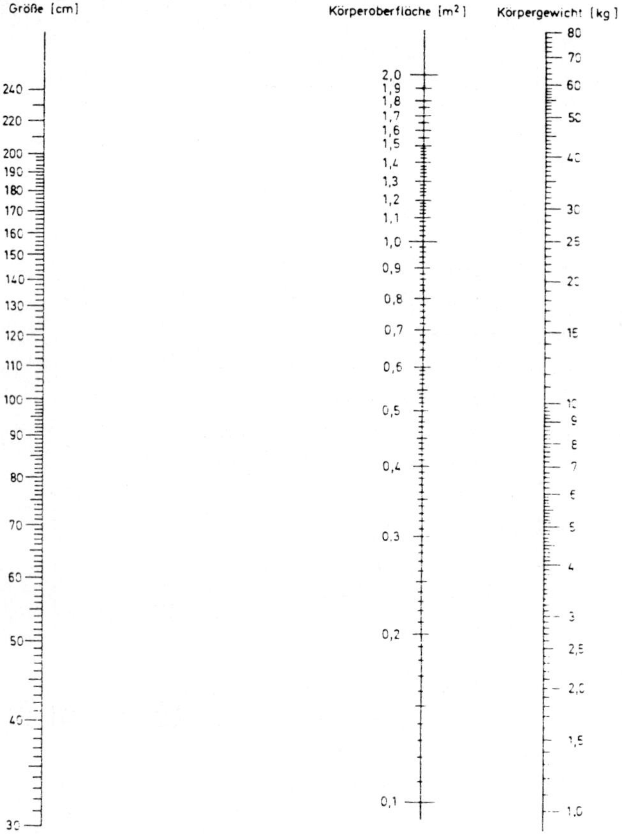

Besonderheiten des Wärmehaushaltes

- Relativ große Körperoberfläche, dünne subkutane Fettschicht → Prädisposition für Wärmeverluste (Strahlung, Verdunstung, Leitung)
- Temperaturregulation bei Neugeborenen mangelhaft
- Gefahr der **raschen Auskühlung**
  - erhöhter O_2-Verbrauch
  - Herzrhythmusstörungen, Kreislaufdepression
  - Hypoglykämie, metabolische Azidose
  - erhöhte Morbidität und Mortalität
- Cave: **Wärmeverluste** durch
  - kühle Umgebung („normale" OP-Temperatur)
  - Infusion kalter Lösungen
  - narkosebedingte Aufhebung der Kältegegenregulation
  - Exposition von Eingeweiden
  - Vasodilatation, Verdunstung von Schweiß
- **Temperaturanstieg** während Narkose durch
  - Atropin
  - Dehydratation
  - Fieber
  - erhöhte Raumtemperatur
  - übermäßiges Abdecken mit Tüchern
  - Funktionsstörung einer Wärmedecke
  - Hypoventilation, Hyperkapnie
  - **Maligne Hyperthermie (Cave: Spätzeichen!)**
- **Prophylaxe intraoperativer Wärmeverluste**
  - Temperatursonde (rektal/Ösophagus)
  - Aufheizen des Operationssaales (24–30 °C)
  - Lagerung auf Wärmedecke/Einschlagen in Folie
  - Atemgase/Infusionslösungen/Transfusionen anwärmen
  - Hautdesinfektion mit vorgewärmter Lösung
  - Heizstrahler (Infrarot): vorsichtige Anwendung!
  - Warmluftapplikation

Intubation und Beatmung

Indikationen zur Intubation

- Risikokinder
- Kind nicht nüchtern
- Eingriff länger als 30 min
- Eingriff im Kopfbereich
- Intraabdominale/intrathorakale OP
- Seiten-/Bauchlagerung
- Relaxierung erforderlich

Technik

- Kopf in „Schnüffelstellung", ggf. gepolsterter Kopfring, Kopf eher leicht beugen
- Auf lose Zähne achten
- Bei Säuglingen und Kleinkindern wird ein gerader Laryngoskopspatel (z.B. Miller) empfohlen
- Beachte: engster Abschnitt des Luftweges ist nicht die Stimmritze, sondern die **subglottische** Region
  - Tubus nie mit Gewalt über die Glottis vorschieben
  - Cave: Schleimhautschädigungen, subglottisches Ödem
- Bei Kleinkindern Tubus ohne Blockmanschette (bei Bedarf Pharynxtamponade)
- Nasotracheale Intubation nur bei besonderer Indikation
  - z.B. Nachbeatmung, kieferchirurgische Eingriffe
  - Cave: adenoidale Blutungen, Einbringen von Schleim oder Gewebeteilen in das Trachealsystem, Obstruktionsrisiko
- Immer mehrere Tubusgrößen bereitlegen; im Zweifel kleineren Tubus einführen
- Tubus bei Kleinkindern nicht mit Lokalanästhetikum-Gel, sondern mit steriler Kochsalzlösung lubrifizieren
- **Merke**: Der anatomische Totraum wird durch Intubation halbiert

Tubusgröße und Einführtiefe

- Faustregel: Tubusgröße entspricht der Dicke des kleinen Fingers
- Faustregeln: **Tubusgröße (ab 2 Jahren)**
  Innendurchmesser ID (mm) = 4,0 + Alter (Jahre)/4
  Charrière (Ch) = 18 + Alter (Jahre)

- **Richtwerte für Größe und Länge endotrachealer Tuben**

	Durchmesser		Länge ab Zahnreihe (cm)	
	ID (mm)	Ch	oral	nasal
Frühgeborene	2,5–3,0	12–14	8–10	9–11
Neugeborene	3,0–3,5	14–16	10–11	11–13
1 Jahr	4,0	18	13	15
2 Jahre	4,5	20	14	16
4 Jahre	5,0	22	15	17
6 Jahre	5,5	24	17	19
8 Jahre	6,0	26	19	21
10 Jahre	6,5	28	20	22
12 Jahre	7,0	30	21	22
14 Jahre	7,5	32	22	23

- Umrechnung ID (mm) in Charrière: Ch = 2 + 4 x ID (mm)
- Faustregel: **Einführtiefe Tubus bei Neugeborenen**
  – 8 cm + 1 cm/kg KG
  – (bei 3 kg = 10–11 cm ab Zahnleiste)
- Faustregel: **Einführtiefe Tubus bei Kleinkindern und Kindern**
  – orotracheal = 12 cm + Alter (Jahre)/2
  – nasotracheal = 15 cm + Alter (Jahre)/2

Monitoring der Beatmung

- Seitengleiche Thoraxexkursion
- Präkordiales Stethoskop
- Farbe von Haut und Schleimhäuten
- Pulsoximetrie (SpO_2)
- Kapnometrie ($PECO_2$)
  - endexspiratorischer CO_2 ($PECO_2$) als Maß des $PaCO_2$
  - arterio-endexspiratorische CO_2-Differenz bei kardial und pulmonal gesunden Kindern: $aEDCO_2$ = 2– 4 mm Hg
  - bei Nebenstromkapnometrie abgesaugtes Gasvolumen beachten (ca. 50–150 ml/min)
- Beatmungsdrücke (Spitzendruck, Plateaudruck, endexspiratorischer Druck)
- Volumina (Frischgasflow, Spirometermonitoring [beachte: **kompressibles Volumen**!])
- Blutgasanalyse (kapillär aus Fingerbeere oder Ferse, A. radialis)
  - $PaCO_2$ = Kriterium der alveolären Ventilation
  - $PaCO_2$ bei Neugeborenen und Säuglingen 32–36 mm Hg
- Transkutanes O_2- und CO_2-Monitoring

Kinder-Masken (Rendell-Baker)

• Frühgeborene	Größe 0	Totraum: 2 ml
• Neugeborene	Größe 1	Totraum: 4 ml
• 1–3 Jahre	Größe 2	Totraum: 8 ml
• 4–8 Jahre	Größe 3	Totraum: 15 ml

Larynxmasken

Größe	Alter	Gewicht	Cuff
1	Neugeborene/Säuglinge	bis 6,5 kg	3 ml
2	Kleinkinder	6,5 bis 12 kg	10 ml
2,5	Kinder	12 bis 25 kg	15 ml
3	Kinder/kleine Erwachsene		20 ml

Beatmungssysteme

- Ventilfreie Nicht-Rückatmungssysteme (z.B. Kuhn-System)
  - für Säuglinge und Kleinkinder bis 15 kg
  - Frischgasflow = 2–3 x Atemminutenvolumen
- Kinder-Kreissysteme für Säuglinge und Kinder bis 30 kg
- Erwachsenen-Kreissysteme für Kinder ab 3. Lebensjahr möglich
- Nachteile der Erwachsenen-Kreissysteme
  - großer Totraum
  - höheres Kompressionsvolumen
  - erhöhter Atemwiderstand (Cave: erhöhte Atemarbeit bei Spontanatmung!)
- Vorteile der Kreissysteme sind ausreichender Feuchtigkeitsgehalt der Inspirationsluft und geringerer Wärmeverlust
- Bei Nicht-Rückatmungssystemen (z.B. Servo-Ventilator) ist Anwärmung und Befeuchtung der Atemgase durch Luftfeuchtigkeitskondensator („künstliche Nase") möglich
- **Reservoirbeutel**

  Neugeborene: 500 ml

  1–3 Jahre: 1000 ml

  ältere Kinder: 2000 ml

Respiratoreinstellung

- Faustregel: **Spontanatmung**
  - Atemvolumen: 6 ml/kg
  - Totraum: 2 ml/kg
  - Atemminutenvolumen: 150 ml/kg
- **Faustregel: Beatmungsvolumen/min**

  AMV = 150 ml/kg + kompressibles Volumen
- **Beatmungsfrequenz**

  Neugeborene: 30–50 pro min

  Kleinkinder: 20–30 pro min

  Schulkinder: 15–20 pro min

- **Kompressibles Volumen**
  - Kompressionsvolumen ist apparatespezifisch
  - spezielle Kinderrespiratoren haben in der Regel ein geringes Kompressionsvolumen (Voraussetzung: normale Lungenfunktion, freie Atemwege)
  - **Compliance** = kompressibles Volumen/mbar: apparatespezifisch zwischen 1– 4 ml/mbar
  - **Kompressionsvolumen** (ml/min) = Compliance (ml/mbar) x Ventilationsfrequenz x Plateaudruck (mbar)
- **Beachte**: Bei Früh- und Neugeborenen beträgt das Kompressionsvolumen (= Kompressionsverlust) u.U. ein Mehrfaches (!) des eigentlichen Ventilationsvolumens (hoher Beatmungsdruck, kleines Atemzugvolumen)

Radford-Nomogramm

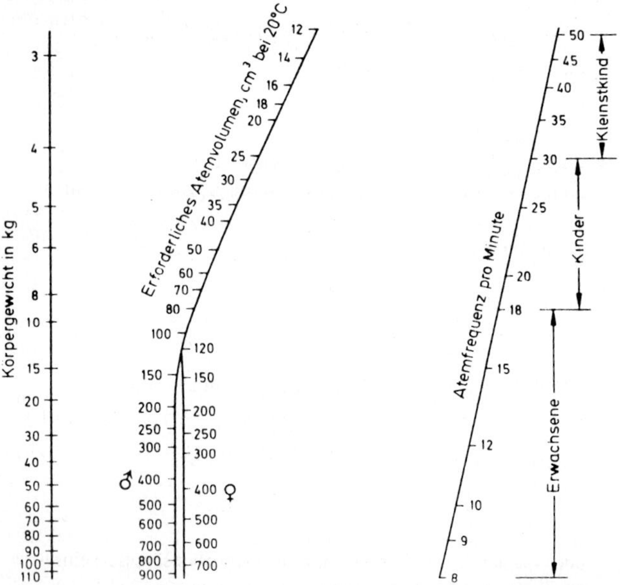

Infusionstherapie

- **Täglicher Wasser- und Elektrolytbedarf**

	H_2O (ml/kg KG)	Na^+ (mmol/kg KG)	K^+ (mmol/kg KG)
Frühgeborene (1000 g)	bis zu 200	3,0	2,0–2,5
Neugeborene (2,5–4,0 kg)	bis zu 150	1,5–2,0	2,0
4–10 kg	100–120	2,0–2,5	2,0–2,5
10–20 kg	80–100	1,6–2,0	1,6–2,0
20–40 kg	60–80	1,2–1,6	1,2–1,6

- **Faustregel**: Normaler Flüssigkeitsbedarf (Basisbedarf)
  für die ersten 10 kg: 4 ml/kg/h
  für die zweiten 10 kg: 2 ml/kg/h
  für jedes kg über 20 kg: 1 ml/kg/h
- **Faustregel**: Normaler Flüssigkeitsbedarf (Basisbedarf)
  – Flüssigkeitsbedarf/Tag = Körperoberfläche (m²) x 1500 ml
  – Flüssigkeitsbedarf/Tag bei Kleinkindern bis 2500 ml/m²
- **Faustregel: Intraoperativer Flüssigkeitsersatz**
  – 1.– 5. Lebensjahr 6–10 ml/kg/h
  – 6.–10. Lebensjahr 4– 8 ml/kg/h
  – 10.–14. Lebensjahr 2– 6 ml/kg/h
  – Halb- oder Zweidrittelelektrolytlösung mit 5% Glukose
- **Beachte**: Intraoperativer Flüssigkeitsbedarf = Erhaltungsbedarf
  + Ausgleich von Defiziten (präoperative Karenz)
  + Korrektur von Flüssigkeitsverlusten (z.B. bei Exposition von Eingeweiden, Verluste in den „dritten Raum“)
- Bei Säuglingen und Kleinkindern Infusionspumpe (Tropfenzähler) oder spezielles Kinderinfusionssystem (Infusionsdrossel) einsetzen
- **Merke**: Infusionsmenge (ml/h) = Tropfenzahl/min x 3 (Berechnungsgrundlage 1 ml = 20 Tr.)

- Berechnung extrazellulärer Elektrolytdefizite

  Na-Defizit [mmol] =
  (Serum-$Na_{[soll]}$ minus Serum-$Na_{[ist]}$) x kg x 0,3

  (Bei Kleinkindern Faktor 0,4 einsetzen)
- K-Zusatz zur Infusionslösung nur bei ausreichender Urinproduktion, intraoperativ nicht unbedingt erforderlich
- Cave: Kleinkinder kompensieren fehlerhafte Infusionstherapie sehr schlecht

Blutvolumen und Blutersatz

Blutvolumen (ml/kg)

- Neugeborenes 80–100
- 6 Wochen bis 2 Jahre 75–90
- ab 2 Jahre 70–80

Hämoglobingehalt (g/dl)

- Neugeborenes 18–22
- 2 Wochen 17
- 3 Monate 10–11 (Ersatz des fetalen Hämoglobin)
- 2 Jahre 11
- 3–5 Jahre 13
- ab 10 Jahre 14,5

Beachte

- Niedriges Blutvolumen bei asphyktischen Neugeborenen
- Verzögerte Abnabelung oder übermäßiges Ausstreichen der Nabelschnur kann zu 20%iger Übertransfusion mit konsekutivem respiratorischem Distreß führen
- Bei Neugeborenen linksverschobene O_2-Dissoziationskurve (fetales Hämoglobin) mit höherer O_2-Affinität und schlechterer O_2-Abgabe → Hämatokrit nie < 40! (normal 55)
- Bei Kleinkindern möglicherweise erhöhtes Anästhesierisiko bei Hb < 10 g/dl
- Beachte: Rasche Blutverluste werden von Kindern besonders schlecht toleriert

Monitoring von Blutverlusten

- Serielle Hämatokrit-Bestimmungen
- Kreislaufüberwachung: **systolischer Blutdruck** ist der verläßlichste Parameter

- Registrierung des Blutverlustes
  - Meßzylinder
  - Absaugung über z.B. Stundenurimetersystem
  - Wiegen der Tupfer (trocken/feucht)
  - Abschätzen der Blutverluste in Op-Tüchern
  - **Cave**: unerkannte Blutverluste in Körperhöhlen

Blutersatz

- Volumenverluste < 15% des geschätzten Blutvolumens mit z.B. Humanalbumin 5% oder Serumkonserve ersetzen, evtl. auch Hydroxyäthylstärke
- Volumenverluste > 15% des geschätzten Blutvolumens erfordern u.U. schon eine Bluttransfusion
- Hämatokrit < 30% : Transfusion wahrscheinlich indiziert
- Abschätzung des „maximal erlaubten" Blutverlustes: = geschätztes Blutvolumen x (Hkt-30): Hkt
- **Merke**: 4 ml/kg Erythrozytenkonzentrat → Anstieg des Hb-Gehalts um ca. 1 g/dl
- Bei Säuglingen Blutersatz mit 10/20 ml-Spritze durchführen
- Blutentnahme aus dem Transfusionsbeutel immer über ein Filtersystem

Medikamente bei Säuglingen und Kleinkindern

Beachte

- Unreife der Organsysteme bei Früh- und Neugeborenen (Leber, Niere, Enzymsysteme, neuromuskuläre Endplatte, ZNS, Blut-Hirn-Schranke)
- Höhere Stoffwechselrate, andere Verteilungsvolumina als bei Erwachsenen
- Raschere Resorption nach i.m.- oder i.v.-Applikation durch größere Gewebedurchblutung
- Barbituratempfindlichkeit bei Säuglingen erhöht
- Erhöhte Empfindlichkeit gegenüber nichtdepolarisierenden Muskelrelaxantien
- Verminderte Empfindlichkeit gegenüber Succinylcholin, häufig Herzrhythmusstörungen (Atropin vorgeben!)
- Raschere Anflutung und Aufnahme von Inhalationsanästhetika (hohe alveoläre Ventilation bei relativ kleiner funktioneller Residualkapazität)
- MAC-Werte von Inhalationsanästhetika bei Säuglingen erhöht (unreifes Nervensystem)

Dosierung

- **Cave: Gilt *nicht* für alle Medikamente!**
- Faustregeln zur Abschätzung von Dosierungen
  - Neugeborenes 1/10 Erwachsenendosis
  - 1 Monat 1/8 Erwachsenendosis
  - 1 Jahr 1/4 Erwachsenendosis
  - 7 Jahre 1/2 Erwachsenendosis
- Faustregeln
  - $$\text{Pädiatrische Dosis} = \frac{\text{Körperoberfläche Kind}}{1{,}73\ \text{m}^2} \times \text{Erwachsenendosis}$$
  - $$\text{Pädiatrische Dosis} = \frac{\text{Gewicht des Kindes}}{70\ \text{kg}} \times \text{Erwachsenendosis}$$

Injektionsanästhetika (Anhalt für Dosierung)

- Etomidat (z.B. Hypnomidate®, Etomidat®-Lipuro)
  - i.v.: 0,15–0,3 mg/kg KG
- Methohexital (z.B. Brevimytal®)
  - i.v.: bis zu 2 mg/kg KG
  - i.m.: 7 mg/kg KG
  - rektal: 25–40 mg/kg KG (10%ige wäßrige Lösung)
- Thiopental (z.B. Trapanal®)
  - i.v.: 3–4 mg/kg KG (Neugeborene)
    i.v.: 5–8 mg/kg KG (ältere Kinder)
- Ketamin (z.B. Ketanest®)
  - i.v.: 1–2 mg/kg KG
  - i.m.: 4–8 mg/kg KG
- Propofol (z.B. Disoprivan®)
  - i.v.: 2–3 mg/kg KG (ab 3 Jahren)
- Diazepam (z.B. Valium®)
  - i.v.: 0,2 mg/kg KG
- Midazolam (z.B. Dormicum®)
  - i.v.: 0,05–0,1 mg/kg KG
  - oral/rektal: 0,3–0,4 mg/kg KG (nicht mehr als 15 mg)
- Alfentanil (z.B. Rapifen®)
  - i.v.: 10–40 µg/kg KG (Beatmung)
- Fentanyl (z.B. Fentanyl®)
  - i.v.: 1–7–15 µg/kg KG (Beatmung)
    (1–3 µg/kg KG/h)

Muskelrelaxantien (Anhalt für Dosierung)

- Succinylcholin (z.B. Lysthenon®)
  - **cave:** zurückhaltende Indikationsstellung
  - i.v.: 1–2 mg/kg KG (Säuglinge 2–3 mg/kg KG)
  - i.m.: 2–3 mg/kg KG

- Atracurium (z.B. Tracrium®)
  - i.v.: 0,5 mg/kg KG (Initialdosis)
    Säuglinge < 3 Monate: 0,3 mg/kg KG)
  - Wiederholungsdosis: 1/4 der Initialdosis
- Pancuronium (z.B. Pavulon®)
  - i.v.: 0,05–0,1 mg/kg KG (Initialdosis)
    (niedrigere Dosis bei Neugeborenen und Säuglingen)
  - Wiederholungsdosis: 1/6 der Initialdosis
- Vecuronium (z.B. Norcuron®)
  - i.v.: 0,07–0,1 mg/kg KG (Initialdosis)
    (niedrigere Dosis bei Neugeborenen und Säuglingen)
  - Wiederholungsdosis: 1/4 der Initialdosis

Antagonisten (Anhalt für Dosierung)

- Naloxon (z. B. Narcanti®)
  - i.v.: 1–5–(10) µg/kg KG initital
  - i.m.: 1–5–(10) µg/kg KG initital
- Neostigmin (z.B. Prostigmin®)
  - i.v.: 0,05 mg/kg KG
  - zusammen mit 0,02 mg/kg KG Atropin langsam nach Wirkung applizieren
- Pyridostigmin (z.B. Mestinon®)
  - i.v.: 0,1 mg/kg KG
  - langsam nach Wirkung applizieren
  - ggf. mit Atropin kombinieren

Notfallmedikamente (Anhalt für Dosierung)

• Adrenalin (Suprarenin®) (mit NaCl verdünnen)	0,01 mg/kg KG (i.v./intratracheal)
• Akrinor®	0,1 ml/Lebensjahr i.v. (ED nicht mehr als 0,5 ml)
• Atropin	0,01 mg/kg KG (i.v./i.m.)
• Bikarbonat ($NaHCO_3$) (primär nur die Hälfte der errechneten Dosis applizieren)	BE × kg KG × 0,3 = mmol i.v. (4,2 % → 1 ml = 0,5 mmol; 8,4% → 1 ml = 1 mmol, nicht peripher)
• Dexamethason (Fortecortin®)	0,2 mg/kg KG i.v.
• Diphenylhydantoin (Epanutin®)	1 mg/kg KG langsam i.v.
• Furosemid (Lasix®)	0,25–0,5 mg/kg KG langsam i.v.
• Kalziumglukonat 10%	0,1 ml/kg KG 1 g ≙ 2,3 mmol Ca^{++}
• Lidocain (Xylocain®)	1 mg/kg KG i.v.
• Clemastin (Tavegil®)	0,02 mg/kg KG
• Orciprenalin (Alupent®)	0,02 mg/kg KG
• Prednisolon (Decortin®-H)	5–15 mg/kg KG i.v.
• Theophyllin (Euphyllin®)	2–3 mg/kg KG

Intravenöse Antibiotikadosierungen bei Kindern im Alter von 1–12 Jahren

Angaben gelten für Kinder zwischen 1–12 Jahren mit intakter Nieren- und Leberfunktion (nicht für Neugeborene und Säuglinge!). Bei den Aminoglykosiden kann die Tagesdosis teilweise auch als Einzelgabe appliziert werden (s. Herstellerangaben der einzelnen Präparate).

Generika	Präparat (Auswahl)	Tagesdosierung
Amikacin	Biklin®	3 x 3,3–5 mg/kg
Amoxicillin	Clamoxyl®	3 x 17–27 mg/kg
Amoxicillin/ Clavulansäure	Augmentan®	3 x 20–32 mg/kg
Ampicillin	Binotal®	4 x 25–100 mg/kg
Cefazolin	Gramaxin®, Elzogram®	3 x 17–33 mg/kg
Cefotaxim	Claforan®	3 x 17–33 mg/kg
Cefotiam	Spizef®	3 x 17–33 mg/kg
Cefoxitin	Mefoxitin®	3 x 20–40 mg/kg
Ceftriaxon	Rocephin®	1 x 20–80 mg/kg
Cefuroxim	Zinacef®	3 x 17–33 mg/kg
Ciprofloxacin	Ciprobay®	2 x 5 mg/kg
Clindamycin	Sobelin®	3 x 7–13 mg/kg
Erythromycin	Erythrocin®	3 x 7–16 mg/kg
Flucloxacillin	Staphylex®	3 x 17–33 mg/kg
Gentamicin	Refobacin®	3 x 1–1,6 mg/kg
Imipenem	Zienam®	3 x 20 mg/kg
Meropenem	Meronem®	3 x 10–20 mg/kg
Metronidazol	Clont®	3 x 7 mg/kg
Mezlocillin	Baypen®	3 x 75 mg/kg
Netilmicin	Certomycin®	3 x 2–2,5 mg/kg
Ofloxacin	Tarivid®	2 x 2,5 mg/kg
Penicillin G	Penicillin G Jenapharm®	4 x 50.000 IE/kg
Piperacillin	Pipril®	3 x 33–100 mg/kg

Generika	Präparat (Auswahl)	Tagesdosierung
Piperacillin/Tazobactam	Tazobac®	Anwendung bei Kindern < 12 J kontraindiziert
Teicoplanin	Targocid®	Erhaltungsdosis: 1 x 6–10 mg/kg Initial: 3 x 10 mg/kg im Abstand von 12 h
Tobramycin	Gernebcin®	3 x 1,5–2 mg/kg
Trimethoprim (= TMP)/ Sulfamethoxazol (= SMZ)	Bactrim® Roche 1 Amp. = 5 ml = TMP 80 mg + SMZ 400 mg	2 x 3 mg/kg bezogen auf TMP
Vancomycin	Vancomycin CP Lilly®	3 x 10–13 mg/kg

Kaudalanästhesie bei Kindern

Kontraindikationen

- Infektion im Bereich der Einstichstelle
- Hämorrhagische Diathese
- Anatomische Mißbildungen am Ort der Blockade

Indikationen

- Operative Eingriffe bis Nabelhöhe
- Gute postoperative Analgesie

Komplikationen

- Akzidentelle intravenöse Injektion
- Akzidentelle intraossäre Injektion (cave: entspricht fast einer i.v.-Injektion)
- Akzidentelle intrathekale Injektion
- Hypotension (selten)
- Harnverhalt (selten)
- Schwerer Juckreiz (selten)
- Infektion (selten)

Technik

- Der Kaudalblock ist bei Kindern einfacher durchzuführen als bei Erwachsenen
  - einfachere Identifikation des Ligamentum sacrococcygeale
  - wesentlich größere Ausbreitung des Blocks
- Lagerung des Kindes nach Einleitung der Allgemeinanästhesie in Linksseitenlage
- Sorgfältige Desinfektion des Hiatus sacralis, steriles Lochtuch empfohlen

- Beachte bei Kindern:
  - das Rückenmark endet in Höhe von L2
  - der Duralsack endet in Höhe von S2, gelegentlich auch erst i Höhe des 4. Sakralforamens
- Lokalisation der Cornua sacralia: der **Hiatus sacralis** liegt kranial der Verbindungslinie der beiden Cornua sacralia (gleichseitiges Dreieck) in einem kleinen Grübchen
- Punktion von Haut, subkutanem Gewebe und Ligamentum sacrococcygeale in einem Winkel von etwa 40° nahe der Spitze des gleichseitigen Dreiecks; z.B. 22 G- oder 20 G- Venenverweilkanüle
- Widerstandsverlust nach Durchdringen des Ligamentum sacrococcygeale und Erreichen des Sakralkanals; Kanüle maximal 2–3 mm in den Sakralkanal vorschieben; Kanüle ggf. etwas absenken
- Die Kanüle soll in der Mittellinie parallel zur Hinterwand des Sakralkanals liegen; eingeführte Nadel ausschließlich longitudinal fortbewegen
- **Cave**: Perforation des ventralen Sakrums (Gefahr der intraossären Injektion, evtl. Darmperforation)
- Sorgfältige Aspiration; Abtropfen von Blut? Liquor?
- Von einigen Autoren wird die Injektion einer Testdosis zum Ausschluß einer möglichen versehentlichen intravasalen Injektion empfohlen (1 ml niederprozentige adrenalinhaltige Lokalanästhesielösung)

Dosierung

- Bupivacain 0,125% (z.B. Carbostesin® 0,125%) bewirkt eine prolongierte Analgesie ohne motorische Blockade
- **Faustregel:**
  - lumbosakrale Blockade: 0,5 ml/kg KG
  - thorakolumbale Blockade: 1,0 ml/kg KG
- Angegebene Maximaldosis für Kaudalanästhesie im Kindesalter: 2 mg/kg Bupivacain

Reanimation des Neugeborenen

APGAR-Schema

Punkte	0	1	2
Hautfarbe	zynotisch blaß	zyanotische Extremitäten	rosig (Stamm und Extremitäten)
Atmung	keine	unregelmäßige Schnappatmung	kräftig, regelmäßig
Muskeltonus	schlaff	geringe Beugung der Extremitäten	aktive Spontanbewegungen
Reflexe beim Absaugen	keine	Grimassieren	Husten, Schreien
Herzfrequenz	keine	< 100	> 100

- Normaler APGAR-Score: 7–10 (1 min); 8–10 (5 min)
- Merke: APGAR = **A**ussehen, **P**uls, **G**rundtonus, **A**tmung, **R**eflexe

Ursachen für Depression des Neugeborenen

- Applikation von Medikamenten an die Mutter (z.B. Anästhetika, Sedativa, Opioide)
- Mütterliche Hypotension, Hypoxämie, Plazentainsuffizienz
- Nabelschnurkomplikationen, Geburtsverzögerung
- Erhebliche Unreife (Frühgeburt)
- Asphyxie (cave: „weiße" Asphyxie)
- Geburtsverletzungen (z.B. Pneumothorax, intrakranielle Blutung)

- Hypovolämie
  - plazentare Blutung bei Placenta praevia
  - Abruptio placentae
  - fetomaternale Transfusion
  - bei Mehrlingsschwangerschaften: fetofetale Transfusion
- Kongenitale Abnormitäten
  - Respirationstrakt (z.B. Zwerchfellhernie)
  - kardiovaskuläres System
- Hypoglykämie
- Hypothermie

Cave

- Hypoventilation
- Hypoxämie (PFC!)
- Asphyxie
- Apnoe
- Kreislaufinsuffizienz
- Hypovolämie/Anämie
- Azidose
- Auskühlung
- Choanalatresie
- Ösophagotrachealfistel
- Zwerchfellhernie
- Lobäres Emphysem
- Pneumothorax (ein/beidseitig)
- Lungenhypoplasie
- Atelektasen
- Aspiration
- Medikamentös bedingte Atemdepression
- Vitium cordis, Mißbildungen der großen Gefäße

Praktisches Vorgehen

- Alle Wiederbelebungsmaßnahmen auf beheizter Unterlage, Wärmestrahler (neutrale Umgebungstemperatur [Indifferenztemperatur] 32–35 °C); cave: Luftzug

- **Notfallinstrumentarium** bereitlegen
  - Stethoskop
  - Pulsoximeter
  - spezielles Absaugsystem (Druckbegrenzung!)
  - Absaugkatheter (6, 8, 10 Ch)
  - spezielle Beatmungsmasken, kleine Guedel-Tuben
  - spezieller Beatmungsbeutel mit Nicht-Rückatmungsventil (z.B. Ambu Baby), PEEP-Zusatzventil
  - O_2-Anschluß
  - Laryngoskop (z.B. Miller), steril eingepackt
  - Endotrachealtuben, Führungsmandrin
  - kleine Magill-Zange
  - kleinlumige Kunststoffverweilkanülen (24/26 G)
  - Katheterset für Nabelgefäße (Knopfkanüle, Katheter)
  - wärmekonservierende Folie
  - Versorgungs-/Transportinkubator
  - Magensonde (5, 8 Ch)
  - EKG-Monitor

Erstmaßnahmen

- Lang abnabeln (Nabelschnurrest 10 cm)
- Vor dem ersten Atemzug Mundhöhle, anschließend Nasenrachenraum absaugen (**cave**: primäre Beatmung → hohes Aspirationsrisiko)
  - bei mekoniumhaltigem Fruchtwasser (Mekoniumaspiration) auch endotracheale Absaugung
  - Sequenz „SOS“ (= Suction, Oxygen, Stimulation)
- Taktile Atemanregung (auf Rücken klopfen, abfrottieren)

Beatmung

- Lagerung: Tuch unter die Schultern, ggf. Kopfring
- Beatmung mit Maske (problematisch bei nicht entfalteten Lungen); Kopf in „Schnüffelhaltung"
  - cave: Aufblähung des Magens bei höheren Drücken
  - 100% O_2
  - bei suffizienter Beatmung hebt sich auch der Kehlkopf
- Beatmungsdrucke:
  - Entfaltungsphase: 25–30 mbar (5–10 s) (Cave: Alveolarruptur)
  - Beatmungsphase: 10–20 mbar
  - am besten primäre PEEP-Beatmung (bis 5 mbar)
  - wichtig: Beatmungsventil mit oberer Druckbegrenzung
- Beatmungsvolumen: 10–30 ml; Frequenz: 40/min
- Beachte: FIO_2 1,0 (100% O_2) möglichst nur kurzfristig (Cave: retrolentale Fibroplasie bei unreifen Frühgeborenen; Resorptionsatelektasen)

Intubation

- **„Ventilation geht vor Intubation"**
- Sterile Handschuhe!
- **Tubusgröße** (ID mm):
  2,5 (12 Ch) bei < 1,5 kg
  3,0 (14 Ch) bei 1,5–2,5 kg
  3,5 (16 Ch) bei 2,5 kg - 3,5 kg
- Trachealänge: 4 cm
- Tubuslänge bis Zahnleiste: 10–11 cm (bei 3,5 kg)
- Faustregel: Einführtiefe des Tubus bei Neugeborenen (orale Intubation): 8 cm + 1 cm/kg KG
- Tubus unter Sicht 1,5–2 cm (Markierung!) durch die Glottis vorschieben
- **Cave:** einseitige (endobronchiale) Intubation (rechts und links möglich!)
- Bei nasaler Intubation kann der Tubus mit einer Sicherheitsnadel gegen Tieferrutschen gesichert werden

Herzdruckmassage

- Thorax mit beiden Händen umfassen, mit den Daumen das mittlere Sternumdrittel komprimieren
- Bereits bei Herzfrequenz < 60/min mit Herzmassage beginnen
  - Massagefrequenz: 100–120/min
  - Verhältnis Kompression/Ventilation = 5:1
- **Cave**: Leberruptur, Rippenfrakturen, Pneumothorax

Zugang

- Venöser Zugang
  - Extremitäten, Skalpvene
  - Nabelvenenkatheter
  - intraossäre Injektion (s. S. 57f)
  - beachte: Möglichkeit der endobronchialen Applikation von Adrenalin (Suprarenin®) und Atropin
- Nabelvenenkatheterisierung
  - zwischen den 2 Nabelarterien
  - steriles Vorgehen! (Cave: Infektion, Sepsis, Thrombose, portale Hypertension)
  - Nabelschnur 3 cm von der Bauchdecke abklemmen, Nabelvene aufsuchen, inzidieren, mit Knopfsonde sondieren, Nabelvenenkatheter (ID 1,0–1,5 mm) 7–10 cm vorschieben, Nabelschnurligatur (Cave: intrahepatische Lage)
- Nabelarterienkatheter für Blutgasanalyse, Blutentnahmen (keine Notfallmaßnahme)

Medikamente (Anhaltspunkte für Dosierung)

- **Adrenalin** (z.B. Suprarenin®)
  - 10–100 µg/kg i.v.
  - 1 ml 1:1000 = 1 mg = 1000 µg; verdünnen mit 9 ml NaCl 0,9% 1 ml = 100 µg

  Adrenalin kann notfalls auch verdünnt **endotracheal** appliziert werden (2- bis 3fache Dosis)
- **Atropin**
  - 0,01–0,03 mg/kg i.v.
  - 1 ml = 0,5 mg

  Atropin kann notfalls auch verdünnt **endotracheal** appliziert werden (2- bis 3fache Dosis)
- **Kalziumglukonat 10%**
  - 100 mg/kg langsam i.v. (umstritten!!)
  - 1 ml = 100 mg
- **Glukose 10%**
  - 1–2 g/kg i.v.
  - 10 ml = 1 g
- **Orciprenalin** (z.B. Alupent®)
  - 0,02–0,1 mg/kg i.v.
  - 1 ml = 0,5 mg
- **Humanalbumin 5%**
  - 5–10 ml/kg i.v., ggf. mehr
- **Naloxon** (z.B. Narcanti neonatal®)
  - 0,01 mg/kg
  - 2 ml = 0,2 mg i.v., i.m., s.c.
- **Natriumbikarbonat** ($NaHCO_3$)
  - 1 ml 4,2% = 0,5 mmol
  - 1 mmol/kg i.v. initial („blind")
  - nach Blutgasanalyse: mmol $NaHCO_3$ = BE x kg x 0,4 (rechnerischer Maximalbedarf)
- **Beachte** bei Puffertherapie
  - primäre Maßnahme ist die Normalisierung der Ventilation und des Kreislaufs

- die gezielte Pufferung nach Blutgasanalyse ist der Blindpufferung deutlich überlegen (Cave: metabolische Alkalose, hyperosmolares Syndrom)
- Pufferlösung mit der doppelten Menge Glukose 5% verdünnen und über 10 min infundieren (Hyperosmolarität der Puffersubstanzen)
- bei gezielter Pufferung wird in der Regel erst die Hälfte der errechneten Puffermenge appliziert

Anästhesie in der Schwangerschaft und Geburtshilfe

Physiologische Besonderheiten in der Schwangerschaft

Atmung

- Hyperventilation, Zunahme der alveolären Ventilation und Abnahme der funktionellen Residualkapazität (im Vergleich zu Nichtschwangeren An- und Abflutung von Inhalationsanästhetika beschleunigt, schnellere Präoxygenation)
- Erhöhter Sauerstoffverbrauch (20–25%): geringere Hypoxietoleranz bei Apnoe
- Zwerchfellhochstand
- MAC-Wert von Inhalationsanästhetika vermindert (25– 40%)
- In Rückenlage Hypoxie durch Atelektasenbildung möglich, falls die funktionelle Residualkapazität das Lungenverschlußvolumen (closing volume) unterschreitet
- Blutgasanalyse:
  - pH unverändert bis leicht erhöht (kompensierte respiratorische Alkalose)
  - Bikarbonat: 18–21 mmol/l (vermehrte renale Ausscheidung)
  - $PaCO_2$: 31–32 mm Hg (Werte > 35 mm Hg gelten bereits als pathologisch)
  - P50 Wert: 30 mm Hg (Rechtsverschiebung der O_2-Dissoziationskurve)
- Die Schleimhäute des Respirationstraktes sind durch Zunahme der Vaskularisierung besonders vulnerabel: erhöhte Blutungsgefahr bei der Verwendung nasaler Tuben oder Magensonden
- Inzidenz von Asthma bzw. asthmoiden Beschwerden erhöht (gesteigerte Schleimhautirritabilität)

- Bei Intubation kleinere Tuben verwenden, da eine Tendenz zu Ödembildungen im Bereich der oberen Luftwege und der Stimmbänder besteht (besonders bei schwangerschaftsinduzierter Hypertonie, Präeklampsie und Eklampsie)

Blutvolumen

- Unterschiedliche Zunahme von Plasma- und Erythrozytenvolumen (Nettoeffekt meist Dilutionsanämie):
  - Plasmavolumen (+ 50%)
  - Erythrozyten (+ 20%)
- Definition Schwangerschaftsanämie: Hämoglobin < 11 g/dl (Ursachen u.a. latenter Eisenmangel)
- Durchschnittlicher peripartaler Blutverlust:
  - vaginale Entbindung 200–500 ml
  - Sectio caesarea 500–1000 ml
- Der Blutverlust bei der Entbindung wird normalerweise gut vertragen (Ausnahme: schwangerschaftsspezifische hypertensive Erkrankungen, da hier das Blutvolumen in den letzten Wochen vor der Geburt abnimmt)

Gerinnung

- Meist Hyperkoagulabilität
- Fibrinogenspiegel kann auf Werte zwischen 400–600 mg/dl ansteigen
- Bei Präeklampsie/Eklampsie besteht nicht selten trotz normaler oder nur gering erniedrigter Thrombozytenzahl aufgrund einer Thrombozytendysfunktion ein erhöhtes Blutungsrisiko (Cave: Regionalanästhesie, in Verdachtsfällen Bestimmung der Blutungszeit)
- Bei Thrombozytopenie an HELLP-Syndrom denken

Hämodynamik

- Zunahme des Herzzeitvolumens und der Herzfrequenz (sympathikoadrenerge Stimulation)

- In Rückenlage Gefahr des Kreislaufkollaps (häufig mit Tachykardie, jedoch auch Reflexbradykardie möglich):
  - **Vena cava-Kompressionssyndrom** (als „revealed caval occlusion" bei etwa 10% aller Schwangeren nachzuweisen)
  - bei zusätzlicher Einengung der Aorta: aortocavales Kompressionssyndrom
- Bei den meisten Schwangeren tritt in Rückenlage durch Kompensationsmechanismen (Anstieg von Systemwiderstand, Herzfrequenz und Schlagvolumen) kein Blutdruckabfall auf („concealed caval occlusion")
- **Cave:** Peridural- oder Spinalanästhesie kann Vena cava-Kompressionssyndrom demaskieren!
- „Physiologisches" Systolikum durch Zunahme des Herzzeitvolumens und Anhebung des Herzens durch Zwerchfellhochstand
- Unmittelbar nach der Geburt ist durch Autotransfusion und durch verbesserten venösen Rückfluß ein zusätzlicher Anstieg des Herzzeitvolumens zu verzeichnen. Kardiale Dekompensationsgefahr bei kardial belasteten Patientinnen (z.B. Hypertonie, Herzklappenerkrankungen) und/oder bei exzessiver Gabe oder zu rascher Applikation von Vasopressoren (z.B. Hochdruckkrise bei Kombination von Methylergometrin [Methergin®] mit Oxytocin [Syntocinon®])
- Beachte: Myokardiale Bupivacain-Toxizität erhöht (durch Anstieg des Progesteron-Spiegels)

Leberstoffwechsel

- Geringe Erhöhung von GOT und LDH
- Abnahme der Serumcholinesterase, jedoch am Geburtstermin nach Succinylcholin-Gabe keine prolongierte neuromuskuläre Blockade
- Unmittelbar postpartal verlängerte Muskelrelaxation nach Gabe von Vecuronium (neuromuskuläres Monitoring)
- Gesamteiweiß: Abfall auf etwa 6 g/dl (Serumalbumin um etwa 1 g/dl reduziert), jedoch aufgrund der Erhöhung des Plasmavolumens insgesamt Zunahme der Gesamtproteine
- Abnahme des kolloidosmotischen Druckes
- Plasmaeiweißbindung von Pharmaka erniedrigt (Anstieg nichtproteingebundener Anteile)

Magen-Darm-Trakt

- Verzögerte Magenentleerung und Magen-Darm-Passage
- Erhöhter intraabdomineller Druck
- Kardiatonus vermindert
- **Cave: Jede Schwangere ist als nicht nüchtern anzusehen!**
- Auch bei elektiven Eingriffen sind Maßnahmen zur Anhebung des Magensaft-pH und zur Erniedrigung des Magensaftvolumens indiziert. Falls Regionalanästhesie nicht möglich, bei Allgemeinanästhesie Intubation mit Crash-Einleitung

Nierenfunktion

- Zunahme von renalem Blutfluß und glomerulärer Filtrationsrate um 60%
- Physiologische Erweiterung des harnableitenden Systems, insbesondere rechts (höhere Inzidenz von Harnweginfektionen)
- Glukosurie häufig
- Orthostatische Proteinurie: bis zu 300 mg/Tag gelten als physiologisch
- Kreatinin und Harnstoff liegen etwa 30– 60% niedriger als bei nicht schwangeren Frauen. Beachte: „Normalwerte“ im oberen Referenzbereich können bereits als pathologisch angesehen werden

Anästhesie in der Schwangerschaft

Allgemeines

- **Beachte**: Die **plazentare Perfusion** ist weniger durch Anästhetika bzw. Anästhesieverfahren gefährdet als durch folgende zu vermeidende Komplikationen bzw. Faktoren:
  - Hypo- und Hyperkapnie
  - Hypoxie
  - Hypotension
  - Streß
- Operations- und Narkoseplanung in enger Zusammenarbeit mit Gynäkologen/Geburtshelfern und Hebammen (evtl. perioperativ medikamentöse Tokolyse erforderlich)
- Operationen im ersten Trimenon vermeiden
- Regionalanästhesie bevorzugen (vor allem im 1. Trimenon, z.B. Spinalanästhesie mit der geringstmöglichen Menge an Lokalanästhetikum)
- Präoperatives EKG insbesondere bei Tokolysepatientinnen obligat
- Auf medikamentöse Prämedikation nicht verzichten, da durch Streßsituationen eine Frühgeburt induziert werden kann
- Fetales Monitoring wünschenswert:
  - Doppler-Überwachung der fetalen Herztöne (ab der 16. Woche)
  - Kardiotokographie (ab dem 3. Trimenon)
- Lagerung: OP-Tisch 10–20° nach links neigen (ab dem 2. Trimenon)
- Bei Hypotension gilt Ephedrin als Mittel der Wahl (jedoch in Deutschland nicht erhältlich). Für Theodrenalin/Theophyllin (Akrinor®) liegen Untersuchungen vor, die eine konstringierende Wirkung auf die Uterusgefäße und damit eine Verminderung der Uterusdurchblutung ausschließen. Akrinor® erscheint somit als geeigneter Vasopressor

Regionalanästhesie-Verfahren

- Dosisreduktion der Lokalanästhetika während der Schwangerschaft beachten (Bedarf am Geburtstermin um ein Drittel vermindert)
- Ab dem 2. Trimenon steigt das Risiko einer relativen Überdosierung bei der Gabe von Lokalanästhetika
- Bei rückenmarksnaher Anästhesie Hypotensionen (Abfall des systolischen Blutdrucks unter 100 mm Hg bzw. bei hypertensiven Patientinnen Blutdruckabfall um 20–30% des Ausgangswertes) vermeiden bzw. unmittelbar therapieren:
  - Kopftieflagerung
  - Flüssigkeitszufuhr erhöhen
  - Vasopressoren nur bei Unwirksamkeit anderer Maßnahmen verwenden (geeignet z.B. Akrinor®)
- Maßnahmen zur Prophylaxe hypotensiver Kreislaufreaktionen:
  - vorbestehende Flüssigkeits- und/oder Volumenverluste vor Narkosebeginn ausgleichen
  - Infusion von 500–1000 ml einer Vollelektrolytlösung innerhalb 20–30 min vor Narkoseeinleitung
  - Linksseitenlagerung
  - kontinuierliche Kreislaufüberwachung
  - engmaschige und sorgfältige Kontrolle der sensiblen und motorischen Blockadeausbreitung
- Indikation zur Sauerstoffapplikation bei Regionalanästhesietechniken großzügig stellen

Allgemeinanästhesie-Verfahren

- **Beachte:** Unabhängig von Anästhetika bzw. Anästhesieverfahren muß die Integrität der plazentaren Perfusion durch die Vermeidung folgender Komplikationen bzw. Faktoren sichergestellt werden:
  - Hypo- und Hyperkapnie
  - Hypotension
  - Hypoxämie
  - Streß

- Intubation auch bei kleineren Eingriffen (erhöhte Aspirationsgefahr besonders ab der 16. Woche), pränarkotische orale Gabe von Natriumzitrat sinnvoll
- Einleitung mit Barbituraten, z.B. Methohexital (z.B. Brevimytal®) bzw. Thiopental (z.B. Trapanal®)
- Narkoseaufrechterhaltung mit Opiaten und Lachgas/Sauerstoff
- Lachgaskonzentration nicht > 50% (Mitosehemmung); auch bei Anwendung im 1. Trimenon konnte jedoch beim Menschen bisher keine erhöhte Mißbildungsrate nachgewiesen werden
- Halothan im 1. Trimenon vermeiden (umstritten!); Teratogenität von volatilen Anästhetika bei Verwendung üblicher Dosierungen beim Menschen nicht beschrieben
- Bei der Verwendung von Ketamin gelten Dosierungen > 1 mg/kg wegen der uteruskontrahierenden Wirkung als ungünstig
- Relaxierung bei Bedarf
- Hypotension (Abfall des systolischen Blutdrucks unter 100 mm Hg bzw. bei hypertensiven Patientinnen Blutdruckabfall um 20–30% des Ausgangswertes) vermeiden bzw. unmittelbar therapieren:
  - Kopftieflagerung
  - Flüssigkeitszufuhr erhöhen
  - Vasopressoren nur bei Unwirksamkeit anderer Maßnahmen verwenden (geeignet z.B. Akrinor®)
- Maßnahmen zur Prophylaxe hypotensiver Kreislaufreaktionen:
  - vorbestehende Flüssigkeits- und/oder Volumenverluste vor Narkosebeginn ausgleichen
  - Infusion von 500–1000 ml einer Vollelektrolytlösung innerhalb 20–30 Minuten vor Narkoseeinleitung
  - Linksseitenlagerung
  - kontinuierliche Kreislaufüberwachung

Risikoschwangerschaft

Diabetes mellitus

- Mögliche Begleiterkrankungen: Anämie, diabetische Vaskulopathie, Nephropathie, koronare Herzerkrankung, arterielle Hypertonie, maligne Retinopathie, autonome Neuropathie
- Hypo- bzw. Hyperglykämien und Hypotensionen peripartal vermeiden
- Die meisten Mütter benötigen vor und unter der Geburt Insulin:
  - Blutzuckereinstellung zwischen 5,5–6,6 mmol/l (entsprechend 100–120 mg/dl) anstreben
  - während der Geburt und der Entbindung Insulin verabreichen (Faustregel: Insulin 30–50% der üblichen Morgendosis)
  - liegt der kapilläre Blutzucker > 5,5–6,6 mmol/l (entsprechend 100–120 mg/dl), so ist eine intravenöse Dauerinfusion mit 0,2–2 E Insulin pro Stunde empfehlenswert (als Trägerlösung 10%ige Glukoselösung verwenden)
  - außer einer evtl. erforderlichen Glukose-Insulin-Dauerinfusion keine zusätzlichen glukosehaltigen Infusionslösungen verabreichen (Gefahr der fetalen Azidose)
  - **beachte**: der Insulinbedarf vermindert sich bereits in der ersten Geburtsphase drastisch, vor allem aber nach der Geburt
- Feten und Neugeborene sind wesentlich hypoxiegefährdeter als Kinder nicht-diabetischer Mütter
- Prinzipiell sind alle gängigen Narkoseverfahren möglich, wenn eine optimale Blutzuckereinstellung erfolgt und Dehydratation und Hypotension vermieden bzw. unmittelbar therapiert werden; regionale Anästhesieverfahren gelten jedoch als vorteilhaft (eine Plazentainsuffizienz bei Diabetes kann z.B. durch Periduralanästhesie günstig beeinflußt werden)

Kardiale Vorerkrankungen

- Je nach Schweregrad und Leistungseinschränkung unter Umständen invasives Monitoring erforderlich
- Zur Verminderung schmerzbedingter sympathischer Stimulation mit möglichen ungünstigen hämodynamischen Auswirkungen ist

bei vielen herzkranken Schwangeren eine kontinuierliche Periduralanästhesie indiziert. Insbesondere kann in der Austreibungsphase durch perineale Analgesie der Preßzwang der Schwangeren, der zu kreislaufbelastendem Valsalva-Manöver führt, blockiert werden

- Ggf. kann das Ausmaß hämodynamischer Reaktionen durch rückenmarksnah applizierte Opioide (z.B. Fentanyl, Sufentanil) vermindert werden
- Beta-Mimetika wie Fenoterol (z.B. Partusisten®) müssen vorsichtig dosiert werden (Gefahr von Herzrhythmusstörungen und Lungenödem)
- Bei Allgemeinanästhesien muß der Intubationsreiz durch geeignete Medikamente gedämpft bzw. ausgeschaltet werden (z.B. Alfentanil, Antihypertonika)
- **Aorteninsuffizienz**: Periduralanästhesie wird als günstig angesehen (periphere Widerstandserhöhung wird vermieden)
- **Aortenstenose**: Periduralanästhesie gilt in der Regel als kontraindiziert (Sympathikusblockade), da weder der periphere Widerstand noch der venöse Rückstrom signifikant abfallen dürfen; ein ausreichendes intravenöses Volumenangebot ist von besonderer Bedeutung
- **Mitralinsuffizienz**: Periduralanästhesie empfehlenswert (Reduktion des pulmonalvaskulären Widerstandes)
- **Mitralstenose**: Periduralanästhesie bei Vermeidung von Hypotensionen möglich; frequenzsteigernde Medikamente wie z.B. Atropin, Ketamin und Pancuronium sind kontraindiziert

Kardiaka

- Indikationen und Kontraindikationen kardial wirksamer Medikamente bei schwangeren Herzkranken bzw. in der Schwangerschaft:
  - **ACE-Hemmer:** Embryo- bzw. Fetotoxizität wird diskutiert
  - **Antiarrhythmika:**

    Indiziert: Chinidin (Chinidin-Duriles®), Metoprolol (Beloc®), Propafenon (Rytmonorm®), Verapamil (Isoptin®). Disopyramid (Norpace®, Rythmodul®): umstritten bzw. nur bei strenger Indikation

    Kontraindiziert: Ajmalin (Gilurytmal®), Diphenylhydantoin (Zentropil®), Nifedipin (Adalat®). Lidocain (Xylocain®): umstritten bzw. wird von manchen Autoren als relativ sicher angesehen

- **Antikoagulantien:**

  Indiziert: Heparin (Liquemin®)

  Kontraindiziert: Cumarin-Derivate, Salizylate
- **Diuretika:**

  Indiziert: Furosemid (Lasix®): strenge Indikation wegen möglichem Abfall der uterinen Durchblutung. Etacrynsäure (Hydromedin®): nicht während der Stillzeit. Triamteren (Jatropur®); Thiazide nur eingeschränkt tauglich.

  Kontraindiziert: Spironolacton (Aldactone®), Acetazolamid (Diamox®)
- **Positiv inotrope Substanzen:**

  Indiziert: Digitoxin (Digimerck®), Digoxin (Novodigal®)

  Kontraindiziert: Dopamin (wegen Abnahme der Uterusdurchblutung allenfalls im Niedrigdosisbereich verwendbar)
- **Tokolytika:**

  Indiziert: Fenoterol (Partusisten®), jedoch nicht bei Klappenstenosen

Lungenerkrankungen

- Allgemeine Prinzipien:
  - Hypoxie und Hyperkapnie vermeiden
  - cave: respiratorische Verschlechterung bei Streß
  - Medikation mit z.B. Beta-Mimetika, Kortikosteroiden und Theophyllin beibehalten, optimieren bzw. einleiten
- Grunderkrankungen meist Asthma bronchiale bzw. chronische Bronchitis
- Besonderheiten bei Begleitmedikationen:
  - adrenalinhaltige Präparate können Uterusdurchblutung vermindern (fetal distress)
  - Antihistaminika stehen bei chronischer Einnahme im Verdacht der Disposition zur retrolentalen Fibroplasie bei Frühgeborenen
  - **Cave: Kortikosteroide können in Kombination mit Tokolytika Lungenödem** und Herzversagen verursachen
  - Vor allem bei operativer Entbindung muß u.U. bei vorbestehender Dauermedikation perioperativ zur Vermeidung einer Nebennierenrindeninsuffizienz Hydrocortison substituiert werden

- Theophyllinapplikation an die Mutter kann zu einer neonatalen Intoxikation führen, auf entsprechende Intoxikationszeichen beim Neugeborenen achten

- Alle gängigen Anästhesieverfahren möglich. Individuelle Abwägung erforderlich:
  - Regionalanästhesie günstig wegen fehlender Irritation der Atemwege, Ateminsuffizienz jedoch bei zu hoher Ausbreitung möglich
  - bei der Induktion einer Allgemeinanästhesie erscheint die Verwendung von Ketamin günstig. Zwischen fetalem und mütterlichem PCO_2 besteht eine lineare Abhängigkeit. Mütterlichen PCO_2 von etwa 30 mm Hg anstreben.
- Therapie eines Asthmaanfalls unter der Geburt:
  - Sauerstoff
  - Terbutalin (Bricanyl®) 0,25 mg s.c.
  - Theophyllin:

    ohne bisherige Vorbehandlung 5,6 mg/kg/20 min

    mit unzureichender Vorbehandlung 2,5 mg/kg/20 min

    mit ausreichender Vorbehandlung 0,3–0,5 mg/kg/h als Dauerinfusion
  - ggf. Cortisol 100–200 mg bzw. Methylprednisolon 40 mg alle 2–6 h

Neurologische Vorerkrankungen

- Allgemein: aus medikolegalen Gründen können Regionalanästhesieverfahren kontraindiziert sein. Unter Risiko-Nutzen-Abwägung können rückenmarksnahe Leitungsanästhesien bei Epilepsie, Myasthenia gravis und Z. n. Poliomyelitis in Einzelfällen akzeptabel erscheinen.
- In vielen Fällen ist Succinylcholin kontraindiziert. Depolarisierende Muskelrelaxantien meist nur in deutlich reduzierter Dosierung verwendbar; Relaxometrie obligat.
- **Epilepsie** → bei Allgemeinanästhesie Enfluran und Ketamin vermeiden. Periduralanästhesie gilt als sicheres Verfahren.
- **Muskeldystrophie**
  - respiratorische Gefährdung durch Muskelschwäche, Atem- und Schluckstörungen
  - Succinylcholin ist absolut kontraindiziert
  - siehe anästhesiologische Besonderheiten bei Muskeldystrophie

- **Myasthenia gravis**
  - auf Begleiterkrankungen wie Kardiomyopathie und kardiale Arrhythmien achten
  - bei Allgemeinanästhesie ist Succinylcholin nicht als kontraindiziert anzusehen (nicht selten sogar Dosiserhöhung erforderlich). Vielfach wird jedoch trotzdem eine Induktionstechnik mit nichtdepolarisierenden Muskelrelaxantien bevorzugt.
  - nach Sectio caesarea postoperative Nachbeatmung nicht immer vermeidbar
- **Myotonie**
  - erhöhtes Aspirationsrisiko durch verzögerte Magenentleerung
  - bei Allgemeinanästhesie kein Succinylcholin verwenden, nichtdepolarisierende Muskelrelaxantien auf 1/3 der üblichen Dosis reduzieren (Atracurium günstig)
  - siehe anästhesiologische Besonderheiten bei Myotonie
- **Paraplegie**
  - Gefahr der autonomen Hyperreflexie mit krisenhaften Blutdruckanstiegen (Periduralanästhesie kann u.U. erwogen werden)
  - Succinylcholin vermeiden
- **Erhöhter Hirndruck (z.B. Hirntumor)**
  - **Periduralanästhesie kontraindiziert** (der intrakranielle Druck kann durch Injektion in den Periduralraum weiter zunehmen)
  - durch versehentliche Durapunktion kann eine lebensbedrohliche Einklemmung hervorgerufen werden
- **Hirngefäßaneurysmen**
  - **cave: Valsalva-Manöver** bei Pressen der Schwangeren
  - Periduralanästhesie erwägen

Nierentransplantierte Schwangere

- Nach Nierentransplantation ist Konzeption durch Wiedereinsetzen der Ovarialfunktion möglich
- Erhöhtes Infektionsrisiko durch Immunsuppression:
  - Herpes
  - Pilzinfektionen
  - Virushepatitiden
  - Zytomegalie

- Immunsuppressive Therapie wird während der Schwangerschaft beibehalten
- Blutspiegelbestimmungen zur exakten Einstellung von Ciclosporin in einem unteren Wirkspiegelbereich (transplazentarer Übergang in den Feten)
- Perinatale Risiken für die Mutter (Auswahl):
  - Abstoßung (etwa 9%)
  - Funktionsstörungen des Nierentransplantats (um 15%)
  - Harnweginfektionen
  - Schnittentbindungsrate hoch
  - Präeklampsie (etwa 30– 40%)
- Kindliche Risiken bei Schwangerschaft nach Nierentransplantation (Auswahl):
  - Frühgeburt
  - mangelnde Immunreaktion
  - Nebennierenrindeninsuffizienz
  - vorzeitiger Blasensprung
  - Wachstumsverzögerung

Geburtshilfliche Periduralanästhesie

Allgemeines

- Bei protrahiertem Geburtsverlauf/Geburtsstillstand kann durch eine Periduralanästhesie die Wehentätigkeit verbessert und häufig eine Sectio vermieden werden
- Grenzwerte von Gerinnungsparametern als Kontraindikation zur geburtshilflichen Periduralanästhesie
  - Thrombozytenzahl < 100 000/μl
  - Blutungszeit > 10 min
  - Quick-Wert < 50%
  - PTT > 42 s
  - **Beachte:** Bei Präeklampsie/Eklampsie kann trotz einer normalen oder nur leicht erniedrigten Thrombozytenzahl eine Thrombozytendysfunktion vorliegen. Vorsicht ist auch dann geboten, wenn ein HELLP-Syndrom nicht mit Sicherheit auszuschließen ist („Thrombozytensturz").
- Periduralanästhesie und Thromboseprophylaxe:
  - **keine PDA bei therapeutischer i.v.-Heparinisierung**
  - PDA erlaubt bei s.c.-Thromboseprophylaxe mit unfraktioniertem „Low-dose"-Heparin (möglichst mit 4–6 h zeitlichem Abstand)
  - bei Verwendung **niedermolekularen Heparins** soll mindestens bis zu 12 h nach der letzten Heparingabe **gewartet** werden (längere biologische Wirksamkeit als bei unfraktioniertem Heparin)
  - das Risiko epiduraler Blutungen nach Gabe von „Low-dose"-Acetylsalicylsäure (ASS) ist wahrscheinlich nicht erhöht
- Strenge Asepsis
- Keine Injektion während einer Wehe
- Einmalkatheter bei Überlaufblase
- Punktion L3/L4 (eventuell L2/L3) in der Mittellinie (Risiko einer Punktion von Epiduralvenen geringer als bei paramedianem Zugang)
- Punktion in Seitenlage möglicherweise zu bevorzugen (Bewegungen der Schwangeren können besser verhindert werden, verminderter hydrostatischer Liquordruck, geringere Dilatation epi-

duraler Gefäße); bei Adipositas oder Skoliose Punktion im Sitzen empfehlenswert

- Cave: Durch Auflockerung ligamentärer Strukturen ist der „loss of resistance" u.U. nicht so typisch wie bei Nichtschwangeren
- Periduralkatheter etwa 2,5–3,5 cm in den Periduralraum vorschieben
- **Aspirationstest** (2 ml-Spritze): intravasale/intrathekale Fehllage?
- Testdosis 3 ml Bupivacain 0,5% ohne oder mit Adrenalinzusatz (1: 200.000)
- Zeichen der **intravasalen Injektion** (Ohrenklingen, Benommenheit, taubes Gefühl im Mundbereich, verwaschene Sprache, Schwindel, Sehstörungen)?
- Zeichen der **intrathekalen Injektion** (Spinalanästhesie, motorische Blockade)?
- Fraktionierte Injektion des Lokalanästhetikums (≤ 5 ml) bis Schmerzfreiheit bzw. Anästhesieniveau Th 10 erreicht ist
- **Linksseitenlage** (rechte Seite mindestens 30° angehoben); keine Rückenlage (cave: aortocavale Kompression); Injektionen in Rechtsseitenlage dürfen nur bei gleichzeitiger manueller Verlagerung des Uterus nach links vorgenommen werden
- Bei einseitiger Blockade (z.B. durch Katheterdeviation in Wurzeltasche) kann evtl. ein Zurückziehen des liegenden Katheters um 1–2 cm erforderlich sein
- Vorgehen bei unvollständiger Blockade („patchy block"):
  - Top-up-Dosis
  - Lagerungsmaßnahmen
  - evtl. 50 µg Fentanyl epidural (respiratorische Überwachung sicherstellen!)
- **Katheterfehllagen**
  - subduraler Block: sensorische Blockade unerwartet bei C7 oder höher, keine motorische Blockade → Katheter entfernen
  - totale Spinalanästhesie: Linksseitenlage, Sauerstoff, Beatmung und Intubation unter Krikoid-Druck, Hypotension vermeiden bzw. therapieren (Volumengabe, evtl. Vasopressor), unverzüglich Kontakt mit Geburtshelfern, evtl. **Notfallsectio**
- Beachte: Der **diaplazentare Transfer** ist bei **Bupivacain** deutlich geringer als bei Lidocain, Mepivacain und Prilocain (→ neonatales Toxizitätsrisiko ohne klinische Bedeutung, da nur eine kleine Fraktion die Plazentaschranke passiert)

- Beachte: **Bupivacain besitzt ein hohes kardiotoxisches Potential** (beim Gesunden können bereits durch i.v.-Applikation von 25 mg Bupivacain **ventrikuläre Rhythmusstörungen/Kammerflimmern** ausgelöst werden!) → intermittierende Injektion fraktionierter Dosen
- Durch Applikation von Bupivacain in niedriger Konzentration (z.B. 0,125%) kann idealerweise eine peridurale Differentialblockade (sensorische Blockade ohne motorische Blockade) erzielt werden, insbesondere durch Kombination mit Opioiden
- Beachte: Bei Auftreten einer **totalen Spinalanästhesie mit Herzkreislaufstillstand** wird der Reanimationserfolg durch **sofortige Notfallsectio** verbessert

Eröffnungsphase

- Einsetzen regelmäßiger Wehen alle 10 min, Blasensprung
- Vorwiegend **viszerale Schmerzen** durch Kontraktionen des Uterus und Dilatation der Zervix (Fortleitung durch marklose C-Fasern)
- Schmerzprojektion Th10–12 bzw. bis L1: Hypogastrium, Lumbalbereich (→ Uterusschmerz)
- Position bei Applikation: Linksseitenlage
- Dosierung (Angaben enthalten jeweils eine Testdosis von 2 ml):
  - Bupivacain 0,25% 10–15 ml,
  - Bupivacain 0,125% 15–20 ml
- Peridurale Opioidgabe bei viszeralem Schmerz oft ausreichend:
  - Fentanyl (z.B. 50–100 μg in 10 ml NaCl 0,9%) alle 2–3 h
  - 50–100 μg Fentanyl epidural appliziert hat keine signifikanten mütterliche oder neonatale Auswirkungen
  - Sufentanil (z.B. 10–30 μg in 10 ml NaCl 0,9%) alle 2–3 h
- Vorgehen bei unvollständiger Blockade und liegendem Periduralkatheter:
  - Ausschluß einer Katheterfehllage/migration → ggf. Katheterlage korrigieren
  - bei einseitigen Schmerzen Lagerung auf die schmerzempfindliche Seite, bei bilateralen Beschwerden Rückenlage einnehmen lassen (Cave: Vena cava-Kompressionssyndrom)
  - Supplementierung durch Opioid (z.B. Fentanyl 50–100 μg oder z.B. Sufentanil 10 μg)

– Nachinjektion von 4– 6 ml Bupivacain 0,25% frühestens 15 min nach Erstdosis, Position nach Injektion mindestens 5 min beibehalten

Austreibungsphase

- Muttermund vollständig eröffnet (10 cm)
- Vorwiegend **somatische Schmerzen** im perinealen Bereich (Fortleitung durch myelinisierte A-Delta-Fasern)
- Schmerzprojektion S2–S4: Rektum, Scheide, Damm
- Halbsitzende Position bei Applikation
- Dosierung (einschließlich Testdosis von 2 ml):

  Bupivacain 0,25% 6–10 ml
- Vorgehen bei unvollständiger Blockade und liegendem Periduralkatheter: Nachinjektion im Sitzen von 4–8 ml Bupivacain 0,25% frühestens 15 min nach Erstdosis, Position nach Injektion mindestens 5 min beibehalten

Sectio caesarea

Allgemeines

- Zu erwartender Blutverlust zwischen 500–1000 ml
- Maßnahmen zur **Aspirationsprophylaxe** unabhängig vom geplanten Narkoseverfahren stets sinnvoll und empfehlenswert (Aspiration auch bei Periduralanästhesie beschrieben!):
  - Natriumzitrat 30 ml oral
  - bei geplanter elektiver Sectio: Ranitidin 150 mg oral um 22.00 Uhr am Vortag und Repetitionsdosis von 150 mg oral 2 h präoperativ
- Auch bei Regionalanästhesie sollte jederzeit der Übergang auf eine Allgemeinnarkose möglich sein
- Bei **unmöglicher Intubation** haben Oxygenation und Ventilation Vorrang (failed intubation drill):
  - Maskenbeatmung mit Krikoid-Druck
  - falls ohne Erfolg: Larynxmaske? Koniotomie?
  - bei elektiver Sectio Patientin aufwachen lassen
  - bei Notfallsectio und suffizienter Maskenbeatmung wird die Fortsetzung der Maskennarkose unter Krikoid-Druck als vertretbar angesehen
- Bei schweren Verlaufsformen der Präeklampsie/Eklampsie invasives Monitoring mit arterieller Druckmessung und zentralem Venenkatheter empfehlenswert. Bei kardialer Dekompensation Swan-Ganz-Katheter erwägen

Sectio in Allgemeinanästhesie

- Beachte: Die **Inzidenz schwieriger Intubationen** ist bei Schwangeren 8mal höher als bei Nichtschwangeren
- Opiate und Benzodiazepine in der Regel vermeiden (Depression des Neugeborenen) bzw. nur bei strenger Indikation
- Falls aufgrund von Begleiterkrankungen ein Blutdruckanstieg durch den Intubationsreiz vermieden werden muß, ist die Verwendung von Alfentanil (z.B. Rapifen®), z.B. in einer Dosierung von 0,5 mg, vertretbar

- Operationstisch bis zur Kindsentwicklung um etwa 15–20° nach links neigen
- Großlumiger Venenzugang, ggf. zweite Venenverweilkanüle
- Adäquate Volumenzufuhr vor Narkoseeinleitung
- **Aspirationsprophylaxe**:
  - Natriumzitrat 30 ml oral
  - bei geplanter elektiver Sectio: Ranitidin 150 mg oral (z.B. Sostril®, Zantic®) um 22.00 Uhr am Vortag und Repetitionsdosis von 150 mg oral 2 h präoperativ
  - Cimetidin (Tagamet®) oder Ranitidin (z.B. Sostril®, Zantic®) mindestens 30– 60 min vor OP-Beginn zur Reduzierung der Magensaftazidität (bei i.v.-Gabe)
  - Metoclopramid (Paspertin®): Zunahme des gastroösophagealen Sphinktertonus
  - Atropin-Vorgabe wegen Herabsetzung des Kardiatonus eher ungünstig
  - Bereitstellung eines funktionstüchtigen und leistungsfähigen Motorsaugers
  - Hilfsmittel für schwierige Intubation (z.B. mehrere Tubusgrößen, Führungsstab) in Reichweite
  - Präoxygenierung über 3–5 min mit 100% Sauerstoff
  - Vorgabe eines nichtdepolarisierenden Muskelrelaxans (Präkurarisierung)
  - nach Einleitung: keine Maskenbeatmung, Handgriff nach *Sellick*
  - erfahrene Hilfsperson(en)
- Einleitung:
  - Thiopental (Trapanal®): 3–5 mg/kg i.v.
  - Methohexital (Brevimytal®): 1–1,5 mg/kg i.v.
  - Ketamin (Ketanest®): 0,75–1 mg/kg i.v.

    Kontraindikationen für Ketamin-Applikation: Plazentainsuffizienz, drohende Asphyxie, Präeklampsie/Eklampsie
- Relaxierung: Succinylcholin: 1–1,5 mg/kg i.v. (nach Präkurarisierung)
- Nach Abklingen der Succinylcholin-Wirkung und Erfordernis einer Aufrechterhaltung bzw. Vertiefung der Muskelrelaxation (Muskelrelaxantien passieren die Plazentaschranke nur minimal; neuromuskuläres Monitoring empfohlen):
  - Succinylcholin-Dauertropf kaum noch in Gebrauch

  - nichtdepolarisierendes Muskelrelaxans (günstig: Atracurium, Vecuronium, Rocuronium)
- Zügige Intubation nach Eintritt des Atemstillstandes und sofortige Tubusblockung
- Narkoseunterhaltung mit 60% Lachgas und 40% Sauerstoff
- Volatile Inhalationsanästhetika bis zur Kindsentwicklung in reduzierter Dosis verwenden (diaplazentare Passage bei Halothan schnell, bei Enfluran langsamer):
  - Enfluran bis 1 Vol%
  - Halothan bis 0,5 Vol%
  - Isofluran bis 0,75 Vol%
- Bedarfsadaptierte Beatmung (Kapnometrie)
- Hyperventilation mit $PaCO_2$-Werten < 25 mm Hg vermeiden (cave: materne Alkalose, fetale Hypoxie mit metabolischer Azidose)
- Vor und während der Entwicklung des Kindes: 100% O_2
- Therapeutische Möglichkeiten bei Notwendigkeit einer **zusätzlichen Uterusrelaxierung**:
  - Narkose vertiefen: z.B. Konzentrationserhöhung des volatilen Anästhetikums (Gefahr einer postpartalen Uterusatonie)
  - Tokolytika-Gabe: Fenoterol (Partusisten®)

    1 Amp. (10 ml) = 0,5 mg

    1 ml (= 0,05 mg) + 9 ml NaCl 0,9%

    Pro Minute können etwa 1 ml (= 5 µg) dieser verdünnten Lösung injiziert werden (Cave: ventrikuläre Rhythmusstörungen)
- Nach Abnabelung mütterliche Anästhesie vertiefen. Aufgrund der uterusrelaxierenden Wirkung der gebräuchlichen volatilen Inhalationsanästhetika Supplementierung mit kleinen Dosen Alfentanil (Rapifen®) oder Fentanyl empfohlen.
- **Medikamente zur Uteruskontraktion**:
  - Oxytocin (Syntocinon®): 5–10 IE i.m. oder 5–10 IE i.v. als Tropfinfusion
  - Methergin®: 1 Amp. (1 ml) langsam i.v.
- Antibiotikagabe nach Abnabelung
- Vor Narkoseende Indikation zum Absaugen von Magensaft großzügig stellen (orale Magensonde, vor Extubation entfernen)

Sectio in Periduralanästhesie

- Erforderliche Anästhesiehöhe: Th 4– 6
- **Geburtshilfliche Kontraindikationen**:
  - notfallmäßige Sectio
  - Blutung
  - kindliche Asphyxie
  - Placenta praevia
  - vorzeitige Plazentalösung
  - Nabelschnurvorfall
  - Mehrlingsschwangerschaft mit Notwendigkeit der Uteruserschlaffung
- Vorsichtsmaßnahmen zur Aspirationsprophylaxe wie bei Sectio in Allgemeinanästhesie
  - Natriumzitrat 30 ml oral
  - bei geplanter elektiver Sectio: Ranitidin 150 mg oral um 22.00 Uhr am Vortag und Repetitionsdosis von 150 mg oral 2 h präoperativ
- Linksseitenlage (**Cave: Vena cava-Kompressionssyndrom**)
- Großlumiger Venenzugang
- Kreislauf mit mindestens 500–1000 ml Vollelektrolytlösung auffüllen
- Streng aseptisches Vorgehen
- Punktion L3/L4 (eventuell L2/L3)
- Injektion der Lokalanästhetika nur im wehenfreien Intervall
- Sauerstoffinsufflation über Nasensonde
- **Single-shot-PDA**: in der Regel 15–22 ml Bupivacain 0,5% ausreichend
- **Katheter-PDA**:
  - Testdosis 2 ml Bupivacain 0,5% mit Adrenalin (1: 200.000)
  - Bupivacain 0,5% 15 ml (= 75 mg)
  - Nachinjektionen im Abstand von 10 min bis zur erforderlichen Anästhesiehöhe von Th 4– 6 bei Bedarf
  - Operationsbeginn nach etwa 20–30 min
- Vorgehen bei unvollständiger Blockade:
  - Sauerstoff/Lachgas-Applikation

- Nachinjektion (Top-up-Dosis)
- epidurale Fentanyl-Gabe (50–100 µg) oder Sufentanil (10 µg); postoperative Überwachung der Atmung sicherstellen
- evtl. Allgemeinanästhesie mit Intubation falls andere Maßnahmen ineffektiv bleiben bzw. die Situation kein Zuwarten erlaubt

- Postoperative Nachinjektion (z.B. 10 ml Bupivacain 0,125–0,25%) zur Schmerztherapie
- Katheterentfernung vor Verlegung auf Normalstation

Sectio in Spinalanästhesie

- Erforderliche Anästhesiehöhe: Th 4– 6
- **Geburtshilfliche Kontraindikationen**:
  - notfallmäßige Sectio
  - kindliche Asphyxie
  - Placenta praevia
  - vorzeitige Plazentalösung
  - Blutung
  - Nabelschnurvorfall
  - Mehrlingsschwangerschaft mit Notwendigkeit der Uteruserschlaffung
- Aspirationsprophylaxe wie bei Sectio in Allgemeinanästhesie
  - Natriumzitrat 30 ml oral
  - bei geplanter elektiver Sectio: Ranitidin 150 mg oral um 22.00 Uhr am Vortag und Repetitionsdosis von 150 mg oral 2 h präoperativ
- Großlumiger Venenzugang, ggf. zweite Venenverweilkanüle
- Kreislauf mit mindestens 500–1000 ml Vollelektrolytlösung auffüllen
- Linksseitenlage **(Cave: Vena cava-Kompressionssyndrom)** oder sitzende Position
- Streng aseptisches Vorgehen
- Punktion L3/L4, möglichst nur 25 G-Pencil-point-Kanüle oder 27 G-Nadel verwenden
- Injektion der Lokalanästhetika nur im wehenfreien Intervall
- Sauerstoffinsufflation über Nasensonde

- Etwa 50–75% der üblichen Dosis erforderlich (erhöhter intraabdomineller Druck): z.B. Bupivacain 0,5% hyperbar 2,5 ml
- Blutdruckabfall wegen Abnahme der Uterusdurchblutung vermeiden (RR nicht unter 100 mm Hg systolisch abfallen lassen; ggf. Vasokonstriktor [Akrinor®])

Schwangerschaftsspezifische Erkrankungen

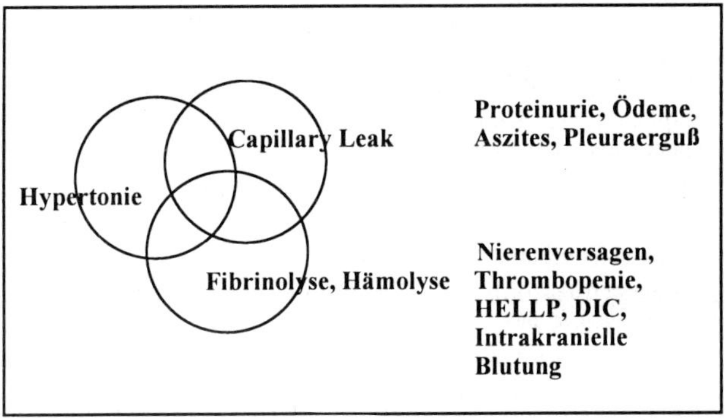

HELLP-Syndrom

- Diagnostische Kriterien:
  - Hämolyse (**H**emolysis): pathologisches Differentialblutbild (z.B. Fragmentozyten, Sphärozyten), Gesamtbilirubin > 1,2 mg/dl, LDH > 600 U/l
  - erhöhte Leberenzyme (**E**levated **L**iver enzymes): GOT > 70 U/l, LDH > 600 U/l
  - Thrombopenie (**L**ow **P**latelets) < 100.000/µl
- Klinische Symptome meist wie bei Präeklampsie, jedoch unspezifisch (treten in ca. 30% erst postpartal auf!): Nausea, Erbrechen, rechtsseitige bzw. epigastrische Oberbauchschmerzen (bedingt durch Leberbeteiligung), plötzlicher kardiovaskulärer Kollaps (Hypovolämie bei Leberruptur), Oligurie, Proteinurie, Gerinnungsstörungen
- Differentialdiagnose: akute Schwangerschaftsfettleber, hämolytisch-urämisches Syndrom, thrombotische thrombozytopenische Purpura

- Labor: PTT und Quick häufig in einem normalen Bereich (deshalb wird vielfach das Vorliegen einer disseminierten intravasalen Gerinnungsstörung verneint), eventuell freies Hb nachweisbar, Hämoglobinurie
- Wegen der **Gefahr der Leberruptur** ist jeder Anstieg des intraabdominellen Druckes zu vermeiden (Cave: Palpation, Erbrechen)
- **Komplikationen**: Abruptio placentae, intrahepatische bzw. subkapsuläre Leberblutung (Gefahr der Leberruptur), Nierenversagen, respiratorische Insuffizienz (ARDS) u.a. durch Lungenödem, spontane intrazerebrale Blutungen
- In der Regel Sectio caesarea erforderlich (erhöhte mütterliche und kindliche Mortalität)
- Anästhesiologisches Management:
  - Voruntersuchungen, sofern zeitlich möglich (Labor, evtl. Abdomensonographie)
  - Allgemeinanästhesie empfehlenswert
  - bei bereits liegendem Periduralkatheter Gefahr der epiduralen Blutung, Nachinjektionen sind problematisch, engmaschige neurologische Kontrollen
  - evtl. Thrombozyten- und Frischplasma-Substitution
  - postoperative Verlegung auf Intensivstation

Präeklampsie

- Schwangerschaftsassoziiertes Syndrom weitgehend unbekannter Ätiologie mit Beeinträchtigung vitaler Organsysteme
- Synonyme: **EPH-Gestose**, proteinurische Gestationshypertonie
- Erscheinungsbild:
  - **Hypertonie** (Hauptsymptom): diastolischer RR > 90 mm Hg
  - **Proteinurie**: > 300 mg/l in einer 24 h Sammelperiode
  - **Ödeme**: nicht obligat bzw. uncharakteristisches Symptom
- **Perioperative Problematik**:
  - Hypovolämie (intravasal)
  - Ödeme (Wasser- und Natriumretention), erhöhte Gefäßpermeabilität
  - Hypertonie, hoher systemischer Gefäßwiderstand
  - Herzinsuffizienz (latent bis manifest)
  - Prä-Lungenödem (Linksherzinsuffizienz)

- Konvulsionen (Verlust der zerebralen Autoregulation, Hirnödem, intrazerebrale Blutungen)
- Aspirationsgefahr
- Hypoproteinämie
- Oligurie (drohendes Nierenversagen)
- Gerinnungsstörungen (z.B. Thrombopenie)
- Stoffwechselstörungen durch Leberinsuffizienz

• **Beachte**:
  - Wechselwirkungen zwischen Antihypertensiva, Antikonvulsiva, Sedativa und Anästhetika
  - Magnesiumsulfat + Muskelrelaxantien: Gefahr der postnarkotischen respiratorischen Insuffizienz durch Muskelschwäche
  - Vasopressoren und Oxytocin können schwere hypertensive Krisen auslösen

• Präoperative Maßnahmen:
  - Diagnostik: EKG, Labor, Blutgasanalyse, Urinstatus (Blasenkatheter)
  - Therapie bzw. Vorbehandlung vorhandener Störungen im Säure-Basen- und Wasser-Elektrolyt-Haushalt
  - bei Bedarf: Sedierung mit Diazepam (Valium®) oder Magnesiumsulfat (Magnorbin®). Blutdruckeinstellung mit Antihypertonika: Dihydralazin (Nepresol®) günstig, Frischplasma bei Gerinnungsstörungen
  - zentralvenöser Katheter und arterielle Druckmessung wünschenswert (vor allem in schweren Fällen)

• **Allgemeinanästhesie**
  - bei schweren Formen wegen der besseren Überwachung und Aufrechterhaltung der Vitalfunktionen indiziert
  - Linksseitenlagerung **(Cave: Vena cava-Kompressionssyndrom)**
  - Barbiturateinleitung mit reduzierter Dosierung (Hypoproteinämie)
  - hypertensive Reaktionen bei der Intubation müssen vermieden werden: adäquate antihypertensive Therapie, evtl. vor Einleitung Lidocain (Xylocain®) 1 mg/kg oder Alfentanil (Rapifen®) 0,5 mg jeweils i.v.
  - vorsichtige Volumensubstitution unter ZVD-Kontrolle
  - Cave: Blutdruckabfall

- **Regionalanästhesie** (PDA-Katheter) bei Präeklampsie wegen der Vasodilatation empfehlenswert
  - Kontraindikationen: Gerinnungsstörungen; bei 10–25% aller präeklamptischen Patientinnen liegt trotz normaler Thrombozytenzahlen eine verlängerte Blutungszeit vor
  - Linksseitenlagerung
  - kein Adrenalin-Zusatz zur Lokalanästhesie (umstritten)
  - Sauerstoff-Nasensonde
  - Cave: Blutdruckabfall
- Postoperative Überwachung auf Intensiveinheit, pulmonale und kardiale Gefährdung durch Linksherzbelastung (Hypervolämie) bei eingeschränkter kardialer Kompensationsfähigkeit

Eklampsie

- Definition: Präeklampsie mit zerebralen Komplikationen: Konvulsionen, intrakranielle Blutungen, Hirnödem
- Warnzeichen: Kopfschmerzen, Sehstörungen, Hyperreflexie
- Differentialdiagnose: Ruptur intrakranieller Gefäßmißbildungen, Hyponatriämie, Hypoglykämie, Epilepsie, Überdosierung von Lokalanästhetika
- Therapie von Konvulsionen:
  - Atemwege freihalten, Oxygenierung sichern (Sauerstoff)
  - Linksseitenlagerung zur Vermeidung eines Vena cava-Kompressionssyndroms
  - Diazepam: 5–20 mg i.v. (nicht mehr als 30 mg wegen der Gefahr einer neonatalen Hypotonie verwenden)
  - evtl. Phenytoin: 10–15 mg/kg langsam i.v.
  - siehe auch Präeklampsie
- Falls antiepileptische Therapie ineffektiv: nach Barbiturateinleitung und Relaxation Intubation und Beatmung
- Antihypertensive Therapie
- Rasche (operative) Entbindung ist anzustreben
- Bei anhaltender postpartaler Bewußtlosigkeit: Schädel-CT

Peripartale Komplikationen

Massive Blutung

- Ursachen (Auswahl):
  - Placenta praevia
  - Abruptio placentae
  - Uterusruptur (etwa 0,2% aller Entbindungen)
  - Uterusatonie
  - Placenta accreta
  - Verletzungen/Trauma
- Großlumige venöse Zugänge, ggf. Shaldon-Schleuse
- Gabe von Kristalloiden, Kolloiden und falls erforderlich Bluttransfusion
- Sauerstoffgabe
- Falls pränatale Blutung: Uterus zur linken Seite verlagern, Linksseitenlage
- Evtl. Kopftieflage
- Monitoring: EKG, Blutdruck, Urinausscheidung, ZVD, Temperatur, Labor (Hämoglobin, Hämatokrit, Blutgasanalyse)
- Bereitstellung von bis zu 10 Blutkonserven
- Bei pränataler Blutung: Notfallentbindung vorbereiten

Fruchtwasser-Embolie

- Akutes Auftreten von:
  - respiratorischer Insuffizienz, Zyanose
  - kardiovaskulärem Kollaps
  - profuser Blutungsneigung (DIC)
  - Krämpfe, Koma
- Verdachtsmomente für eine Fruchtwasserembolie unter der Geburt bzw. unmittelbar postnatal:
  - plötzlicher Kollaps
  - massive, nicht erklärliche Blutung

- Eine Fruchtwasserembolie ist bei stehender Fruchtblase und bei wehenlosem Uterus praktisch ausgeschlossen
- Akutbehandlung:
  - 100% Sauerstoff
  - Intubation
  - Beatmung mit PEEP
  - je nach Schweregrad Applikation von Katecholaminen
  - Kardiopulmonale Wiederbelebung falls erforderlich unter Vermeidung einer aortokavalen Kompression (Uterus nach links verlagern)
- Akutdiagnostik:
  - bei liegendem ZVK Blutaspiration aus dem rechten Herzen (Untersuchung auf Fruchtwasserbestandteile wie Lanugohaare, Mekoniumpartikel)
  - Blutgasanalyse
- Rechtsherzkatheterisierung (Swan-Ganz-Katheter) zum hämodynamischen Monitoring; nicht-kardiogenes **Lungenödem** häufig
- Weitere Intensivbehandlung wegen drohendem Multiorganversagen mit Leber- und Niereninsuffizienz erforderlich. Die Mortalität beträgt bis 80%.

Gerinnungsstörungen

- Häufige Ursachen:
  - Präeklampsie, Eklampsie
  - vorzeitige Plazentalösung
  - Abruptio placentae
- Weitere mögliche Ursachen:
  - hämorrhagischer Schock
  - Fruchtwasserembolie
  - septischer Schock
  - intrauteriner Kindstod
  - inkompatible Bluttransfusion
  - Antikoagulantien
- Klinisches Erscheinungsbild: u. U. disseminierte intravasale Gerinnung (DIC)

- Kausale Therapie der auslösenden Faktoren erforderlich (z.B. Sepsis, Schock, Hypoxie)
- Je nach Erfordernis Bluttransfusionen, GFP, AT III und Thrombozyten; die Gabe von Heparin ist umstritten

Hypotonie

- Prophylaxe: ausreichende präoperative Infusionstherapie, Stützstrümpfe
- Ausschluß von:
  - Vena cava-Kompressionssyndrom
  - unbemerktem Blutverlust (Hämoglobin? Hämatokrit?)
- Volumenzufuhr:
  - die risikoärmste Therapie ist die Gabe von Kristalloiden
  - Plasmaersatzmittel bei Nichtansprechen bzw. starker Blutung
- Sauerstoffgabe
- Kopftieflage und Hochlagerung der Beine, Linksseitenlage
- Falls erfolglos: fraktionierte Gabe von Akrinor®
- Bleiben die genannten Maßnahmen ohne Erfolg, muß auch an seltenere Ursachen für eine Hypotonie gedacht werden: z.B. Fruchtwasserembolie

Krampfanfall

- Hauptursachen:
  - Eklampsie
  - Epilepsie
  - Überdosierung von Lokalanästhetika
  - Hypoglykämie stets ausschließen (BZ-Stix)
- Linksseitenlagerung (Vermeidung eines Vena cava-Kompressionssyndroms)
- Sauerstoffgabe
- Medikamente:
  - Diazepam: 5–20 mg i.v. (nicht mehr als 30 mg wegen der Gefahr einer neonatalen Depression verwenden); cave: mögliche atem- oder kreislaufdepressive Effekte
  - evtl. Phenytoin: 10–15 mg/kg langsam i.v.

- Bei Unwirksamkeit gegebenenfalls nach Barbiturateinleitung und Relaxation Intubation und Beatmung

Lungenödem

- Ursachen für linksventrikuläre Insuffizienz: inadäquate Flüssigkeitszufuhr, Anstieg des Herzminutenvolumens (CI), Zunahme des systemischen Gefäßwiderstands (SVR)
- Diagnostik erfordert in schweren Fällen Anlage eines Swan-Ganz-Katheters
- **Fenoterol + Kortikosteroide:** Gefahr des **Lungenödems** u.a. durch Wasserretention
- Hämodynamik: Patientinnen mit unbehandelter Präeklampsie zeigen in der Regel eine hyperdyname linksventrikuläre Funktion und einen erhöhten systemischen Gefäßwiderstand (SVR)
- Differentialdiagnostik:

	PCWP	KOD	SVR	CI
Linksherzinsuffizienz	+	–	+	–
Erhöhung des hydrostatischen Druckes	=/+	–	+	+
Erhöhte Kapillarpermeabilität	=	–	=	=

(*PCWP: pulmonalkapillärer Verschlußdruck; KOD: kolloidosmotischer Druck; SVR: systemischer Gefäßwiderstand; CI: Herzindex*)

Oligurie/Anurie

- Ursachen für ein peripartales Nierenversagen:
  - prärenal: Hypotension und Hypovolämie z.B. durch Blutung oder Hyperemesis
  - renal: Bakteriämie, inkompatible Bluttransfusion, DIC, Fruchtwasserembolie, Applikation potentiell nephrotoxischer Medikamente (Cephalosporine, Aminoglykoside, nicht-steroidale Antiphlogistika), Leberinsuffizienz (hepatorenales Syndrom), Niereninsuffizienz bei **Präeklampsie/Eklampsie bzw. HELLP-Syndrom**

- Maßnahmen:
  - Monitoring: Urinstundenportionen (Blasenkatheter), Labor (u.a. Elektrolyte, Blutbild, Gerinnungsstatus, Urinosmolalität, Urinnatrium), ZVD
  - Vermeidung von nephrotoxischen Substanzen
  - evtl. bestehendes Volumendefizit ausgleichen
  - Furosemid 40–80 mg
  - Dopamin 2–5 µg/kg/min
- Bei manifestem Nierenversagen Nierenersatztherapie vorbereiten und engmaschige Überwachung des Serumkaliums; bei Azidose und Hyperkaliämie mit Dialyse nicht zögern
- Flüssigkeitstagesmenge bei Oligurie/Anurie:
  - Faustregel: 500 ml + Urintagesvolumen + evtl. Blutverluste + evtl. Verluste an Magensaft

Unvollständige Plazenta (manuelle Plazentalösung)

- Manuelle Plazentalösung unter Narkose erforderlich. Es liegen jedoch kasuistische Berichte (*Desimone* et al. 1990) vor, die auf eine prompte Plazentaextraktion allein durch i.v.-Applikation von 50 µg Nitroglyzerin innerhalb von 30– 40 s hinweisen

  Der Stellenwert dieser Therapie ist derzeit unklar, die Autoren verweisen jedoch auf Risikoarmut und Kreislaufneutralität des Verfahrens
- Bei Narkose die **Gefahr einer Aspiration** berücksichtigen
- Narkoseverfahren in Abhängigkeit der individuellen Gegebenheiten:
  - liegender Periduralkatheter: Nachinjektion bis zu einer Anästhesiehöhe von Th8/Th9, bei massivem Blutverlust auf adäquate Volumenzufuhr achten
  - Spinalanästhesie: kontraindiziert bei bereits eingetretenem bzw. zu erwartendem massivem Blutverlust
  - Allgemeinanästhesie: pränarkotische Natriumzitratgabe empfehlenswert. Crash-Einleitung und Intubation obligat. Inhalationsnarkotika zunächst wegen einer erwünschten Uterusrelaxation günstig (Nebenwirkung: erhöhter Blutverlust)

Vena cava-Kompressionssyndrom

- Symptome: Blutdruckabfall, Kollaps, Schwindel, Schwitzen, Tachykardie, Benommenheit
- Gefahr der vorzeitigen Plazentalösung
- Therapie: Uterus nach links verlagern oder Linksseitenlage, Volumenzufuhr, Sauerstoffgabe, evtl. Akrinor®
- Differentialdiagnostisch an bisher unbemerkte Blutung denken
- **Cave**: Ein Vena cava-Kompressionssyndrom kann durch eine Periduralanästhesie demaskiert werden

Spezielle Medikamente bei Schwangeren und geburtshilflich betreuten Patientinnen

Magnesium

- Häufige Indikationen für eine peripartale Magnesium-Therapie:
  - schwangerschaftsinduzierte Hypertonie (SIH)
  - Präeklampsie
  - Eklampsie
- Physiologische Magnesium-Wirkungen:
  - hypotensiver Effekt
  - Uterus- und Muskelrelaxation
  - antikoagulatorischer Effekt
  - Verbesserung der Mikrozirkulation
  - antikonvulsive Wirkung, Sedierung und Anxiolyse
  - Steigerung der Urinproduktion
- Risiko einer Magnesium-Therapie: **kardiale und respiratorische Depression**
- Faustregeln zur Dosierung (bei Magnesiumaskorbat muß aufgrund einer anderen Pharmakokinetik zur Erreichung einer vergleichbaren Serumkonzentration etwa 1,5mal so viel appliziert werden wie bei der Verwendung von Magnesiumsulfat):
  - Loading-dose:
    SIH-Krise 1–2 g iv über 5–10 min
    eklamptischer Krampfanfall 4 g i.v. über 10–15 min
  - Erhaltungsdosis:
    Bei SIH und Eklampsie 1–3 g (= 4,05–12,15 mmol) Magnesium/h. Bei Dauertherapie niedrige Dosierung anstreben (1–1,5 g Mg/h).
- Unter einer Magnesium-Dauerinfusion sind folgende Überwachungsmaßnahmen erforderlich:
  - Magnesiumspiegelbestimmungen (obligat falls Infusionsdauer > 8 h bzw. falls trotz Therapie Krampfanfälle auftreten)
  - Patellarsehnenreflex-Kontrolle: Mg-Überdosierung kann bei vorhandenem Reflex ausgeschlossen werden (Reflex verschwindet bei Mg > 5 mmol/l)

  - Monitoring der Atemfrequenz
  - die Urinstundenportionen sollten > 30 ml/h liegen
  - Herz-Kreislauf-Monitoring
- Bei Applikation von Muskelrelaxantien im Rahmen einer Allgemeinanästhesie sind Wechselwirkungen zu beachten:
  - verlängerte Wirkungsdauer nichtdepolarisierender Muskelrelaxantien
  - neuromuskuläres Monitoring sinnvoll
- Normale Mg-Serumkonzentration 0,7–1,0 mmol/l, Muskelrelaxation ab 5 mmol/l, Asystolie bei Werten > 12 mmol/l
- Therapeutischer Plasmaspiegel: 2–4 mmol/l

Prostaglandine

- Bei der geburtshilflichen Anwendung von Prostaglandinen sind substanzeigene Haupt- und Nebenwirkungen sowie mögliche Interaktionen mit Anästhetika zu beachten
- Prostaglandin F_2 : z.B. Dinoprost (Minprostin® F_2)
  - hämodynamische Nebenwirkungen wie Vasokonstriktion, Tachykardie, erhöhtes Schlagvolumen und Zunahme des Drukkes in der A. pulmonalis bei Dosissteigerung > 200 µg/min zu erwarten
  - Bronchokonstriktion bei Dosis > 200 µg/min möglich
  - bei Frauen mit Glaukom, Herz- bzw. Lungenerkrankungen und Epilepsie bedarf die Anwendung einer individuellen Risiko-Nutzen-Abwägung
  - geburtshilfliche Indikationen: **atonische Nachblutungen**, Vorbeugung einer Uterusatonie. Bei der Bewertung möglicher Nebenwirkungen ist zu bedenken, daß Dinoprost bei der Behandlung massiver atonischer Uterusblutungen die letzte konservative Maßnahme vor einem möglicherweise risikoreichen chirurgischen Vorgehen darstellt.

Tokolytika

- Nach Therapiebeginn fällt der Serum-Kalium-Wert in der Regel in den ersten 48 h konstant ab (Kalium-Verschiebung von extra- nach intrazellulär), Kalium-Kontrolle erforderlich, bei Bedarf Substitution

- Eine Langzeittherapie mit Beta-Mimetika führt zu einer Verarmung des Herzens an energiereichen Phosphaten (Dysökonomisierung der Herzarbeit)
- „Kardioprotektion" unter Beta-Mimetika-Therapie:
  - Kombination mit Kalziumantagonist (Verapamil ungeeignet, Magnesium als physiologischer Kalziumantagonist günstig), oder
  - Kombination mit kardioselektivem Betablocker
- **Absolute Kontraindikationen für eine tokolytische Therapie**
  - angeborene und erworbene, hämodynamisch bedeutsame Herzfehler sowie Herzmuskelerkrankungen
  - pulmonale Hypertonie, Pneumonie, schwere Bronchitis
  - Niereninsuffizienz, akute fieberhafte Pyelonephritis
  - unbehandelte oder therapierefraktäre Hyperthyreose
  - entgleister Diabetes mellitus
  - Ileussymptomatik
  - Glaukom
  - schwangerschaftsspezifische Erkrankungen
  - Amnioninfektionssyndrom, schwere Blutungen z.B. bei Placenta praevia
- **Abbruchkriterien für tokolytische Therapie**
  - Auftreten von Dyspnoe, Kurzatmigkeit
  - Herzfrequenzanstieg auf > 130/min
  - Auftreten supraventrikulärer oder ventrikulärer Extrasystolen
  - Auftreten einer Hypertonie oder Hypotonie
  - Auftreten von persistierenden EKG-Veränderungen
  - Auftreten von Zeichen einer Niereninsuffizienz oder einer auf Diuretika-Gabe nicht ansprechenden Oligurie < 40 ml/h über einen Zeitraum von 3 h
  - Auftreten eines Amnioninfektionssyndroms
  - Auftreten von pathologischen CTG-Mustern
- Beta-Mimetika und Kombination mit:
  - Betablockern

    „Kardioprotektiver Effekt", Verminderung des antidiuretischen Effekts (Lungenödemrisiko geringer). Negative Effekte auf das Kind aufgrund der Plazentagängigkeit nicht ganz ausgeschlossen.

- Kortikosteroiden

  Gefahr des **Lungenödems** vor allem bei Gemini, Hypertonie in der Schwangerschaft und präexistenten internistischen Erkrankungen

- Verapamil (Isoptin®)

  Kombination wird aus folgenden Gründen nicht mehr empfohlen: periphere Vasodilatation, Einschränkung der Nierenfunktion, Minderung der uteroplazentaren Durchblutung

- Vitaminen

  Präparate mit Vitamin D und Kalzium sollten unter betamimetischer Therapie nicht verabreicht werden (Risiko von Herzmuskelnekrosen besonders bei Kalium- und Magnesiummangel)

Spezielle Anästhesie

Anästhesie bei Adipositas

Besonderheiten

- Erhöhte perioperative Morbidität und Mortalität
- Erheblich **verminderte Reserve** gegenüber Belastungen
- Patienten mit extremer Adipositas (> 30% Übergewicht) befinden sich oft am Rand der kardiopulmonalen Dekompensation
- Gefährdung möglicherweise bereits durch Flachlagerung
- Beachte: Erhöhtes Aspirationsrisiko auch bei „nüchternen" Patienten (vermehrte Magensaftsekretion, erhöhter intraabdomineller Druck, Disposition für Hiatushernie)
- Cave: problematische Maskenbeatmung
- Cave: schwierige Intubation

Kardiovaskuläres System

- Erhöhte Inzidenz von Hypertonie, Myokardinsuffizienz, koronarer Herzkrankheit, Diabetes mellitus
- Erhöhtes Embolierisiko (Lungenembolie)
- Beeinträchtigung des venösen Rückflusses durch erhöhten intraabdominellen Druck (Vena cava-Kompression) → Disposition zu Blutdruckabfall

Respiratorisches System

- Verminderte Vitalkapazität (VK), inspiratorische Reservekapazität (IRK), exspiratorische Reservekapazität (ERK)
- Ausgeprägte Verminderung der funktionellen Residualkapazität (FRK), normales oder leicht erhöhtes Closing Volume (CV),

„gas trapping“, Atelektasenbildung, Ventilations-Perfusions-Störungen, erhöhte Shuntfraktion, Abnahme des PaO_2

- Beachte: Weitere Abnahme der FRK durch Flachlagerung und Allgemeinanästhesie → **Risiko der Hypoxämie**
- Beeinträchtigung der Atemmechanik (erhöhter Inspirationswiderstand, erhöhte totale Compliance, besonders im Liegen)
- Deutlich erhöhte mechanische Atemarbeit (Ruhedyspnoe)
- Gesteigerter O_2-Verbrauch durch vermehrte Atemarbeit
- **Cave**: weitere Erhöhung des O_2-Verbrauchs durch z.B. Muskelzittern, Schmerzen
- Evtl. verminderter Atemantrieb

Anästhesiologisches Vorgehen

- Präoperativ Blutgasanalyse, Lungenfunktionsuntersuchung, intensive Physiotherapie
- **Vermeide Kopftieflagerung**
  - Risiko von Hypoxämie, Vena cava-Kompression
  - extreme Adipositas: Einleitung in Oberkörperhochlagerung
- Ausreichende **Präoxygenierung** von großer Bedeutung (cave: problematische Maskenbeatmung, schwierige Intubation)
- **Injektionsanästhetika** zur Narkoseeinleitung höher dosieren als bei gleichgroßen Normalgewichtigen (aber niedriger als dem tatsächlichen Gewicht entsprechend)
- **Inhalationsanästhetika** niedriger dosieren (raschere Anflutung durch verminderte funktionelle Residualkapazität); Risiko des Blutdruckabfalls
- Dosierung von **Muskelrelaxantien** geringer als dem tatsächlichen Gewicht entsprechend (relativ geringere Muskelmasse)
  - Anhaltspunkt: Dosierung für gleichgroße Normalgewichtige
  - Relaxometrie einsetzen
- Vermeide Überdosierung von Muskelrelaxantien (**cave**: der erhöhte intraabdominelle Druck kann fälschlicherweise ungenügende Relaxation vortäuschen)

- **Beatmung**
  - FIO_2 mindestens 0,5
  - relativ großes Atemzugvolumen, niedrige Frequenz
  - evtl. PEEP
  - Pulsoxymetrie, Kapnometrie
  - Kontrolle der Beatmung durch wiederholte Blutgasanalysen
- Günstige Anästhesiemethode ist die Kombination von Periduralanästhesie (Katheter-PDA) mit flacher Allgemeinanästhesie
- Postoperativ mit evtl. erforderlicher Nachbeatmung rechnen
- Postoperativ 45° Oberkörperhochlagerung
- Frühmobilisierung anstreben

Anästhesie bei alten Patienten

Besonderheiten

- **Verminderte kardiopulmonale Reserve**
- Verlängerte Kreislaufzeit
- Prädisposition für Atelektasen
- Verminderte Muskelmasse
- Vermindertes Blutvolumen, Neigung zu Dehydratation
- Prädisposition für Blutdruckabfall
- Beeinträchtigter Zahnstatus, Zahnlosigkeit, Unterkieferatrophie → **erschwerte Maskenbeatmung**
- Disposition für Hiatushernie, Sphinkterinsuffizienz → **erhöhtes Aspirationsrisiko**
- Häufige Begleiterkrankungen: Koronare Herzerkrankung, Herzinsuffizienz, Hypertonie, Lungenemphysem, chronisch obstruktive Lungenerkrankungen, zerebrovaskuläre Störungen, Diabetes mellitus, Niereninsuffizienz, Adams-Stokes-Syndrom, chronisch venöse Insuffizienz mit Thromboseneigung

Anästhesiologisches Vorgehen

- Prämedikation
  - **keine Opiate** (Risiko der Atemdepression)
  - **cave**: paradoxe Reaktion auf Sedativa, Verwirrtheitszustände durch zerebrale Hypoxie
- Dosisreduktion bei Sedativa und Analgetika
- **Cave**: Adrenalinzusatz zu Lokalanästhetika
- Beachte: verminderten **MAC-Wert** von Inhalationsanästhetika
- Bei Ventilations-Perfusions-Störungen verzögerte An- und Abflutung von Inhalationsanästhetika
- Beachte: verlängerte Wirkungsdauer nichtdepolarisierender **Muskelrelaxantien**
- Injektionsanästhetika, insbesondere Barbiturate, geringer dosieren. **Cave: Hypovolämie, Hypalbuminämie**
- **Adäquate Volumenzufuhr** beachten → Defizite vor Narkoseeinleitung korrigieren

Anästhesie bei Asthma bronchiale

Besonderheiten

- Hyperreagibles Tracheobronchialsystem/allergische Diathese (Hauptmediatoren Histamin, Leukotriene) → anfallsweise Atemwegobstruktion
  - entzündliche Schleimhaut**schwellung** (pathologische inflammatorische Reaktion)
  - erhöhter Bronchialmuskel**tonus**
  - zäher Bronchial**schleim**
- Folgeerkrankungen: pulmonale Infektionen, chronische Bronchitis, Bronchiektasen, obstruktives Emphysem, Cor pulmonale, Hypoxämie
- Beachte: verminderte Leistungsreserve

Prämedikation

- Präoperative Thoraxröntgenaufnahme (beachte: Pneumothoraxausschluß bei akutem Asthma)
- **Präoperative Lungenfunktionsprüfung**
  - inspiratorische Verschiebung der Atemmittellage
  - verminderte Vitalkapazität
  - vergrößerte funktionelle Residualkapazität
  - verlängertes Exspirium
  - verminderte dynamische Lungenvolumina (FEV1)
  - Ventilations/Perfusionsstörungen (→ Blutgasanalyse)
  - Effekt einer Broncholyse?
- Präoperativ: Atemtherapie, Inhalationstherapie, ggf. gezielte pulmonale Infekttherapie
- Bei Patienten unter Kortikoidtherapie perioperative Hydrocortisonsubstitution
- Ggf. Aminophyllinkonzentration im Plasma bestimmen (therapeutischer Plasmaspiegel 10–20 mg/l)
- Geeignete adjuvante medikamentöse Maßnahmen
  - Atropin
  - Benzodiazepine

- Promethazin (z.B. Atosil®)
- Pethidin (z.B. Dolantin®)
- Bronchodilatatoren
- H-Rezeptorantagonisten

Anästhesiologisches Vorgehen

- Regionalanästhesieverfahren günstig
- Allgemeinanästhesie
  - Etomidat (z.B. Hypnomidate®) oder Propofol (z.B. Disoprivan®) zur Einleitung geeignet
  - bronchodilatatorischer Effekt bei Ketamin (z.B. Ketanest®)
  - Aufrechterhaltung der Anästhesie mit volatilen Anästhetika günstig
  - bei Kindern (tiefe) **Inhalationsanästhesie** mit Halothan günstig (direkter bronchodilatatorischer Effekt)
  - Vecuronium (Norcuron®) als nichtdepolarisierendes Muskelrelaxans geeignet

Cave

- Erhöhte Inzidenz perioperativer pulmonaler Komplikationen
- Auslösung eines Bronchospasmus bei zu flacher Anästhesie, Intubation, Extubation (→ tiefe Narkose; Husten vermeiden)
- **Cave**
  - Histaminfreisetzende Substanzen (z.B. Succinylcholin)
  - Barbiturate
  - Morphinderivate
  - Cholinesterasehemmer (Neostigmin [z.B. Prostigmin®])
- Pneumothoraxrisiko als intraoperative Komplikation
- Postoperative respiratorische Probleme:
  - ineffektive tracheobronchiale Clearance
  - verminderte Ansprechbarkeit des Atemzentrums auf Hypoxie/ Hyperkapnie
  - Atelektasenbildung möglich

Anästhesie zur Bronchoskopie

Besondere Probleme

- Adäquate Ventilation und Oxygenierung **(cave: Hypoxie, Hyperkapnie)**
- Gesteigerte Sekretion, Schleimhautödem, Bronchospasmus
- Kardiovaskuläre Depression, Arrhythmien
- Unterdrückung des Hustenreflexes und vagaler Reflexe erforderlich
- Gute Relaxierung zur Schaffung optimaler Verhältnisse

Flexibles Fiberbronchoskop

- Bronchoskopie in Oberflächenanästhesie + Atropin + Sedierung möglich (als elektiver Eingriff)
- Bronchoskopie in Allgemeinanästhesie
  - Intubation mit Endotrachealtubus mit adäquatem Innendurchmesser beim relaxierten Patienten
  - Beatmung über Winkelstück
  - Einführung des Fiberbronchoskops über speziellen Konnektor am Winkelstück

Starres Beatmungsbronchoskop mit Fenster

- Bronchoskopie in Allgemeinanästhesie
- Probleme
  - Leckage der Narkosegase neben dem Bronchoskop erfordert hohe Flowrate (bis 20 l/min)
  - bei Entfernen des Fensters zum Absaugen oder Biopsieren muß die Beatmung unterbrochen werden
- Präoxygenierung (Denitrogenisierung)
- Narkoseeinleitung i.v.
- Oberflächenanästhesie (Gaumensegel, Pharynx, Larynx, Stimmbänder, Trachea); 4% Lidocain-Spray (z.B. Xylocain®-Spray)

- Relaxierung mit z.B. Vecuronium (z.B. Norcuron®)
- Zwischenbeatmung mit Maske
- Intubation mit dem Bronchoskop
- Beatmung über Seitenarm des Bronchoskops, Narkosekreisteil anschließen, hoher Flow (unkontrollierbare Gasverluste), FIO_2 = 1,0; Beatmung der kontralateralen Lunge über seitliche Löcher am distalen Ende
- Aufrechterhaltung der Anästhesie als totale intravenöse Anästhesie (TIVA) mit z.B. Propofol (z.B. Disoprivan®)/Alfentanil (Rapifen®) möglich
- Nach Herausziehen des Bronchoskops Patienten bis zur vollständigen Wiederherstellung der Spontanatmung mit Maske nachbeatmen

Starres Bronchoskop mit Venturi-System

- Bronchoskopie in Allgemeinanästhesie
- Vorteile: offenes System, keine Unterbrechung der Beatmung bei Manipulationen
- Nachteile: unbekannte inspiratorische O_2-Konzentration, Inhalationsanästhetika nicht einsetzbar
- Präoxygenierung
- Narkoseeinleitung i.v., Aufrechterhaltung der Anästhesie als totale intravenöse Anästhesie (TIVA)
- Relaxierung mit z.B. Vecuronium (z.B. Norcuron®)
- Bei Laryngoskopie zusätzliche Oberflächenanästhesie empfohlen
- Beatmung über das Venturi-System (automatisch/manuell über Knebelventil); FIO_2 = 1,0

Cave

- Oberflächenanästhesie bei nicht nüchternen Patienten (Schutzreflexe nicht mehr erhalten)
- Systemische Reaktion bei Überdosierung/zu rascher Resorption des Oberflächenanästhetikums
- **Fremdkörper** können wie ein Kugelventil wirken → Relaxierung und Beatmung gefährlich (Oberflächenanästhesie/Intubation in tiefer Anästhesie beim spontan atmenden Patienten)

Anästhesie bei Diabetes mellitus

Anästhesiologisches Management

- **Regionalanästhesie**
  - Methode der Wahl, da unmittelbar nach Operationsende mit oraler Nahrungsaufnahme begonnen werden kann
  - Kontraindikation: diabetische Polyneuropathie
- **Allgemeinanästhesie**
  - erhöhtes **Risiko bei Begleiterkrankungen** wie Adipositas, koronare Herzerkrankung (cave: Symptomarmut!), Hypertonie, Nephropathie (diabetische Mikro-/Makroangiopathie)
  - **cave:** autonome Neuropathie (Dysautonomie)
  - **cave:** erhöhte Aspirationsgefahr durch ösophageale Dysfunktion oder Gastroparese
  - **cave:** hypoglykämische Phasen können bei inadäquater BZ-Überwachung unerkannt auftreten
  - **cave:** Intubationsschwierigkeiten bei Extensionsbehinderung des Kopfes durch Fixierung des Atlantookzipitalgelenks („Stiff joint syndrome") bei bis zu 30% der Typ-I-Diabetiker
- **Beachte:** Keine ambulante Narkose bei Diabetikern
- Die Forderung, Diabetiker am Beginn des OP-Programmes zu operieren, kann bei folgenden Voraussetzungen entfallen:
  - adäquate Vorbereitung
  - engmaschige perioperative BZ-Kontrollen
  - leistungsfähiges Labor mit Tag- und Nachtdienst
- **Ziele des perioperativen Managements**
  - vermeide Hypoglykämie
  - vermeide Ketoazidose
  - vermeide Hyperglykämie (> 200 mg/dl)
  - vermeide Hyperosmolarität
- Hinweise auf das Vorliegen einer **autonomen Neuropathie**:
  - fehlende Herzfrequenzzunahme bei Inspiration bzw. ausbleibende Herzfrequenzabnahme bei Exspiration
  - ausbleibende Herzfrequenzzunahme bei Valsalva-Manöver

- Blutdruckabnahme > 20 mm Hg bei fehlender kompensatorischer Herzfrequenzzunahme beim Aufstehen

- Durch Bestimmung des glykosylierten Hämoglobins (HbA_{1C}) kann die Diabeteseinstellung während der letzten 4–6 Wochen überprüft werden: ausreichende Einstellung bei HbA_{1C} < 10%
- Beachte: erhöhte Inzidenz gegenüber Protaminnebenwirkungen während kardio- oder gefäßchirurgischer Eingriffe bei mit einem Insulinpräparat auf Protaminbasis eingestellten Diabetikern

Diätetisch und oral eingestellter Diabetes mellitus

- **Einstellungskriterien**
  - **gute Einstellung:**

Nüchternblutzucker	< 120 mg/dl (< 6,6 mmol/l)
BZ-Tagesspitze	< 150 mg/dl (< 8,25 mmol/l)
HbA_{1C}	< 10%

negativer Zucker- bzw. Acetonnachweis im Urin

  - **schlechte Einstellung:**

Nüchternblutzucker	> 130 mg/dl (> 7,15 mmol/l)
BZ-Tagesspitze	> 150 mg/dl (> 8,25 mmol/l)
HbA_{1C}	> 10%

Hyperlipidämie
Adipositas
positiver Zucker- bzw. Acetonnachweis im Urin

- **Präoperatives Vorgehen**
  - BZ-Tagesprofil zur Beurteilung der Diabeteseinstellung
  - Biguanid-Derivate (z.B. Glucophage®) wegen der Gefahr der Laktatazidose einige Tage vor OP absetzen
  - Sulfonylharnstoff-Präparate (z.B. Euglucon®, Glutril®) können bis zum Vorabend der OP gegeben werden
  - bei schlechter Einstellung stationäre Vorbehandlung wünschenswert (zusätzliche Gabe von Sulfonylharnstoff-Präparaten, evtl. Umstellung auf Alt-Insulin)
- **Operationstag**
  - Nüchternblutzucker
  - **präoperativ gute Diabetes-Einstellung:** präoperative Infusionstherapie nicht erforderlich, intraoperative BZ-Kontrollen bei OP-Dauer > 4 h

– **präoperativ schlechte Diabetes-Einstellung:**

falls organisatorisch durchführbar, bereits präoperativ mit Infusionstherapie beginnen (z.B. ab 7 Uhr 500–1000 ml Glukose 5% [ggf. mit Elektrolytzusatz]); regelmäßige BZ-Kontrolle; Basisbedarf an Kohlenhydraten: 100–200 g/24 h; intraoperative BZ-Kontrollen im Abstand von 1–2 h

– bei intraoperativem BZ-Anstieg > 250 mg/dl (13,9 mmol/l) muß Insulin verabreicht werden (Humaninsulin aufgrund der geringsten Inzidenz allergischer Reaktionen)

– postoperative BZ-Überwachung

- **Postoperatives Vorgehen**

  – orale Ernährung möglichst bald wieder aufnehmen

  – orale Medikation wie präoperativ, falls volle orale Ernährung möglich

  – BZ-Überwachung

Insulinpflichtiger Diabetes mellitus

- **Beachte**: erhebliches metabolisches Risiko sowohl bei insulinabhängigen Typ-II-Diabetikern als auch vor allem bei den insulinabhängigen Typ-I-Diabetikern ohne körpereigene Insulinproduktion, bei denen perioperativ ausreichend Glukosesubstrat und Insulin zugeführt werden müssen
- **Einstellungskriterien**

  – **gute Einstellung:**

Nüchternblutzucker	< 130–140 mg/dl (7,15–7,8 mmol/l)
BZ-Tagesspitze	< 180–200 mg/dl (9,9–11,0 mmol/l)
niedrigster BZ-Wert	> 65 mg/dl (3,6 mmol/l)
Urinzucker	< 15 g/24 h
HbA_{1C}	< 10%

  – **schlechte Einstellung:**

Nüchternblutzucker	> 150 mg/dl (8,25 mmol/l)
BZ-Tagesspitze	> 200 mg/dl (11,0 mmol/l)
Urinzucker	> 15 g/24 h
HbA_{1C}	> 10%

- **Präoperatives Vorgehen**

  – BZ-Tagesprofil zur Beurteilung der Diabetes-Einstellung (evtl. HbA_{1C}-Bestimmung)

- bei guter Einstellung: übliche Insulintagesdosen, jedoch Dosisreduktion, falls präoperative Nahrungsaufnahme eingeschränkt wird; Insulinwechsel nicht erforderlich
- bei schlechter Einstellung: stationäre Vorbehandlung und Neueinstellung, evtl. Umstellung auf Alt-Insulin

- **Richtlinien am Operationstag**
  - insulinpflichtige Patienten müssen auch am OP-Tag Insulin erhalten
  - kontinuierliche Zufuhr von 100–200 g Kohlenhydraten über 24 h
  - der perioperative Insulinbedarf kann im Vergleich zur bisherigen Tagesdosis erhöht sein (Streß, relative Insulinresistenz)

Praktisches Vorgehen bei insulinpflichtigem Diabetes mellitus

- **OP-Tag 7.00 Uhr**
  - Nüchternblutzucker
  - Beginn der Infusionstherapie (Infusionspumpe) mit kontinuierlicher Zufuhr von z.B. Glukose 10% in 0,45% NaCl (ggf. mit Kaliumzusatz 20 mmol/l) über 12–24 h
  - Richtwert der Glukosezufuhr: 100–200 g/d
  - eine Unterbrechung der Kohlenhydratzufuhr muß vermieden werden (Hypoglykämie-Risiko)
- **OP-Tag 8.00 Uhr**
  - nach Kenntnis des Nüchternblutzuckers Beginn der Insulin-Therapie (Alternative I oder II)
  - falls adäquate Therapie und Überwachung auf Station nicht gewährleistet ist, bereits jetzt Verlegung in den Aufwachraum, um engmaschige BZ-Kontrollen durchführen zu können
- **Insulingabe: Alternative I**
  - Indikationen: kleinere und mittlere operative Eingriffe; bei schlechter Diabetes-Einstellung grundsätzlich Alternative II bevorzugen
  - Durchführung: 1/3 bis 1/2 der bisherigen Insulindosis s.c. oder im (beachte: unterschiedliche Wirkungsmaxima je nach Präparat); liegt der Nüchternblutzucker > 150 mg/dl → Dosiserhöhung um 4–8 Einheiten

- **Insulingabe: Alternative II**
  - Indikationen: große operative Eingriffe, schlechte Diabetes-Einstellung
  - Durchführung: kontinuierliche Zufuhr von 2 E Alt-Insulin pro h = 48 E/d (Grundeinstellung) über Perfusor bzw. Infusionspumpe; Dosisanpassung je nach BZ
- **Intraoperatives Vorgehen**
  - Fortführung der bisherigen Therapie: Kohlenhydratzufuhr und zusätzlich bei Alternative II getrennte kontinuierliche Insulingabe; stündliche BZ-Kontrollen und bei Bedarf zusätzliche Alt-Insulingaben
  - **Anpassung der intraoperativen Insulinzufuhr** an den aktuellen BZ (Anhaltspunkte):

    BZ < 80 mg/dl (4,4 mmol/l) → Insulingabe stoppen, 10 g Glukose, BZ-Kontrollen

    BZ 80–200 mg/dl (4,4–11,1 mmol/l) → 1 E Insulin pro h

    BZ 200–250 mg/dl (11,1–13,9 mmol/l) → 1,5 E Insulin pro h

    BZ 250–300 mg/dl (13,9–16,7 mmol/l) → 2 E Insulin pro h

    BZ 300–400 mg/dl (16,7–22,2 mmol/l) → 3 E Insulin pro h
- **OP-Ende**
  - weitere engmaschige BZ-Kontrollen im Aufwachraum oder auf Intensivstation
  - meist kann am Abend die 2. Hälfte der morgendlichen Insulindosis appliziert werden (Alternative I)
- **Postoperatives Vorgehen**
  - BZ-Tagesprofil
  - am 1. postoperativen Tag liegt der Insulin-Tagesbedarf etwa bei 2/3 der präoperativen Dosis (Faustregel)
  - orale Ernährung möglichst bald wieder aufnehmen

Anästhesie bei Epilepsie

Antikonvulsiva zur intravenösen Applikation

- **Barbiturate**
  - Phenobarbital (z.B. Luminal®) (1 Amp. = 1 ml = 200 mg)
- **Benzodiazepine**
  - Clonazepam (z.B. Rivotril®) (1 Amp. = 1 mg)
  - Diazepam (z.B. Valium®) (1 Amp. = 2 ml = 10 mg)
  - Flunitrazepam (z.B. Rohypnol®) (1 Amp. = 2 mg)
- **Hydantoin**
  - Phenytoin (z.B. Epanutin®, Phenhydan®) (1 Amp. = 250 mg)

Orale Antikonvulsiva
(übliche Tagesdosen bei Langzeittherapie Erwachsener)

- **Phenobarbital** (z.B. Luminal®)
  - mittlere Tagesdosis 2–3 mg/kg/d (200 mg/d)
  - Plasmahalbwertszeit um 100 h
  - therapeutische Plasmakonzentration 18–38 µg/ml
- **Primidon** (z.B. Mylepsinum®)
  - mittlere Tagesdosis 10–15 mg/kg (1000 mg/d)
  - Plasmahalbwertszeit 3–13 h
  - therapeutische Plasmakonzentration 5–20 µg/ml
- **Carbamazepin** (z.B. Tegretal®)
  - mittlere Tagesdosis 15–20 mg/kg/d (1200 mg/d)
  - Plasmahalbwertszeit 12 h
  - therapeutische Plasmakonzentration 5–7 µg/ml
- **Phenytoin** (z.B. Zentropil®)
  - mittlere Tagesdosis 5–6 mg/kg/d (300 mg/d)
  - Plasmahalbwertszeit 24 h
  - therapeutische Plasmakonzentration 14–23 µg/ml

- **Valproinsäure** (z.B. Convulex®)
  - mittlere Tagesdosis 15–20 mg/kg/d (1200 mg/d)
  - Plasmahalbwertszeit 12 h
  - therapeutische Plasmakonzentration 40–140 µg/ml

Anästhesiologisches Vorgehen

- Bei Patienten mit Grand mal-Anfällen sollte eine optimale Therapieeinstellung vorliegen (in Zweifelsfällen präoperative Spiegelbestimmung des Antikonvulsivums erforderlich)
- **Beachte** Wechselwirkungen zwischen Antikonvulsiva und Anästhetika (Addition bzw. Potenzierung)
  - *Halothan* + *Phenytoin* → Phenytoin-Abbauverzögerung
  - *Thiopental* + *Primidon* → Thiopental-Abbauverzögerung
- Rascher Abbau von Lokalanästhetika bei Enzyminduktion durch antikonvulsive Dauertherapie
- Ausreichende **Prämedikation** mit Barbituraten oder Benzodiazepinen
- Regionalanästhesie-Techniken anwendbar
- **Allgemeinanästhesie**
  - Barbiturat-Einleitung mit Thiopental (z.B. Trapanal®)
  - bei Beatmung sind krampfprovozierende Hyperventilationsphasen unbedingt zu vermeiden
  - Inhalationsanästhetika sind grundsätzlich geeignet; die Verwendbarkeit von Enfluran ist jedoch umstritten
  - Ketaminanästhesie umstritten

Therapie des Status epilepticus

- **Cave**: rezidivierende Hypoxien, Entwicklung eines Hirnödems (Einklemmungsrisiko!)
- Rasche Intervention wichtig
- Patienten vor Selbstgefährdung schützen
- Freimachen/Freihalten der Atemwege; O_2-Gabe

- **Medikamente 1. Wahl (Erwachsene)**
  - Clonazepam (z.B. Rivotril®) 2 mg langsam i.v. (0,5 mg/min); weiter 4 mg/h, dann 1 mg/h
  - Diazepam (z.B. Valium®) 5–10–(30) mg langsam i.v.
- **Medikamente 2. Wahl (Erwachsene)**
  - Phenytoin (z.B. Phenhydan®) 2 x 125 mg langsam i.v. (50 mg/min); am ersten Tag maximal 1500 mg
  - Phenobarbital (z.B. Luminal®) 200 mg langsam i.v. (bis maximal 20 mg/kg)
- Ggf. Einleitung einer Allgemeinanästhesie mit Thiopental (z.B. Trapanal®), u.U. Muskelrelaxation
- Bei Hypoglykämie Glukosegabe
- Therapie des **Hirnödems**
  - Infusion von Mannitol (z.B. Osmofundin® 15%) 100–250 ml
  - Dexamethason (z.B. Fortecortin®) 40–100 mg
  - Furosemid (z.B. Lasix®) 20– 60 mg
- **Beachte**: manchmal sind zur erfolgreichen Therapie Antikonvulsiva-Dosierungen erforderlich, die wegen konsekutiver Atemdepression zur Intubation und kurzzeitigen Beatmung zwingen
- **Cave**: Atemstörungen, die das eigentliche Anfallsereignis überdauern
- Ursache abklären

Anästhesie und Herzschrittmacher

Indikationen für permanenten (antibradykarden) Schrittmacher

- Fixierter und intermittierender AV-Block III. Grades
- AV-Block II. Grades (Typ Mobitz)
- Sick-Sinus-Syndrom
- Bradykardie/Bradyarrhythmie mit Synkopen, Schwindelanfällen, Myokardinsuffizienz
- Entscheidendes Kriterium: Beschwerdesymptomatik (Synkopen)

Indikationen für perioperative Schrittmacherimplantation

- Refraktäre Bradykardie (Sinusbradykardie, bradykardes Vorhofflimmern), fehlende Frequenzsteigerung nach körperlicher Belastung bzw. Atropin (0,5–1,0 mg i.v.)
- Bifaszikulärer Block mit Adams-Stokes-Anfällen (Synkopen) (totaler Rechtsschenkelblock + *links-posteriorer* Hemiblock) mit dem Risiko eines totalen AV-Blocks intraoperativ
- AV-Block I. Grades + Linksschenkelblock (umstritten)
- AV-Block II. und III. Grades

Besondere Probleme

- Schrittmacherpatienten leiden an einer organischen Herzerkrankung (z.B. koronare Herzerkrankung, Kardiomyopathie) und sind meist unter Dauermedikation
- Präoperativ bei Bradykardie Digitalisüberdosierung ausschließen
- Präoperativ Serumelektrolyte normalisieren
- Präoperativ **Schrittmacherfunktion überprüfen**
  - Schrittmacherpaß
  - Sondenlage im Thoraxröntgenbild überprüfen
  - elektronische Überprüfung (Sensing, Pacing, Batterieladezustand, abnorme Rhythmusstörungen)

- Bedside-Überprüfung anhand des EKG (Sensing, Pacing): Eigenfrequenz durch Valsalva-Manöver oder Karotisdruck unter Schrittmacherfrequenz senken
- Bei Schrittmacherpatienten ist eine Endokarditisprophylaxe routinemäßig nicht erforderlich
- Beachte: Theoretisch kann Kammerflimmern ausgelöst werden, wenn der Schrittmacherimpuls bei frequenzfixierter Stimulation in die vulnerable Phase des Herzens einfällt (dieses Risiko ist jedoch bei ausreichender Oxygenierung, adäquater Ventilation, ausgeglichenem Säure-Basen- und Elektrolyt-Status minimal)
- Beachte: Demand-Schrittmacher können auch durch starke Muskelpotentiale (Grand mal, starkes Muskelzittern) inhibiert werden → mit **Magneten** auf frequenzfixierte Stimulation umschalten (beachte gerätespezifische Unterschiede!)
- **Defibrillation, Kardioversion**
  - Schocklöffel nicht direkt über dem Schrittmacher auflegen
  - kleinstmögliche Energiestufe wählen
  - **cave**: Exitblock aufgrund Endokardläsion im Bereich der Elektrodenspitze nach Defibrillation
  - **cave**: Elektrodendislokation/Elektrodenbruch nach externer Herzmassage
- Bei **Elektroschockbehandlung** wird der Schrittmacher durch einen Magneten abgeschirmt (beachte gerätespezifische Unterschiede!)
- Bei **extrakorporaler Lithotrypsie** wird von einigen Autoren die Anwesenheit eines Kardiologen und die Möglichkeit einer transvenösen Schrittmachertherapie gefordert
- **Magnetresonanztomographie bei Schrittmacherpatienten absolut kontraindiziert**

Perioperative Störung der Schrittmacherfunktion

- Ausfall des Schrittmacheraggregats, Batterieversagen
- Kabelbruch, Dislokation der Schrittmacherelektrode
- Störung der Reizerkennung (Sensing-Defekt)
- Störung der Reizbeantwortung
  - Anstieg der myokardialen Reizschwelle = Exitblock
  - Ursachen: Hypoxie, Hyperkapnie, Azidose, Alkalose, Hypokaliämie, Hypernatriämie, Antiarrhythmika, Betablocker

- Elektromagnetische Interferenzen
- Die Herzfunktion sollte während der Anästhesiedauer durch Pulskontrolle oder **Pulsoxymetrie**/Fingerplethysmographie überwacht werden, bei großen Operationen auch mittels direkter (blutiger) Blutdruckmessung
- Für den Fall eines Schrittmacherausfalls Atropin, Adrenalin (z.B. Suprarenin®) und Orciprenalin (z.B. Alupent®) bereithalten
- Bei Versagen eines temporären Schrittmachers
  - maximale Stromstärke einstellen
  - auf asynchrone Stimulation umschalten
  - elektrische Verbindungen überprüfen
  - Batterien überprüfen
  - Schrittmachereinheit austauschen

Elektrokauter und transurethrale Elektroresektion

- Neutralelektrode möglichst weit vom Schrittmacher und möglichst nahe am OP-Gebiet anlegen
- Potentialausgleich gewährleisten
- Elektrokauter nur kurz und intermittierend verwenden, möglichst niedrige Stromstärke
- **Bipolare Diathermie** günstiger als monopolare
- Insbesondere bei gestörtem EKG-Monitoring wird der Patient durch Pulspalpation/Herzauskultation oder **Pulsoxymeter** mit Anzeige der Pulskurve überwacht
- Externe Schrittmacher während Elektrokauterung am besten ausschalten/auf fixierte Frequenz umschalten
- Eine evtl. elektromagnetische Interferenz des Elektrokauters führt in der Regel zur Umschaltung des Demand-Schrittmachers auf fixierte Stimulation
- Beachte: In seltenen Fällen inhibiert der Elektrokauter das Schrittmachersystem → mit Magneten auf fixierte Stimulation umschalten bzw. Schrittmacher extern umprogrammieren (beachte gerätespezifische Unterschiede!)

Schrittmachertypen

- Über die Funktionsart eines Schrittmachers informiert ein Code mit 3 (bzw. 5) Buchstaben
  - 1. Buchstabe: Stimulationsort: A(trium), V(entrikel), D(ouble)
  - 2. Buchstabe: Sensingort: A(trium), V(entrikel), D(ouble)
  - 3. Buchstabe: Reaktionsart: I(nhibition), T(riggerung), D(ouble)
- **Einkammerschrittmacher**
  - Vorhofschrittmacher (AAI)

    Demand-System mit Sensing und Pacing im rechten Vorhof (selten eingesetzt)
  - Ventrikelschrittmacher (VVI)

    Demand-System mit Sensing und Pacing im rechten Ventrikel (früher häufig eingesetzt)
- **Zweikammerschrittmacher (DDD)**
  - Zweikammersystem mit Demand- und Triggerfunktion in Vorhof und Ventrikel
  - beste Stimulationsart aufgrund der erhaltenen Koordination von Vorhof und Kammer → höheres Herzzeitvolumen als bei VVI-Schrittmacher
- Neue Schrittmacher sind extern multiprogrammierbar (beachte gerätespezifische Unterschiede!)

Anästhesie bei Hypertonie

Cave

- Intraoperative/postoperative **hypertensive Krise** mit dem Risiko von Koronarinsuffizienz, Linksherzversagen, Lungenödem, Myokardinfarkt, zerebrovaskulären Komplikationen
- Beachte die charakteristische Reaktivitätssteigerung der Gefäßmuskulatur beim Hypertoniker
  - empfindliche Reaktion auf adrenerge Stimulation bewirkt einen erheblichen **Blutdruckanstieg**
  - Vasodilatation führt zu einem deutlichen **Blutdruckabfall**
- Häufig gleichzeitig Arteriosklerose/koronare Herzkrankheit

Ursachen

- Essentielle Hypertonie
- Renovaskuläre Hypertonie
- Hyperthyreose
- Cushing-Syndrom
- Phäochromozytom
- Hyperaldosteronismus
- Hirndruck
- EPH-Gestose
- Aortenisthmusstenose

Perioperatives Vorgehen

- Adäquate medikamentöse Einstellung des Blutdrucks präoperativ
- Kardiovaskuläre/antihypertensive Therapie bis zum OP-Tag fortsetzen (**cave**: Rebound-Phänomene); Gefahr der hypertonen Krise ist größer als Risiko durch Interaktion mit Anästhetika
- Postoperativ die antihypertensive Therapie möglichst frühzeitig weiterführen

- Vorsicht bei Laryngoskopie, In-/Extubation, schmerzhafter chirurgischer Stimulation
- Katecholaminausschüttung vermeiden (Angst, Schmerz)
- **Cave**: Ketamin (Ketanest®)-Monoanästhesie, Opiatantagonisten
- **Cave**: Hypoxie, Hypoventilation (Hyperkapnie), Hyperventilation (Hypokapnie), Hypokaliämie
- Intubation z.B. in tiefer Narkose + Oberflächenanästhesie (empfohlen wird auch die Vorinjektion von 60–100 mg **Lidocain** [z.B. Xylocain®] i.v. oder eines Opioids wie Alfentanil [Rapifen®] 0,5–1 mg)
- Ausreichende Anästhesietiefe aufrechterhalten (evtl. Neuroleptanästhesie mit Inhalationsanästhetika kombinieren [balancierte Anästhesie]); Kombination mit Katheter-PDA möglicherweise sinnvoll
- Bei Lokal-/Regionalanästhesie (fehlende Aktivierung des sympathoadrenalen Systems) dem Lokalanästhetikum **kein Adrenalin** zusetzen!
- **Cave**: erheblicher Blutdruckabfall nach rückenmarksnahen Blokkaden/Vasodilatatoren/Überdosierung von Inhalationsanästhetika möglich

Anästhesie bei gesteigertem intrakraniellen Druck

Beachte

- Pathologische **intrakranielle Volumenzunahme** bewirkt:
  - raschen Anstieg des intrakraniellen Drucks (ICP)
  - Abnahme des zerebralen Perfusionsdrucks (CPP)
  - Abnahme der zerebralen Durchblutung (CBF) (regionale/globale zerebrale Ischämie möglich)
  - **Risiko einer Einklemmung des oberen Hirnstammes** im Tentoriumschlitz
  - Risiko der Einklemmung der Kleinhirntonsillen im Foramen magnum
- **Cave:** bei erniedrigter intrakranieller Compliance kann eine kleine intrakranielle Volumenzunahme einen erheblichen Hirndruckanstieg bewirken! (Therapeutisch wird umgekehrt genutzt, daß bei erniedrigter Compliance eine relativ kleine Verminderung des intrakraniellen Volumens eine signifikante Abnahme des Hirndrucks bewirken kann)

Ursachen für erhöhten intrakraniellen Druck

- Schädelhirntrauma
- Intrakranielle Blutung
- Hirnödem
- Hirntumor/Metastase
- Hydrozephalus
- Infekt/Abszeß
- Zerebrale Ischämie/Infarkt
- Metabolische Enzephalopathie
- Hypertensive Enzephalopathie
- Hypoxie
- Post-Hypoxie-Zustand
- Hyperkapnie (Hypoventilation)

- Azidose
- Anstieg der Hirndurchblutung, zerebrale Vasodilatation
- Hypertone Krise
- Inhalationsanästhetika
- Ketamin (z.B. Ketanest®)
- Opiatantagonisten
- Intubation, Pressen, Husten
- PEEP-Beatmung
- Hirnvenöse Abflußbehinderung

Pathophysiologische Besonderheiten

- Intrakranielles Volumen = Hirngewebe (85%)
  + Liquor cerebrospinalis (5%)
  + intrakranielles Blutvolumen (arterielle, kapilläre und venöse Gefäße)
  = konstant (**Monro-Kellie-Doktrin**)
- Zunahme des intrakraniellen Volumens (Hirnödem, Liquorzunahme, gesteigerte zerebrale Durchblutung, verminderter venöser Blutabfluß) führt zur Zunahme des intrakraniellen Drucks (Compliancekurve des Gehirns!)
- **Intrakranieller Druck (ICP)**
  - Normalwert: 5–15 mm Hg
  - ICP > 30 mm Hg → zerebrale Ischämie
  - ICP > 60 mm Hg → **Einklemmungsgefahr**, Gefahr des zerebralen Kreislaufstillstands, Hirntod
- **Zerebraler Perfusionsdruck (CPP)**
  - CPP = MAP – ICP
  - MAP: mittlerer arterieller Druck
  - CPP bei Normotonie: 60–90 mm Hg
  - eine 30%ige Abnahme des CPP wird ohne Verminderung der Hirndurchblutung toleriert
  - 50%ige Abnahme des CPP → Abnahme des CBF um 50%
  - kritischer CPP beim Hypertoniker: 70–90 mm Hg

- **beachte:** Bei aufgehobener Autoregulation der Hirndurchblutung ist die zerebrale Durchblutung (CBF) passiv vom CPP abhängig → Aufrechterhaltung eines ausreichenden CPP von größter Bedeutung!

- **Zerebrale Durchblutung (CBF)**
  - normal 15% des HZV (50 ml/100 g Hirn/min)
  - Abnahme des CBF → Risiko der zerebralen Ischämie
  - in NLA/Barbituratanästhesie wird eine Abnahme des CBF auf bis 20 ml/100 g Hirngewebe/min toleriert
  - beim Normotoniker ist der CBF im Bereich zwischen 60–150 mm Hg MAP relativ konstant und unabhängig vom CPP: **intakte Autoregulation**. Gleichzeitig besteht aber Proportionalität zwischen CBF und $PaCO_2$ (alveoläre Ventilation).
  - Abnahme des $PaCO_2$ um 1 mm Hg → Abnahme des CBF um 2 ml/100 g Hirn/min und umgekehrt
  - **cave:** $PaCO_2$ < 20 mm Hg → erhebliche Abnahme des CBF, Minderperfusion, zerebrale Hypoxie (bei Kindern liegt der kritische $PaCO_2$ bei etwa 24 mm Hg)
  - **Beachte:** Hypoxämie (PaO_2 < 50 mm Hg) → erhebliche Zunahme des CBF; besonders gefährlich bei bereits erhöhtem intrakraniellen Druck
- **Autoregulation der Hirndurchblutung**
  - beim Normotoniker zwischen 60–150 mm Hg MAP
  - beim Hypertoniker ist die Autoregulation zu höheren Druckwerten hin verschoben
- **Aufhebung der Autoregulation**
  - MAP < 60 mm Hg
  - MAP > 150 mm Hg
  - Hirnödem
  - Hirnschädigung (Schädelhirntrauma, Tumor)
  - Hypoxie
  - Inhalationsanästhetika
  - kontrollierte Hypotension mit Vasodilatatoren
- **Beachte:** MAP > 150 mm Hg → Zunahme der Hirndurchblutung (Blutfülle) mit konsekutivem Anstieg des intrakraniellen Drucks (Compliancekurve!). Gefahr von hypertensiver Enzephalopathie, Hirnödem, zerebraler Ischämie!

- **Beachte:** MAP < 60 mm Hg → Abnahme der Hirndurchblutung trotz maximaler Vasodilatation, Gefahr der zerebralen Minderperfusion/Hypoxie (cave: arteriosklerotische Patienten)

Hirndrucksenkende Maßnahmen

- **Therapieziel: Verhinderung sekundärer Hirnschäden!**
- Möglichst frühe, aggressive, kausale Therapie (falls ICP > 25 mm Hg oder neurologische Symptome)
- **Verminderung des intrakraniellen Volumens** bewirkt Senkung des intrakraniellen Drucks
- Oberkörperhochlagerung (30°), keine starke Flexion oder Rotation des Kopfes
- **Suffiziente Respiration und Hämodynamik sichern!**
- Adäquate Analgesie und Sedierung
- **Kontrollierte Hyperventilation** ($PaCO_2$: 25–30 mm Hg)
  – rasche ICP-Senkung möglich
  – ICP-senkender Effekt bis etwa 24 h
- Normothermie (cave: erhöhter O_2-Metabolismus bei Fieber); evtl. mäßige Hypothermie günstig
- **Kortikosteroide** (bei Tumoren und Hirnabszeß zur Reduktion eines perifokalen Ödems wirksam; Verbesserung der Hirncompliance)
  – Dexamethason (z.B. Fortecortin®)
  – z.B. initial 10–20 mg; dann 4 x 4 mg
  – kein Effekt beim akuten und diffusen Hirnödem
- Normalisierung von Elektrolytstörungen (cave: osmotisches Hirnödem bei Hyponatriämie)
- **Osmotherapeutika** (nach erfolgter diagnostischer Abklärung!)
  – günstig bei generalisiertem Hirnödem
  – Mannitol-Lösung 20% z.B. 0,5–1,0 g/kg = 2,5–5 ml/kg 20%ige Lösung (in 15–30 min); Wirkungsdauer 2–3 h (maximaler Effekt: 30 min)
  – Wirkprinzip: osmotischer Wasserentzug und Verminderung der Blutviskosität
  – Serumosmolarität möglichst < 330 mosmol/l
  – **cave:** intrakranielle Blutung, Hypo-/Hypervolämie, Niereninsuffizienz, Linksherzversagen

- **Diuretika** (z.B. Furosemid [z.B. Lasix®]): synergistischer Effekt zusammen mit Mannitol
- **Intravenöse Hypnotika**
  - (z.B. Thiopental [z.B. Trapanal®])
  - Senkung von zerebralem Metabolismus und Hirndurchblutung → ICP-Verminderung
  - cave: kardiovaskuläre Nebenwirkungen
  - beachte: entscheidend ist die Aufrechterhaltung des zerebralen Perfusionsdrucks (CPP) zur Sicherung der zerebralen Durchblutung
- Liquordrainage
  - indiziert bei Liquorabflußbehinderung oder behinderter Liquorzirkulation (z.B. nach Subarachnoidalblutung)
  - cave: Ventrikelkollaps
- Tris-Puffer (THAM)
  - Verminderung von Liquorazidose und Hirnödem
  - vorwiegend experimentelle Daten
- Hypertone Kochsalzlösung
  - vorwiegend experimentelle Daten
  - indiziert möglicherweise bei auf Mannitolgabe nicht mehr ansprechendem Hirndruck

Praxis

- Präoperativ neurologischer Status, Bewußtseinszustand
- Prämedikation
  - **cave**: Verlust der Schutzreflexe
  - keine Opiate (Atemdepression → Hirndruckanstieg)
- **Narkoseeinleitung**
  - z.B. Thiopental (z.B. Trapanal®) oder Methohexital (z.B. Brevimytal®)
  - z.B. Etomidat (z.B. Hypnomidate®)
  - z.B. Propofol (z.B. Disoprivan®)
  - Verminderung von Hirndurchblutung, Hirnstoffwechsel, intrakraniellem Druck

– ausreichende Muskelrelaxation (**cave**: Husten, Pressen, Hypoxie, Hyperkapnie beim Intubieren)

– Hirndruckanstieg nach Succinylcholin, sofern überhaupt angewendet, durch Präkurarisierung vermeiden

- **Narkoseunterhaltung**

  – Neuroleptanästhesie

  – TIVA (z.B. Methohexital oder Propofol + Opioid)

  – cave: potente Inhalationsanästhetika (Halothan, Enfluran, [Isofluran]), insbesondere in höherer Dosierung bei präoperativ verminderter intrakranieller Compliance

  – **cave**: Ketamin (z.B. Ketanest®)

  – Lachgasapplikation umstritten

  – cave: Blutdruckanstieg bei zu flacher Narkose

  – **cave: Blutdruckabfall** → zerebrale Minderperfusion, zerebrale Hypoxie

- **Kontrollierte mäßige Hyperventilation**

  – zerebrale Vasokonstriktion → Abnahme des CBF, Abnahme des ICP; Robin-Hood-Effekt

  – $PaCO_2$: 25–30 mm Hg

  – Kapnometrie ($PECO_2$ etwa 25–30 mm Hg bei ungestörter kardiopulmonaler Funktion)

  – **cave**: zerebrale Ischämie bei $PaCO_2 < 20$ mm Hg

  – **cave**: Provokation eines epileptischen Anfalls, Hypokaliämie, Linksverschiebung der O_2-Bindungskurve

- Aufrechterhaltung eines ausreichenden PaO_2
- Beachte: Bei **akutem SHT** MAP > 70–80 mm Hg anstreben
- **Infusionstherapie**

  – Vollelektrolytlösungen

  – **cave**: hypotone Lösungen (z.B. 5%ige Glukoselösung, „freies Wasser") prädisponieren für Hirnödem

- **Cave**: erhebliche Blutverluste bei Kraniotomie möglich
- **Cave**: venöse Abflußbehinderung bei falscher Lagerung
- **Cave**: Luftembolie

Anästhesie bei intrathorakalen Eingriffen

Spezielle Probleme

- Undrainierter Pneumothorax → kein Lachgas!
- **Spannungspneumothorax** → sofort entlasten, Thoraxdrainage
- Bei Risiko von Sekretverschleppung/Sekretüberflutung der kontralateralen Lunge sorgfältige präoperative Vorbereitung (Physiotherapie, Antibiotika), Intubation mit Doppellumentubus
- Bei intrapulmonaler Blutung → evtl. Doppellumentubus
- Lungenzyste, Emphysemblase → kein Lachgas! (Verdrängung der Restlunge, Gefahr der Lungenruptur bei raschem Eindiffundieren von Lachgas)
- Bronchopleurale Fistel → Gefahr des Spannungspneumothorax bei kleiner Fistel unter IPPV/PEEP; bei gleichzeitigem Pleuraerguß Gefahr der Überflutung des Bronchialsystems
- Cave: Lagerungsschäden insbesondere bei (Halb-)Seitenlage
- **Beachte**: Unter Umständen erhebliche Ventilations-Perfusions-Störungen, vor allem bei Seitenlagerung und größeren chirurgischen Manipulationen → wiederholte Blutgasanalysen zur Sicherstellung ausreichender Oxygenierung (PaO_2) und alveolärer Ventilation ($PaCO_2$); kontinuierliche Pulsoximetrie und Kapnometrie
- Intraoperativer Blutdruckabfall durch venöses Pooling bei seitlich abgeknickter Lagerung möglich
- Blutdruckanstieg bei Sternotomie
- Unerwünschte Hilusreflexe (Arrhythmien, Blutdruckanstieg bei chirurgischer Präparation)
- Selten kontralateraler Pneumothorax nach Hiluspräparation
- Erhebliche **Atelektasenbildung** durch chirurgische Manipulationen → u.U. erhebliche **Shuntdurchblutung**, vor allem in der oberen Lunge → Abnahme des PaO_2, Hypoxiegefahr
- Verminderung des venösen Rückstroms durch chirurgische Manipulationen → Abnahme des HZV, **RR-Abfall, Arrhythmien**
- Mit plötzlichem massiven **Blutverlust** ist zu rechnen
- Kompression der A. axillaris bei Seitenlagerung möglich (**cave**: Fehlmessung des arteriellen Drucks!)

Anästhesiologisches Vorgehen

- Indikation für **Doppellumentubus** und **Ein-Lungen-Anästhesie (ELA)** überprüfen (siehe „Ein-Lungen-Anästhesie" S. 64ff)
- Die Narkosetechnik sollte Beatmung mit 100% O_2 ($FIO_2 = 1,0$) erlauben (Grund: PaO_2 intraoperativ nicht sicher vorhersagbar, da durch operative Manipulationen die Shuntfraktion [Atelektasen, Dystelektasen] erheblich zunehmen und das Herzzeitvolumen abnehmen kann)
- Inhalationsanästhesie (Halothan, Enfluran, Isofluran) günstig
  - bronchodilatierender Effekt
  - Beatmung mit hohen O_2-Konzentrationen möglich, da Lachgasapplikation nicht obligat
  - gute Dämpfung operativ bedingter Reflexe
  - **aber**: Aufhebung einer (bei der Ein-Lungen-Anästhesie erwünschten) hypoxischen pulmonalen Vasokonstriktion (HPV) bei höheren Konzentrationen → unerwünschte Zunahme des intrapulmonalen Rechts-Links-Shunts
  - ggf. Supplementierung der Anästhesie durch Opioid (z.B. Fentanyl, Alfentanil, Sufentanil)
- Totale intravenöse Anästhesie (TIVA) mit z.B. Propofol und Alfentanil ebenfalls möglich
- Bei Auftreten von Dystelektasen/Atelektasen $FIO_2 > 0,5$; Lunge intermittierend blähen, PEEP
- Nach Lungenresektion möglichst frühzeitige Extubation (postoperative Beatmung/PEEP stellen ein potentielles Risiko für Bronchialstumpfleckage dar)

Anästhesie bei koronarer Herzkrankheit (KHK)

Allgemeines

- **Myokardialer O_2-Bedarf** überschreitet die **myokardiale O_2-Zufuhr** → **myokardiale Ischämie**, Angina pectoris; Myokardinfarkt
- Angina pectoris-(AP-)Klassifizierung
  - Schweregrad I: normale körperliche Aktivität; AP nur bei starker/langanhaltender Belastung
  - Schweregrad II: leichte Einschränkung der körperlichen Aktivität durch AP
  - Schweregrad III: erhebliche Einschränkung der normalen körperlichen Aktivität durch AP
  - Schweregrad IV: Ruheangina
- **Symptome der Myokardischämie**
  - Belastungsdyspnoe
  - Ruhe/Belastungsangina
  - Innenschichtischämie → ST-Senkung im EKG
  - transmurale Ischämie → ST-Hebung im EKG
  - Anstieg von LVEDP/Wedge-Druck (Frühzeichen)
  - Abnahme der Ejektionsfraktion

Besonderheiten

- Risiko eines **perioperativen (Re)Infarkts** ist 10–50 mal höher als bei Koronargesunden (Infarktquote 2–7%)
- **Cave**: Bei Operation innerhalb von 3–6 Monaten nach Myokardinfarkt ist die Reinfarkthäufigkeit deutlich erhöht! (→ elektive Eingriffe am besten erst 6 Monate nach dokumentiertem Myokardinfarkt durchführen)
- Koronare Durchblutungsreserve des gesunden Herzens = 10 x Ruhewert; bei KHK Mißverhältnis zwischen Energieangebot durch das Koronarsystem und Energiebedarf des Myokards

(aerobes Organ mit geringen Energiereserven) → abnehmende Pumpleistung des Herzens mit entsprechender Symptomatik

- **Cave: Abnahme des O_2-Angebots**
  - verminderter O_2-Gehalt des Blutes (abhängig von Hb, O_2-Sättigung, P50) durch Anämie, Hämodilution, Hypoxie, Rechts-Links-Shunt, Alkalose
  - Abnahme des Perfusionsdrucks (diastolischer Aortendruck – linksventrikulärer enddiastolischer Druck) durch diastolischen RR-Abfall, Myokardinsuffizienz, Überinfusion
  - verkürzte Diastolendauer durch Tachykardie, hämodynamisch beeinträchtigende Arrhythmien
- **Cave: Steigerung des myokardialen O_2-Bedarfs**
  - Zunahme der myokardialen Wandspannung durch Hypertonie (Afterload-Zunahme) oder Herzdilatation (Preload-Zunahme)
  - Zunahme der Herzfrequenz
  - Inadäquate Steigerung der Myokardkontraktilität durch übermäßigen Einsatz positiv inotroper Substanzen
  - Digitalisierung nur bei manifester Herzinsuffizienz oder refraktärer Tachyarrhythmie
- **Beachte: Koronarkranke Patienten mit schlechter Ventrikelfunktion** haben ein deutlich **höheres perioperatives Risiko**
  - Z.n. Myokardinfarkt(en)
  - Symptome der Herzinsuffizienz
  - Dys-/Hypo-/Akinetische Ventrikelbezirke
  - vermindertes Herzzeitvolumen/Low output
  - LVEDP > 18 mm Hg
  - Ejektionsfraktion < 40%

Anästhesiologisches Vorgehen

- Prämedikation
  - präoperative Antikoagulantientherapie evtl. absetzen oder auf Heparin umstellen
  - cave: Acetylsalicylsäure (ASS)-Vormedikation
  - Patienten gut sedieren
- Medikamentöse Angina pectoris-Therapie bis zur OP fortführen (Nitrate, Betablocker, Kalziumantagonisten)

- Vormedikation mit Diuretika: cave vermindertes Plasmavolumen; Hypokaliämie
- Bei **Lokalanästhesie** kein Adrenalin zusetzen
- Bei **Regionalanästhesie** Blutdruckabfall vermeiden (rechtzeitige Volumengabe, Vasopressoren)
- Eine **Allgemeinanästhesie** muß Streßreaktionen (z.B. Hypertonie, Tachykardie) zuverlässig verhindern; prinzipiell sind alle Verfahren möglich (Ausnahme Ketamin-Monoanästhesie); evtl. Neuroleptanästhesie mit Inhalationsanästhetika kombinieren (balanzierte Anästhesie)
- Adäquates Monitoring (ggf. kontinuierliche ST-Segmentanalyse V4/V5); direkte Messung des arteriellen Drucks; kontinuierliche ZVD-Messung; Rechtsherzkatheter (diastolischer Pulmonalarteriendruck, Wedge-Druck)
- Bei Blutdruckabfall sofort Volumengabe, Vasopressoren
- Bei Hypertension Vasodilatatoren (z.B. Nitroglycerin)
- Vermeide streßreiche Aufwachreaktion; keine Opiatantagonisten
- Ausgekühlte Patienten nicht sofort extubieren, sondern bis zur Wiederaufwärmung und Kreislaufstabilisierung nachbeatmen (Grund: kardiale Belastung durch Kreislaufzentralisation; gesteigerter O_2-Bedarf in der Aufwärmphase [Muskelzittern])

Anästhesie bei laparoskopischen Eingriffen

Kontraindikationen

- Anamnese mit Glaskörper- bzw. Netzhautblutungen
- Gestörte intrakranielle Compliance
- Liegender peritoneal-venöser Denver-Shunt
- Erst kürzlich implantierter ventrikulo-peritonealer Shunt
- Manifeste Herzinsuffizienz
- Intrakardialer Rechts-Links-Shunt
- Bei kardial kompromittierten Patienten können die bei der Laparoskopie einzunehmenden Körperpositionen Probleme bereiten

Monitoring

- Routinemonitoring mit Ekg, Blutdruckmessung, Temperatur, Pulsoxymetrie und endexspiratorischem CO_2
- Relaxometrie empfehlenswert
- Arterielle Druckmessung obligat bei vorbestehenden kardiovaskulären bzw. pulmonalen Begleiterkrankungen sowie bei intraoperativ auftretender Hypoxämie bzw. anderen Komplikationen (hoher Beatmungsdruck, erhöhtes endexspiratorisches CO_2)
- Dauerkatheter bei laparoskopischen Cholezystektomien nicht erforderlich
- Der intraabdominelle Druck sollte kontinuierlich gemessen werden: Werte < 15 mmHg gelten als sicher

Komplikationen

- Trokar-Insertion: Reflexbradykardie; Asystolie; Verletzungen von Gefäßen, Darm oder parenchymatösen Organen
- Hypo- bzw. Hypertension (abhängig von der eingenommenen Körperposition, dem präoperativen Hydratationszustand und evtl. vorliegenden Begleiterkrankungen)
- Unbeabsichtigte endobronchiale Intubation initial korrekt positionierter Endotrachealtuben durch Höhertreten des Zwerchfells nach CO_2-Insufflation

- Haut- und/oder Mediastinalemphysem
- Pneumothorax
- CO_2-Embolie
- Herzrhythmusstörungen (begünstigt durch Hyperkapnie)
- Hypoxämie (vor allem bei vorbestehenden Lungenerkrankungen): Pneumothorax, Hypoventilation, unbeabsichtigte endobronchiale Intubation sowie myokardiale Depression ausschließen
- Intraoperative Patientenbewegungen wie z.B. Husten oder Pressen können zu Verletzungen (Gefäß- oder Darmperforation, unbeabsichtigte Darmkoagulation) durch das chirurgische Instrumentarium führen

Anästhesiologisches Komplikationsmanagement

- Die beste Prophylaxe ist eine sorgfältige und kontinuierliche Kontrolle der Vitalparameter sowie eine enge Kommunikation mit dem Operateur
- Vorgehen bei Komplikationen

Komplikationen	Symptome	Therapie
Blutung	Hypotension, Tachykardie	Chirurgisches Vorgehen, Volumenersatz
Herzrhythmusstörungen	Veränderungen der Herzschlagfolge im Vergleich zum normalen präoperativen Herzrhythmus	Ausschluß von CO_2-Embolie, Hyperkapnie, Hypoxie, Hypotension, kardiale Ischämie, zu flache Anästhesie und Pneumothorax
CO_2-Embolie	Abfall des Herzminutenvolumens, Kreislaufkollaps, Mühlrad- oder andere Herzgeräusche, Zyanose, Lungenödem	100 % Sauerstoff, Positionswechsel in Linksseitenlage mit Kopftieflagerung (Durant-Position), sofortiges Ablassen des Pneumoperitoneums, kardiopulmonale Reanimation, evtl. Anlage eines zentralen Venenkatheters zur CO_2-Aspiration; evtl. notfallmäßiger kardiopulmonaler Bypass (falls verfügbar)

Komplikationen	**Symptome**	**Therapie**
Hyperkapnie	Ansteigender $PECO_2$-Wert	Adaptation der Beatmung; Ausschluß von CO_2-Embolie, Pneumothorax und subkutanem Emphysem; Reduzierung des intraabdominellen Druckes
Hypertension	Anstieg des Blutdrucks über präoperative Werte	Ausschluß bzw. Behandlung einer Hyperkapnie durch Beatmungsadaptation
Hypotension	Abfall des Blutdrucks unter präoperative Werte	Ausschluß von Blutung, CO_2-Embolie, Pneumothorax, vasovagalem Reflex, intravasalem Volumenmangel; Reduktion des Insufflationsdruckes; Kopftieflage, Volumenersatz und Gabe eines Vasopressors bei orthostatischem Kollaps
Pneumothorax	Auskultation der Lunge: keine Atemgeräusche, plötzlicher Abfall der O_2-Sättigung, Tachykardie	Überprüfung der Tubuslage, Thoraxdrainage, Reduktion des intraabdominellen Druckes
Subkutanes Emphysem	Subkutane Krepitation bei Palpation von Brustkorb, Achselhöhlen bzw. Rücken	Ausschluß eines Pneumothorax durch Auskultation beider Lungen, Reduktion des Insufflationsdruckes, ggf. Beendigung der Lachgaszufuhr, Thoraxaufnahme im Aufwachraum
Vasovagaler Reflex	Hypotension, Bradykardie	Laparoskopie unter- bzw. abbrechen, sofortiges Ablassen des Pneumoperitoneums, Atropin i.v., Volumengabe

Postoperative Probleme

- Antiemetika bei Übelkeit, Erbrechen
- Adäquate Schmerztherapie
- Schulterschmerzen: präventiv ist die komplette Entfernung von CO_2 bzw. Luft aus dem Abdomen bei OP-Ende
- Bei unerklärlichen postoperativen Hypotensionen stets bisher unbemerkte intraabdominelle Blutungen (Labor, Abdomensonographie) sowie einen Pneumothorax (Auskultation, Rö-Thorax) ausschließen
- Nach mehrstündigen laparoskopischen Eingriffen können aufgrund des erhöhten intraabdominellen Druckes passagere Insuffizienzzeichen der Leber (z.B. hepatischer Enzymanstieg), des Pankreas, der Nieren und des Darmes auftreten

Anästhesie bei Lebererkrankungen

Präoperative Untersuchung der Leberfunktion

- Synthesefunktion
  - Gerinnungsfaktoren (I, II, VII, IX, X)
  - Quick-Wert (Thromboplastinzeit)
  - Albumin
  - Cholinesterase
- Exkretorische Funktion
  - Hyperbilirubinämie
  - erhöhtes indirektes (unkonjugiertes) Bilirubin bei normalem direkten (konjugiertem) Bilirubin → Hämolyse wahrscheinlich
  - erhöhtes direktes (konjugiertes) Bilirubin → Lebererkrankung abklären
- Parameter der hepatozellulären Schädigung
  - SGOT, SGPT
  - LDH
  - AP
  - γ-GT

Besondere Probleme

- Gerinnungsstörungen
- Elektrolytentgleisung
- Cholinesterasemangel
- Verzögerter Medikamentenabbau (Biotransformation)
- Hypalbuminämie
- Kortikosteroidtherapie bei chronisch persistierender Hepatitis
- **Leberzirrhose:** erhöhtes Herzzeitvolumen, verminderte Kreislaufzeit, Aszites, erhöhter intraabdomineller Druck, portale Hypertension (Ösophagusvarizen, Blutungskomplikationen); reduzierter Allgemeinzustand, gestörte Immunkompetenz

Cave

- Dosisreduktion bei intravenöser Narkoseeinleitung (verminderte Proteinbindung bei Hypalbuminämie)
- Erhöhte Toxizität der Lokalanästhetika:
  - verminderte Proteinbindung bei Hypalbuminämie
  - Pseudocholinesterasemangel mit verzögerter Hydrolyse der Estertyp-Lokalanästhetika
  - Verlangsamung der Abbaugeschwindigkeit der Säureamid-Lokalanästhetika bei Leberzirrhose
- Verzögerter Abbau von Benzodiazepinen, Opiaten und Barbituraten
- Mögliche Verlängerung der Elimination nichtdepolarisierender Muskelrelaxantien wie Pancuronium und Vecuronium; Atracurium (z.B. Tracrium®) aufgrund der leberunabhängigen Elimination vorteilhaft
- Verlängerte Succinylcholinwirkung bei Cholinesterasemangel

Praxis

- Elektive Eingriffe verschieben bei:
  - akuter Virushepatitis
  - chronisch persistierender Hepatitis mit akutem Schub (Remission abwarten)
  - akuter alkoholischer Hepatitis
- Präoperative Beurteilung der Leberfunktion:
  - Serumbilirubin (gesamt/direkt)
  - Gerinnungsstatus, Thrombozyten
  - Elektrophorese, Serumalbumin
  - Transaminasen (SGOT, SGPT)
  - γ-GT, alkalische Phosphatase
- Korrektur präoperativer Störungen:
  - Säurebasenhaushalt
  - Elektrolyte
  - Gerinnung (Vitamin K, ggf. GFP, AT III)
  - Salzrestriktion und Diuretika bei Aszites

- Halothan „sicherheitshalber“ vermeiden (medikolegale Bedenken)
- Narkoseführung:
  - Normoventilation, adäquate Oxygenierung
  - Hypotension vermeiden
  - rechtzeitiger Ersatz von Blutverlusten
  - ggf. kontinuierliche Glukose-Infusion (Nährsubstrat, Schonung der Glykogenspeicher)
- **Cave: Verminderung der Leberdurchblutung**
  - Blutdruckabfall
  - Hypovolämie
  - Hypoxie
  - hohe Beatmungsdrücke, PEEP
  - alphaadrenerge Stimulation

Child-Turcotte-Kriterien und Modifikation nach *Pugh* bei Leberzirrhose

Child	**I**	**II**	**III**
Bilirubin (mg/dl)	< 2,0	2–3	> 3,0
Albumin (g/dl)	> 3,5	3,0–3,5	< 3,0
Aszites	nein	leicht	schwer
Enzephalopathie	nein	gering	schwer
Ernährungszustand*	gut	mäßig	schlecht
Quick-Wert (%)*	> 70	40–70	< 40
Punkte	**1**	**2**	**3**
Child-Turcotte-Gruppe	**A**	**B**	**C**
Pugh-Punktsummen	**5–7**	**8–10**	**> 11**

* *Modifikation nach Pugh: Quick-Wert statt Ernährungszustand*

Anästhesie bei Myasthenie

Problematische Medikamente bei Myasthenie

Medikamente (Auswahl)	Ausweichmöglichkeiten und Besonderheiten
Analgetika Flupirtin (Katadolon®) Metamizol (Analgin®, Baralgin®, Novalgin®)	Paracetamol, Acetylsalicylsäure, Diclofenac, Morphinderivate (Dosisreduktion!)
Antiarrhythmika Ajmalin, Chinidin Lidocain (i.v.), Phenytoin Procain, Mexiletin, Betablocker	Digitalis, Tocainid, Verapamil in niedriger Dosierung
Antibiotika Aminoglykoside Penicillin (hochdosiert) Polymyxin Sulfonamide Tetrazykline	Cephalosporine, Chinolone Chloramphenicol Erythromycin, Gyrasehemmer Nitrofurantoin Penicillin (niedrigdosiert)
Antidepressiva Amitriptylin-Typ (z.B. Saroten®) Lithium	Selektive Serotonin-Reuptake-Hemmer, tetrazyklische Antidepressiva, Thioridazin (z.B. Melleril®)
Antikonvulsiva Phenytoin, Primidon, Barbiturate	Carbamazepin
Antirheumatika D-Penicillamin, Chloroquin, Chinin	Acetylsalicylsäure, Diclofenac, Indometacin, Ibuprofen, Paracetamol
Benzodiazepine Barbiturate Opiate	Auf Atemdepression achten
Glukokortikoide	Bei Therapiebeginn primär stets Verschlechterung
Lokalanästhetika Estertyp	Lokalanästhetika vom Säureamid-Typ in reduzierter Dosierung

Medikamente (Auswahl)	Ausweichmöglichkeiten und Besonderheiten
Magnesiumhaltige Medikamente Antazida (Maalox®)	Aluminiumhydroxid (Solugastril®)
Muskelrelaxantien	Relaxation vermeiden! In Ausnahmefällen können sowohl depolarisierende als auch nicht-depolarisierende Muskelrelaxantien in reduzierter Dosierung verwendet werden (→ postoperative Nachbeatmung)
Parkinson-Medikamente Amantadine, Trihexiphenidyl	L-Dopa, Dopaminagonisten

Besonderheiten

- Abnorme Schwäche der Skelettmuskulatur und rasche, schmerzlose Ermüdbarkeit unter Belastung
- Neuromuskuläre Übertragungsstörung durch zirkulierende Antikörper gegen postsynaptische Acetylcholinrezeptoren mit verminderter Zahl funktionstüchtiger postsynaptischer ACh-Rezeptoren
- Langzeittherapie
  - Cholinesterasehemmer
  - Thymektomie
  - Immunsuppressive Therapie
  - Plasmaaustauschbehandlung
  - Immunmodulierende Maßnahmen

Präoperative Vorbereitung

- Ggf. stationäre Aufnahme einige Tage vor der geplanten OP
- Elektive Eingriffe sind bei bestehendem Infekt kontraindiziert
- Korrektur evtl. Elektrolytstörungen
- Aufklärung über Notwendigkeit postoperativer Intensivbetreuung mit möglicher Nachbeatmung
- Therapie mit Cholinesterasehemmern und Kortikosteroiden bis zur OP fortführen

Regionalanästhesie

- Regionalanästhesie bevorzugen
- Nur Lokalanästhetika vom Säureamid-Typ in reduzierter Dosierung verwenden
- Spinalanästhesie einer Periduralanästhesie vorziehen (geringere Dosis)

Allgemeinanästhesie

- Intubationsnarkose obligat (**cave**: starke Bronchialverschleimung durch Dauermedikation mit Cholinesterasehemmern)
- Prämedikation: z.B. Pentazocin (z.B. Fortral®) oder Promethazin (z.B. Atosil®) und Atropin
- Anästhesieeinleitung mit Barbiturat möglich
- **Intubation in tiefer Inhalationsnarkose** nach Maskeneinleitung empfohlen
- Notfalls reduzierte Succinylcholingabe (0,5 mg/kg), falls Intubation ohne Relaxierung nicht gelingt
- Narkoseunterhaltung:
  - Inhalationsanästhetikum/Lachgas
  - Neuroleptanästhesie (DHB, Fentanyl) + Lachgas
- Eher **keine Muskelrelaxation**; ansonsten Vecuronium oder Atracurium in reduzierter Dosis unter neuromuskulärem Monitoring
- Narkoseausleitung:
  - Extubation nur bei ausreichender Spontanatmung
  - in der Regel Nachbeatmung auf Intensivstation erforderlich
- Postoperative Therapie mit Cholinesterasehemmern:
  - gelegentlich ist zur Wiedererlangung einer ausreichenden Spontanatmung die vorsichtige Anwendung einer Neostigmin (Prostigmin®)-Dauerinfusion erforderlich
  - Neueinstellung in Zusammenarbeit mit einem Neurologen
  - **Beachte**: nach Thymektomie sind oft niedrigere Cholinesterasehemmer-Dosen erforderlich

- Geeignete Medikamente zur postoperativen Schmerztherapie und Sedierung
  - Pentazocin (z.B. Fortral®)
  - Promethazin (z.B. Atosil®)
- Ausreichend lange postoperative Überwachung auf Intensivüberwachungsstation empfohlen (**cave**: myasthene oder cholinerge Krisen)

Problemsituationen

- **Myasthene Krise**
  - Erstmanifestation einer Myasthenie oder Verschlechterung trotz cholinesterasehemmender Medikation
  - Symptome: verminderter Husten- und Atemstoß, bulbäres Sprechen, Muskelschwäche, Ateminsuffizienz, weite Pupillen, Tachykardie
  - Therapie: Pyridostigmin (z.B. Mestinon®) 1–3 mg i.v., anschließend Dauerinfusion (25–50 mg in 500 ml NaCl 0,9%); ggf. Plasmapherese
- **Cholinerge Krise**
  - Überdosierung von Cholinesterasehemmern
  - ***muskarinartige*** **Nebenwirkungen** wie Miosis, Hypersalivation, vermehrte Darmperistaltik, Durchfall, Bradykardie, Hypotonie
  - ***nikotinartige*** **Nebenwirkungen** mit Depolarisationsblock der neuromuskulären Endplatte: Muskellähmung, Faszikulieren
  - **cave:** Verschleierung der muskarinartigen Symptome durch Atropingabe
  - Therapie: Cholinesterasehemmer etwa 1 Tag absetzen, danach Versuch der Neueinstellung; Atemtherapie, Absaugen, Kaliumgabe, Atropingabe (maximal 8 mg alle 4 h)
- **Cholinesterasehemmer – insensitive Krise**
  - Pathophysiologie noch nicht bekannt
  - Mischform aus myasthener und cholinerger Krise
  - Therapie: Cholinesterasehemmer 3–6 Tage absetzen, danach Versuch der Neueinstellung; Atemtherapie, ggf. Beatmung, immunsuppressive Therapie

Cave

- Operationen, Infektionen und körperliche Belastungen können das Krankheitsbild akut verschlechtern
- Infusionstherapie: Hyperphosphatämie, Hypokaliämie und Hypokalzämie vermeiden
- Perakute Ateminsuffizienz bei Myasthenie → vitale Bedrohung
- Mit längerer Nachbeatmung rechnen, wenn
  - Krankheitsdauer > 6 Jahre
  - gleichzeitige Atemwegerkrankung
  - Pyridostigmindosis > 750 mg/d
  - Vitalkapazität < 2,9 l

Dosierung gebräuchlicher Cholinesterasehemmer

- Pyridostigmin (z.B. Mestinon®)
  60–180 mg per os alle 4 h
  2–6 mg i.v. alle 4 h
  Mestinon® retard 180 mg per os alle 8 h
- Neostigmin (z.B. Prostigmin®)
  15–30 mg per os alle 4 h
  0,5–1,0 mg i.v. bei myasthener Krise
- Edrophonium (z.B. Tensilon®)
  3–10 mg i.v. (Diagnostik)

Anästhesie bei Niereninsuffizienz (Urämie)

Besondere Probleme

- Normochrome **Anämie**, verminderte Sauerstoffkapazität
- Hypertonie, Linksherzhypertrophie, Gefäßsklerose, relative Koronarinsuffizienz
- Überwässerung möglich (hypotone Hyperhydratation)
- Cave: Lungenödem
- Elektrolytstörungen (**Hyperkaliämie!**), EKG-Veränderungen
- Metabolische Azidose
- Urämische Perikarditis, Kardiomyopathie
- Cave: urämischer Perikarderguß (Risiko: Perikardtamponade)
- Infektionsrisiko, Sepsisgefahr, Wundheilungsstörungen
- Hepatitisrisiko
- Hämorrhagische Diathese (Thrombozytenfunktionsstörungen)
- Erhöhtes Aspirationsrisiko
- Periphere Neuropathie
- Kompensatorisch gesteigertes Herzzeitvolumen; evtl. Shuntvolumen

Cave

- Erhöhte Empfindlichkeit gegenüber Medikamenten
- Anästhetika in der Regel geringer dosieren
- Intraoperativ Tendenz zum **Blutdruckabfall**
- Venenschädigung vermeiden
- Keine Blutdruckmanschette, keine Kanüle am Shuntarm
- Ggf. Enflurane (z.B. Ethrane®) vermeiden (dosisabhängig Bildung nephrotoxischer Fluoridionen)
- **Succinylcholin** (wenn überhaupt) nur bei $K^+ < 5{,}5$ mmol/l
- Alkalisierung → unerwünschte Verschiebung der O_2-Bindungskurve nach links → erhöhte O_2-Affinität

- Respiratorische/metabolische Azidose verstärkt eine vorhandene Hyperkaliämie
- Bei Hyperkaliämie kein Halothan
- Bei Lokal- oder Leitungsanästhesie sollten hohe Dosierungen von Prilocain (Xylonest®) wegen möglicher Methämoglobinbildung vermieden werden
- Beachte: höhere Lokalanästhetika-Konzentrationen im Plasma als bei nierengesunden Patienten

Praxis

- Präoperativ abklären:
  - Gewicht vor/nach Dialyse
  - Dialysehäufigkeit
  - Restdiurese, tägliche Trinkmenge
  - anamnestisch Auftreten eines Lungenödems
- Bei terminaler Niereninsuffizienz/Urämie möglichst innerhalb 24 h präoperativ **dialysieren** (cave: Hyperkaliämie, Azidose, Überwässerung)
- Intraoperativ **Flüssigkeitsrestriktion** erforderlich (kaliumfreie Lösung, z.B. NaCl 0,9% infundieren)
- Bei elektiven Eingriffen und OP mit aufgeschobener Dringlichkeit Serumkalium < 5,5 mmol/l gefordert
- Ggf. Prämedikation mit H_2-Rezeptor-Antagonisten
- Neuroleptanästhesie günstig
- Vecuronium (z.B. Norcuron®) aufgrund der hauptsächlich biliären Elimination als nichtdepolarisierendes Muskelrelaxans geeignet, ebenso Atracurium (z.B. Tracrium®)
- Relaxometrie empfohlen
- **Faustregeln**
  - Flüssigkeitsbedarf/24 h =
    Restdiurese + Perspiratio insensibilis – metabolisches Wasser
  - Flüssigkeitsbedarf/24 h = Restdiurese + 500 ml
  - Natriumbedarf entspricht der Natriumausscheidung (etwa 0– 40 mmol/24 h)

Anästhesie bei Porphyrie

Definition

- Enzymatische Störungen in der Hämbiosynthese führen durch die Induktion der hepatischen Aminolävulinsäure-Synthetase (kompensatorische Gegenregulation) zu einer toxischen Überproduktion der beiden Häm-Vorstufen Aminolävulinsäure und Porphobilinogen. Beide werden vermehrt im Urin ausgeschieden und lösen das klinische Erscheinungsbild aus
- Die Aminolävulinsäure-Synthetase wird unter anderem stimuliert durch Hunger, Alkohol, lipophile Medikamente, Östrogene

Einteilung

- Akute intermittierende Porphyrie (autosomal-dominant erbliche Störung der Uroporphyrinogensynthetase)
- Porphyria variegata (autosomal-dominant erbliche Störung der Protoporphyrinogen-Oxidase)
- Hereditäre Koproporphyrie (autosomal-dominant erbliche Störung der Koproporphyrinogen-Oxidase)

Symptome eines akuten Anfalls

- Klinisch lassen sich die drei Formen der akuten hepatischen Porphyrie im akuten Anfall nur am Vorhandensein von Lichtdermatose und chronischen Hautveränderungen (Porphyria variegata, hereditäre Koproporphyrie) bzw. deren Abwesenheit (akute intermittierende Porphyrie) unterscheiden. Die übrigen Symptome sind bei allen drei Formen ähnlich.
- Kolikartige abdominelle Schmerzen (ohne abdominelle Abwehrspannung!)
- Übelkeit, Erbrechen, Obstipation
- Tachykardie, Hypertonie
- Niereninsuffizienz, Oligurie

- Neurologisch: Polyneuropathie, aufsteigende Tetraplegie, bei bulbärer Neuropathie zentrale Atemlähmung und Schluckstörungen, Visusverlust, zerebrale Krampfanfälle, Bewußtseinsstörungen, Koma
- Psychose, Hysterie
- Fieber, Ikterus

Diagnose

- Nachdunkeln eines rötlich gefärbten Urins
- Vermehrte Urinausscheidung von Delta-Aminolävulinsäure und Porphobilinogen

Therapie

- Keine kausale Therapie bekannt
- Vermeidung schubauslösender Medikamente
- Hochdosierte Glukoseapplikation (z.B. 200–500 g/d per os oder i.v.)
- Analgesie z.B. mit Pethidin (z.B. Dolantin®)
- Behandlung der Tachykardie und Hypertonie z.B. mit Propranolol (z.B. Dociton®)

Als sicher gelten nach derzeitigem Wissensstand (Auswahl nach Rote Liste 1997):

Acetylsalicylsäure (ASS), Äther, Atracurium, Atropin, Bupivacain, Cephalosporine, Chloralhydrat, Chlorpromazin, Cimetidin, Dexamethason, Digitalis, Digoxin, Droperidol, Fentanyl, Flunitrazepam, Gentamycin, Heparin, Imipramin, Ketamin, Mefenaminsäure, Midazolam, Morphinderivate, Neostigmin, Ondansetron, Oxazepam, Oxytocin, Pancuronium, Penicilline, Pethidin, Prednisolon, Prilocain, Procain, Promethazin, Propranolol, Propofol, Reserpin, Rifamycin und Rifampicin, Stickoxidul, Suxamethonium, Tetrazykline, Triflupromazin, Vecuronium

Medikamente, die klinische Manifestationen einer akuten hepatischen Porphyrie auslösen können (Auswahl nach Rote Liste 1997):

Barbexaclon, **Barbiturate**, Bemegrid, Carbamazepin, Carbromal, Chloramphenicol, Chlordiazepoxid, Chlormezanon, Chloroquin und Derivate, Chlorpropamid, Clonazepam, **Clonidin**, **Cotrimoxazol**, Danazol, Dapson, **Diazepam**, Dichloralphenazon, **Diclofenac**, **Dimenhydrinat**, **Enfluran**, Ergotamin, Ethosuximid, Farnextrakte, Flufenaminsäure, Gestagene, Glibenclamid, Glutethimid und Derivate, Griseofulvin, **Halothan** und andere halogenierte Inhalationsnarkotika, Hydralazin, Ibuprofen, Indometacin, Lofepramin, **Lidocain**, Meprobamat, Mesuximid, **Metamizol**, Methoxyfluran, Methyldopa, Metoclopramid, Mianserin, Nalidixinsäure, Nicethamid, nichtsteroidale Antiphlogistika/Antirheumatika, Nitrofurantoin, Östrogene, orale Kontrazeptiva, Paramethaidon, **Pentazocin**, Pentetrazol, Phenoxybenzamin, Phensuximid, Phenylbutazon, **Phenytoin**, Primidon, Progesteron, Pyrazolonderivate, Ranitidin, Spironolacton, Sulfonamide, **Theophyllin** und Derivate, Thiopental, Tolbutamid, Trimethadion, Valproinsäure

Anästhesie bei Schock

Definition

- Lebensbedrohliche Störung der Homöostase mit inadäquater Gewebeperfusion vitaler Organe (hypovolämischer, kardiogener Schock) und inadäquatem Zellmetabolismus (septischer Schock)
- Kritisch verminderte O_2-Aufnahme („Sauerstoffschuld"), zelluläre Hypoxie
- „Schock" ist eine klinische Diagnose

Ursachen

- **Hypovolämie** (Verminderung des zirkulierenden Blutvolumens → hypovolämischer Schock)
  - Blutverlust (innere/äußere Blutung; cave: Milzruptur, gastrointestinale Blutung, rupturierte Tubargravidität, rupturiertes Aortenaneurysma, u.a.)
  - Flüssigkeits-/Elektrolytverlust (Sequestration, schwere Durchfälle)
- **Pumpversagen des Herzens** (akute Abnahme der kardialen Förderleistung → kardiogener Schock)
  - myokardiale Insuffizienz
  - Herzklappenfehler
  - Arrhythmie
  - Perikardtamponade
  - Lungenarterienembolie, Luftembolie, Fettembolie
  - Spannungspneumothorax
- **Akutes Versagen der peripheren Gefäßregulation**
  - neurogener Schock (z.B. hohe Spinalanästhesie)
  - septischer Schock
  - anaphylaktischer Schock (zusätzlich myokardiale Kontraktilitätsverminderung)

Symptomatik

- **Akute Verschlechterung des Allgemeinzustands**
- Störungen der **Makrozirkulation** (Zentralisation)
  - kühle, blaßzyanotische, feuchte Haut
  - Tachykardie
  - systolischer Blutdruckabfall
  - (Schockindex [Pulsfrequenz : systolischer Blutdruck] > 1,0–1,5)
  - Abnahme der Blutdruckamplitude, fadenförmiger Puls
  - Abnahme des Herzzeitvolumens (CI < 2,5 l/min/m²)
- Störungen der **Mikrozirkulation**
  - Oligurie (< 25 ml/h bei Erwachsenen), Anurie
  - stark verzögerte Kapillarfüllungszeit (Nagelbettdurchblutung)
  - Unruhe, Bewußtseinstrübung
- Relativer/absoluter **Volumenmangel**
  - Durst, trockene Zunge
  - verminderte Venenfüllung
  - erniedrigter zentraler Venendruck (ZVD)
  - Abblassen von Haut und Schleimhäuten (Konjunktivaldurchblutung) bei hämorrhagischem Schock
- Dyspnoe, Tachypnoe
- **Zelluläre Störungen** → Metabolische Azidose, Laktatämie
- **Beachte:**
  - **hyperdyname** Kreislaufsituation in der Frühphase des septischen Schocks
  - **erhöhte** Füllungsdrücke bei kardiogenem Schock

Monitoring

- Arterieller Druck, baldmöglichst blutige Druckmessung
- EKG, Herzfrequenz, (Pulsfrequenz)
- Pulsoxymetrie (problematisch bei Zentralisation)
- Schleimhautdurchblutung (Konjunktiven), Pupillengröße
- Venenfüllung, Kapillarfüllungszeit (Nagelbett)

- Zentraler Venendruck
- Blutgasanalyse (PaO_2, $PaCO_2$, pH, SaO_2, caO_2, SvO_2)
- Kapnometrie (beachte signifikanten arterio-endexspiratorischen CO_2-Gradienten bei schwerem Schock/Lungenembolie; Größe des Gradienten mittels zeitgleich abgenommener BGA ermitteln: Trendverlauf)
- Körpertemperatur (rektal, ösophageal), Hauttemperatur
- Laborparameter (Hb, Hk, Serumelektrolyte, Blutzucker, Gerinnung, Thrombozyten, Laktat, Urinosmolalität)
- Blasenkatheter, Stundenurinbestimmung
- Thoraxröntgenaufnahme
- Evtl. Rechtsherzkatheter

Therapie

- **Therapieziele**
  - rasche Korrektur der gestörten Gewebeperfusion
  - Beseitigung der Schockursache (Blutstillung; antiarrhythmische Therapie; Perikardpunktion etc.)
- Schocklagerung (bei kardiogenem Schock leichte Oberkörperhochlagerung)
- **Adäquate Volumentherapie** über dicklumige periphere Venenverweilkanülen oder zentralen Shaldon-Katheter
  - Leitsatz: **„In doubt give volume"**
  - cave: Volumenüberlastung bei kardiogenem Schock
  - beachte: Volumendefizite betreffen Intravasalraum, Extrazellulärraum und Intrazellulärraum
  - primär muß jedoch das **intravasale Volumen** restituiert werden!
- Faustregel:
  - Blutverlust < 20% → kristalloide Lösungen allein möglich
  - Blutverlust > 25% → kolloidale Lösungen (bei Erwachsenen)
- Beachte: etwa 80% der applizierten kristalloiden Lösungen verlassen den Intravasalraum wieder innerhalb kurzer Zeit; zur Erzielung gleicher Volumeneffekte muß das infundierte Volumen etwa 3- bis 4mal höher sein als bei kolloidalen Lösungen (cave: Überwässerung)
- Beachte: empfohlene Maximaldosierungen heterologer Plasmaersatzlösungen

- Bei Blutverlusten **Hämotherapie nach Maß** anstreben (Blutkomponententherapie)
- Faustregel zur Transfusionsindikation: Blutverlust > 30% oder Hämatokrit < 25 % (bei Erwachsenen)
- Praktische Anhaltspunkte zur Volumentherapie:
  - Kreislaufsituation (RR, Herzfrequenz; Schockindex)
  - Venenfüllung (V. jugularis externa), ZVD
  - Urinausscheidung (> 50 ml/h bei Erwachsenen)
  - Kapillarfüllung, Konjunktivaldurchblutung
  - Hb, Hk, Blutgasanalyse (PvO_2 bzw. SvO_2 als Parameter einer erhöhten O_2-Extraktion)
  - der linksventrikuläre Füllungsdruck (PCWP) korreliert in den meisten Fällen ausreichend gut mit dem rechtsventrikulären Füllungsdruck (ZVD)
- **O_2-Applikation**, Beatmung
  - cave weiterer Blutdruckabfall durch Verminderung des venösen Rückstroms bei IPPV oder PEEP
  - FiO_2 0,5, später an BGA orientieren
  - PEEP (3–6 mbar) nach Kreislaufstabilisierung günstig
- **Sympathomimetika**
  - bei Volumenmangelschock primär nur im Notfall (Erhöhung des Aortendrucks, verbesserte Koronarperfusion)
  - aber: weitere Zunahme der Kreislaufzentralisation und gesteigerter myokardialer O_2-Verbrauch durch adrenerge Stimulation
  - bei **anaphylaktischem Schock sofort Adrenalin** applizieren
- Korrektur der **metabolischen Azidose**
- Hochdosierte Glukokortikoidtherapie umstritten (Ausnahmen: Nebennierenrindeninsuffizienz, anaphylaktischer Schock im Anschluß an Adrenalingabe)
- Nach erfolgter Volumentherapie Furosemid (z.B. Lasix®) bzw. Mannitlösung (z.B. Osmofundin®) zur Diureseanregung (umstritten, da so die Indikatorfunktion der Diurese im Hinblick auf die Restitution der Mikrozirkulation eingeschränkt wird)
- Ggf. Heparinisierung (Dauerinfusion von 500–1000 USPE Liquemin®/h) („prophylaktische Heparinisierung"; nachweisbare Verbrauchskoagulopathie)

- Beim **kardiogenen Schock**/Pumpversagen des Herzens möglichst gezielte Beeinflussung von Herzfrequenz/Rhythmus, Kontraktilität, Vorlast (Preload) und Nachlast (Afterload) des Herzens (Antiarrhythmika, Katecholamine, Phosphodiesterasehemmer, Nitroglyzerin, Natriumnitroprussid, Volumengabe)

Anästhesiologisches Vorgehen

- Cave: hohes Anästhesierisiko
- Patienten wenn möglich präoperativ stabilisieren
- Patienten als nicht nüchtern ansehen (Ileuseinleitung)
- Beachte: niedrigere Dosierung aller Anästhetika, die rascher, stärker und länger wirken
- Inhalationsanästhetika werden rascher aufgenommen; geringere Konzentration erforderlich
  - reduziertes Herzzeitvolumen
  - verminderte pulmonale Durchblutung
  - höhere alveoläre Konzentration
  - relativ vermehrte zerebrale Durchblutung bei Zentralisation
- Injektionsanästhetika wirken verstärkt depressorisch
  - vermindertes Blutvolumen
  - relativ höhere Blutkonzentration
  - geringere Wiederverteilung
  - reduzierter Metabolismus
- Geeignete Einleitungsanästhetika sind z.B. Etomidat (z.B. Hypnomidate®) oder Ketamin (z.B Ketanest®); Vorteile von Ketamin: praktisch keine weitere Kreislaufdepression (cave: erhöhter intrakranieller Druck); Aufrechterhaltung der Anästhesie mit Ketamin möglich; nach Stabilisierung können ggf. vorsichtig Benzodiazepine kombiniert werden
- **Cave**
  - myokarddepressive oder vasodilatatorisch wirksame Anästhetika (Halothan, Enfluran, Isofluran, Barbiturate) → Dosisanpassung
  - Beeinträchtigung der kompensatorischen sympathikotonen Vasokonstriktion durch rückenmarksnahe Anästhesie (Gefahr des plötzlichen Kreislaufzusammenbruchs!)

Cave

- Unerkannte oder **unterschätzte Begleitverletzungen bei polytraumatisierten Patienten**
  - Schädelhirntrauma, intrakranielle Blutung, gesteigerter intrakranieller Druck
  - Verletzungen von Wirbelsäule (HWS!) und Rückenmark
  - penetrierende Verletzungen (Thorax, Abdomen)
  - innere Blutungen (Milzruptur etc.)
  - Blutverluste in Frakturen (Beckenfrakturen!)
  - Pneumothorax (Spannungspneumothorax!), Hämatothorax
  - Perikardtamponade
- Der Hb-Abfall beim hämorrhagischen Schock kann protrahiert verlaufen
- Der Schockindex ermöglicht nur ein „grobes Abschätzen" der Schocksituation; ein Schock kann auch mit „normaler" Herzfrequenz oder „normalem" Blutdruck einhergehen!

Praxis

- Bei schwerem Volumenmangelschock und schlechten Venenverhältnissen Einführen eines Shaldon-Katheters in V. subclavia oder V. jugularis interna (notfalls in die V. femoralis [Merke: **IVAN** = **I**nnen, **V**ene, **A**rterie, **N**erv])
- Alternativen
  - **intraossäre Infusion** (vor allem bei Kindern), siehe S. 57f
  - Venae sectio
  - operatives Einführen eines großlumigen Katheters in den rechten Vorhof bei intrathorakalen Eingriffen
- Bei **polytraumatisierten Patienten** immer an **Spannungspneumothorax** und **traumatische Perikardtamponade** denken und als Schockursache ausschließen (Sonographie, Röntgenthorax)

Anästhesie bei transurethraler Resektion (TUR)

Anästhesiologisches Vorgehen

- **Leitungsanästhesie**
  - Leitungsanästhesie mit nur leichter intraoperativer Sedierung bevorzugen
  - Vorteile: TUR-Syndrom (Einschwemmung, Perforation) wird an den klinischen Symptomen früher erkannt
- **Allgemeinanästhesie**
  - Nachteil: TUR-Syndrom wird klinisch meist später erkannt
  - deshalb ggf. serielle Überwachung der Serumelektrolyte (Na^+) und kontinuierliche Überwachung des zentralen Venendruckes bei TUR-Prostata empfehlenswert
- Bei Fruktoseintoleranz ist die Verwendung sorbithaltiger TUR-Spüllösungen absolut kontraindiziert

TUR-Prostata

- Hauptprobleme: **intravasale Einschwemmung** und Blutverlust
- Intraoperative Infusionstherapie bei Risiko einer Einschwemmung mit Vollelektrolytlösung + Natriumzusatz (10–30 ml NaCl 20% [34–102 mmol Na^+])
- Gabe von z.B. Furosemid (z.B. Lasix®) vor allem in der Phase der kapselnahen Resektion (ggf. forcierte Diurese): 10–20 mg pro Einzelgabe alle 15–20 min
- Bei unerklärlichem Blutdruckabfall immer an unerkannte bzw. unterschätzte **Blutverluste** und an **TUR-Syndrom** denken (Hb- und Elektrolyt-Kontrolle, Blutgasanalyse)
- Resektionszeiten > 60 min führen zu einem unproportional hohen Anstieg von Blutverlust und Flüssigkeitsabsorption

TUR-Blase

- Prophylaktische NaCl-Infusionszusätze nicht erforderlich
- Das Auftreten eines TUR-Syndroms ist in der Regel nur bei einer **Blasenperforation** zu befürchten
- Bei Leitungsanästhesie kann ein **N. obturatorius-Reflex** durch das Elektroresektoskop ausgelöst werden (Gefahr der Blasenperforation durch das Resektoskop!); Verhinderung durch die zusätzliche Durchführung eines 3-in-1-Blocks oder durch eine direkte Blockade des N. obturatorius

TUR-Syndrom

- Intravasale Einschwemmung von elektrolytfreier Spülflüssigkeit bei transurethraler Elektroresektion, insbesondere der Prostata, mit Verdünnungshyponatriämie (Wasserintoxikation, hypotoner Hyperhydratation) und unter Umständen lebensbedrohlicher Symptomatik
- **Akute Form**: schnelle, vorwiegend intravasale Spülflüssigkeitsresorption mit rascher klinischer Symptomatik durch Hypervolämie und Hyponatriämie
- **Späte, „toxische" Form**: langsame, vorwiegend extravasale Resorption aus dem periprostatischen, perivesikulären oder peritonealen Raum mit protrahierter klinischer Symptomatik wie Nierenversagen und Ileus

Schweregrade

	Na^+ (mmol/l)	Symptomatik (fließend!)
Leicht	125–135	Unruhe Übelkeit Erbrechen Dyspnoe
Mittel	120–125	Hypertonie/Hypotonie Herzrhythmusstörungen Zyanose Kopfschmerzen Angina pectoris
Schwer	< 120	ZNS: zunehmende Verwirrtheit, Hirnödem Niere: Oligurie, Anurie Lunge: Lungenödem „Resektionsschock": kardiogener Schock
	< 110	Bewußtlosigkeit, tetaniforme Krämpfe, **Exitus**

Therapie der akuten Einschwemmung (TUR-Syndrom)

- Resektion und Spülung nach Möglichkeit **sofort beenden**
- Flüssigkeitsrestriktion
- **Diuretika** (Furosemid [z.B. Lasix®])
- Infusion einer **3% NaCl-Lösung** (513 mmol/l)
  - 250 ml NaCl 0,9% + 30 ml NaCl 20% (kurzfristige periphervenöse Applikation möglich)
  - Serum-Na^+ > 125 mmol/l anstreben
  - danach ist bei guter Nierenfunktion meist nur noch die langsame Zufuhr von Vollelektrolytlösung (NaCl 0,9%) bis zur raschen Erholung erforderlich
  - Infusionsgeschwindigkeit gemäß aktuellem ZVD
- Blutgasanalyse, ggf. Natriumbikarbonat
- Hirnödem-Prophylaxe (umstritten)

- Bei Bedarf: Nitroglycerin zur Preload-Senkung in Kombination mit Dopamin/Dobutamin (zentraler Venenkatheter)
- **Cave**: Dopamin-Monotherapie beim ausgeprägten TUR-Syndrom mit drohender linksventrikulärer Überlastung

Anästhesie bei Verbrennungspatienten

Besondere Probleme

- **Massive Flüssigkeits- und Elektrolytverschiebung** (Na^+-Verluste!), Verminderung des Blutvolumens (Hämokonzentration) durch lokale/generalisierte Störung der Kapillarintegrität für 1–2 Tage (Brandblasen, **allgemeine Ödemneigung**), Hypoproteinämie
- **Verbrennungsschock** (Volumenverluste, Hypoxie, toxische Metaboliten), Mikrozirkulationsstörungen; Gefahr von Herzinsuffizienz, Nieren- und Lungenversagen
- Beeinträchtigung/Verlust der Thermoregulation, Wärmeverlust, Auskühlung
- Infektions-/Sepsisrisiko
- Hyperkaliämie (**cave**: erhebliche Kaliumfreisetzung nach Succinylcholin → Gefahr des irreversiblen Herzstillstandes; gilt nicht für akute Verbrennung)
- Ödembildung im Bereich der oberen Luftwege (bei Verdacht frühzeitig Intubation/evtl. Tracheotomie)
- Gerinnungsstörungen (DIC), Hämolyse, Anämie
- Hirnödem durch Hyponatriämie (vor allem bei Kindern)
- Streßulkus, gastrointestinale Blutungen
- Katabolie
- Nach 36 h Abnahme der Kapillarpermeabilität, Rückresorption der Ödeme, Hypernatriämie
- **Cave**: Begleitverletzungen (SHT, abdominale/thorakale Verletzung, respiratorische Insuffizienz)
- **Cave**: Starkstromverbrennung: Gefährlichkeit nicht unterschätzen (Muskelnekrosen, Myoglobinurie, Frakturen, kardiale und zerebrale Schädigung)

Inhalationsverletzung

- Ursachen sind Flammen, Rauch, toxische Gase, Dampf
- Verdachtsmomente: Feuer in geschlossenen Räumen, Gesichts-/Halsverbrennungen, Schleimhautläsionen im Mund-/Nasenbereich, Husten, Dyspnoe, Tachypnoe, Bronchospasmus, **Hypoxämie**

- **Cave**: Anschwellen der oberen Luftwege (frühzeitige Intubation/evtl. Tracheotomie)
- **Cave**: Lungenödem, Hypoxämie, Hyperkapnie, Pneumonie
- Glukokortikoid-Spray (z.B. Auxiloson®)
- **CO-Vergiftung** (→ hypoxämische Hypoxie). Beachte: Halbwertszeit von CO-Hb bei Raumluftatmung: 4 h, bei 100% O_2: 1/2 h!
- Zyanidintoxikation (z.B. Bettfedern)
- Verätzungen der Atemwege durch HCl (Kunststoffe)

Ausmaß der Verbrennung

- **Verbrannte Körperoberfläche** (KOF) in %
  - Faustregel: Handfläche des Patienten = 1% KOF (gilt auch für Kinder)
  - Orientierungshilfe: **Neuner-Regel** (Angaben in % KOF)

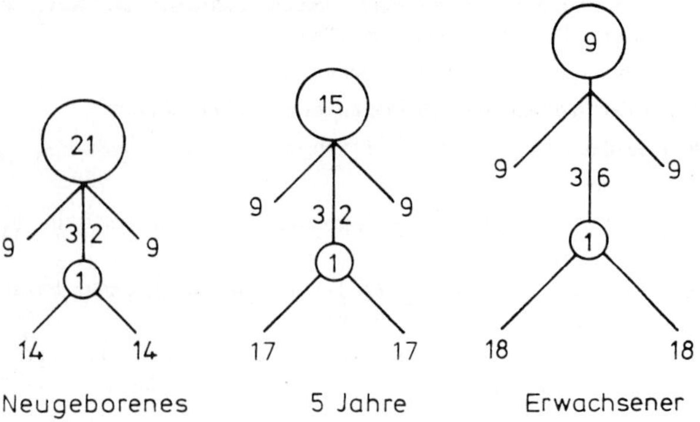

- **Schweregrad** der Verbrennung
  - 1. Grad = Rötung (obere Epidermis)
  - 2. Grad = Rötung, Blasen (Epidermis, Teile des Corium)
  - 3. Grad = Nekrose (Epidermis, Corium)
  - 4. Grad = Verkohlung (zusätzliche Schädigung tiefergelegener Strukturen)
- Unterscheidung von Verbrennungen 2. und 3. Grades akut nicht möglich (Vitalitätsprüfung in der Klinik)
- Beachte: Kritisch verbrannte Oberfläche (keine physiologische Kompensation möglich)
  - bei Erwachsenen 15%
  - bei Kindern 10%!

Sofortmaßnahmen

- Kaltwasserbehandlung (cave: Auskühlung)
- Schmerztherapie (z.B. Piritramid [z.B. Dipidolor®], Ketamin [z.B. Ketanest®] in subanästhetischer Dosierung)
- Volumentherapie (Schockbehandlung)
- Sterile Abdeckung der Wunden (z.B. Metalline-Tücher)
- Lokaltherapie

Infusionsregime bei Verbrennungen (erste 24 h)

- **Parkland-Schema:** Ringer-Lösung = 4,0 ml x kg KG x % verbrannter KOF
- Die Hälfte der jeweils errechneten Volumina ist in den ersten 8 Stunden zu applizieren
- Infusionstherapie bei Verbrennungen > 50% primär wie bei einer 50%igen Verbrennung
- Kolloidale Lösungen während der ersten 24 h sind umstritten
- Während der zweiten 24 h wird die Gabe von FFP/GFP oder Humanalbumin 5% empfohlen
- Abschätzung von Blutverlusten: 1% mehrgradig verbrannte KOF bedeutet 1% - Blutvolumendefizit
- **Mindesturinmenge** beim Erwachsenen: 0,5–1,0 ml/kg/h, beim Kind 1–2 ml/kg/h oder 20–30 ml/m²/h anstreben

- ZVD > 2–4 cm H_2O
- Systolischer Druck > 100 mm Hg
- Hämatokrit soll unter 50% liegen

Anästhesie bei vollem Magen (Ileuseinleitung)

Indikationen

- Patient nicht nüchtern (wenigstens 6–8 h)
- **Cave**: u. U. erheblich (!) verlängerte Magenentleerungszeit bei **allen Notfallpatienten**, vor allem bei **akutem Abdomen** und Verletzungen/**Polytrauma**
- Ileus (vor allem **Dünndarmileus**!), Magenatonie
- Pylorusstenose
- Obere gastrointestinale Blutung
- Blutung in den Magen-Darm-Trakt (z.B. Mittelgesichtsverletzung, Nachblutung nach Tonsillektomie)
- Geburtshilfliche Patientinnen (Kaiserschnitt, Nachtastung etc.)
- Komatöse Patienten
- Alkoholisierte Patienten
- Lange Wartezeit zur Operation (gesteigerte Nüchternmagensaftsekretion)
- Hiatushernie, Refluxösophagitis, Ösophagusdivertikel, Z.n. Gastrektomie
- Aufgetriebener Bauch (unabhängig von der Ursache)
- Ösophagusatresie beim Neugeborenen

Sicherheitsmaßnahmen vor Narkoseeinleitung

- Narkosearbeitsplatz überprüfen
- OP-Sauger zusätzlich zur Anästhesieabsaugeinrichtung
- Dicker Absaugkatheter, evtl. Suction Booster
- Verstellbarer OP-Tisch (Kopftieflage/45° Kopfhochlage)
- Mindestens 1 kompetente(r) Helferin bzw. Helfer
- Tubus mit Führungsmandrin sowie nächstgrößeren und nächstkleineren Tubus bereitlegen
- 2 funktionsfähige Laryngoskope sowie überlangen und kleineren Spatel bereitlegen

Technik

- Antazidagabe (umstritten)
- **H_2-Rezeptorenblocker** 1–2 h präoperativ (z.B. Cimetidin [z.B. Tagamet®] 200 mg oder Ranitidin [z.B. Sostril®] 50 mg i.v.)
- Metoclopramid (z.B. Paspertin®) 1 h präoperativ 10 mg i.v. (nicht bei Kindern, mechanischem Ileus, Parkinsonismus)
- Glycopyrrolat (z.B. Robinul®) ist als Anticholinergikum dem Atropin u.U. vorzuziehen (Atropin vermindert den Kardiatonus; Glycopyrrolat verringert die Magensaftproduktion); Dosierung entspricht der halben Atropindosis
- Vor allem in der geburtshilflichen Anästhesie wird die orale Einnahme von 30 ml **Natriumzitrat** empfohlen
- Dicke **Magensonde**, möglichst mit Belüftung (z.B. Salem-Sonde) in Seitenlage legen, Mageninhalt absaugen, evtl. Spülung
- Magensonde anschließend in Ösophagus zurückziehen oder ganz entfernen („Leitschiene für Regurgitation")
- Ggf. **Präkurarisierung** (1/10–1/5 der Intubationsdosis eines nichtdepolarisierenden Muskelrelaxans)
- **Präoxygenierung** 3–5 min bei dichter Maske mit O_2-Flow ca. 8 l/min (= Denitrogenisierung)
- Am besten durchsichtige Plastikmaske verwenden
- **Kopftieflagerung** (Grund: Mageninhalt kann der Schwerkraft entsprechend nur in den Pharynx, nicht aber in die Lungen ablaufen; verhindert aber nicht Regurgitation oder Erbrechen!) oder **45° Oberkörperhochlagerung** (verhindert passive Regurgitation, aber nicht Erbrechen)
- **Sellick-Handgriff** (Krikoiddruck) durch Hilfsperson (Ziel: Verhinderung einer Regurgitation)
- **Blitzeinleitung (Crash Induction)** mit rasch wirksamem i.v.-Hypnotikum (z.B. Thiopental [z.B. Trapanal®]), sofortige Nachinjektion von Succinylcholin, sofern nicht kontraindiziert
- Möglichst **keine Zwischenbeatmung** wegen Gefahr der Magenblähung mit Regurgitation (Apnoetechnik bei vollständiger Denitrogenisierung der FRC → O_2-Reserve)
- Rasche Intubation
- Tubus sofort mit bereits aufgesetzter Blockerspritze blocken
- Nach Narkoseeinleitung erneut dicke Magensonde einführen und belassen, absaugen, Beutel anschließen

- Bei Ileus kein Lachgas zuführen (Lachgasdiffusion in die bereits geblähten Därme → erhebliche Volumenzunahme)

Cave

- Präoperativ gelegte Magensonde garantiert keinesfalls leeren Magen!
- Tiefe Inspiration, Schlucken, Würgen sind häufig Vorboten einer Regurgitation
- Ausgedehnte Schleimhautanästhesie nicht unbedingt empfehlenswert (Verlust der Schutzreflexe, Aspirationsgefahr auch bei erhaltenem Bewußtsein)
- Mögliche Komplikationen bei Legen der Magensonde (Schleimhautverletzungen, Blutungen aus Nase, Rachen, Ösophagus, Magen)

Praxis

- Bei partieller Atemwegobstruktion/zu erwartender schwieriger Intubation evtl. Narkoseeinleitung mit einem Inhalationsanästhetikum; wichtiges Prinzip ist die Erhaltung der Spontanatmung; Intubation in tiefer Inhalationsanästhesie
- Bei Regurgitation während der Intubation bereits eingeführten Tubus in den Ösophagus weiterschieben und blocken (Ableitung des Mageninhalts); anschließend Intubation der Trachea mit einem zweiten Tubus
- Vor Extubation unbedingt nochmals Mageninhalt absaugen
- Extubation erst wenn Patient wach (Schutzreflexe!)
- Ein neues Präventionskonzept der Aspiration basiert auf dem Prinzip der **Kardiaokklusion** (Aspisafe® Ballonsonde)
  - die Spezialsonde wird transnasal in den Magen gelegt
  - Mageninhalt wird abgesaugt
  - eine Aspiration soll durch einen am Mageneingang unter Zug anliegenden Magenballon verhindert werden; der Druck des Ballons wird durch ein Digitalmanometer mit Ventil kontrolliert
  - nach ersten Erfahrungen ist eine Maskenbeatmung bei liegender Sonde möglich

Komplikationen

Allergische Reaktion/Anaphylaxie

Besonderheiten

- **Anaphylaxie**: lebensbedrohliche IgE-vermittelte allergische Sofortreaktion
- **Anaphylaktoide Reaktion**: Freisetzung von Mediatorsubstanzen ohne Antigen-Antikörper-Reaktion
- Histaminausschüttung + sekundäre Mediatoren →
  - Vasodilatation
  - Steigerung der Gefäßpermeabilität
  - Bronchokonstriktion
  - Blutdruckabfall
  - Hämokonzentration
  - Ödeme
  - Schock
  - akute pulmonale Hypertonie

Diagnostik

- Meist direkter Zusammenhang mit Antigenkontakt (z.B. Medikamentenapplikation)
- **Cave**: protrahierter Beginn bzw. Verlauf
- **Cave**: bei fulminantem Verlauf primärer Kreislaufstillstand ohne kutane bzw. pulmonale Begleitreaktionen möglich

Symptomatik

Schweregrad	Symptomatik	Sofortmaßnahmen
0	lokal begrenzte kutane Reaktion	
I	Hautreaktionen (Flush, Urtikaria, Exanthem), Rhinitis, Konjunktivitis	**Antigen absetzen** H_1/H_2-Rezeptorantagonisten
II	Blutdruckabfall Tachykardie Arrhythmie Nausea, Erbrechen Magen-Darm-Spasmen	**Antigen absetzen** Kortikosteroide H_1/H_2-Rezeptorantagonisten Vasopressor (z.B. Akrinor®) Volumengabe
III	Schock Bronchospasmus Kehlkopfödem Quincke-Ödem	**Antigen absetzen** **Adrenalin** s.c./i.v./Dosieraerosol **Kortikosteroide** Volumengabe
IV	Herz-Kreislauf-/ Atemstillstand	**Antigen absetzen** **Adrenalin** **kardiopulmonale Reanimation**

Sofortmaßnahmen

- **Merke: AAK = Antigen ab – Adrenalin – Kortikosteroide**
- **Basismaßnahmen:** möglichst großlumiger periphervenöser Zugang, Sauerstoffgabe, Bereitstellung von Medikamenten und Gerätschaften, Alarmierung kompetenter Hilfe (Grund: Progredienz nicht kalkulierbar!)
- Beachte: Bei schweren allergischen Zwischenfällen sofort Adrenalin geben (→ Kreislaufwirkung, Bronchodilatation, Verminderung der Histaminliberation). Wirkungseintritt der Kortikosteroide erst nach 5 – 10 min!
  - **Adrenalin** (z.B. Suprarenin®) (1 Amp. 1:1000 = 1 ml = 1 mg)
    0,3 mg s.c.

    0,05–0,2 mg i.v.
  - **Adrenalin-Dosier-Aerosol** (z.B. Adrenalin-Medihaler®, 0,35 mg Adrenalinbitartrat pro Hub)
    Initial: 1–2 Hübe
    Wiederholungsdosis nach 3–5 min: 1–2 Hübe

- Weitere Medikamente:
  - **H_1-Rezeptorantagonisten**

Meclastin (z.B. Tavegil®)	1–2 Amp. (2–4 mg) i.v.
Dimetinden (z.B. Fenistil®)	1–2 Amp. (4–8 mg) i.v. (= 0,1 mg/kg)

  - **H_2-Rezeptorantagonisten**

Cimetidin (z.B. Tagamet®)	1– 2 Amp. (200 – 400 mg) i.v. (= 5 mg/kg, langsam injizieren)

  - **Kortikosteroide**

Dexamethason (z.B. Fortecortin®)	8–40 mg i.v.
Prednisolon (z.B. Solu–Decortin®-H)	250–1000 mg i.v.

  - **Dopamin**

    (primär Adrenalin verwenden, Therapiefortsetzung sekundär mit Dopamin möglich)

Initial	35–70 µg/kg/min
Erhaltungsdosis	5–20 µg/kg/min

  - **Noradrenalin** (z.B.Arterenol®)

    (Nur bei Unwirksamkeit von Adrenalin und Dopamin)

Initial	0,05–0,1 mg i.v.

- **Volumentherapie**: Bedarf je nach Schweregrad bis zu 2–3 l innerhalb der ersten 20–30 min
  Geeignete Infusionslösungen: Hydroxyethylstärke, Vollelektrolytlösungen

Weitere Maßnahmen

- Überwachung des Patienten nach Therapieerfolg u.U. bis zu 24 Stunden erforderlich (evtl. Kortikosteroidgabe alle 6 h wiederholen).
  Grund: biphasische Verläufe mit symptomfreiem Intervall!
- Bei schwerwiegenden Verläufen aus medikolegalen Gründen Abnahme von 10 ml EDTA-Blut zu Laboruntersuchungen empfehlenswert (z.B. RAST = Radioallergosorbent-Test)
- **Patienteninformation**
- Spätere Abklärung der Allergie/Anaphylaxie anstreben (Allergiepaß !)

Praxis

- Eine besondere perioperative Allergie/Anaphylaxie-Gefährdung besteht u.a. bei Asthmatikern, Tumorpatienten und bei bereits bekannter Medikamentenallergie
- **„Allergie-Prophylaxe" bei gefährdeten Patienten** mit H_1/H_2-Rezeptorenblockern:
  - Dimetinden (z.B. Fenistil®) 0,1 mg/kg
  - Cimetidin (z.B. Tagamet®) 5 mg/kg
- Die Kombination von Histaminrezeptorenblockern mit Kortikosteroiden ist in Einzelfällen sinnvoll
- Eine verminderte Ansprechbarkeit auf Katecholamine ist bei folgender Dauermedikation anzunehmen: ACE-Hemmer, Betablocker, trizyklische Antidepressiva → Dosiserhöhung erforderlich
- Kasuistischer Therapieerfolg mit Glucagon 2 x 1 mg bei Patienten unter Betablockertherapie
- **Cave:** Anaphylaktoide Reaktionen können nicht nur bei Anästhesieeinleitung, sondern auch „unerwartet" und in akut lebensbedrohlicher Form im weiteren Verlauf auftreten (z.B. Applikation von Antibiotika, Plasmaersatzmitteln, Blutderivaten, Latexexposition)

Besonderheiten bei Latexallergie

- Latexproteine (Kautschuk) sind hochaggressive Allergene
- Kontakt mit Latex (z.B. Handschuhe, Maske u.a.) → lokale Urtikaria/**Asthma bronchiale/schwerste anaphylaktische Reaktion**
- **Cave Inhalation** → kann zu lebensbedrohlicher Sofortreaktion führen
- Hohes Risiko: Kinder mit **Spina bifida**, Meningomyelozele, urologischen Fehlbildungen; Kreuzreaktivität bei Bananenallergie; Patienten mit Handekzem
- Kinder mit Spina bifida sowie Patienten mit bekannter Latexallergie sollen in Latex-freier Umgebung operiert werden (→ Latex-freie Sets)
- **Cave**: Handschuhe, Fingerlinge, Endotrachealtuben, Beatmungsmasken, Blasenkatheter, Infusionsflaschen, Darmrohre
- Untersuchung auf Latex-spezifisches IgE durch RAST möglich

- Geeignete Handschuhe: Kunststoff- oder synthetische Gummihandschuhe wie z.B. Neopren (z.B. Neolon®, Ansell dermaprene®), Styrol-Butadien-Polymer (z.B. Elastyren®) oder Styrol-Ethylen-Butylen-Styrol (z.B. Manex neoderm®, Allergard®)
- Prophylaktische Gabe von H_1- und H_2-Antagonisten sowie Kortikosteroiden vor operativen Eingriffen bei Latexallergie ist umstritten, erscheint jedoch erwägenswert
- Ampullen sind Glasflaschen mit Gummiverschluß vorzuziehen

Aspiration

Besonderheiten

- **Aspirationsrisiko** bei Beeinträchtigung von Glottisschluß und Hustenreflex (Anästhesie, Koma, reduzierter Allgemeinzustand, hohes Alter, neurologische Störungen) besonders in Kombination mit **vollem Magen/Ileus** und beeinträchtigtem Verschluß des unteren Ösophagussphinkters
- Aspiration von saurem Magensaft → Aspirationspneumonitis, **Mendelson-Syndrom**
- Aspiration von Fremdkörpern, unverdautem Mageninhalt, Blut → Verlegung großer Bronchien, Atelektasen, Atemwegsverschluß, sekundäre pulmonale Infektion
- Entscheidend: **Prophylaxe** (s. S. 457ff)

Symptomatik

- **Cave**: „stumme" Aspiration
- Feuchte und trockene Rasselgeräusche (exspiratorisches Giemen)
- Dyspnoe, Tachypnoe, Stridor
- Obstruktion der Atemwege (feste Partikel)
- Tachykardie
- Blutdruckabfall
- Zyanose, Hypoxämie

Diagnose

- Häufig nur Verdachtsdiagnose zu stellen
- Nach Möglichkeit pH-Bestimmung (Indikatorpapier) von Aspirat und Magensaft (Prognoseabschätzung möglich): Mendelson-Syndrom ist zu erwarten, wenn mehr als 0,4 ml Magensaft pro kg Körpergewicht mit einem pH-Wert < 2,5 aspiriert wurde
- Thoraxröntgen → interstitielles Ödem, Anschoppung, Atelektasen (u. U. erst nach einigen Stunden!)
- Bronchoskopie indiziert bei Partikel-Aspiration (Material für Hygiene-Untersuchung gewinnen)

Sofortmaßnahmen

- Endotracheale Intubation, kontrollierte Beatmung, $FIO_2 = 1{,}0$ (kurzfristig), PEEP 5 mbar
- Bronchialtoilette
- Ggf. therapeutische Bronchoskopie
- Bronchiallavage (NaCl 0,9%, wenige ml) nur sinnvoll zum Ausschwemmen von Partikeln / Lösen inkrustierter Sekrete
- Volumensubstitution
- Bronchodilatator (z.B Aminophyllin [z.B. Euphyllin®])
- Kortikosteroide umstritten
- Antibiotika in der Regel nicht prophylaktisch einsetzen
- Pentoxifyllin (z.B. Trental®) kann möglicherweise säureinduzierte Alveolarepithelschädigungen günstig beeinflussen
- Blutgasanalyse
- Thoraxröntgen

Weitere Maßnahmen

- In der Regel intensivstationäre Überwachung bzw. Therapie erforderlich

Praxis

- Indikation zur Ileuseinleitung großzügig stellen
- Aspirationsfolgen, die auf den sauren pH des Magensaftes zurückzuführen sind, können möglicherweise durch prophylaktische Maßnahmen abgeschwächt oder verhindert werden:
  - Antazida (umstritten): z.B. Bicitra (Natriumcitrat) 20–30 ml oral ca. 5–10 min vor Narkoseinduktion
  - H_2-Rezeptorenblocker 1–2 h präoperativ (z.B Cimetidin [z.B. Tagamet®] 200 mg oder Ranitidin [z.B. Sostril®, Zantic®] 50 mg i.v.)
  - Metoclopramid (z.B. Paspertin®) 1 h präoperativ 10 mg i.v. (nicht bei Kindern, mechanischem Ileus, Parkinsonismus)

Bronchospasmus

Ursachen

- Reflektorische Bronchiolenkonstriktion
- Allergische Reaktion/Anaphylaxie
- Lokale Atemwegsirritation
- Mechanische Verlegung der Atemwege
- Pneumothorax

Symptomatik

- Trockene Rasselgeräusche (exspiratorisches Giemen)
- Erhöhte Beatmungsdrücke (verminderte Lungencompliance)
- Tachykardie (Abnahme von venösem Rückfluß und Herzzeitvolumen)
- Erhebliche Beatmungsprobleme (Zyanose, Hypoxie)

Diagnose

- Ansteigende Beatmungsdrücke
- Auskultationsbefund
- Klinische Situation

Sofortmaßnahmen

- Manuelle Beatmung mit 100% Sauerstoff
- Bei intubierten Patienten grundsätzlich Tubusfehllage bzw. Dysfunktion (z.B. Cuffhernie) sowie sonstige (partielle) Verlegung der Atemwege ausschließen
- Vertiefung der Anästhesie (z.B. volatiles Anästhetikum)
- Dosier-Aerosol (z.B. Terbutalin [z.B. Bricanyl®-Aerosol], 1–2 Sprühstöße in Tubus)
- Bronchodilatator (z.B. Terbutalin [z.B. Bricanyl®] 0,25–0,5 mg s.c.)
- Aminophyllin (z.B. Euphyllin®) 240 mg langsam i.v. (4–6 mg/kg)

- Kortikosteroide (z.B. Prednisolon [z.B. Solu-Decortin®-H] 250–500 mg i.v.; verzögerte Wirkung beachten)
- Orciprenalin (z.B. Alupent®) 1:10 verdünnt; vorsichtig i.v. oder in Tubus applizieren, Adrenalin (z.B. Suprarenin®) bei Anaphylaxie
- Bei therapieresistentem **Status asthmaticus** wird Ketamin (z.B. Ketanest®) empfohlen; Initialdosis 3–7 mg/kg i.v., anschließend 100–200 mg/h

Weitere Maßnahmen

- Engmaschige Überwachung des Patienten
- Cave: Lungenödem
- Erkrankungen bzw. Patienten mit erhöhtem perioperativen Bronchospasmus-Risiko:
  - Asthma bronchiale
  - Atemwegsinfekt
  - chronische Bronchitis
  - Raucher
- Bei Risikopatienten gute präoperative Sedierung und ausreichende Narkosetiefe (evtl. Oberflächenanästhesie zur Intubation) erforderlich
- Evtl. vor Extubation Lidocain i.v. (z.B. 100 mg/70 kg)

Gerinnungsstörungen

Interpretation des Clot Oberservation Testes (nach *Barthels* und *Poliwoda* 1997)

	Gerinnungszeit	Gerinnselauflösung	Besonderheiten
Normale Gerinnung	8–12 min (22 °C) 4– 9 min (37 °C)	frühestens nach 4–6 h	
Hämophilie Prothrombinkomplexmangel Niedrig dosierte Heparintherapie	verlängert	fehlt (bis 60 min nach Gerinnselbildung)	manchmal auffallend lockeres Fibringerinnsel
Hyperfibrinolyse Verminderung plasmatischer Gerinnungsfaktoren Hohe Fibrinogenspaltprodukte-Konzentration	normal bis verlängert	innerhalb von 60 min	
Heparineffekt Extreme Hyperfibrinolysen Hämophilie	keine Gerinnselbildung nach 60 min		Fibrinogengehalt kann noch im unteren Normbereich liegen
Thrombopenie Mittelschwere Hämophilie Verminderung anderer Gerinnungsfaktoren	normal		gestörte Retraktion

I		II		III	
Verbrauchskoagulopathie		**Verbrauchskoagulopathie + Hyperfibrinolyse**		**Heparineffekt**	
Quick-Test	**path.**	Quick-Test	**path.**	Quick-Test	**path.**
PTT	**path.**	PTT	**path.**	PTT	**path.**
Thrombinzeit	norm.	Thrombinzeit	**path.**	Thrombinzeit	**path.**
Fibrinogen	**path.**	Fibrinogen	**path.**	Fibrinogen	norm.
Thrombozyten	**path.**	Thrombozyten	**path.**	Thrombozyten	norm.?
weiterführende Diagnostik		*weiterführende Diagnostik*		*weiterführende Diagnostik*	
AT III	**path.**	AT III	**path.**	AT III	norm.
FII	**path.**	FII	**path.**	FII	norm.
FV	**path.**	FV	**path.**	FV	norm.
Reptilasezeit	norm.	Reptilasezeit	**path.**	Reptilasezeit	norm.
D-Dimere (Fibrinspaltprodukte)	**path.**	D-Dimere (Fibrinspaltprodukte)	**path.**	D-Dimere (Fibrinspaltprodukte)	norm.
1. *Sepsis* 2. *Schock* 3. *Einschwemmung thromboplastischer Substanzen* bei Polytrauma, Verbrennungen, Tumoren, Leukämien 4. *extrakorporaler Kreislauf* 5. *Hämolysen* 6. *Autoimmunkrankheiten* 7. *massive Leberzellschädigung*				1. *dosisabhängig* 2. *Überdosierung* Kumulation Thrombozytopenie 3. *Fehler bei Blutentnahme:* Heparin in Kathetern, Kanülen (Blutgasentnahme) im Zitrat!	

Schnellinterpretation

- Diagnostisches **Grundprogramm**: Quick, PTT, Thrombinzeit, Fibrinogen, Thrombozyten
- Zuordnung des Grundprogramms zu den **6 häufigsten erworbenen Hämostasestörungen** unter Einbeziehung des klinischen Bildes (nach *Barthels* und *Poliwoda* 1997)

IV		V		VI	
Hyper-fibrinolyse		**Prothrombin-komplex-Synthesestörung**		**Thrombozytopenie**	
Quick-Test	**path.**	Quick-Test	**path.**	Quick-Test	norm.
PTT	**path.**	PTT	**path.**	PTT	norm.
Thrombinzeit	**path.**	Thrombinzeit	norm.	Thrombinzeit	norm.
Fibrinogen	**path.**	Fibrinogen	norm.	Fibrinogen	norm.
Thrombozyten	norm.	Thrombozyten	norm.	Thrombozyten	**path.**
weiterführende Diagnostik		*weiterführende Diagnostik*		*weiterführende Diagnostik*	
AT III	norm.?	AT III	norm.	AT III	norm.
FII	norm.	FII	**path.**	FII	norm.
FV	**path.**?	FV	norm.	FV	norm.
Reptilasezeit	**path.**	Reptilasezeit	norm.	Reptilasezeit	norm.
D-Dimere	**path.**	D-Dimere	norm.	D-Dimere	norm.
(Fibrinspalt-produkte)	norm.	(Fibrinspalt-produkte)		(Fibrinspalt-produkte)	
1. *fibrinolytische Therapie* 2. *endogene Hyperfibrinolysen*		1. *Marcumar Therapie* (Sintrom®) 2. *Vit. K-Mangel* (hochdosierte Antibiotika-Therapie + parenterale Ernährung) 3. *Leber-erkrankungen*		1. *reduzierte Neubildung* Neoplasien, Zytostatika, andere tox. Einflüsse 2. *erhöhter Verbrauch* idiopath. + allerg. Thrombozytopenie Massivtrans-fusionen Hepatospleno-megalie Verbrauchs-koagulopathie	

Clot Observation Test

- Beobachtung der Gerinnselbildungszeit und der evtl. Auflösung
- 5–10 ml Nativblut im Glasröhrchen stehenlassen (Raumtemperatur oder Wasserbad 37 °C)
- Gerinnungszeit bestimmen
- Nach Gerinnselbildung Röhrchen weiter beobachten, bei eventueller Gerinnselauflösung Zeit notieren, die seit der Gerinnung vergangen ist

Hämolytischer Transfusionszwischenfall

Ursachen

- Transfusion von serologisch inkompatiblem Blut mit Hämolyse der Spendererythrozyten und systemischer hämolytischer Reaktion
- Hämolytische Sofortreaktion
  - Beginn während oder kurz nach Erythrozytentransfusion
  - häufigste Ursache ist AB0–Inkompatibilität infolge von Verwechslungen von Patient und/oder Blutkonserve (Fehltransfusion). In seltenen Fällen ursächlich auf bereits vor der Transfusion vorhandene, hämolytisch wirksame Alloantikörper zurückzuführen
- Verzögerte hämolytische Reaktionen
  - Manifestation erst Tage nach unauffällig erscheinender Erythrozytentransfusion
  - ursächlich sind erythrozytäre Alloantikörper, die zum Transfusionszeitpunkt nur in geringer Konzentration vorlagen und deshalb serologisch nicht erfaßt werden konnten (negative Kreuzprobe)

Symptomatik

- **Beachte**: evtl. nur oligosymptomatisches Erscheinungsbild unter Narkosebedingungen
- Frösteln, Angstgefühl, Übelkeit
- Brust- und Lendenschmerzen
- Schüttelfrost, Schweißausbruch, Fieber
- Atemnot, Zyanose
- Blutdruckabfall, Tachykardie, **Schock**
- Urtikaria, Erythem
- Diffuse, unerklärliche Blutung im OP-Gebiet
- Disseminierte intravasale Gerinnung
- Hämaturie
- Akutes Nierenversagen

Diagnose

- **Hämoglobinämie** → Plasmaverfärbung einer zentrifugierten Blutprobe (sofort sichtbar):
  – Rosa- oder Braunfärbung: > 20 mg Hämoglobin/100 ml Plasma
  – Rotfärbung: > 100 mg Hämoglobin/100 ml Plasma
- **Hämoglobinurie** bei Hämoglobinkonzentration > 100–140 mg/100 ml Plasma mit rotem bis schwarzbraunem Urin (Erschöpfung der Haptoglobin-Bindungskapazität)
- Haptoglobin-Abfall (Bildung nicht nierengängiger Hämoglobin-Haptoglobin-Komplexe)
- Coombs-Test (Nachweis inkompletter, nicht agglutinierender antierythrozytärer Antikörper)
- Hyperkaliämie
- Anämie
- Hyperbilirubinämie (Maximum nach 3 – 6 h)

Sofortmaßnahmen

- **Transfusion sofort beenden**
- Schockbekämpfung:
  – Volumensubstitution (z.B. Plasmaersatzmittel)
  – Kortikosteroide
  – Dopamin in Nierendosierung
- Natriumbikarbonat zur Alkalisierung des Harns → Verhinderung der Hämoglobinzylinderbildung in den Tubuli (umstritten)
- Diuresesteigerung (Urin > 3 l/Tag): 20%ige Mannit-Lösung (z.B. Osmofundin®), Furosemid (z.B. Lasix®)

Weitere Maßnahmen

- Abnahme von Zitratblut (Zitrat 0,2 ml, venöses Blut 1,8 ml). Nach Zentrifugation kann am Plasmaüberstand eine evtl. Hämolyse erkannt werden (Verfärbung)
- Abnahme einer 2. Blutprobe ohne Zitratzusatz zur laborchemischen und serologischen Diagnostik: Elektrolyte, Quick, PTT, Thrombozyten, Fibrinogen, Fibrinogenspaltprodukte, Bilirubin (indirektes Bilirubin), Haptoglobin, freies Hämoglobin, LDH, Transaminasen

- Urinprobe: Hämoglobinurie? (Beachte: im Harnstreifentest kann nicht zwischen freiem Hämoglobin und Myoglobin differenziert werden)
- Blutgasanalyse
- Die Reste aller transfundierten Blutkonserven müssen aufgehoben und zur weiteren Diagnostik der Blutbank übergeben werden (einschließlich der Begleitröhrchen)
- AB0/Rh-Kontrolle von Konserven und Empfängerblut
- Antikörpersuchtest im prä- und posttransfusionellen Empfängerblut sowie im Konservenblut
- Zwei Blutkulturen anlegen: Patienten- und Konservenblut
- Bei Nierenversagen: Hämofiltration, Peritoneal- oder Hämodialyse
- Evtl. Austauschtransfusion
- Antikoagulation

Differentialdiagnose

- Allergische Transfusionsreaktion (fehlende Hämolyse)
- Febrile Transfusionsreaktion (fehlende Hämolyse)
- Kreislaufkomplikationen durch Volumenbelastung (Herzinsuffizienz, Lungenödem)
- Luftembolie (defekte Transfusionssysteme)
- Transfusion von bakteriell kontaminiertem Blut (septisch-toxischer Schock)
- Mechanische Hämolyse (extrakorporaler Kreislauf, künstliche Herzklappe)

Prophylaxe

- Strenge Beachtung der „Richtlinien zur Blutgruppenbestimmung und Bluttransfusion“ in der gültigen Fassung
- Nach Transfusion von Rh-positiven Erythrozyten auf einen rh-negativen Empfänger kann zur Verhinderung einer Immunisierung des Empfängers im Rhesussystem Anti-D-Immunglobulin appliziert werden (in Zusammenarbeit mit einem Transfusionsmediziner)

Herz-Kreislauf-Stillstand

Beachte

- Elementardiagnostik
  - Bewußtsein?
  - Atmung?
  - Kreislauf?
- Uhrzeit merken
- Sofort Therapiemaßnahmen einleiten (ABC-Schema)
- Gleichzeitig Hilfe herbeirufen (lassen)

A = Atemwege freimachen / freihalten / wiederherstellen

- Rachen inspizieren und evtl. absaugen
- Kopf überstrecken
- Esmarch-Handgriff
- Guedel-Tubus

B = Beatmung (mit vorhandenen Mitteln)

- Bei Atemstillstand **Atemspende** beginnen
  - Mund-zu-Mund/Mund-zu-Nase, Maske (O_2!)
  - initial 2 langsame Beatmungen (1,5–2 s)
  - **Cave:** Aufblähen des Magens bei Überschreiten des Ösophagusverschlußdrucks
  - beachte in-/exspiratorische Thoraxbewegungen zur Abschätzung der Beatmungseffektivität
- Maskenbeatmung ($FiO_2 = 1{,}0$) → Intubation

C = Circulation, künstlicher Kreislauf (Herzmassage)

- Primäres Therapieziel ist die Wiederherstellung der zerebralen Perfusion und Oxygenierung
- Präkordialer Faustschlag (bei miterlebtem Eintritt des Herzstillstandes)
- Carotispuls überprüfen
- Bei Pulslosigkeit **Herzdruckmassage** beginnen
  - **Ein-Helfer-Methode** Kompression : Beatmung = 15: 2
  - **Zwei-Helfer-Methode** Kompression : Beatmung = 5: 1
  - Frequenz der Herzmassage: 80–100/min
- **Äußere Herzmassage**
  - Flachlagerung auf fester Unterlage
  - Druckpunkt: Übergang unteres zum mittleren Sternumdrittel 3 Querfinger oberhalb des Processus xiphoideus
  - rhythmische Kompression des Sternums unter Ausnutzung des eigenen Körpergewichtes mit gestreckten Armen etwa 4–5 cm senkrecht nach unten
  - Verhältnis Druck-/Entlastungsphase 1:1
  - Frequenz der Herzmassage: 80–100/min
  - bei intubierten Patienten keine Unterbrechung der Herzmassage während der Beatmung
- **Offene Herzmassage**
  - Indikationen: intrathorakale Blutung, perforierende Thoraxverletzung, Thoraxdeformität, Perikardtamponade, Spannungspneumothorax, massive Lungenembolie, tiefe Hypothermie
  - Indikation ggf. großzügig stellen
- **Endexspiratorisches CO_2-Monitoring ($PECO_2$)**
  - Abschätzung der Effizienz der Reanimation (CO_2 - Produktion, pulmonale Durchblutung)

D = Defibrillation, Drogen, Diagnose, definitive Therapie

- Therapieziele:
  - Wiederherstellung der **Koronardurchblutung** durch Anhebung des peripheren Widerstands und Zunahme des diastolischen Druckes
  - möglichst frühe **Defibrillation** bei Kammerflimmern und ventrikulärer Tachykardie mit Pulslosigkeit
- Venöser Zugang (in der Regel **periphere** Vene)
- **Beachte**: Nach i.v.-Applikation von Medikamenten wird nachfolgende 0,9% NaCl-Bolusinjektion empfohlen (20 ml)
- **Beachte**: Adrenalin (z.B. Suprarenin®), Lidocain (z.B. Xylocain®) und Atropin können notfalls auch **endotracheal** appliziert werden
  - 2- bis 3fache Dosis; mit 10 ml NaCl 0,9% verdünnen
  - direkte Instillation in die oberen Luftwege
  - Lunge im Anschluß mehrfach manuell blähen
- Die Applikation glukosehaltiger Lösungen wird nicht empfohlen
- Routinemäßige **Kalziumgabe** bei Reanimation wird nicht mehr empfohlen, ist jedoch indiziert bei Hyperkaliämie, Hypokalzämie, Intoxikation mit Kalziumantagonisten
  - Kalziumchlorid 10% 2–4 mg/kg KG, Wiederholung in 10 min Abstand möglich
  - Kalziumglukonat 10% 5–8 ml

Kammerflimmern/pulslose Kammertachykardie

- Präkordialer Faustschlag
- **Kardiopulmonale Reanimation (CPR)**, bis **Defibrillator** zur Verfügung steht
- Defibrillation mit 200 J (1. Defibrillation)
- Defibrillation mit 200 (–300) J (2. Defibrillation)
- Defibrillation mit bis zu 360 J (3. Defibrillation)
- **Kardiopulmonale Reanimation (CPR)** fortführen

Weiterer Therapiezyklus

- i.v.-Zugang und Intubation (falls noch nicht erfolgt)
- Adrenalin (z.B. Suprarenin®)
- 10 Sequenzen CPR-Basismaßnahmen (bei Zwei-Helfer-Methode mit je 5 Kompressionen und 1 Beatmung)
- Defibrillation mit 360 J (4. Defibrillation) (beachte: Intervall zwischen der 3. und 4. Defibrillation sollte < 2 min betragen)
- Defibrillation mit 360 J (5. Defibrillation)
- Defibrillation mit 360 J (6. Defibrillation)
- Wiederholung der Zyklen, solange Defibrillation indiziert
- Nach 3 Zyklen Antiarrhythmikum / Puffersubstanz erwägen
- **Adrenalin** (z.B. Suprarenin®)
  - Initialdosis: 1 mg i.v. Bolus (hochdosierte Gabe umstritten)
  - 1 Amp à 1 mg = 1 ml; evtl. 1:10 verdünnt (NaCl 0,9%)
  - alternativ: **Endobronchiale** Applikation
    2–3 mg Adrenalin (+ 9 ml NaCl 0,9%); direkte Instillation in die oberen Luftwege; Lunge im Anschluß mehrfach manuell blähen
  - Adrenalin 1 mg alle 2–3 min (bzw. 10 Sequenzen Basismaßnahmen; bei zwei Helfern mit je 5 Kompressionen und 1 Beatmung)
  - hochdosierte Adrenalingabe, wenn Wiederherstellung eines Spontankreislaufs nicht möglich
    (a) 2–5 mg Adrenalin alle 3–5 min
    (b) 1 mg–3 mg–5mg in jeweils 3 min Abstand
    (c) 0,1 mg/kg alle 3–5 min

- **Lidocain** (z.B. Xylocain®) 1,5 mg/kg i.v.
  - 1 Amp Lidocain 2% à 5 ml = 100 mg
  - alternativ: **Endobronchiale** Applikation 100 mg Lidocain 2% (+ 9 ml NaCl 0,9%); direkte Instillation in die oberen Luftwege, Lunge im Anschluß mehrfach manuell blähen
  - Lidocain-Boli können ggf. wiederholt werden: 0,5 mg/kg alle 8 min, maximal 3 mg /kg
- **Natriumbikarbonat** ($NaHCO_3$)
  - keine „Standardmedikation"
  - vorteilhaft bei:
    vorbestehender Hyperkaliämie
    vorbestehender metabolischer Azidose
    Intoxikation mit trizyklischem Antidepressivum
    Intoxikation mit Phenobarbital
  - „blinde" Pufferung: 1 mmol/kg
  - am besten nach Blutgasanalyse
  - 8,4% $NaHCO_3$: 1 ml = 1 mmol (nicht peripher!)
    4,2% $NaHCO_3$: 1 ml = 0,5 mmol
- **Magnesium**
  - Hypomagnesiämie bei refraktärem/rekurrentem Kammerflimmern korrigieren
  - empfohlene Dosis 1–2 g Magnesiumsulfat i.v.

Asystolie

- Präkordialer Faustschlag (falls kein Defibrillator verfügbar)
- Kammerflimmern ausgeschlossen? (→ Defibrillation!)
- **Cave:** Fehldiagnose
  - Asystolienachweis in wenigstens 2 Ableitungen
  - wichtig, da Prognose des Kammerflimmerns bei Frühdefibrillation erheblich besser als bei Asystolie
- **Kardiopulmonale Reanimation (CPR)**

Weiterer Therapiezyklus

- i.v.-Zugang und Intubation (falls noch nicht erfolgt)
- **Adrenalin** (z.B. Suprarenin®)
- 10 Sequenzen CPR-Basismaßnahmen (bei Zwei-Helfer-Methode mit je 5 Kompressionen und 1 Beatmung)
- **Atropin** 3 mg (0,04 mg/kg; einmalige Dosis)
- Elektrische Herzaktivität? Schrittmachertherapie? (**Transkutaner Schrittmacher** mit Plattenelektroden)
- Nach 3 erfolglosen Reanimationszyklen hochdosiertes Adrenalin erwägen (5 mg i.v.)
- Bei verlängerter Reanimation Applikation von Natriumbikarbonat ($NaHCO_3$) erwägen
- **Natriumbikarbonat** ($NaHCO_3$)
  - keine „Standardmedikation"
  - „blinde" Pufferung: 1 mmol/kg
  - am besten nach Blutgasanalyse
  - 8,4% $NaHCO_3$: 1 ml = 1 mmol (nicht peripher!)
    4,2% $NaHCO_3$: 1 ml = 0,5 mmol
- **Atropin** 3 mg (0,04 mg/kg; einmalige Dosis)
  - symptomatische Sinusbradykardie
  - AV-Block auf Knotenebene
  - Asystolie

- **Adrenalin** (z.B. Suprarenin®) 1 mg i.v.
  - 1 Amp à 1 mg = 1 ml; evtl. 1:10 verdünnt (NaCl 0,9%)
  - alternativ: **Endobronchiale** Applikation
    1 mg Adrenalin (+ 9 ml NaCl 0,9%); direkte Instillation in die oberen Luftwege, Lunge im Anschluß mehrfach manuell blähen
  - Wiederholung alle 3–5 min

Elektromechanische Entkopplung
(QRS ohne tastbaren Puls)

- Kardiopulmonale Reanimation (CPR)
- Blutfluß überprüfen (Doppler-Ultraschall)

Weiterer Therapiezyklus

- i.v.-Zugang und Intubation (falls noch nicht erfolgt)
- **Adrenalin** (Suprarenin®) 1 mg i.v.
  - 1 Amp à 1 mg = 1 ml; evtl. 1:10 verdünnt (NaCl 0,9%)
  - alternativ: **Endobronchiale** Applikation
    1 mg Adrenalin (+ 9 ml NaCl 0,9%); direkte Instillation in die oberen Luftwege, Lunge im Anschluß mehrfach manuell blähen
- 10 Sequenzen CPR-Basismaßnahmen (bei Zwei-Helfer-Methode mit je 5 Kompressionen und 1 Beatmung)
- **Erwäge**:
  - Vasopressoren
  - Kalzium
  - Natriumbikarbonat ($NaHCO_3$)
  - Adrenalin 5 mg
- **Denke an und behandle:**
  - Hypoxie
  - Hypovolämie
  - Spannungspneumothorax
  - Perikardtamponade
  - Lungenembolie
  - Medikamentenüberdosierung
  - Intoxikation
  - Hypothermie
  - Elektrolytverschiebungen (Hyperkaliämie)
  - Azidose
  - ausgedehnter Myokardinfarkt
- Routinemäßige **Kalziumgabe** bei Reanimation wird nicht mehr empfohlen, ist jedoch indiziert bei Hyperkaliämie, Hypokalzämie, Intoxikation mit Kalziumantagonisten
  - Kalziumchlorid 10% 2–4 mg/kg KG, Wiederholung in 10 min Abstand möglich
  - Kalziumglukonat 10% 5–8 ml

Hypertension

Besonderheiten

- **Cave**: Intraoperative hypertensive Krise → Risiko von Koronarinsuffizienz, myokardialer Ischämie, Linksherzversagen, Myokardinfarkt, zerebrovaskulärem Insult (besonders bei arteriosklerotischen Patienten)
- Erhöhtes Risiko einer perioperativen Hypertension bei
  - vorbestehender arterieller Hypertonie
  - koronarer Herzerkrankung
  - Präeklampsie/Eklampsie

Diagnose

- Blutdruckmessung ergibt Werte > 30 % des präoperativen Ausgangswertes (Definition unterschiedlich)

Ursachen

- Vorbestehende arterielle Hypertonie
- Intubationsreiz bei zu flacher Anästhesie
- **Inadäquate Anästhesie**
- Schmerzhafte Stimulation (Katecholaminfreisetzung)
- Zug an Eingeweiden
- **Hyperkapnie**
- **Hypoxämie**
- **Volle Harnblase**
- Überinfusion/Übertransfusion
- Hirndruck
- Phäochromozytom
- Vasopressoren (**cave**: Applikation von Lokalanästhetikum mit Vasopressorzusatz durch den Operateur)
- Hyperthyreose (chirurgische Manipulation an der Schilddrüse)
- Präeklampsie, schwangerschaftsinduzierte Hypertonie

Sofortmaßnahmen

- **Grundsätzlich kausale Therapie** anstreben (z.B. ausreichende Anästhesietiefe, adäquate Oxygenierung und Ventilation)
- Inhalationsanästhetika (Narkosevertiefung, Vasodilatation)
- β-Rezeptorenblocker (z.B. Esmolol [z.B. Brevibloc®], Pindolol [z.B. Visken®])
- α-Rezeptorenblocker (z.B. Droperidol [z.B. DHB®]; nicht bei Phäochromozytom!)
- Direkte Vasodilatatoren
  - Nitroglycerin (s. S. 152ff)
  - Dihydralazin (z.B. Nepresol®) (s. S. 149ff)
  - **Urapidil** (z.B. Ebrantil®) (s. S. 162ff)
  - Nitroprussidnatrium (z.B. nipruss®) (s. S. 155ff)
- Ggf. arterielle Kanülierung und kontinuierliche „blutige" Blutdrucküberwachung

Weitere Maßnahmen

- Bei ersichtlichem Zusammenhang mit Operation bzw. Anästhesie und bei Ansprechen auf die Therapie in der Regel keine weiteren Maßnahmen erforderlich
- Engmaschige Blutdruckkontrollen im Aufwachraum; ggf. Intensivüberwachung

Prophylaxe

- **Adäquate präoperative Blutdruckeinstellung** bei elektiven Operationen von Hypertonikern (antihypertensive Medikation ggf. noch am Morgen des OP-Tags verordnen)
- Ggf. kontinuierliche „blutige" Drucküberwachung noch vor Anästhesieeinleitung
- Adäquate Anästhesietiefe sicherstellen (Intubation, schmerzhafte operative Manipulationen)
- Auf rechtzeitige Blasenentleerung achten

Hyperthermie

Symptomatik

- Warme Haut
- Flush (z.B. Wärmestau, Sepsis, thyreotoxische Krise) bzw. Zyanose (z.B. Maligne Hyperthermie, Phäochromozytom)
- Vasodilatation und Hypotension (nicht bei Phäochromozytom)
- Schwitzen (nicht bei durch verhinderte Schweißbildung verursachter Hyperthermie)
- Evtl. steigender Narkosemittelbedarf
- Tachykardie (Pulsanstieg 10 Schläge pro 1°C)

Diagnose

- Intraoperative Zunahme der Körperkerntemperatur über 38 °C (unterschiedliche Definitionen) mit steigender Tendenz

Mögliche Ursachen

- Alkoholentzug
- Allergische/Anaphylaktoide Reaktion
- Aspiration
- Autonome Dysfunktion
- Drogenmißbrauch:
  - Amphetamine
  - Cocain
  - Halluzinogene (LSD)
  - Haschisch
  - Marijuhana
  - Phencyclidine
- Endokrine Erkrankungen:
  - Phäochromozytom
  - Thyreotoxische Krise

- Febrile Transfusionsreaktion
- Gesteigerte Wärmezufuhr: Kaskade, Wärmelampe
- Inadäquate Narkosetiefe
- **Maligne Hyperthermie (Cave: Hyperthermie oft Spätzeichen!)**
- Malignes neuroleptisches Syndrom (Medikamente: Haloperidol, Thiothixen, Phenothiazine, Droperidol, Metoclopramid)
- Malfunktion der Temperaturmessung
- Medikamente: MAO-Hemmer in Kombination mit Meperidin und Dextrometorphan
- Neurologische Erkrankungen:
  - hoher Querschnitt (höher TH 1)
  - Hypothalamusläsion
  - neurogener Diabetes insipidus
  - Schädelhirntrauma
- Präoperative Temperaturerhöhung (unerkannter Infekt)
- Sepsis bzw. bakterielle Einschwemmung (z.B. urologische Eingriffe, Appendektomie, Sectio caesarea)
- Verhinderung einer adäquaten Schweißbildung:
  - Atropin
  - Scopolamin
  - geburtshilfliche Periduralanästhesie (erhöhte Muskelaktivität bei verhinderter Schweißbildung durch Sympathikolyse)
- Wärmestau (Säuglinge, Kinder)

Sofortmaßnahmen

- Ziel: Steigerung von Temperaturverlusten, Senkung der Wärmeproduktion
- **Maligne Hyperthermie (MH) ausschließen** (endexspiratorische CO_2-Messung → massive Hyperkapnie, Blutgasanalyse → respiratorische und metabolische Azidose, Myoglobinurie, Hyperkaliämie, Hyperkalzämie, evtl. Muskelrigidität). **Cave:** monosymptomatische MH-Formen möglich! (s. Maligne Hyperthermie, S. 500ff)
- In Zweifelsfällen wie bei MH therapieren! Dantrolen kann auch bei anderen Hyperthermie-Ursachen zu einer Temperaturerniedri-

gung beitragen (Ansprechen auf Dantrolen ist nicht beweisend für MH!)

- Diagnostik und Therapie sollten um so dringlicher erfolgen, je rascher die Temperatur steigt, z.B. bei > 0,5°C/15 min bzw. wenn 39 °C überschritten werden
- Erniedrigung der Raumtemperatur
- Aufdecken des Patienten
- Kalte Wickel (evtl. Föhn verwenden)
- Eispackungen
- Magenspülung mit kalter Kochsalzlösung
- Beendigung der Operation falls Temperatur unbeeinflußbar über 39 °C ansteigt
- In therapieresistenten Fällen muß vor allem bei drohender Annäherung an den Letalwert von 42° C der Einsatz folgender Maßnahmen erwogen werden:
  - probatorischer Einsatz von Dantrolen, auch wenn MH ausgeschlossen ist (bei Temperatur > 40°C)
  - Anschluß an die Herzlungenmaschine
  - Peritonealdialyse mit kalter NaCl-Lösung 0,9%
  - Hämofiltration

Weitere Maßnahmen

- Kausale Abklärung unter Berücksichtigung der Vormedikation, Grunderkrankung und des intraoperativen Verlaufs (Medikamente, Plasmaersatzmittel, Blutprodukte); Blutkultur bei Verdacht auf Einschwemmung bzw. Sepsis
- Medikamentöse Möglichkeiten der Temperatursenkung:
  - Acetylsalicylsäure (nicht bei thyreotoxischer Krise, da vermehrte Thyroxin-Freisetzung aus der Plasmaeiweißbindung induziert wird)
  - Metamizol (z.B. Novalgin®)
  - Paracetamol (z.B. Benuron®)
- Erweiterte Laborkontrolle je nach Ausprägung bzw. Verdacht:
  - arterielle und zentralvenöse Blutgaskontrolle
  - Antiglobulin-Test
  - Laktat

- Elektrolyte
- Haptoglobin
- Myoglobin im Serum und im Urin
- Kreatinkinase
- Gerinnungsanalyse

Prophylaxe

- Temperaturmessung während jeder Allgemeinanästhesie anstreben und im Aufwachraum nach Möglichkeit kontrollieren
- Erkrankungen bzw. Patienten mit erhöhtem perioperativen Hyperthermie-Risiko:
  - Osteogenesis imperfecta
  - Myopathien
  - Multiple Sklerose
  - Arthrogryposis multiplex
  - Morbus Parkinson
  - Dauermedikation mit Betablockern, Diuretika (Furosemid, Bumetanide)
  - Verbrennungen
  - Riley-Day-Syndrom (seltenes familiäres Krankheitsbild mit komplexer Dysfunktion des vegetativen Nervensystems, u.a. periodisches Fieber ungeklärter Ursache)

Hypotension

Besonderheiten

- **Cave**: lebensbedrohliche Minderperfusion von Hirn, Herz, Nieren, Leber, Darm
- In leichten bis mittleren Fällen uncharakteristische bis fehlende Veränderungen der Herzfrequenz
- Bei vitalbedrohlicher Hypotension je nach Ursache evtl. kalte, marmorierte Peripherie mit Zyanose (**Cave:** nicht bei Sepsis!) und Zeichen der Minderperfusion von Hirn (zentralnervöse Störungen), Herz (Azidose, Ischämie) und Niere (Oligurie)

Diagnose

- Blutdruckmessung ergibt Werte < 30 % des präoperativen Ausgangswertes (Definition unterschiedlich, gilt nicht für Patienten, die sich im Schockzustand einer Operation unterziehen müssen)

Ursachen

- **Überdosierung von Anästhetika**
- Rückenmarksnahe Regionalanästhesie (Sympathikusblockade)
- **Hypovolämie** (unterschätzte Flüssigkeits-/Blutverluste)
- Vasovagale Reaktion, orthostatische Dysregulation
- Hypoxämie
- Verminderter venöser Rückstrom (Lagerung, chirurgische Manipulationen, PEEP-Beatmung, exzessiver Beatmungsdruck)
- Vena cava-Kompressionssyndrom
- Spannungspneumothorax
- Transfusionszwischenfall
- Luftembolie
- Lungenembolie
- Anaphylaktischer Schock
- Histaminfreisetzung

- Arrhythmien
- Myokardinfarkt
- Organische Herzerkrankung
- Septischer Schock (Einschwemmung)
- Nebennierenrindeninsuffizienz
- Eventerationssyndrom

Sofortmaßnahmen

- **Grundsätzlich kausale Therapie** anstreben und Volumenmangel ausschließen:
  - Verminderung der Narkosetiefe (Überprüfen der Narkosemitteldosierung)
  - Volumensubstitution
  - adäquaten venösen Rückstrom sicherstellen (evtl. Kopftieflage); **cave:** Kompression der V. cava durch Lagerung [Schwangere] oder operative Maßnahmen
  - Pneumothorax drainieren
  - Antigen absetzen
  - inkompatible Transfusion stoppen
  - antiarrhythmische Therapie
  - akuten Myokardinfarkt ausschließen
- Sauerstoffkonzentration sofort erhöhen
- Kopftieflagerung, Beine hochlagern, evtl. Linksseitenlagerung bei Verdacht auf Vena cava-Kompressionssyndrom
- Volumengabe (Ringer-Lösung, Plasmaersatzmittel, falls indiziert: Blut)
- **Vasopressoren** (insbesondere bei Risiko einer kritischen kardialen oder zerebralen Hypoperfusion sofort Vasopressoren einsetzen!)
- Gegebenenfalls metabolische Azidose ausgleichen
- Bei akuter Myokardinsuffizienz positiv inotrope Substanzen einsetzen (Dopamin, Dobutamin)

Weitere Maßnahmen

- Blutgasanalyse
- Labor: Hämoglobin, Hämatokrit, Elektrolyte, Blutzucker
- Bei therapieresistenten Fällen Erweiterung des hämodynamischen Monitorings: zentralvenöser Katheter, arterielle Druckmessung, evtl. Pulmonalarterienkatheter

Prophylaxe

- Vor Narkoseeinleitung evtl. bestehenden Volumenmangel korrigieren
- Erkrankungen bzw. Patienten mit erhöhtem perioperativen Hypotonie-Risiko:
  - koronare Herzerkrankung
  - arterielle Hypertonie
  - Herzinsuffizienz
  - Anämie
- Bei hypotensiven Komplikationen im Aufwachraum grundsätzlich chirurgische Nachblutung ausschließen (Inspektion der Verbände und der Drainagen, Labor, Sonographie)

Hypothermie

Symptomatik

- Kühle Haut
- Vasokonstriktion
- Akrozyanose
- Herzrhythmusstörungen (Atropin-refraktäre Sinusbradykardie, erhöhte ventrikuläre Irritabilität)
- Sinkender Narkosebedarf bzw. verlängerte Wirkung von Narkotika und Muskelrelaxantien
- EKG: TU-Anomalien, QT-Zeit-Verlängerung, pathognomonische Welle unmittelbar nach dem QRS-Komplex (J-Welle nach *Osborn*) bei Temperaturen zwischen 32–33 °C
- Vermehrte Blutungsneigung
- Kältediurese

Diagnose

- Körperkerntemperatur unter 35–36 °C (unterschiedliche Definitionen)
- Häufige Laborkonstellationen vor allem bei ausgeprägter Hypothermie: Anstieg des Hämatokrits, Leukozytensturz, Thrombozytenabfall (portale Sequestration unter 32 °C), verlängerte Blutungszeit, Hyperglykämie (verminderte Insulinfreisetzung), Hypokaliämie, Hyperfibrinolyse

Sofortmaßnahmen

- Wärmezufuhr: Erhöhung der Raumtemperatur, Wärmematte, Heizstrahler (**Cave:** Verbrennungen), Anwärmen der Atemgase, Erwärmen von Infusionslösungen und Transfusionen, Warmluftdecke (z.B. Bair-Hugger®)
- Weitere Wärmeverluste vermeiden (z.B. falls möglich: Zudecken des Patienten)

Weitere Maßnahmen

- Narkoseausleitung erst nach Erreichen von Normothermie (vor allem bei Patienten mit kardiovaskulären Begleiterkrankungen [cave: Erhöhung des O_2–Bedarfs!])
- Aufwachraum:
  - vorgewärmtes Bett bereithalten
  - Probleme: Hypertonie, Shivering, Tachykardie

Prophylaxe

- Vermeidung von unnötigen Wärmeverlusten
- Vor allem bei langdauernden Operationen und bei Hypothermie-gefährdeten Patienten früher „prophylaktischer Einsatz" von Maßnahmen, die Wärmeverluste minimieren können
- Erkrankungen bzw. Patienten mit erhöhtem perioperativen Hypothermie-Risiko:
  - endokrine Dysfunktion (z.B. Hypothyreose)
  - fortgeschrittenes Lebensalter
  - großflächige Verbrennungen
  - hepatische Insuffizienz
  - Kachexie
  - Kinder (insbesondere Neonaten)
  - zentralnervöse Störungen (z.B. Hirntumoren, Schädelhirntrauma, Schlaganfall)

Hypoxämie

Symptomatik

- Zyanose (**Cave**: auch für das „geübte" Auge erst bei einer Sauerstoffsättigung weit unter 90 % erkennbar!)
- **Cave:** bei vorliegender Anämie wird eine Zyanose leicht übersehen!
- Methämoglobinämie ausschließen

Diagnose

- Pulsoxymetrisch gemessene Sauerstoffsättigung unter 90 % bzw. arterieller $PO_2 < 60$ mm Hg (unterschiedliche Definitionen)

Mögliche Ursachen

- Hypoxämie-Ursachen lassen sich im wesentlichen auf folgende Faktoren zurückführen:
  - **fehlende bzw. zu niedrige inspiratorische O_2-Zufuhr**
  - alveoläre Hypoventilation
  - Ventilations-/Perfusions-Mismatch
  - Rechts-Links-Shunt
  - Diffusionsstörungen
- Spezielle Ursachen:
  - Hypoxie (**inspiratorische O_2-Konzentration**, O_2-Versorgung)
  - inadäquate **Beatmung (Leck, Diskonnektion**, Respiratoreinstellung, Respiratorfunktion)
  - Atemwegobstruktion, abgeknickter Tubus, Tubusverlegung
  - **Endobronchiale Intubation = Tubusfehllage (Shuntdurchblutung)**
  - pulmonale **Atelektasen**, Lungenkollaps durch Sekrete oder Koagel (Shuntdurchblutung)
  - Lungenödem
  - Bronchospasmus

- Pneumothorax
- Hypotension
- Myokardversagen
- Lungenembolie
- Aspiration („stille“ Regurgitation)
- maligne Hyperthermie
- Diffusionshypoxie nach Lachgasapplikation (Narkoseausleitung)

Sofortmaßnahmen

- Kurzfristig 100% O_2
- Kausal therapieren!
- Evtl. Hirnödemprophylaxe (umstritten)

Weitere Maßnahmen

- Auskultation beider Lungen
- Überprüfung des Narkosegeräts
- Blutgasanalyse
- Methämoglobinämie ausschließen
- Evtl. Röntgenthoraxaufnahme

Prophylaxe

- Vor allem nach größeren Eingriffen auf dem Weg vom OP-Saal in den Aufwachraum Sauerstoff verabreichen (z.B. über Nasensonde), da bei > 30 % aller Patienten eine Hypoxämie nachgewiesen werden konnte

Laryngospasmus

Symptomatik

- Frustrane Atembewegungen ohne Atemgasstrom („inverse Atmung“)
- Zyanose

Diagnose

- Unverwechselbares klinisches Bild
- Beachte: Ein beginnender Laryngospamus kann unterschätzt werden!

Mögliche Ursachen

- Irritation der Atemwege bei Anästhesieeinleitung (insbesondere Exzitationsphase bei Maskeneinleitung mit Isofluran)
- Mechanische Verlegung der Atemwege (Schleim, Aspiration)
- Postextubations-Dysfunktion der Stimmbänder
- Extubation in flacher Anästhesie (Exzitationsphase)
- Patienten mit irritablem Atemweg (z.B. akuter Atemweginfekt, starke Raucher)
- Asthmaanfall
- Chirurgische Stimulation bei (flacher) Anästhesie in Spontanatmung

Sofortmaßnahmen

- Beatmung mit 100% O_2
- Freihalten der Atemwege (Esmarch-Handgriff)
- Chirurgische Reize vermeiden bzw. unterbrechen
- (Re)Intubationsbereitschaft
- Narkose evtl. vertiefen (z.B. Hypnotikum)

- Bei Abfall der Sauerstoffsättigung Relaxation mit 0,5 bis 1,0 mg Succinylcholin/kg (vor Hyperkapnie, Hypoxämie oder Bradykardie geben, sonst Gefahr des Herzstillstandes)
- Bei Bedarf Reintubation bzw. Maskenbeatmung (evtl. Larynxmaske)
- Falls ohne Erfolg: Nottracheotomie bzw. Krikotomie

Weitere Maßnahmen

- Falls Ätiologie unklar, weitere Abklärung veranlassen
- **Cave:** Auftreten eines Lungenödems nach Laryngospasmus
- Ggf. Intensivüberwachung

Prophylaxe

- Vor Narkoseausleitung potentiell auslösende Faktoren beseitigen (Schleim usw.)
- Keine Extubation in der Exzitationsphase
- Evtl. Extubation in Seitenlage
- Auf freie Atemwege achten (z.B. **Esmarch-Handgriff**)

Luftembolie

Besonderheiten

- Asymptomatische Luftembolie bei „kleineren“ Luftmengen durch Doppler-Diagnose oder Kapnometrie erkennbar (cave: offenes Foramen ovale → Risiko der Koronar- und Hirnembolie!)
- Luftembolie > 50 ml → Verlegung der Lungenstrombahn, akutes Cor pulmonale
- Bei Patienten mit offenem Foramen ovale besteht ein Risiko für eine paradoxe Luftembolie (arterielle Strombahn)

Mögliche Ursachen

- Ansaugen von Luft in offene suprakardiale Venen (z.B. Kraniotomie in sitzender Position, Eröffnung von Venensinus; Eingriffe im Kopf-/Hals-Bereich, Ablatio mammae; zentrale Venenkatheterisierung)
- Probleme bei Autotransfusion, Drucktransfusion, kardiopulmonalem Bypass (Herzlungenmaschine)

Symptome

- Blutdruckabfall, Tachykardie, Arrhythmie
- Zyanose, Hypoxämie
- Halsvenenstauung
- Schock, Herzstillstand

Diagnose

- **Ultraschall-Doppler** (empfindlichste Methode)
- **Kapnometrie** (endexspiratorische CO_2-Bestimmung) → plötzlicher Abfall des $PECO_2$ bei konstanter Ventilation
- **Präkordiales/Ösophagus-Stethoskop** → Mühlradgeräusch (Spätzeichen)
- Aspiration von Luft aus Zentralvenenkatheter

- Pulmonaliskatheter → erhöhter pulmonalarterieller Druck bei gleichbleibendem pulmonalkapillären Verschlußdruck (präkapilläre pulmonale Hypertonie)
- Röntgenthorax: Lungenödem

Sofortmaßnahmen

- Sofortige Kompression der Lufteintrittsstelle durch den Operateur/Überflutung des OP-Gebiets mit steriler Kochsalzlösung
- Beidseitige Jugularvenenkompression bei Kraniotomie
- Kopftief-Linksseiten-Lage
- Sofort Lachgas abstellen, 100% O_2
- PEEP-Beatmung zur Erhöhung des intrathorakalen Drucks
- Luft falls möglich über zentralen Venenkatheter im rechten Vorhof absaugen
- Bei kardiogenem Schock Katecholamine bzw. allgemeine Reanimationsmaßnahmen

Weitere Maßnahmen

- OP-Abbruch, falls Therapiemaßnahmen nicht zu einer hämodynamischen Stabilisierung führen
- Blutgasanalyse

Prophylaxe

- Frühdiagnose wichtig (Monitoring)
- Niedriger zentraler Venendruck begünstigt Luftembolie
- Bei Risikoeingriffen Venenkatheter im rechten Vorhof plazieren
- Prophylaktische PEEP-Beatmung und Erhöhung des zentralen Venendrucks von umstrittener Wirksamkeit

Maligne Hyperthermie

Definition

- Akute pharmakogenetische Erkrankung während oder nach Allgemeinanästhesie
- **Lebensgefährliche, hypermetabolische Entgleisung** durch massiven Anstieg der myoplasmatischen Kalziumkonzentration in der quergestreiften Muskulatur (u.U. überschießende, anhaltende Muskelkontraktion)
- ***Keine* Erkrankung der Temperaturregulation**!
- Auslösung durch **Triggersubstanzen**
  - halogenierte Inhalationsanästhetika
  - depolarisierende Muskelrelaxantien (Succinylcholin)
- Inzidenz: Kinder 1:15 000, Erwachsene 1:50 000 (große Schwankung)
- **Merke: MH = „Blitz aus heiterem Himmel"**

Diagnose

- **Ungeklärte Tachykardie, Tachyarrhythmie**
- Enorme Steigerung von O_2-Verbrauch und CO_2-Produktion
  - **rapider Anstieg der endexspiratorischen CO_2-Konzentration**
  - **Zyanose**, Hypoxämie
  - Tachypnoe (bei Spontanatmung)
  - Schwitzen
  - abnorme Erwärmung und evtl. Verfärbung des Atemkalks
- Prolongierte Muskelrigidität, gesteigerter Muskeltonus, fehlende (Kiefer)Relaxierung nach Succinylcholin (nicht obligatorisch!)

Erhärtung der Diagnose

- Starke Azidose (metabolisch + respiratorisch) (Blutgasanalyse)
- Progressiver **Anstieg der Körpertemperatur (Kein** Frühzeichen!)
- Myoglobinämie/Myoglobinurie

- Drastischer Anstieg der CK im Plasma
- Instabiler Blutdruck
- Hyperkaliämie, Hyperkalzämie
- Gerinnungsstörungen (Verbrauchskoagulopathie)

Lebensbedrohliche Zeichen

- Herzkreislaufstillstand
- Malignes Hirnödem
- Verbrauchskoagulopathie
- Akutes Nierenversagen

Sofortmaßnahmen

- **Beachte:** Nur Soforttherapie = lebensrettend
- **Wichtig:** Aufbewahrungsort für Dantrolen (z.B. Dantrolen i.v.®) muß allen ärztlichen und pflegerischen Mitarbeitern bekannt sein
- **Triggersubstanzen** (halogenierte Inhalationsanästhetika, Succinylcholin) sofort stoppen!
- **Hyperventilation mit 100% O_2**; AMV verdreifachen; keine Rückatmung
- Kontrolle von alveolärer Ventilation ($PECO_2$, $PaCO_2$) und Oxygenierung (SpO_2, PaO_2)
- Sofort Hilfe holen (Pflegepersonal, Ärzte)
- **Sofort Dantrolen-Natrium (z.B. Dantrolen i.v.®)** geben!!
  - Durchstechflasche 20 mg + 60 ml Aqua
  - initial innerhalb 5 min etwa 2,5 mg/kg i.v. infundieren
  - evtl. weitere Dantrolenapplikation von 2,5 mg/kg bis zu Gesamtdosierung von 10 mg/kg (im Einzelfall höhere Dosis erforderlich, um MH endgültig zu beherrschen)
  - Nebenwirkungen: Muskelschwäche bei hoher Dosierung
  - Serumhalbwertszeit: ca. 5 h (**cave: erneutes Auftreten der MH**)
  - **Beachte:** Dantrolen an der Wirkung orientiert dosieren!

- Therapieziel der Dantrolengabe → Normalisierung von
  - Herzfrequenz
  - Atemminutenvolumen
  - Muskeltonus
  - $PECO_2$
  - Serum-Kalium
  - Körpertemperatur
  - Säure-Basen-Haushalt

Weitere Maßnahmen

- **Natriumbikarbonat**
  - initial 1,5 mmol/kg
  - weitere Dosierung nach Blutgasanalyse
  - peripher: 4,2% (1 ml = 0,5 mmol)
  - zentral: 8,4% (1 ml = 1 mmol)
- Ggf. neues Narkosegerät; zumindest Austausch von Beatmungsschläuchen und CO_2-Absorber
- Oberflächenkühlung
- Blasenkatheter, Monitoring der Diurese
- Diuretika-Gabe
  - Diurese 2 ml/kg/h anstreben
  - beachte: jede 20 mg-Flasche Dantrolen enthält 3 g Mannitol (osmotische Diurese)
- **Fortführung der Dantrolentherapie**
  - Wiederauftreten der MH-Symptomatik verhindern
  - 1 mg/kg Dantrolen alle 6 Stunden i.v. über 36–72 Stunden
  - die Gesamtdosis zur endgültigen Therapie der MH kann 30 mg/kg betragen
- **Cave: Rezidiv des MH-Prozesses**
  - erneute Tachykardie
  - erneuter $PECO_2$-Anstieg
  - erneuter Temperaturanstieg
  - erneute metabolische Azidose
  - Sofort weitere Dantrolenapplikation!
- Weitere Überwachung auf anästhesiologischer Intensivstation

Monitoring

- EKG, Blutdruck (arterielle Kanüle)
- **Kapnometrie** (endexspiratorische CO_2-Konzentration/$PECO_2$)
- Pulsoxymetrie
- Serielle Blutgasanalysen
- Temperatursonde
- Atemfrequenz/Atemminutenvolumen
- Laborwerte
  - Serumelektrolyte
  - Serumenzyme (CK, GOT, GPT, LDH)
  - Laktat
  - Blutzucker
  - Myoglobin (Serum/Urin)
  - Gerinnungsstatus
- Blasenkatheter, Stundenurin
- Zentraler Venenkatheter, ZVD

Cave

- **Oligosymptomatische MH-Formen**; nicht immer direkter zeitlicher Zusammenhang zwischen Triggerexposition und Auftreten der MH; Muskelrigidität ist fakultativ!
- Verdachtsdiagnose MH muß auch ohne das Symptom Hyperthermie (kein Frühzeichen!) gestellt werden, um nicht wertvolle Zeit zu verlieren
- MH muß am Ort des Auftretens beherrscht werden, Patienten nicht in der Frühphase der MH verlegen
- Vordringliches Therapieziel ist die Normalisierung des pathologisch gesteigerten Stoffwechsels in der quergestreiften Muskulatur durch Dantrolengabe, nicht die Senkung der Körpertemperatur
- **Keine** Kalziumantagonisten! (Interaktion mit Dantrolen)
- **Prädisposition**
  - familiär (Anamnese!)
  - Myopathien; Muskel-, Skelett- oder Bindegewebsanomalien
  - erhöhte Serum-CK

- **Triggersubstanzen**
  - halogenierte Inhalationsanästhetika (Halothan, Enfluran, Isofluran, Desfluran, Sevofluran)
  - Succinylcholin

Differentialdiagnose

- Hypoventilation
- Hypoxie
- Mangelnde Narkosetiefe
- Fehlmessung des $PECO_2$
- Fehlmessung der Temperatur
- Wärmestau (Kinder)
- Atropineffekt (Kinder)
- Dehydratation (Kinder)
- Endotoxineinschwemmung
- Pyrogene (Infusionslösung)
- Thyreotoxische Krise
- Zentrale Hyperthermie (Tumor, SHT)
- Abnorm erhöhte Muskelkontraktionen (Status epilepticus, Tetanus)

Anästhesie bei gefährdeten Patienten

- Starke Prämedikation (Benzodiazepine geeignet)
- Intravenöse Dantrolenprophylaxe (2,5 mg/kg) 45 min vor Anästhesiebeginn (nicht gesichert)
- Sofortige Verfügbarkeit entsprechender Mengen Dantrolen i.v.
- Als „geeignet" geltende Anästhetika
  - Barbiturate
  - Benzodiazepine
  - Opiate
  - Propofol
  - Ketamin
  - Lachgas
  - Pancuronium, Vecuronium, Atracurium

- Lokal- und Regionalanästhesie möglich (adäquates Monitoring)
- Adäquates Monitoring (EKG, Blutdruck, Puls, $PECO_2$, Pulsoxymetrie, Blutgasanalysen, Atemfrequenz/Atemminutenvolumen, Körpertemperatur, CK-Aktivität) (prä-, intra-, postoperativ)
- Postanästhesiologische Überwachung auf anästhesiologischer Intensivstation für 24 h empfohlen

Information

- „Rund-um-die-Uhr"-Informationsdienst bei MH-Notfällen
  Klinik für Anästhesie und Operative Intensivmedizin
  Städt. Krankenhaus Heilbronn (Prof.Dr. Schulte-Sasse)
  Tel: 0049/7131/482050; Fax: 0049/7131/910849

Schwierige Intubation

Cave

- Kiefersperre
- Kurzer dicker Hals
- Vorstehender Ober- oder Unterkiefer
- Makroglossie
- Morbus Bechterew
- HWS-Fraktur
- Veränderungen von Epiglottis, Kehlkopf, Trachea
- Große Struma
- Mundbodenkarzinom
- Peritonsillarabszeß
- Verletzungen im Intubationsbereich
- Pierre-Robin-Syndrom (Mikrognathie, Glossoptose, Gaumenspalte, evtl. Epiglottisanomalien)
- Mandibulofaziale Mißbildungen

Vorgehen bei geplanter schwieriger Intubation

- **Voruntersuchung** (Mundöffnung, Zahnstatus, Mallampati-Einstufung, HWS-Beweglichkeit, Trachea-Röntgenaufnahme, indirekte Laryngoskopie)
- Ggf. Tracheotomiebereitschaft
- **Präoxygenierung** (Denitrogenisierung)
- Intubation
  - in Schleimhautanästhesie beim wachen Patienten (Laryngoskop/ blind nasal/**Fiberoptikbronchoskop**/Bullard-Laryngoskop)
  - in Allgemeinanästhesie + Schleimhautanästhesie bei erhaltener Spontanatmung
  - in Allgemeinanästhesie + Relaxierung (**Cave:** nur wenn sich der Patient mit Sicherheit beatmen läßt!)
  - bei Kindern evtl. nasale kontralaterale Intubation mit Fiberoptiklaryngoskop

- **Lagerung** des Kopfes in verbesserter Jackson-Position/Flachlagerung/überstreckter oder gebeugter Position
- Verschiedene Laryngoskopspatel bereitlegen; ggf. McCoy-Spatel
- Magill- und Spiraltuben bereitlegen, verschiedene Tubusgrößen
- Tubus mit biegsamem **Einführungs**mandrin vorbereiten, evtl. das abgerundete Ende vorstehen lassen und vorbiegen
- Von Hilfsperson auf Kehlkopf drücken lassen (**Merke:** BURP [backward, upward, right pressure] = Druck nach hinten, oben und rechts)
- Im Notfall **Koniotomie** oder Punktion der Membrana cricothyreoidea mit großlumiger Kanüle (z.B. Nu-Trake® System/Minitrach®/ TracheoQuick®); s. S. 71ff
- **Retrograde Intubation:** In Lokalanästhesie mit 18 G-Periduralkanüle Punktion der Membrana cricothyreoidea, Einführen eines PD-Katheters nach oben und retrogrades Vorschieben durch die Glottis in den Pharynx. Dieser Katheter dient als Leitscheine für den Tubus.
- **Homolaterale retromolare Intubation:**
  - gerader (evtl. auch gebogener) Laryngoskopspatel, eher kleinere Größe wählen
  - Einführen des Laryngoskops im rechten hinteren Mundwinkel in Höhe des letzten Molaren
  - Vorschieben des Spatels lateral des Zungengrundes in Richtung Epiglottis, Drehung des Laryngoskops in der Längsachse
  - Kopf des Patienten auf die Gegenseite drehen
  - Larynxeingang durch Fingerdruck in Krikoidhöhe lateralisieren
  - Hyperextension des Kopfes
  - Epiglottis aufrichten oder aufladen

Vorgehen bei schwieriger/unmöglicher Intubation im Notfall

- **Beachte:** Präoxygenierung und Beatmungsversuch mit dicht sitzender Maske vor einer evtl. Muskelrelaxation
- 100% O_2 mit hohem Flow einstellen
- Versuch der Zwischenbeatmung mit Maske (passende Größe, Überstrecken des Kopfes, Esmarch-Handgriff, Einlegen eines Guedel-Tubus, durch Hilfsperson beatmen lassen)

- Versuch der Beatmung über Larynxmaske (die auch als Intubationshilfe benutzt werden kann [kleiner Tubus/Fiberoptik]) (s. S. 68ff)
- Bei Mißerfolg kann versucht werden, über einen nasal in den Hypopharynx eingeführten Tubus bei zugehaltenen Nasenlöchern und Mund O_2 zu insufflieren (transnasale Ventilation)
- Lagerung des Kopfes verändern
- Anderen Laryngoskopspatel probieren
- Tubus mit kleinerem Durchmesser probieren
- Versuch der Glottissondierung mit dem vorstehenden abgerundeten *weichen* Ende des Einführungsmandrins („blinde" Intubation)
- Frühzeitig fiberoptischer Intubations-Versuch; evtl. Bullard-Laryngoskop
- Bei Mißerfolg Patienten am besten aufwachen lassen, Spontanatmung anstreben
- Im Notfall **Koniotomie** oder **Punktion der Membrana cricothyreoidea** (Kanülenöffnung nach kaudal) mit z.B. dicklumiger Tuohy-Kanüle (Injektbeatmung) oder TracheoQuick®-System
- Notfallmäßige Tracheotomie

Tachykardie

Besonderheiten

- EKG-Monitor-Diagnostik: Sinustachykardie? Supraventrikuläre oder ventrikuläre Tachykardie/Tachyarrhythmie?
- Beachte: Tachykardie → verminderte Diastolendauer → Verminderung der Koronardurchblutung, Risiko der myokardialen Ischämie; Abnahme des Herzzeitvolumens bei kardial beeinträchtigten Patienten (insbesondere bei Fehlen einer koordinierten Vorhofaktion)

Ursachen

- **Hypoxie**
- Hyperkapnie
- **Hypovolämie, Hypotension, Schock**
- Anämie
- Erhebliche präoperative Angst, Streß
- Schmerzen, **inadäquate Anästhesie**
- Medikamente (z.B. Pancuronium, Atropin, Adrenalin [-zusatz zu Lokalanästhetika])
- Thyreotoxikose
- Hypoglykämie
- Organische Herzerkrankungen
- Lungenembolie, Luftembolie
- Temperaturanstieg, Fieber
- Volle Blase
- Phäochromozytom
- Nebennierenrindeninsuffizienz
- Transfusionsreaktion
- Myokardinsuffizienz
- Digitalisintoxikation

Therapie

- Grundsätzlich **kausale Therapie** anstreben!
  (adäquate Beatmung, Oxygenierung, ausreichende Narkosetiefe, Volumensubstitution, Ausgleich von Elektrolyt- und Säure-Basen-Störungen usw.)
- Therapie mit **Antiarrhythmika** (s. S. 111ff)

Totale Spinalanästhesie

Besonderheiten

- **Lebensbedrohliche Komplikation** → rechtzeitige Diagnose und Therapie!
- Rasch aufsteigende sensible und motorische Blockade (Interkostalmuskulatur, Zwerchfell), vollständige Sympathikusblockade (auch Nn. accelerantes), Eindringen des Lokalanästhetikums in das Gehirn (**Lähmung der medullären Zentren**)

Symptome

- Bradykardie, erheblicher Blutdruckabfall (HZV-Abnahme)
- Flüsterstimme, periphere Ateminsuffizienz, Atemlähmung
- Sensible Blockade oberhalb der Brustwarzen (TH_4), Taubwerden der Finger
- Bewußtseinsverlust, weite Pupillen, Kreislaufzusammenbruch, Hypoxie, Anoxie

Therapie

- Beatmung mit O_2; Maske → Intubation (Relaxierung nicht erforderlich), evtl. Sedierung
- Atropin
- Vasopressoren (z.B. Akrinor®), evtl. Noradrenalin (Arterenol®)
- **Ggf. frühzeitiger Einsatz von Adrenalin** (Suprarenin®)
- Volumensubstitution
- Leichte Kopftieflage (Seitenlage in Geburtshilfe), Beine hoch
- (Kardiopulmonale Reanimation)
- **Beachte:** Bei alleiniger Verwendung von Orciprenalin (Alupent®) kann der Blutdruck u.U. weiter abfallen (Beta-2–Wirkung)
- Auch nach Kreislaufstabilisierung und optimaler Oxygenierung können die Pupillen zunächst weit bleiben (**Cave:** Fehldiagnose „Hirntod“)

Prophylaxe

- Bei Periduralanästhesie sorgfältige Aspiration, Testdosis, enger Kontakt mit dem Patienten
- Bei Spinalanästhesie auf Lagerung achten, Husten und Pressen vermeiden, Ausbreitung beachten
- Alle Patienten mit rückenmarksnahen Blockaden ausreichend lange überwachen!

Versehentliche intraarterielle Injektion

Cave

- z.B. folgende Pharmaka
  - Thiopental (Trapanal®)
  - Methohexital (Brevimytal®)
  - Pentobarbital (Nembutal®)
  - Propanidid (Epontol®)
  - Diazepam (Valium®)
  - Flunitrazepam (Rohypnol®)
  - Promethazin (Atosil®)
  - Triflupromazin (Psyquil®)
- Irrtümliche Punktion einer Arterie anstatt der Vene
  - **Anatomische Varianten** im Ellenbogenbereich (**Cave:** epifaszialer Verlauf der A. ulnaris) sowie Volarseite des Unterarms
  - Gefährlich ist die Unterdrückung der arteriellen Pulsation durch zu hohen Manschettendruck/Kompression bei Überstreckung im Schulter- oder Ellenbogengelenk
- Injektion in eine arterielle Kanüle

Symptome

- Erstsymptom ist heftiger, brennender, anhaltender Schmerz distal der Injektionsstelle (**Cave:** Patient in Narkose)
- Abblassen, anschließend zyanotische Verfärbung
- Pulsverlust, Ödembildung
- Nekrosen, Gangrän

Therapie

- Kanüle intraarteriell liegen lassen
- Nachinjektion von 10–20 ml NaCl 0,9%

- Procain 1% (Novocain®) 10 ml oder Lidocain 0,25% (Xylocain®) 10 ml nachinjizieren
- Wasserlösliches Glukokortikoid nachinjizieren (z.B. Triamcinolon [Volon® A solubile] 80 mg)
- Sympathikusblockade (Stellatumblockade)
- Systemische Antikoagulation (initial Heparin 7500 E i.v.)
- Ggf. operative Revision (Thrombektomie, Faszienspaltung)

Prophylaxe

- Arm zur Punktion nicht extrem lagern (**Cave:** Kompression der Arterie)
- Bei Venenstauung diastolischen Druck nicht überschreiten
- Möglichst Handrücken- oder Unterarmvenen punktieren
- Infusionsprobe: Beachte den Blutrücklauf im Infusionsschlauch mit Ansteigen des Flüssigkeitsspiegels in der Tropfkammer bei Tiefhalten der Infusionsflasche; ansonsten muß die Infusionslösung problemlos einlaufen
- Bei wachen Patienten zuerst Testdosis injizieren
- Arterielle Katheter samt Dreiwegehähnen und Verbindungsschläuchen sind eindeutig und auffällig zu kennzeichnen

Anästhesiologische Probleme

Addison-Krise (akute Nebennierenrinden-insuffizienz)

- Ursache: akuter Ausfall der NNR-Hormone (z.B. Streß bei primärer/sekundärer NNR-Insuffizienz)
- **Cave: abruptes Absetzen einer Steroidtherapie**
- Symptomatik: Adynamie, Hypotension, intestinale Beschwerden (Durchfall, Erbrechen, Pseudoperitonitis), Dehydratation, Oligurie/Anurie, Somnolenz, Hyponatriämie, Hyperkaliämie, Hypoglykämie, Azidose
- Cave: refraktäre Hypotension während Anästhesie
- Therapie:
  - **Hydrocortison** (z.B. Hydrocortison Upjohn®) 200 mg i.v., anschließend Hydrocortisoninfusion (400 mg über 24 h)
  - rasche Flüssigkeitsgabe
  - Elektrolytersatz, Azidoseausgleich, evtl. Glukose
  - notfalls adrenerge Substanzen
- **Prophylaxe** bei allen Patienten mit mehr als einwöchiger Kortikoidtherapie im letzten halben Jahr vor OP
  - Prämedikation: z.B. 100 mg Hydrocortison i.v.
  - intra/postoperativ: 100–300 mg Hydrocortison in z.B. 500 ml G 5%
  - ab 1. postoperativen Tag: schrittweise Dosisreduktion (Ausschleichen)

Adrenogenitales Syndrom

- Präoperativ Elektrolytstörungen korrigieren
- Hydrocortisonsubstitution

AIDS

- Beachte die aktuelle Literatur
- Übertragung von HIV im medizinischen Bereich primär durch Kontakt mit infektiösen Körperflüssigkeiten (insbesondere Blut, Liquor, Genitalsekrete, Pleura-/Perikard-/Peritoneal-Flüssigkeit, Amnionflüssigkeit, Muttermilch, Plazenta)
- Cave: vor allem Kanülenverletzungen
- Das Risiko einer Serokonversion nach akzidenteller Inokulation mit Blut oder anderen infektiösen Körperflüssigkeiten von HIV-positiven Patienten ist abhängig von der inokulierten Virusmenge (Hautverletzung beim Empfänger problematischer als Nadelstichverletzung)
- Relativ „niedrige" Infektiosität: Serokonversion nach perkutaner Verletzung < 1%
- **Anästhesiologische Besonderheiten** bei Patienten im AIDS-Vollbild:
  - reduzierter Allgemeinzustand
  - Anämie
  - Lungenerkrankung (häufig Pneumocystis carinii-Pneumonie)
  - autonome Neuropathie
  - ZNS-Schädigungen mit Paresen
- **Vorsichtsmaßnahmen**/Verhaltensmaßregeln
  - kein direkter Kontakt mit Blut/infektiösen Sekreten!
  - (doppelte) Handschuhe, Schutzkittel, Mundschutz, Augenschutz [cave: „Durchlässigkeit" von Handschuhen nimmt mit der Tragedauer zu!]
  - vorsichtige und adäquate Entsorgung von Kanülen
  - cave: Kontamination mit Blut, Speichel oder Sputum während der Intubation oder Extubation
  - Desinfektion/Dekontamination wie bei Hepatitis B
- Akzidentelle Inokulation durch Stichverletzung oder mukokutane Exposition:
  - betroffene Stelle ausbluten lassen
  - Desinfektionsmittel einsetzen
  - Postexpositionsprophylaxe mit Azidothymidin (AZT) [1000–1500 mg/d oral über 14–21 Tage] erwägen
  - sofort D-Arzt-Verfahren/personalärztlicher Dienst

Akromegalie

- **Cave: erschwerte Maskenbeatmung und Intubation!**
  - vergrößerte Zunge, Gesichtsschädelanomalien
  - Kyphoskoliose, Muskelschwäche, Struma
  - Disposition zur Atemwegobstruktion (Weichteilhypertrophie im Pharynx/Larynx)
  - Glottisstenose/Stimmbandparese möglich
- Mögliche Begleiterkrankungen: Hypertonie, Kardiomyopathie, Myokardinsuffizienz, Diabetes mellitus, Schlafapnoe
- Cave: postoperative Atemwegobstruktion, insbesondere bei gleichzeitiger Nasentamponade
- Fiberoptisches Intubationsinstrumentarium bereithalten
- Unter Umständen elektive Tracheotomie erwägen

Akutes Abdomen

- **Cave**: voller Magen, Ileus, Flüssigkeitsverluste, Elektrolytimbalanzen, Störungen des Säure-Basen-Haushaltes, Fieber
- Möglichst präoperative Korrektur von Flüssigkeits- und Elektrolytdefiziten
- Ileuseinleitung (s. S. 457ff)

Alkoholismus

- **Cave**: Leberzirrhose, Gerinnungsstörungen, chronische Pankreatitis, Malnutrition, megaloblastische Anämie, Kardiomyopathie, periphere Neuropathie, verminderte zerebrale Hypoxietoleranz, gesteigerte Bereitschaft zu kardiovaskulärer Depression, Immunsuppression; evtl. postoperativ Entzugsprobleme
- In der Regel höhere Anästhetikadosierungen erforderlich (Kreuztoleranzen)
- **Akute Alkoholintoxikation: Cave:** voller Magen, niedriger pH des Magensaftes, Dehydratation, Hypoglykämie, Elektrolytstörungen; beachte den additiven Effekt von Alkohol und Anästhetika → Dosisreduzierung
- Bei Leberinsuffizienz erhöhtes Aspirationsrisiko durch Aszites

- **Acetaldehydsyndrom:** Kopfschmerzen, Schweißausbruch, Übelkeit, Erbrechen, Flush, Tachykardie, Blutdruckabfall, Herzschmerzen, Krampfanfälle, gastrointestinale Spasmen. Kann durch Medikamente ausgelöst werden, die durch Acetaldehyd-Dehydrogenase-Hemmung den bei der Metabolisierung von Alkohol entstehenden Acetaldehyd akkumulieren **(= Disulfiram [Antabus®]-Effekt)**.
- Beim „nicht trockenen" Alkoholiker sind folgende **Medikamente mit Acetaldehyd-Dehydrogenase-hemmender Potenz** aufgrund der Gefahr der Auslösung eines Acetaldehydsyndroms zu meiden:
  - Cefamandol (z.B. Mandokef®)
  - Cefoperazon (z.B. Cefobis®)
  - Chloralhydrat (z.B. Chloraldurat®)
  - Metronidazol (z.B. Clont®, Flagyl®)
  - Tolazolin (z.B. Priscol®)
  - Tolbutamid (z.B. Artosin®, Orabet®, Rastinon®)
- **Bei schweren Alkoholikern** muß vor der intravenösen Gabe glukosehaltiger Lösungen hochdosiert Thiamin (Vitamin B_1) verabreicht werden: z.B. Vitamin-B_1-ratiopharm® 100 mg i.v., wegen der Gefahr anaphylaktischer Reaktionen möglichst bald Umstellung auf enterale Applikation. *Grund:* Glukoseinfusionen können die letzten körpereigenen Reserven an Vitamin B_1 (beim schweren Alkoholiker in der Regel durch Mangelernährung erniedrigt) erschöpfen und eine **Wernicke-Enzephalopathie** und/oder eine **akute Vitamin-B_1-Mangelkardiomyopathie** auslösen.

Anämie

- Sauerstofftransportkapazität = O_2-Gehalt des Blutes x Herzzeitvolumen
- Kompensationsmechanismen bei Anämie:
  - Zunahme des Herzzeitvolumens
  - gesteigerte O_2-Extraktion
- Möglicherweise erhöhtes Anästhesierisiko, vor allem bei Säuglingen, alten Menschen und bestimmten Vorerkrankungen (z.B. KHK)
- Chronisch Niereninsuffiziente und junge gesunde Patienten tolerieren auch niedrige Hb-Werte; entscheidende Voraussetzung: **Normovolämie**!

- Wichtig: ausreichende Oxygenierung (→ Intubation, kontrollierte Beatmung)
- Vermeide kardiovaskulär depressive Anästhetika

Aortenaneurysma

- Präoperativ den Blutdruck mit Antihypertensiva auf Werte < 120 mm Hg systolisch einstellen
- **Kontraindikationen** der präoperativen Blutdrucksenkung:
  - Aorteninsuffizienz mit kardialer Dekompensation
  - Extremitäten-Ischämie
  - neurologische Symptomatik wie z.B. Hemiplegie
- Narkoseeinleitung unter Vermeidung von Blutdruckspitzen (arterielle Druckmessung A. radialis und evtl. A. femoralis; ggf. erweitertes hämodynamisches Monitoring mit Swan-Ganz-Katheter sinnvoll)
- **Kritische intraoperative Phasen**:
  - Eventerationssyndrom bei Präparation
  - Abklemmung der Aorta: hypertensive Krisen
  - Entfernung der Aortenklemme: metabolische Azidose, Hypovolämie, Hypotonie, Vasodilatation, Herzinsuffizienz
- Bei operativer Versorgung eines thorakalen Aortenaneurysmas ohne Einsatz der Herz-Lungen-Maschine Ein-Lungen-Anästhesie mit Doppellumentubus erwägen

Aorteninsuffizienz

- Ursachen: rheumatische Herzerkrankung, bakterielle Endokarditis, Marfan-Syndrom, Aortendissektion
- **Chronische Aorteninsuffizienz**
  - linksventrikuläre Volumenüberlastung
  - Linksherzhypertrophie/-dilatation
  - verminderter peripherer Widerstand
- Symptome/Befunde
  - niedriger diastolischer Blutdruck
  - Dyspnoe

  - Herzinsuffizienz
  - Myokardischämie
- Kardiovaskuläres Management
  - Herzfrequenzoptimum zwischen 100–120/min
  - Bradykardien rechtzeitig mit Atropin behandeln
  - **cave**: Abfall des diastolischen Druckes unter 50 mm Hg gefährdet die Koronarperfusion
- Anästhesiologische Besonderheiten
  - vermeide: Volumenmangel (ausreichende Vorlast), Bradykardie, Myokarddepression
  - Antibiotikaprophylaxe
  - ggf. Nachlast senken, inotrope Medikation
- **Akute Aorteninsuffizienz**: normal großer linker Ventrikel, Abnahme von Schlagvolumen/Herzzeitvolumen, frühes Lungenödem. Kompensation durch Tachykardie, Vasokonstriktion.
  - **cave:** peripher vasodilatierende Anästhetika
  - **cave:** Bradykardie

Aortenstenose

- Beachte: Symptome treten erst relativ spät auf
  - Dyspnoe
  - Angina pectoris
  - Synkopen
  - Linksherzinsuffizienz
  - schwere Herzrhythmusstörungen
  - Lungenödem
- Schwere Aortenstenose
  - Klappenöffnungsfläche < 0,7 cm^2 (normal 3 cm^2)
  - Druckgradient > 50 mm Hg
  - limitiertes Schlagvolumen (fixiertes Herzzeitvolumen)
  - Linksherzhypertrophie
  - Myokardischämie
- **Cave:**
  - Zunahme des myokardialen O_2-Verbrauchs
  - Tachykardie

- Hypotension, periphere Vasodilatation
- Hypovolämie
- Hypervolämie (→ Lungenödem)
- Bradykardie (Schlagvolumen kann nicht gesteigert werden)
- myokarddepressive Medikamente
- frequenzsteigernde Medikamente (z.B. Atropin)

- **Anästhesiologische Besonderheiten**
  - adäquates Monitoring (ST-Analyse empfohlen)
  - Anästhetika langsam und vorsichtig applizieren
  - Hypotension sofort therapieren → primärer Vasopressor-Einsatz (Noradrenalin)
  - rückenmarksnahe Anästhesie umstritten
  - Sinusrhythmus perioperativ unbedingt erhalten
  - bei ZVK-Anlage Rhythmusstörungen durch Seldinger-Draht vermeiden
  - bei Verlust des Sinusrhythmus bzw. Auftreten von Tachyarrhythmien umgehend Kardioversion erwägen (drohende kardiale Dekompensation!)
  - cave: Auslösung bedrohlicher Arrhythmien durch Swan-Ganz-Katheter
  - Endokarditisprophylaxe
- Beachte: Reanimation bei Herzstillstand extrem problematisch; ggf. offene Herzmassage

Cholinesterasemangel

- **Prolongierte Apnoe** nach Succinylcholin bis zu mehreren Stunden
- Normalwert Plasma-(Pseudo)cholinesterase 3000–9300 U/l (Monotest, Böhringer)
- Dibucainzahl: 75–85; Fluoridzahl: 55–65
- Procedere:
  - neuromuskuläres Monitoring, Phase II-Block ausschließen
  - am besten Patienten geduldig unter Sedierung **nachbeatmen**
  - keine neuromuskulär wirksamen Antagonisten einsetzen

- Ggf. Cholinesterasepräparat (z.B. Serum-Cholinesterase® Behring)
  - Dosierung 1–2 (bis 4) Flaschen i.v.
  - Risiko-Nutzen-Abwägung (Übertragungsrisiko von Hepatitiden sehr gering)
  - Aufbewahrung im Kühlschrank; Haltbarkeit beachten
- Diagnose durch Laboruntersuchungen bestätigen; Patienteninformation

Endokarditisprophylaxe

- **Indikationen**: Patienten mit künstlicher Herzklappe, früherer bakterieller Endokarditis, kongenitalem Vitium, rheumatischem Vitium, idiopathischer hypertrophischer Kardiomyopathie (IHSS, HOCM), Mitralklappenprolaps mit Mitralinsuffizienz, Eingriffe die zu einer Bakteriämie führen können (auf jeden Fall zahnärztliche Eingriffe sowie Eingriffe im Bereich des oberen Respirations- und Urogenitaltrakts)
- **Zahnärztliche Eingriffe/Atemwegseingriffe**
  - Amoxicillin (z.B. Amoxypen®, 2 g i.v.) (cave: Penicillinallergie)
  - Alternative: Erythromycin (1 g p.o.), Clindamycin (Sobelin®, 600 mg i.v.)
  - Hochrisikopatienten: Amoxicillin (z.B. Amoxypen®, 2 g i.v.) oder Ampicillin (z.B. Binotal®, 2 g i.v.) + Gentamicin (Refobacin®, 80 mg i.v.); Alternative: Vancomycin (1 g i.v.) oder Teicoplanin + Gentamicin
- **Eingriffe am Urogenitaltrakt/Gastrointestinaltrakt**
  - Amoxicillin oder Ampicillin + Gentamicin
  - Alternative: Vancomycin + Gentamicin

Glykogenspeicherkrankheiten

- **Cave**: (unbemerkte) Hypoglykämie unter Anästhesie
- **Cave**: Muskelrelaxantien (insbesondere Succinylcholin!) sowie myokard- oder atemdepressive Anästhetika bei Typ McArdle und Typ Pompe
- **Cave**: schwierige Intubation/obere Atemwegobstruktion bei Makroglossie

Herzfehler

- Perioperative Antibiotikaprophylaxe (siehe „Endokarditisprophylaxe“ S. 522)
- Ausreichendes inspiratorisches Sauerstoffangebot (Cave: Hypoxämie)
- Herzfehler mit Rechts-Links-Shunt: bei Venenpunktion und beim Anschließen von Infusionssystemen darf niemals Luft in das Gefäßsystem eindringen! (Risiko der zerebralen Luftembolie)

Herzinfarkt

- Wahleingriffe sind bis 3–6 Monate nach dem Infarktereignis absolut kontraindiziert
- Lebenswichtige Eingriffe sollten nur unter invasivem hämodynamischen Monitoring erfolgen
- Siehe auch „Anästhesie bei Koronarer Herzkrankheit“ (S. 423ff)

Herzinsuffizienz

- **Schweregrade** (NYHA):
  - I: Keine Beschwerden, keine Leistungseinschränkung
  - II: Beschwerdesymptomatik bei starker körperlicher Belastung (z.B. Treppensteigen)
  - III: Beschwerden bei leichter Belastung (z.B. Gehen)
  - IV: Hochgradige Leistungseinschränkung und Beschwerden in Ruhe

- Symptome bei **Linksherzinsuffizienz**:
  - kardial: Galopprhythmus (3. und 4. Herzton), hebender Herzspitzenstoß
  - pulmonal: Tachypnoe, Dyspnoe, Orthopnoe, Asthma cardiale, Lungenödem, Stauungstranssudate (Pleuraerguß)
  - zentralnervös: Schlafstörungen, Verwirrtheitszustände
  - periphere Zyanose
- Symptome bei **Rechtsherzinsuffizienz**:
  - kardial: Verbreiterung der Herzgröße, Venendrucksteigerung (gestaute Halsvenen)
  - pulmonal: Stauungstranssudate (Pleuraerguß)
  - Ödeme, Aszites, Hepatosplenomegalie (Stauungsleber), Stauungsniere, Nykturie

Hydrozephalus

- **Cave**: gesteigerter intrakranieller Druck
- Prämedikation: ggf. Atropin; keine potentiell atemdepressiven Substanzen (Benzodiazepine, Opioide)
- Bei Kindern mögliche Intubationsprobleme (großer Kopf)
- **Cave**: Hypoventilation, Hypoxie

Hypalbuminämie

- Albuminkonzentration < 4 g/dl
- **Cave**: erhöhte Empfindlichkeit gegenüber Anästhetika mit hoher Proteinbindungsrate (z.B. Thiopental, Pancuronium)

Hyperkaliämie

- Bei $K^+ > 5{,}5$ mmol/l nur Operationen mit absoluter Dringlichkeit
- EKG: präkordial hohe spitze T-Welle, ST-Senkung, R-Verlust, verlängerte PQ-Dauer, terminal verbreiterter QRS-Komplex, ventrikuläre Arrhythmie, Asystolie

- **Therapie**: absolute Kaliumrestriktion, Azidosekorrektur, Glukose-Insulin (z.B. 500 ml Glukose 20% + 30 E Altinsulin langsam nach Wirkung [½-1 h]; Kontrolle K^+, Blutzucker), Kationenaustauscher (z.B. Resonium® A 3 x 15 g/d) per os oder rektal
- **Cave**: Succinylcholin, Azidose

Hyperkalzämische Krise

- Serumkalzium > 4 mmol/l (normal bis 2,6 mmol/l)
- Lebensbedrohliche Störung bei primärem **Hyperparathyreoidismus**, systemischen **malignen Erkrankungen** (Knochenmetastasen!)
- Muskelschwäche, gastrointestinale Beschwerden (akute Ulkusblutungen, Cholelithiasis, akute/chronische Pankreatitis), tachykarde Herzrhythmusstörungen, Hypertonie, Kardiomyopathie, Verkürzung der QT-Dauer, AV-Blockierungen, Hypovolämie, Nierenfunktionsstörungen (Polyurie, Oligurie, Urämie), Somnolenz, Koma
- **Cave: Digitalis!**
- Therapie
  - Rehydratation des Extrazellulärraums
  - Infusion von NaCl 0,9%
  - forcierte Diurese (z.B. Furosemid [z.B. Lasix®] 20–40–60 mg/h); beachte: Serum-Kalium
  - Calcitonin-Infusion: 4–8 E/kg/24 h (in 500 ml NaCl 0,9%) (Hemmung der Osteolyse)
  - Glukokortikosteroide (z.B. Prednisolon [z.B. Solu-Decortin®-H] 3 x 50–100 mg/24 h; beachte langsamen Wirkungseintritt!)
  - Hämodialyse
  - bei Persistenz von AV-Blockierungen evtl. Schrittmacher-Indikation
  - Plicamycin [z.B. Mithramycin® Pfizer, siehe Herstellerangaben!]

Hyperthyreose

- Vorkommen z.B. bei Basedow-Struma, autonomem Adenom, jodinduzierter Hyperthyreose
- **Cave**: Operation bei Hyperthyreose → **Gefahr der thyreotoxischen Krise**
- **Euthyreose** durch adäquate präoperative Vorbereitung anstreben! (Sedativa; Thyreostatika, z.B. Thiamazol [z.B. Favistan®]), Jodgabe (z.B. Lugol-Lösung), β-Rezeptorenblocker
- Bei Hyperthyreose kein Atropin zur Prämedikation; Halothan eher ungünstig
- Beachte: sorgfältiger Augenschutz bei Protrusio bulbi

Hyponatriämie (Extrazelluläres Elektrolytdefizit)

- Na^+ Defizit = $(Na^+_{[soll]} - Na^+_{[ist]})$ x kg KG x 0,3 (in mmol)
- Bei Säuglingen Faktor 0,4 einsetzen
- **Cave**: Formel gilt nicht bei hypotoner Hyperhydratation (Dilutionshyponatriämie, „Wasserintoxikation") und primär normalem Natriumgehalt
- Bei inadäquater ADH-Sekretion (SIADH) → Wasserrestriktion, Kaliumgabe

Ileus

- **Cave**: Dehydratation, Elektrolytdefizite, Hypoproteinämie, Zwerchfellverdrängung (→ basale Atelektasen, respiratorische Insuffizienz), Störungen des Säure-Basen-Haushaltes
- Narkoseeinleitung extrem risikoreich. Cave: Aspiration!
- Crash-Induction (s. S. 458)
- **Cave**: Lachgas (diffundiert rasch in gasgefüllte Därme → massive Volumenzunahme)

Kardiomyopathie, hypertrophische obstruktive (HOCM)

- Hypertrophische obstruktive Kardiomyopathie (HOCM) = idiopathische hypertrophische Subaortenstenose (**IHSS**)
  - dynamische Obstruktion des linksventrikulären Ausflußtrakts
  - Hypertrophie des interventrikulären Septums

- Symptome
  - Dyspnoe, Angina pectoris
  - Synkopen, plötzlicher Herzstillstand
  - hämodynamisch relevante Arrhythmien
- **Anästhesiemanagement**
  - Vorbehandlung mit Betablockern, Ca-Antagonisten
  - tiefe Prämedikation
  - tiefe Anästhesie unter Einsatz negativ inotrop wirksamer Inhalationsanästhetika
  - bei Blutdruckabfall Volumensubstitution
  - ggf. Betablocker, Ca-Antagonisten
- **Cave:**
  - totaler Verschluß des Ausflußtrakts bei Begünstigung der Obstruktion
  - **Keine** positiv inotropen Medikamente (Katecholamine, Kalzium, Digitalis)
  - **Keine** Vasodilatatoren
  - **Keine** frequenzsteigernden Medikamente
- Ausreichende Volumenzufuhr günstig (Stenose wird hämodynamisch unwirksamer)
- Endokarditisprophylaxe

Karzinoidsyndrom

- Freisetzung **vasoaktiver Substanzen**
  - Serotonin → Hypertension, Tachykardie, Flush
  - Bradykinin → Hypotension, Bronchospasmus, erhöhte Kapillarpermeabilität, Flush
  - Tachykinine → Vasodilatation
- Weitere Probleme: schwere Diarrhoen, Endokardfibrose, Trikuspidalinsuffizienz, valvuläre Pulmonalstenose
- Hemmung der Freisetzung vasoaktiver Substanzen aus Karzinoidtumoren durch Somatostatinanaloge
  - Octreotid (z.B. Sandostatin®)
  - präoperativ 100 µg s.c.
  - intraoperativ 50–100 µg

- Spezifische Antiserotonintherapie
  - Ketanserin
  - Cyproheptadin
- Anästhesie
  - Histaminliberatoren vermeiden
  - H_1/H_2-Prophylaxe empfohlen
  - adäquate Volumentherapie
  - adrenerge Substanzen vermeiden (Mediatorenfreisetzung)

Kollagenkrankheiten

- Dermatomyositis, systemischer Lupus erythematodes, rheumatoide Arthritis, Panarteriitis nodosa
- Bei Patienten unter Steroidtherapie unbedingt perioperative Hydrocortisonsubstitution
- **Cave**: Intubationsprobleme bei Arthrose des Temporomandibulargelenks oder des Krikoarytänoidalgelenks (Fixation des Aryknorpels)

Lungenembolie

- Akute partielle oder totale Verlegung der arteriellen Lungenstrombahn (Thromboembolie, Fettembolie, Luftembolie) → Spasmus der übrigen Lungengefäße, pulmonale Hypertonie, akute Rechtsherzbelastung, Abnahme des Herzzeitvolumens, Blutdruckabfall, Schock, Dyspnoe, Hyperventilation, Zyanose (arterielle Hypoxämie), Totraumzunahme
- EKG bei Lungenembolie:
  - beachte: EKG-Zeichen können fehlen
  - Zeichen der Rechtsherzbelastung: **McGinn-White-Syndrom (SI QIII**-Konstellation)
  - ST-Senkung in Ableitung I
  - große Q-Zacke und ST-Hebung in Ableitung III
  - Verschiebung der Übergangszone nach links (V4–V5)
  - Rechtsschenkelblock (unvollständig/vollständig)
  - evtl. Extrasystolie, Kammertachykardie

- Kapnometrie: Abnahme des $PECO_2$ bei konstanter Ventilation
- Erstmaßnahmen:
  - 100% O_2, Beatmung (PEEP)
  - Katecholamine (Dopamin, Dobutamin)
  - Schocktherapie
  - ggf. Heparin, Thrombolyse
  - bei fulminantem Verlauf mit kardiogenem Schock kardiochirurgische Intervention erwägen
- Therapieziele
  - rasche Rekanalisierung im arteriellen Pulmonalisbereich
  - hämodynamische Stabilisierung
  - Verbesserung von Hypoxie und Gasaustauschstörungen
  - Verhinderung einer Rezidivembolie

Lungenödem

- Unterscheide **kardiogenes** und **nichtkardiogenes Lungenödem** (→ Rechtsherzkatheterisierung)
  - Zunahme des Gradienten zwischen **hydrostatischem** und **kolloidosmotischem Druck** über der pulmonalen Kapillarwand
  - Zunahme der **Kapillarpermeabilität**
- Ursachen für erhöhten pulmonalkapillären Druck
  - Zunahme des rechtsatrialen Füllungsdrucks (ZVD) durch Flüssigkeitsretention oder Volumenüberladung (Preload-Zunahme)
  - verminderte Myokardkontraktilität (z.B. Infarkt, Kardiomyopathie, myokardiale Ischämie)
  - Zunahme des linksatrialen Füllungsdrucks (z.B. Mitralstenose)
  - Afterload-Steigerung (hypertone Krise, periphere Vasokonstriktion, anatomische/pathologische Obstruktion)
- Ursachen für verminderten kolloidosmotischen Druck
  - Applikation kolloidfreier Lösungen (z.B. Volumenersatz durch große Mengen kristalloider Lösungen)
  - Hypalbuminämie
- Ursachen für Lungenödem durch gesteigerte Kapillarpermeabilität
  - Aspiration von saurem Mageninhalt
  - allergische/toxische Reaktionen

- Inhalationstrauma (z.B. Nitrosegase)
- SIRS, Sepsis
- Pneumonie
- Schocklunge, ARDS

- Nichtkardiogenes Lungenödem unklarer Ätiologie
  - neurogenes Lungenödem
  - Lungenödem nach schwerer Atemwegobstruktion (z.B. **Lungenödem nach Laryngospasmus**)
  - Lungenödem nach Reexpansion einer kollabierten Lunge
  - Lungenödem nach Luftembolie/Fruchtwasserembolie
  - Lungenödem nach Applikation von β_2-Tokolytika
  - Lungenödem nach Naloxongabe
- Die Therapie orientiert sich an der Ätiologie; entscheidend ist die Aufrechterhaltung einer adäquaten Oxygenierung (O_2-Gabe, differenzierte Beatmung [PEEP]), differenzierte Herz-/Kreislauftherapie, Diuretika; ggf. Kortikosteroide, Erhöhung des kolloidosmotischen Drucks
- Bei akuter Linksherzinsuffizienz:
  - Oberkörperhochlagerung
  - O_2-Gabe; evtl. PEEP-Beatmung
  - Nitrolingual®-Spray: (1–2 Hübe = 0,4–0,8 mg) oder Nitroglycerinperfusor (0,7–3 mg/h; nicht bei Hypotonie)
  - Furosemid (z.B. Lasix®) 20 –40 mg i.v.
  - Aderlaß (unblutig/blutig)
  - Morphin (z.B. Morphin Merck®) 5–10 mg i.v.
  - Dobutamin (z.B. Dobutrex®)
  - cave: Digitalis bei dekompensierter Mitralstenose (Verschlimmerung des Ödems durch Verbesserung der rechtsventrikulären Funktion möglich)
- Bei toxischem Lungenödem: Kortikoide (Aerosol, i.v.); Aminophyllin (z.B. Euphyllin®)

Lungenzyste

- **Cave**: Beatmung bei Ventilmechanismus → Verdrängung von Restlunge und Mediastinum
- **Cave**: Lachgas (rasche Diffusion in das Zystenlumen, Verdrängung von Restlunge und Mediastinum)

Marfan-Syndrom

- **Cave**: Ektasie und mögliche Dissektion der thorakalen Aorta, Aortenaneurysma, Aorteninsuffizienz
- **Cave**: Intubationsprobleme (einschließlich Luxation z.B. des Temporomandibulargelenks); myokarddepressive Anästhetika; intraoperative Blutdruckanstiege mit dem Risiko der Aortendissektion
- Hohe Inzidenz von Lungenemphysem, Lungenzysten, Spontanpneumothorax
- Ggf. perioperative Antibiotikaprophylaxe durchführen

Mesenterialinfarkt

- Häufige Ursachen bzw. Begleiterkrankungen sind:
  - Myokardinfarkt
  - Vorhofflimmern
  - Herzfehler
  - Aneurysma der Aorta abdominalis
  - Tumorkompression
- Volumengabe, Schocktherapie, Verbesserung der Mikrozirkulation

Mitralinsuffizienz

- **Akute Mitralinsuffizienz** (z.B. durch Papillarmuskel-Dysfunktion oder Ruptur der Chordae tendineae nach Myokardinfarkt)
  - regurgitiertes Volumen hängt ab von der Systolendauer, der Mitralöffnungsfläche und dem systolischen Druckgradienten
  - beachte: Volumenzufuhr erhöht die Größe der Öffnung

- beachte: bei zu geringer Volumenzufuhr nicht optimale Kontraktilität
- cave: akutes Lungenödem, Herztod

- **Chronische Mitralinsuffizienz** (z.B. nach rheumatischer Endokarditis):
  - linksventrikuläre Hypertrophie (Volumenbelastung), Risiko des Linksherzversagens
  - Dilatation des linken Vorhofs; Vorhofflimmern in fortgeschrittenen Fällen
  - Embolierisiko (systemische Embolien)
- **Hohes Endokarditisrisiko** → unbedingt Endokarditisprophylaxe
- Beachte: Volumengabe kann zur hämodynamischen Verschlechterung führen (Anstieg des linken Vorhofdruckes, Zunahme der Regurgitationsfraktion). Aber: eine Hypovolämie muß gleichfalls vermieden werden (periphere Vasokonstriktion → Zunahme der Regurgitationsfraktion, Abnahme des Herzzeitvolumens)
- Eine mäßige Tachykardie ist eher vorteilhaft (90–110/min)
- Anästhesiologische Besonderheiten:
  - peripheren Systemwiderstand niedrig halten (Afterload-Senkung)
  - evtl. Vasodilatatoren
  - evtl. positiv inotrope Medikation (Dobutamin)
  - bei pulmonaler Hypertension → Gefahr der Rechtsherzdekompensation (→ Hypoxie, Hyperkapnie, Azidose unbedingt vermeiden)

Mitralklappenprolaps

- Beachte: unterschiedliche Regurgitationsvolumina
- Erhöhtes Endokarditisrisiko
- Vorhof/Kammerarrhythmien möglich
- Anästhesiologisches Management
  - cave: sympathische Stimulation (adäquate Prämedikation, ausreichende Anästhesietiefe)
  - kein Atropin
  - Hypovolämie vermeiden
  - cave: Abfall des peripheren Widerstands

Mitralstenose

- Normale Mitralklappenöffnungsfläche (MÖF) 4– 6 cm^2; kritische Mitralstenose bei MÖF $\leq$ 1,0 cm^2
- Kompensationsmechanismen:
  - erhöhter Druckgradient über der Klappe
  - ausreichende Vorhofkontraktion und Diastolendauer
  - cave: Dekompensation durch Auftreten von Vorhofflimmern mit schneller Überleitung
- Dilatation und Hypertrophie des linken Vorhofs → erhöhter Linksvorhofdruck (LAP), erhöhter Wedge-Druck, Risiko des Lungenödems, pulmonale Hypertonie
- Vorhofflimmern, absolute Arrhythmie → Risiko der systemischen Embolie
- Beachte: Dyspnoe bei leichter Belastung oder nachts weist auf LAP > 15 mm Hg hin
- **Anästhesiologisches Management**
  - cave: Tachykardie
  - evtl. Digitalis-Medikation auch am Morgen des OP-Tags fortführen
  - keine frequenzsteigernden Medikamente (z.B. Atropin, Pancuronium)
  - cave: häufig liegt bereits ein **interstitielles Lungenödem** vor
  - restriktive Flüssigkeitszufuhr (aber: bei Hypovolämie vermindertes Herzzeitvolumen)
  - cave: Kopftieflagerung
  - cave: Abfall des peripheren Widerstands (→ schwerer Blutdruckabfall, da keine Steigerung des Herzzeitvolumens möglich)
  - bei pulmonaler Hypertension Hypoxie, Hyperkapnie und Azidose unbedingt vermeiden; manche Autoren sehen Lachgasapplikation als kontraindiziert an
- Endokarditisprophylaxe

Morbus Addison

- **Cave**: Hyponatriämie, Hyperkaliämie, Hypoglykämie
- Perioperative Hydrocortisonsubstitution erforderlich

- Beachte: verstärkte Ansprechbarkeit gegenüber Anästhetika → ggf. Dosisreduzierung
- **Cave**: Hypotension, Hypovolämie
- Therapie der Addison-Krise siehe „akute Nebennierenrinden-insuffizienz" (S. 515)

Morbus Crohn (Ileitis regionalis)

- **Cave**: Hypoproteinämie, Hypovolämie, Elektrolytstörungen (Kalium), Kachexie
- Bei Patienten mit Steroidtherapie im letzten halben Jahr vor der Operation ist eine perioperative Hydrocortisonsubstitution durchzuführen

Morbus Down (Mongolismus, Trisomie 21)

- Große Zunge, kleiner Mund → mögliche Intubationsschwierigkeiten
- Tubusgröße etwas kleiner wählen
- HWS-Abnormitäten (Vorsicht bei Intubation)
- Bei Extubation erhöhtes Laryngospasmusrisiko
- Bei gleichzeitigem Herzfehler (ASD, Fallot, PDA) perioperative Antibiotikaprophylaxe durchführen
- Erhöhtes Infektionsrisiko
- Schlafapnoe durch **Atemwegsverlegung** häufig
- Bei Erwachsenen mögliche Hypothyreose

Morbus Parkinson

- **Hypokinese, Rigor und Tremor** durch Dopamin-Verarmung in den basalen Ganglien (Striatum, Substantia nigra)
- Therapieziel: Verbesserung des Gleichgewichts zwischen zentraler dopaminerger und cholinerger Aktivität
- Besondere Probleme
  - Schluckstörungen → Aspirationsrisiko

- Arrhythmien unter L-Dopa-Medikation
- autonome Neuropathie möglich

- Atropin ist bei Dauertherapie mit folgenden Anticholinergika kontraindiziert:
  - Biperiden (z.B. Akineton®)
  - Trihexyphenidyl (z.B. Artane®)
  - Metixen (z.B. Tremarit®)
- **Cave**: Butyrophenone und Phenothiazine (Krankheitsverschlimmerung durch Besetzung zentraler Dopaminrezeptoren)
  - Droperidol (z.B. Dehydrobenzperidol®)
  - Haloperidol (z.B. Haldol®)
  - Promethazin (z.B. Atosil®)
  - Chlorpromazin (z.B. Megaphen®)
  - Triflupromazin (z.B. Psyquil®)
- Anti-Parkinson-Mittel sollten in der Regel perioperativ nicht abgesetzt werden
- Vor allem vor größeren Eingriffen mit zu erwartender postoperativer Nahrungskarenz → neurologisches Konsil zwecks perioperativer Therapieplanung

Multiple Sklerose

- Neurologische Verschlechterung bei Temperaturanstieg möglich
- Temperaturüberwachung
- **Cave**
  - depolarisierende Muskelrelaxantien (Gefahr der intraoperativen Hyperpyrexie)
  - Spinalanästhesie
  - Lokalanästhetika niedriger als normal dosieren
- Bei Kortison-Dauertherapie perioperative Substitution erforderlich
- Beachte: erhöhte Inzidenz von Epilepsie

Muskeldystrophie Curschmann-Steinert

- Muskeldystrophie mit myotoner Symptomatik sowie systemischen Manifestationen:

- Herzinsuffizienz, Kardiomyopathie
- verlängerte PQ-Zeit, ST-Hebung
- niedriger Blutdruck
- obere Atemwegobstruktion, Schlafapnoe
- beeinträchtigter Schluckmechanismus
- verzögerte Magenentleerung
- häufig Pneumonien

- **Anästhesiologische Probleme**
  - pathologische Lungenfunktion
  - besondere Empfindlichkeit gegenüber allen atemdepressiv wirksamen Medikamenten!
  - **cave**: obere Atemwegsprobleme
  - Apnoe nach relativ geringen Anästhetikadosen möglich
  - Intubation in tiefer Allgemeinanästhesie, evtl. Relaxation mit Atracurium
  - Regionalanästhesie wahrscheinlich günstig
  - **cave**: postoperatives Zittern kann Myotonie auslösen
- **Cave**: Depolarisierende Muskelrelaxantien können zu einer ausgeprägten Myotonie führen, so daß eine Beatmung nicht mehr möglich ist
- Beachte: Eine **Myotonie** (persistierende Kontraktion nach Eigenbewegung oder mechanischer Stimulation) kann weder durch spinale oder neurale Blockade noch durch nichtdepolarisierende Muskelrelaxantien verhindert oder unterbrochen werden!
- Verminderung der Myotonie durch Phenytoin möglich

Muskeldystrophie Duchenne

- Muskelschwäche mit Pseudohypertrophie; Beteiligung der Atemmuskulatur → respiratorische Insuffizienz
- **Cave**: myokardiale Beteiligung (hypertrophische Kardiomyopathie); Risiko des „Sudden Death"; cave: diastolisches Herzversagen durch linksventrikuläre Einflußbehinderung
- Hohe Serum-CK Werte
- **Hohes Anästhesierisiko!**
- Lokalanästhesie wann immer möglich bevorzugen

- Minimale Dosierung von Anästhetika
- Inhalationsanästhetika umstritten (vor allem Halothan)
- **Beachte: Niemals Succinylcholin geben!**

  (Risiken: MH-Triggerung; Auslösen einer akuten Rhabdomyolyse mit massiver Hyperkaliämie)
- Nichtdepolarisierende Muskelrelaxantien, z.B. Vecuronium (z.B. Norcuron®) sehr vorsichtig einsetzen (neuromuskuläres Monitoring)
- Cave: atemdepressive Opioide
- Postoperative Nachbeatmung vorbereiten; Intensivüberwachung/-therapie

Opiatsucht

- **Cave**: Begleiterkrankungen (Hepatitis, HIV, adrenokortikale Insuffizienz, infektiöse Endokarditis, Asthma, Pneumonie, Lungenödem, labile Kreislaufsituation, Malnutrition)
- **Cave**: Opioide mit agonistisch-antagonistischer Wirkung (z.B. Buprenorphin [z.B. Temgesic®], Pentazocin [z.B. Fortral®]) → Gefahr der Auslösung einer Entzugssymptomatik; kein Naloxon [z.B. Narcanti®]!
- Opiatsucht ist keine Kontraindikation für eine Allgemein- oder Regionalanästhesie; da ein Opioidentzug in der perioperativen Phase nicht empfohlen wird, können Opioide zur Anästhesie gegeben werden (aufgrund von Toleranz in der Regel höhere Dosen erforderlich)
- **Cave**: Patienten nach erfolgreichem Entzug keine (!!) Opioide applizieren; alternative Analgesieverfahren, z.B. kontinuierliche Periduralanästhesie
- Obwohl grundsätzlich jedes Opiat in der Lage ist, Entzugssymptome eines anderen Opiats zu unterdrücken, gilt wegen der langen Verweildauer **Levomethadon (L-Polamidon® Hoechst)** als Opiat der Wahl:
  - Tagesdosis i.v. oder im (Erwachsene): 10–40 mg kontinuierlich i.v. bzw. in zwei Einzeldosen i.m. (individuelle Dosisfindung empfohlen)
  - Tagesdosis per os (Erwachsene) 2 × 10–40 mg (individuelle Dosisfindung empfohlen)

- Anhaltszahlen zur Umrechnung von Opiaten in Levomethadon-Äquivalentdosen:

1 mg Levomethadon	= 2 mg Heroin
	= 6 mg Morphin
	= 40 mg Pethidin
	= 60 mg Codein

- Bei der **postoperativen Analgesie** können bzw. sollen bei Bedarf zusätzlich zur Basistherapie mit Levomethadon kürzer wirksame, damit besser steuerbare Opiate wie z.B. Piritramid verwendet werden. Auf Atemdepression achten, adäquate Überwachung
- Von manchen Autoren wird die perioperative Gabe von **Clonidin** empfohlen. Die psychische Abhängigkeit (Angst, Unruhe, Drogenhunger) läßt sich hierdurch jedoch nicht zuverlässig günstig beeinflussen

Pankreatitis

- **Akute** Pankreatitis: **Cave**: Dehydratation, Hypovolämie, Schocksymptomatik, Hypokalzämie, respiratorische Insuffizienz, SIRS (Systemic Inflammatory Response Syndrome), Niereninsuffizienz, Gerinnungsstörungen
- **Chronische** Pankreatitis: Alkoholanamnese? Diabetes mellitus?

Paraplegie

- **Cave**: Succinylcholin kontraindiziert
- **Cave**: autonome Hyperreflexie, spinaler Schock in den ersten Wochen, labile Kreislaufsituation, Atelektasen, respiratorische Insuffizienz
- Besondere Vorsicht bei der Lagerung auf dem OP-Tisch erforderlich

Perforierende Augenverletzungen

- Als Muskelrelaxantien sollten nur kompetitive Blocker wie z.B. Vecuronium verwendet werden
- Succinylcholin wegen der Steigerung des intraokulären Druckes nur nach Vorgabe eines nichtdepolarisierenden Muskelrelaxans (Präkurarisierung) und bei langsamer Injektion (wenn überhaupt)
- Bei Bradykardien (okulokardialer Reflex): Atropin 0,25–0,5 mg i.v.
- Husten, Würgen und Pressen (z.B. bei der Intubation) sind unbedingt zu vermeiden; ausreichende Anästhesietiefe
- Möglichst keine Kopftieflage

Perikardtamponade

- Perikarderguß, Hämoperikard
  - diastolische Füllungsbehinderung
  - **drastische Abnahme des Herzzeitvolumens**
  - Anstieg des Venendrucks
  - vasokonstriktorische Kompensation
  - Tachykardie, Blutdruckabfall, Schock
  - Pulsus paradoxus
  - Dyspnoe, insbesondere im Liegen
- Notfallmäßige Therapie
  - **Perikardpunktion** (inferiorer Zugang zwischen Xiphoid und Rippenbogenansatz in einem Winkel von 45° in Richtung auf die linke Schulter; sitzende Position)
  - Risiken: Ventrikelperforation, Verletzung einer Koronararterie, Pneumothorax
  - beachte: rasche Totalentlastung einer chronischen Perikardtamponade → Lungenödem möglich
- **Anästhesiologische Besonderheiten**
  - invasives Monitoring
  - cave: Zunahme des intrathorakalen Drucks (Beatmung, PEEP)
  - Volumengabe bei Hypovolämie
  - cave: myokarddepressive Anästhetika

– Ketamin wegen Aufrechterhaltung des peripheren Widerstands günstig

- **Cave**: „asymptomatische" Perikardtamponade (z.B. bei polytraumatisiertem Patienten im hämorrhagischen Schock)

Persistierender Ductus arteriosus Botalli

- Shunt zwischen Aorta und A. pulmonalis (Links-Rechts-Shunt)
- **Pulmonale Hypertonie** mit biventrikulärer Belastung und Hypertrophie
- Volatile Anästhetika werden rasch aufgenommen (vermehrte Lungendurchblutung)
- **Cave**: iatrogene Shunt-Umkehr (P[Pulm] > P[Aort]) durch Senkung des peripheren Widerstandes bzw. Erhöhung des Lungengefäßwiderstandes (Vasokonstriktion, Vasodilatation und größere Herzfrequenzveränderungen vermeiden)
- Bei Shunt-Umkehr (Eisenmenger-Reaktion) kommt es aufgrund der Einmündung des Ductus in die Aorta zur Zyanose der unteren Körperhälfte
- Perioperative Antibiotika-Prophylaxe (Endokarditis-Risiko)
- Nach Ductus-Verschluß Linksherzinsuffizienz möglich → positiv inotrope Therapie

Phäochromozytom

- Präoperative Vorbehandlung mit Alpha-Rezeptorenblockern (z.B. Phenoxybenzamin [z.B. Dibenzyran®], ansteigende Dosierung)
- Evtl. zusätzlich Beta-Rezeptorenblocker (jedoch erst nach suffizienter Alpha-Rezeptorenblockade)
- **Cave**: katecholamininduzierte Myokarditis, Kardiomyopathie
- **Anästhesiemanagement**
  - adäquate Sedierung
  - Histaminliberatoren vermeiden
  - Succinylcholin vermeiden
  - **cave: Dehydrobenzperidol (DHB)**, Metoclopramid (Paspertin®)
- **Cave**: Halothan (sensibilisiert das Myokard gegenüber Katecholaminen)

- Intraoperativ mit erheblichen Problemen rechnen:
  - **exzessive Hypertonie** vor Exstirpation des Tumors
  - akute Hypotonie nach Unterbindung der Tumorgefäßversorgung
  - **cave**: Arrhythmien
  - **Hypoglykämie**-Risiko (Insulin-Rebound nach Abfall der Plasma-Katecholaminspiegel)
  - nach Tumorexstirpation bei schwer therapierbarer Hypotension probatorische **Hydrocortison**-Gabe (zwingend bei bilateraler Nebennierenentfernung)
- Bei extremer Hypertonie kurzwirksame blutdrucksenkende Substanzen (**Nitroprussidnatrium**) einsetzen; evtl. Phentolamin [z.B. Regitin®]
- Bei schweren Tachykardien evtl. Esmolol [z.B. Brevibloc®] (Vorsicht bei vorbestehender katecholaminbedingter Kardiomyopathie)
- Beachte den relativ **hohen Volumenbedarf** der Patienten mit Phäochromozytom (niedriges präoperatives Blutvolumen durch Vasokonstriktion)
- Bei extremem Blutdruckabfall Katecholamine einsetzen
- Operation/Geburt bei **undiagnostiziertem Phäochromozytom**
  - hohe Mortalität
  - Risiko der schwersten hypertensiven Krise (cave: intrazerebrale Blutung, Enzephalopathie, Lungenödem, Myokardinfarkt, Kammerflimmern, Nierenversagen)
- Postoperative Intensivtherapie

Pneumothorax

- Offener Pneumothorax → Patienten beatmen
- Geschlossener Pneumothorax → vor Beatmung unbedingt **Thoraxdrainage** legen (2. ICR, Medioklavikularlinie oder 5. ICR Axillarlinie)
- **Cave: Spannungspneumothorax** bei Ventilmechanismus (Zyanose, Einflußstauung, Schocksymptomatik, massive Beatmungsprobleme, Herzkreislaufstillstand) → sofortige Entlastung durch Thoraxdrainage (im Notfall: Kanüle!)
- **Cave**: Verwechslung mit Magenblase bei Zwerchfellruptur (Röntgenbild)
- Beachte: **Lachgasapplikation** bei undrainiertem Pneumothorax **kontraindiziert**

Pulmonale Hypertonie

- Erhöhter pulmonalarterieller Druck > 35/15 mm Hg (bzw. pulmonalarterieller Mitteldruck > 15–18 mm Hg) und erhöhter pulmonalvaskulärer Widerstand (PVR)
- **Primäre pulmonale Hypertonie**
  - seltene Erkrankung des pulmonalen Gefäßbetts
  - hohe Mortalität, schlechte Prognose
  - plötzlicher Tod („sudden death“) häufig (→ Rechtsherzversagen)
- **Sekundäre pulmonale Hypertonie** z.B. nach Lungenembolie, chronisch obstruktiver Lungenerkrankung (COPD), Links-Rechts-Shunt
- Präoperative Besonderheiten
  - Dyspnoe, Hypoxämie (Belastung? Ruhe?)
  - Rechtsherzinsuffizienz (Hepatomegalie, Ödeme)
  - EKG: P pulmonale, Rechtsherzhypertrophiezeichen, Rechtsschenkelblock
  - häufig Antikoagulantientherapie
  - Rechtsherzkatheterisierung/Angiographie → Ausmaß der pulmonalen Hypertension sowie mögliches Ansprechen auf Vasodilatatoren
- **Cave**: Zunahme des bereits erhöhten pulmonalvaskulären Widerstands (PVR) während Anästhesie → Risiko des Rechtsherzversagens, Abnahme der diastolischen Füllung des linken Ventrikels, systemische Hypotension, Schock
- **Cave**: Der erhöhte PVR kann weiter zunehmen durch **Hypoxie**, Hyperkapnie, Azidose, α-Rezeptorenstimulation, Lachgas, PEEP, Auskühlen
- **Anästhesiemanagement**
  - cave: hohe perioperative Mortalität, vor allem bei Schwangeren
  - invasives Monitoring; ggf. Swan-Ganz-Katheter
  - jegliche Zunahme des PVR ist zu vermeiden (adäquate Oxygenierung, Normoventilation, kein Lachgas, Normothermie, adäquate Sedierung und Anästhesie)
  - Periduralanästhesie möglich

- ggf. **pulmonale Vasodilatatoren** einsetzen (Isofluran, Natriumnitroprussid, Prostacyclin; Inhalation von NO; günstig möglicherweise **Adenosin**)
- **cave**: **systemische Hypotension**

Pulmonalstenose

- Druckbelastung: rechter Vorhof, rechter Ventrikel
- Relative Beschwerdefreiheit
- Manifeste Rechtsherzinsuffizienz erst im Spätstadium
- **Cave**: Volumenüberlastung bei Infusionstherapie (Herzinsuffizienz)
- Perioperative Antibiotika-Prophylaxe (Endokarditis-Risiko)

Sportlerherz

- Kardiale Volumen/Druckbelastung
  - Hypertrophie
  - relative Bradykardie
  - **cave**: gleichzeitige unbekannte Herzerkrankung (z.B. HOCM, Kardiomyopathie)
- Beachte: beeinträchtigte Kompensationsmechanismen bei Orthostase/Vasodilatation/Blutverlust
- Bei rückenmarksnaher Anästhesie schwere Bradykardie bis hin zur Asystolie beschrieben (orthostatische Belastung)

Thalassämie

- Bei der Major-Form schwere hämolytische Anämie, Gewebshypoxie, exzessive Erythropoetinproduktion, Knochenmarkhyperplasie, Hämosiderose möglich (verminderte Leberfunktion, myokardiale Beeinträchtigung)
- Bei erforderlicher Bluttransfusion Hb von 10 g/dl anstreben; Leukozytenfilter empfohlen
- Cave: schwierige Intubation bei Gesichtsschädeldeformitäten

Thyreotoxische Krise

- Lebensbedrohliche Komplikation einer Hyperthyreose mit hypermetabolischer Krise (Tachykardie, Tachyarrhythmie, Blutdruckanstieg, Zunahme des Herzzeitvolumens, Temperaturanstieg, gesteigerter O_2-Verbrauch, vermehrte CO_2-Produktion, Muskelschwäche, Exsikkose, Somnolenz, Koma)
- Cave: Myokarddepression, Lungenödem
- **Therapie**
  - Thiamazol (z.B. Favistan®) bis 6 x 40 mg/d i.v. (initial 80 mg i.v.)
  - β-Rezeptorenblocker (umstritten)
  - Kortikosteroide (z.B. Hydrocortison 200 mg/24 h)
  - evtl. digitalisieren (manifeste Herzinsuffizienz, tachykardes Vorhofflimmern)
  - Diazepam (z.B. Valium®) oder lytischer Cocktail
  - physikalische Kühlung
  - Ausgleich einer evtl. bestehenden Exsikkose bzw. von Elektrolytimbalanzen
- **Cave**: Operationen bei ungenügend vorbehandelten Patienten mit Hyperthyreose
- Spezifische Diagnostik: basales TSH (supprimiert); TT_4, FT_4, TT_3 erhöht (beachte: thyreotoxische Krise ist primär eine klinische Diagnose)

Tracheoösophageale Fistel, Ösophagusatresie

- **Cave**: Aspiration; Intubation der Fistel; Aufblähung des Magens mit Narkosegasen über die Fistel. Nicht selten Begleiterkrankungen (kardiale Mißbildungen, VATER-Syndrom)
- Kontrollierte Beatmung mit hohen Beatmungsdrucken birgt das Risiko der Magenüberblähung; die Narkose kann z.B. mit Halothan/Lachgas unter assistierter Spontanatmung aufrechterhalten werden
- Bei Aufblähung des Magens eine evtl. Lachgaszufuhr beenden
- Kontrollierte Beatmung und PEEP-Applikation möglichst erst nach Verschluß der Fistel

- Der Tubus sollte distal der Fistel liegen (fiberoptische Kontrolle/Tubus zunächst tief einführen und anschließend unter Auskultation soweit zurückziehen, bis beide Lungen belüftet sind). (Manche Autoren empfehlen die Intubation im Wachzustand und Aufrechterhaltung der Spontanatmung bis zum Fistelverschluß)

Ventrikelseptumdefekt

- Links-Rechts-Shunt auf Ventrikelebene
- Pulmonale Infekte und rezidivierende kardiale Dekompensationen mit Lungenödem häufig
- Zyanose bei größerem oder überwiegendem Rechts-Links-Shunt
- Erheblich gesteigerte Lungendurchblutung bei großem Defekt → pulmonale Hypertonie → Zunahme des pulmonalen Gefäßwiderstands → mögliche Shunt-Umkehr mit Zyanose (Eisenmenger-Reaktion)
- **Cave**: Volumenüberlastung bei Infusionstherapie (Herzinsuffizienz)
- Perioperative Antibiotika-Prophylaxe (Endokarditis-Risiko)

Vorhofseptumdefekt

- Links-Rechts-Shunt auf Vorhofebene
- Volumenbelastung des rechten Ventrikels und des pulmonalen Gefäßbetts
- **Cave**: Volumenüberlastung bei Infusionstherapie (Herzinsuffizienz)
- Perioperative Antibiotika-Prophylaxe (Endokarditis-Risiko)
- Probleme durch schwere Lungengefäßveränderungen, Shunt-Umkehr, Zyanose, Herzinsuffizienz, respiratorische Insuffizienz, Arrhythmien

Wolff-Parkinson-White-Syndrom (WPW)

- Angeborenes Präexzitationssyndrom → anfallsweise supraventrikuläre hämodynamisch relevante Tachykardien; cave: Kammertachykardie/Kammerflattern/Kammerflimmern
- Starke Prämedikation, kein Atropin
- **Cave**: Streß, Hypokapnie, Hyperkapnie, Hypoxie
- Therapie: 100% O_2, Karotissinus-Druck, β-Rezeptorenblocker, Ajmalin (z.B. Gilurytmal®), Kardioversion
- **Kontraindiziert**: Verapamil und Digitalis
- Bei gleichzeitig bestehendem Vitium cordis perioperative Antibiotikaprophylaxe

Zentral-anticholinerges Syndrom (ZAS)

- Symptomatik: „agitierte" Form und „komatöse" Form
  - **zentrale Symptome:**

    prolongierte Anästhesie, postanästhesiologische Somnolenz, Exzitation, Desorientiertheit, Zwangsbewegungen, psychomotorische Unruhe, Krämpfe, Koma, zentrale Hyperpyrexie (selten)
  - **periphere Symptome:**

    Tachykardie, Mydriasis, Hyperthermie, Harnretention, Mundtrockenheit, warme gerötete Haut
- **Cave**: Bei prolongierter Aufwachphase zuerst Überhang von Anästhetika/Muskelrelaxantien, Hypoxie etc. ausschließen bzw. therapieren! → ZAS ist eine Ausschlußdiagnose!
- Therapie des ZAS: **Physostigmin** (z.B. Anticholium®)
  - langsame (!) i.v.-Applikation (max. 1 mg/min)
  - empfohlene Dosis: 0,03–0,04 mg/kg (etwa 2 mg beim 70 kg schweren Erwachsenen)
- Kontraindikationen für Physostigmin:

  Depolarisationsblock nach depolarisierenden Muskelrelaxantien, frisches Schädelhirntrauma, Dystrophia myotonica, Intoxikationen durch „irreversible" Cholinesteraseinhibitoren

Anhang

Postoperative Analgesie

Allgemeine Hinweise

- Bei i.v.-Gaben jeweils langsame Injektion und sorgfältige Titration der Wirkdosis
- Dosisreduktion bei alten Patienten, renalen und/oder hepatischen Begleiterkrankungen

Opioidanalgetika

- **Morphin** (z.B. Morphin Merck 100®, MSI 10/20 Mundipharma®)
  - Einzeldosis 2,5–5–10 mg i.v. Erwachsene bzw. 0,05–0,1 mg/kg i.v. Kinder
  - mittlere Wirkdauer 4– 5 h
  - Wirkungsmaximum nach 20 min
- **Pethidin** (z.B. Dolantin®)
  - Einzeldosis 50–100 mg i.v. Erwachsene bzw. 0,5 mg/kg i.v. Kinder
  - Tagesmaximaldosis 500 mg (Erwachsene)
  - mittlere Wirkdauer 1–4 h
  - nicht bei Patienten, die unter Medikation mit MAO-Hemmstoffen stehen oder in den letzten 2 Wochen standen
- **Piritramid** (z.B. Dipidolor®)
  - Einzeldosis 7,5–15 mg i.v. Erwachsene bzw. 0,05 mg/kg i.v. Kinder
  - mittlere Wirkdauer 4– 6 h
- **Pentazocin** (z.B. Fortral®)
  - Einzeldosis 30–50 mg i.v. Erwachsene bzw. 0,25 mg/kg i.v. Kinder
  - mittlere Wirkdauer 2–5 h

- **Buprenorphin** (z.B. Temgesic®)
  - Einzeldosis 0,3 mg i.v. Erwachsene bzw. 3– 6 µg/kg i.v. Kinder
  - mittlere Wirkdauer 6–8 h
- **Tramadol** (z.B. Tramal®)
  - Einzeldosis 50–100 mg i.v. Erwachsene bzw. bei Kindern ab 1 Jahr 1 mg/kg i.v.
  - Tageshöchstdosis 400 mg (Erwachsene)
  - mittlere Wirkdauer 1–4 h

Peripher wirksame Analgetika

- **Metamizol** (z.B. Novalgin®)
  - langsam 500–1000 mg i.v. Erwachsene bzw. 5 mg/kg i.v. Kinder
  - maximale Tagesdosis 5 g (Erwachsene)
- **Lysinacetylsalicylat** (z.B. Aspisol®)
  - nicht unmittelbar nach rückenmarksnaher Leitungsanästhesie bzw. nach ZNS-Eingriffen
  - erhöhter postoperativer Blutverlust möglich
  - 500–1000 mg i.v. (Erwachsene)
  - maximale Tagesdosis 5 g (Erwachsene)
- **Paracetamol** (z.B. ben-u-ron® Supp.)
  - 500–1000 mg rektal (Erwachsene)
  - Säuglinge 125 mg rektal
  - Säuglinge < 3 Mon: Einzeldosis 10 mg/kg bzw. bei Ikterus 5 mg/kg
  - Kinder 250 mg rektal
  - maximale Tagesdosis 4 g (Erwachsene) bzw. 50 mg/kg bei Kindern
  - Wirkdauer 4–6 h

Richtwerte wichtiger Laborparameter

Allgemeine Hinweise

- Laborspezifische Variationen bei „Normalwerten“ durch unterschiedliche Analyseverfahren

Gerinnung

• Antithrombin III (AT III)	70–130 %
• Blutungszeit:	
– nach *Duke*	< 4 min
– subaqual nach *Marx*	1–5 min
– Simplate®	< 7 min
• Fibrinogen (Faktor I)	180–350 mg/dl
• Heparin (therapeutischer Bereich)	0,2 –0,8 U/ml
• Prothrombinzeit (= Quick-Wert = Thromboplastinzeit)	70–120 s
• PTT (= partielle Thromboplastinzeit)	35–45 s
• Reptilasezeit	15–24 s
• Thrombinzeit (TZ, Plasmathrombinzeit)	14–21 s
• Thrombozyten	140–440 x 10^3/µl

Umrechnung Quick in INR (= International Normalized Ratio)

- INR = Quotient aus der Gerinnungszeit des Patientenplasmas (s) dividiert durch Gerinnungszeit von Normalplasma (s). „Normalisierung“ des Quotienten durch Vergleich des verwendeten Gewebsthromboplastins mit dem international anerkannten WHO-Standard

- Orientierungswerte (laborspezifische Unterschiede) nach *Jakob 1996*:

INR	Quick in %
1	106
1,5	44
2	28
2,5	20
3	16
3,5	13
4	11
4,5	10
5	8

- Bei oraler Antikoagulation liegt der therapeutische INR-Bereich bei 2,5–4,5
- Es gilt: Je höher dosiert die Antikoagulation, desto länger die Gerinnungszeit im Quick-Test, desto höher die INR, aber desto niedriger die Quick-Werte in Prozent!

Hämatologische Parameter

• Hämoglobin (Hb)	Männer: 14,0–18,0 g/dl Frauen: 12,0–16,0 g/dl
• Hämatokrit (Hk)	Männer: 40–52 % Frauen: 35–47 %
• MCV (Erythrozytenvolumen)	Männer: 80,5–100 μm^3= fl Frauen: 80,5–100 μm^3= fl
• MCH (Hb–Gehalt Erythrozyt)	Männer: 26,4–34,0 pg Frauen: 26,4–34,0 pg
• MCHC (mittlere korpuskuläre Hb–Konzentration)	Männer: 31,4–36,3 g/dl Frauen: 31,4–36,3 g/dl
• MCD (Erythrozyten–durchmesser)	Männer: 7,2–7,8 µm Frauen: 7,2–7,8 µm
• Leukozytenzahl	Erwachsene: 4,3–10,0 x 10^3/µl Neugeborene: 9,0–30,0 x 10^3/µl
• Differentialblutbild (%)	
– Neutrophile	59 %
– Stabkernige	3 %
– Segmentkernige	56 %
– Eosinophile	2,7 %
– Basophile	0,5 %
– Lymphozyten	34 %
– Monozyten	4 %
• Thrombozyten	140–440 x 10^3/µl

Klinisch-chemische Parameter

Parameter		*Meßwert (konv.)*	*Meßwert (SI-E.)*
Albumin		3,5–5,5 g/dl	35–55 g/l
α_2-Makroglobulin			
– Männer		1,5–3,5 g/l	
– Frauen		1,8–4,2 g/l	
Aluminium			
– Normbereich		< 30 µg/l	
– toxischer Bereich		> 100 µg/l	
Ammoniak			
– Plasma		20–120 µg/dl	12–70 µmol/l
– Vollblut, venös		80–110 µg/dl	47–65 µmol/l
Amylase		60–180 U/l	0,8–3,2 mkat/l
– Gesamtamylase:			
	Männer	102–358 U/l	
	Frauen	150–468 U/l	
– Pankreasamylase:			
	Männer	19–161 U/l	
	Frauen	55–219 U/l	
– Speichelamylase:			
	Männer	38–257 U/l	
	Frauen	44–235 U/l	
Antistaphylolysin-Titer		< 2,0 IE/ml	
Antistreptolysin-Titer		< 200 IE/ml	
Bilirubin, gesamt			
– Erwachsene		0,3–1,0 mg/dl	5,1–17 µmol/l
– Neugeborene:	1. Tag	< 4,0 mg/dl	< 68 µmol/l
	1.–2. Tag	< 9,0 mg/dl	< 154 µmol/l
	bis 5. Tag	<13,5 mg/dl	< 231 µmol/l
Bilirubin, direktes		0,1–0,3 mg/dl	1,7–5,1 µmol/l
Bilirubin, indirektes		0,2–0,7 mg/dl	3,4–12 µmol/l
Blei		< 20 µg/dl	< 1,0 µmol/l
Blutgase, arteriell			
– PCO_2		35–45 mmHg	4,7–6,0 kPa
– PO_2		70–100 mmHg	9,3–13,3 kPa
– pH		7,35–7,45	
– aktuelles Bikarbonat		20–26 mval/l	20–26 mmol/l
– Standardbikarbonat		21–27 mval/l	21–27 mmol/l
– BE		± 2 mval/l	± 2 mmol/l
– O_2-Sättigung		> 95 %	
– O_2-Gehalt		19–21 ml/dl	8,43–9,43 mmol/l
– CO_2-Gehalt		49–54 ml/dl	22–24 mmol/l

Calcium:		
– ionisiert	2,2–2,8 mval/l	1,1–1,4 mmol/l
– gesamt	4,5–6,5 mval/l	2,25–2,75 mmol/l
Chlorid	98–106 mval/l	98–106 mmol/l
Cholesterin, gesamt	< 200 mg/dl	< 5,20 mmol/l
Cholinesterase	3000–8000 U/l	
C-reaktives Protein (CRP)	< 0,5 mg/dl	
Creatinin		
– Männer	0,84–1,36 mg/dl	74–120 µmol/l
– Frauen	0,66–1,17 mg/dl	58–103 µmol/l
Creatinin-(Phospho)-Kinase (CK)		
– Männer	25–90 U/l	0,42–1,50 µkat/l
– Frauen	10–70 U/l	0,17–1,17 µkat/l
CK-Isoenzyme		
– CK-BB (Gehirn)	0 %	
– CK-MB (Myokard)	< 10 U/l (3–6% der Gesamt–CK)	
– CK-MM (Skelettmuskulatur)	97–100 %	
δ-Aminolävulinsäure	15–23 µg/dl	1,1 –1,7 µmol/l
Eisen		
– Männer	50–150 µg/dl	9–27 µmol/l
– Frauen	40–140 µg/dl	7–25 µmol/l
Eisenbindungskapazität, total	250–370 µg/dl	45–66 µmol/l
Eiweiß, gesamt	5,5–8,0 g/dl	55–80 g/l
Eiweißfraktionen		
– Albumin	3,5–5,5 g/dl (50–60%)	
– Globuline, gesamt	2,0–3,0 g/dl (40–50%)	
– α_1-Globuline	0,2–0,4 g/dl (4,2–7,2%)	
– α_2-Globuline	0,5–0,9 g/dl (6,8–12%)	
– β-Globuline	0,6 –1,1 g/dl (9,3–15%)	
– γ-Globuline	0,7–1,7 g/dl (13–23%)	
Elastase	60–110 ng/ml	

Ferritin		
– Männer	15–400 ng/ml	15–400 µg/l
– Frauen	10–200 ng/ml	10–200 µg/l
Fettsäuren		
– gesamt	190–420 mg/dl	7,0–15,5 mmol/l
– freie	< 18 mg/dl	< 0,67 mmol/l
Folsäure	3,6–15 ng/ml	8,2–34 nmol/l
Gallensäuren	< 6 µmol/l	
γ-Glutamyl-transpeptidase (γ -GT)		
– Männer	< 28 U/l	
– Frauen	< 18 U/l	
Glukose, nüchtern (Erwachs.)	70–100 mg/dl	3,9–5,5 mmol/l
Glutamat-Dehydrogenase (GLDH)		
– Männer	< 4 U/l	
– Frauen	< 3 U/l	
Glutamat-Oxalazetat-Transaminase (GOT)	0–19 U/l	0–0,31µkat/l
Glutamat-Pyruvat-Transaminase (GPT)	0–23 U/l	0–0,38 µkat/l
Hämoglobin		
– Männer	14–18 g/dl	140–180 g/l
– Frauen	12–16 g/dl	120–160 g/l
Hämoglobin-Fraktionen:		
– HbA (Erwachsene)	97%	
– HbA_0 (Erwachsene)	90%	
– HbA_1	5–8 %	
– HbA_{1C}	< 6 %	
– HbA_2: Erwachsene	1,3–3,5 %	
Neugeborene	0,5 %	
– HbF: Erwachsene	< 2 %	
Neugeborene	80 %	
Haptoglobin	50 –220 mg/dl	0,5–2,2 g/l
Harnsäure		
– Männer	2,5–8,0 mg/dl	150–480 µmol/l
– Frauen	1,5–6,0 mg/dl	90–360 µmol/l
Harnstoff		
– Männer	23–44 mg/dl	3,8–7,3 mmol/l
– Frauen	13–40 mg/dl	2,2–6,7 mmol/l
Harnstoff-N	10 –20 mg/dl	3,6–7,1 mmol/l

Immunglobuline:		
– IgA	90–325 mg/dl	0,9–3,2 g/l
– IgD	0–8 mg/dl	0–0,08 g/l
– IgE	<0,025 mg/dl (< 150 E/l)	< 0,00025 g/l
– IgG	800–1500 mg/dl	8–15 g/l
– IgM	45–150 mg/dl	0,45–1,5 g/l
Jod, proteingebunden	3,0–7,6 µg/dl	236–598 nmol/l
Kälteagglutinine (Titer)	< 1 :16	
Kalium	3,5–5,0 mval/l	3,5 –5,0 mmol/l
Ketonkörper, gesamt	0,5–1,5 mg/dl	5–15 g/l
Kupfer	70–140 µg/dl	11–22 µmol/l
Laktat	5–15 mg/dl	0,6–1,7 mmol/l
Laktatdehydrogenase (LDH)		
– Erwachsene	120–240 U/l	
LDH–Isoenzyme		
– Fraktion 1 (HBDH): Myokard, Erys	15–23 %	
– Fraktion 2 (Myokard, Erys)	30–39 %	
– Fraktion 3	20–25%	
– Fraktion 4	8–15 %	
– Fraktion 5 (Leber, Skelettmuskulatur)	9–14 %	
Leucinaminopeptidase (LAP)	6–35 U/l	
Lipase (turbidimetrisch)	< 190 U/l	
Lipide		
– Cholesterin, gesamt	< 200 mg/dl	< 5,2 mmol/l
– Fettsäuren, gesamt	190–420 mg/dl	7,0–15,5 mmol/l
– Fettsäuren, freie	< 18 mg/dl	< 0,67 mmol/l
– Neutralfette	0–150 mg/dl	
– Phospholipide	150–380 mg/dl	
– Triglyceride	< 160 mg/dl	< 1,8 mmol/l
– Lipoprotein (a)	< 30 mg/dl	
– Apolipoprotein A–1	> 95 mg/dl	
– Apolipoprotein B	< 111 mg/dl	
Magnesium	2–3 mg/dl	0,8–1,2 mmol/l
Myoglobin		
– Männer	16–76 µg/l	
– Frauen	7–64 µg/l	
Natrium	136–145 mval/l	136–145 mmol/l

Osmolalität	285 –295 mosm/kgH_2O	285– 295 mmol/kgH_2O
Phosphatase, alkalische	55–170 U/l	0,9–2,8 µkat/l
Phosphatase, saure		
– Erwachsene	0–5,5 U/l	< 0,9 nkat/l
– < 14 Jahre	< 20 U/l	< 3,28 nkat/l
Phospholipide	124–302 mg/dl	1,6–3,9 mmol/l
Phosphor, anorganisches	3–4,5 mg/dl	1,0–1,4 mmol/l
Porphyrine	< 95 µg/dl	
Präalbumin	10–40 mg/dl	
Pyruvat	0,5–1,5 mg/dl	60–170 µmol/l
Rheumafaktor	< 30 IU/ml	
Selen	20 µg/dl	
Transferrin	250–450 mg/dl	2,5–4,5 g/l
Triglyceride	< 160 mg/dl	< 1,8 mmol/l
Troponine		
– Troponin T (TnT)	< 0,2 µg/l	
– Troponin I (TnI)	< 2,0 µg/l	
Vitamine		
– Vit. A	20–100 µg/dl	0,7–3,5 µmol/l
Retinol	30–90 µg/dl	
– Vit. B_1 (Thiamin)	10–64 ng/ml	
– Vit. B_3 (Niacin)	3–6 µg/ml	
– Vit. B_6 (Pyridoxin)	5–30 µg/l	
– Vit. B_{12} (Cobalamin)	200–600 pg/ml	148–443 pmol/l
– Vit. C (Ascorbinsäure)	0,4–1,0 mg/dl	23–57 µmol/l
– Vit. D, 25–OH–D_3 (Calcifediol)	4–228 µg/l	10–571 nmol/l
– Vit. D, 1,25–OH–D_3 (Calcitriol)		
Erwachsene	30–70 ng/l	
Kinder	40–100 ng/l	
– Vit. E (Tocopherol)	7,5–21,2 mg/l	17,7–50,0 µmol/l
– Biotin	200–500 pg/ml	
– Folsäure	3,6–15 ng/ml	8,2–34 nmol/l
– Pantothensäure	150–400 ng/ml	
Zink	75–120 µg/dl	11,5–18,5 µmol/l

Hormone

Hormon-Parameter	*Meßwert (konv.)*	*Meßwert (SI-E.)*
Adiuretin (ADH, Vasopressin)	1,5–6,0 ng/dl	1,5–5,6 pmol/l
Adrenalin	30,0–85,0 ng/l	164–464 pmol/l
Cortisol		
– morgens	5–25 µg/dl	140–690 nmol/l
– abends	3–12 µg/dl	80–330 nmol/l
– ACTH (0,25 mg)-Stimulationstest nach 30–60 min	> 25 µg/dl	> 700 nmol/l
Dopamin	30 -85 ng/l	197–560 pmol/l
Gastrin	40–200 pg/ml	40–200 ng/l
Glukagon	50–100 pg/ml	50–100 ng/l
Insulin, nüchtern	6–26 µU/ml	43–186 pmol/l
Katecholamine		
– Adrenalin	30–85 ng/l	164–464 pmol/l
– Dopamin	30–85 ng/l	197–560 pmol/l
– Noradreanlin	185–275 ng/l	1094–1625 pmol/l
Noradrenalin	185–275 ng/l	1094–1625 pmol/l
Östriol, freies (Schwangerschaft)		
– 30. SSW	3,0–8,0 ng/ml	
– 35. SSW	4,5–17,2 ng/ml	
– 40. SSW	7,7–24,0 ng/ml	
– 42. SSW	8,5–24,5 ng/ml	
Oxytocin		
– normal	1,25–5 ng/ml	1–4 pmol/l
– Ovulation	5–19 ng/ml	4–8 pmol/l
Parathormon (PTH)		1–7 pmol/l
Prolaktin		
– Männer	0,62–12,5 ng/ml	20–400 µU/ml
– Frauen	0,62–15,6 ng/ml	20–500 µU/ml
Gravidität	< 203 ng/ml	< 6500 µU/ml
Postmenopause	< 9,7 ng/ml	< 312 µU/ml
Schilddrüsenantikörper		
– mikrosomale AK	< 100 E/ml (MAK)	
– Thyreoglobulin-AK	< 100 E/ml (TAK)	
– TSH-Rezeptor-AK	< 14 E/l (TRAK)	

Serotonin		
– Männer	80–292 µg/l	
– Frauen	110–330 µg/l	
Somatotropes Hormon (STH)		
– nüchtern, in Ruhe	< 5 ng/ml	
Thyreoglobulin	2–70 µg/l	
Thyreotropes Hormon (TSH)		
– basal	0,3–3,5 mU/l	
– TRH-Test nach 200 µg TRH i.v. oder nasal (nach 30 min)	2–25 mU/l	
– TRH-Test nach 40 mg TRH oral (nach 3–4 h)	2–30 mU/l	
Thyreotropin-releasing-Hormon (TRH)	5–60 pg/ml	
Thyroxin (T_4)		
– gesamtes T_4	5–12 µg/dl	65–155 nmol/l
– freies T_4	0,8–2,0 ng/dl	10–26 pmol/l
T_4-Bindungsindex (T_4BI)	0,72–1,24	
T_4/T_4BI-Quotient	5 -12	
Trijodthyronin (T_3)		
– gesamtes T_3	0,7–1,8 µg/l	1,1–2,77 nmol/l
– freies T_3	2,5–6,0 pg/ml	3,8–9,2 pmol/l
– reverses T_3	0,1–0,3 ng/ml	0,15–0,5 nmol/l
T_3-Bindungsindex (T_3BI)	0,87–1,13	
Thyroxinbindendes Globulin (TBG)	13–30 mg/l	220–510 nmol/l
T_4/TBG-Quotient		
– Euthyreose	3,1–5,5	
– Hypothyreose	< 2,0	
– Hyperthyreose	> 7,6	

Medikamentenspiegel

Medikament	*Meßwert (konv.)*	*Meßwert (SI-E.)*
Amikacin		
– max.	15–25 mg/l	
– min.	1–4 mg/l	
– toxischer Bereich:		
max.	> 35 mg/l	
min.	> 8 mg/l	
Amitriptylin		
– Normbereich	150–250 µg/l	
– toxischer Bereich	> 500 µg/l	
Amphotericin	0,5–1,0 mg/l	
Barbiturate		
– Phenobarbital	1,5–2,5 mg/dl	64,6–107,7 µmol/l
Carbamazepin	3–8 mg/l	
Chinidin	1,5–3 mg/l	4,6–9,2 µmol/l
Chloramphenicol		
– max.	10–25 mg/l	
– min.	< 5 mg/l	
Ciclosporin	100–300 µg/l	
Clonazepam	5–50 ng/ml	
Digitoxin	13–25 µg/l	15,7–32,7 nmol/l
Digoxin	0,5–2,2 ng/ml	0,64–2,82 nmol/l
Disopyramid	2–5 mg/l	
Gentamicin		
– max.	5–10 mg/l	
– min.	0,5–1,5 mg/l	
– toxischer Bereich:		
max.	> 12 mg/l	
min.	> 2 mg/l	
Imipramin	150–250 µg/l	
Lidocain	1,5–5 mg/l	
Lithium		
– therapeutisch	0,6–1,2 mmol/l	
– toxischer Bereich	> 2 mmol/l	
Netilmicin		
– max.	5–12 µg/ml	
– min.	< 2 µg/ml	
Paracetamol		
– therapeutisch	< 10 mg/l	
– toxischer Bereich	> 150 mg/l	
Phenobarbital	1,5–2,5 mg/dl	64,6–107,7 µmol/l

Phenytoin		
– therapeutisch	10–20 mg/l	39,6–79,2 µmol/l
– toxischer Bereich	> 30 mg/l	> 120 µmol/l
Primidon	5–10 mg/l	
Salizylate	20–25 mg/dl	1,4–1,75 mmo/l
Teicoplanin		
– min.	5–60 mg/l	
Theophyllin	10–20 mg/l	55–110 µmol/l
Tobramycin		
– max.	5–10 mg/l	
– min.	0,5–1,5 mg/l	
– toxischer Bereich:		
max.	> 12 mg/l	
min.	> 2 mg/l	
Valproinsäure		
– therapeutisch	50–100 mg/l	
– toxischer Bereich	> 200 mg/l	
Vancomycin		
– max.	30–40 mg/l	
– min.	4–5 mg/l	
– toxischer Bereich:		
max.	> 40 mg/l	
min.	> 10 mg/l	

Urin

Urin-Parameter	*Meßwert (konv.)*	*Meßwert (SI-E.)*
Adrenalin	4–20 µg/24 h	22–109 nmol/l
Albumin	< 30 mg/24 h	< 1,13 mg/mmol Creatinin im Serum
Ammonium	20–50 mmol/24 h	
Amylase	35–260 Somogyi units/ h	
β-N-Acetyl-glucosaminidase (NAG)	< 5 U/g Creatinin	
Calcium	0,10–0,40 g/24 h	< 3,8 mmol/d
Chlorid	110–225 mmol/24 h	
Coproporphyrine	100–300 µg/24 h	150–360 nmol/ 24 h

Cortisol	20–1000 μg/24 h	55–275 nmol/ 24 h
Creatin		
– Männer	< 50 mg/24 h	< 380 pmol/24 h
– Frauen	< 100 mg/24 h	< 760 pmol/24 h
Creatinin	1,0–1,6 g/24 h	8,8–14 mmol/l
δ-Aminolävulinsäure		
– pro l	< 6 mg/l	< 45,8 μmol/l
– pro 24 h	< 7,5 mg/24 h	< 57 μmol/24 h
Dopamin	190–450 μg/24 h	1,26–2,98 μmol/l
Eisen	< 100 μg/24 h	< 1,8 μmol/24 h
Eiweiß	< 150 mg/24 h	< 0,15 g/24 h
Glucose (Oxidase-Meth.)	50–300 mg/24 h	0,3–1,7 mmol/ 24 h
Harnsäure	0,25–0,75 g/24 h	1,5–4,5 mmol/ 24 h
Harnstoff	18–33 g/24 h	0,3–0,55 mol/ 24 h
Harnstoff-N	9–16 g/24 h	0,6–1,1 mol/24 h
17-Hydroxi-Kortikosteroide	2–10 mg/24 h	5,5–28 μmol/24 h
Kalium	2,0–4,0 g/24 h	25–100 mmol/ 24 h
Katecholamine		
– Adrenalin	4–20 μg/24 h	22–109 nmol/l
– Dopamin	190–450 μg/24 h	1260–2980 nmol/l
– Noradrenalin	23–105 μg/24 h	136–620 nmol/l
– Metanephrine (ges.)	< 1 mg/24 h	< 5000 nmol/l
– Metanephrin	74–297 μg/24 h	375–1506 nmol/l
– Normetanephrin	105–354 μg/24 h	573–1932 nmol/l
– Vanillinmandelsäure	3,3–6,5 mg/24 h	17–33 μmol/l
Ketonkörper	10–100 mg/24 h	172–1721 μmol/l
17-Ketosteroide		
– Männer	7–25 mg/24 h	24–88 μmol/24 h
– Frauen	4–15 mg/24 h	14–52 μmol/24 h
Kupfer	0–25 μg/24 h	0–0,4 μmol/24 h
Magnesium	6–8,5 mval/24 h	3–4,3 mmol/24 h
Myoglobin	< 20 ng/ml	
Natrium	3–6 g/24 h	100–260 mmol/l
Osmolalität	50–1400 mosm/kg	

pH	5,5–7,0	
Phosphor, anorgan.	0,5–1 g/24 h	15,5–31 mmol/ 24 h
Porphobilinogen	0–2,0 mg/24 h	0–8,8 µmol/24 h
Porphyrine		
– pro l	< 150 µg/l	< 180 nmol/l
– pro 24 h	< 200 µg/24 h	< 240 nmol/24 h
Protoporphyrine	< 24 µg/24 h	< 24 nmol/24 h
Spezifisches Gewicht	1002–1030	
Urinsediment		
– Erythrozyten	< 5/µl bzw. < 3 pro Gesichtsfeld	
– Leukozyten	< 10/µl bzw. < 5 pro Gesichtsfeld	
– Zylinder		
Erythrozyten-, Leuko-	∅	
zyten-, Hämoglobin-Z.	∅	
hyaline Zylinder	(+)	
– Epithelien	∅	
Urinvolumen	600–2500 ml/ 24 h	
Urobilinogen	1–3,5 mg/24 h	1,7–5,9 µmol/ 24 h
Uroporphyrin	< 20 µg/24 h	< 24 nmol/24 h
Vanillinmandelsäure	3,3–6,5 mg/24 h	17–33 µmol/l
Zink	0,15–2,1 mg/24 h	2,3–18,4 µmol/ 24 h

Hämodynamik

Normbereiche – Erwachsene

Parameter	*Normbereich*
Arterieller Systemdruck (AP)	
– systolisch	90–140 mm Hg
– diastolisch	60 –90 mm Hg
– Mitteldruck (MAP)	70 –105 mmHg
Auswurffraktion (EF)	
EF = SV/EDV	0,6–0,65
Herzfrequenz (HF, HR)	60–100/min
Herzindex (Cardiac index, CI)	2,5–4,0 $l/min/m^2$
Herzminuten/-zeitvolumen (HMV, HZV, CO)	4–8 l/min
Linksatrialer Druck (LAP)	
– mittlerer	6–12 mm Hg
– a-Welle	4–14 mm Hg
– v-Welle	6–16 mm Hg
Linksventrikulärer Schlagarbeitsindex (LVSWI)	43–61 $g\ m/m^2$
Linksventrikulärer Druck (LVP)	
– systolisch	90–140 mm Hg
– enddiastolisch (LVEDP)	6– 12 mm Hg
Pulmonalarteriendruck (PAP)	
– systolisch	17–32 mm Hg
– diastolisch	4–13 mm Hg
– Mitteldruck	9–19 mm Hg
Pulmonalkapillärer Verschlußdruck (PCWP)	5–12 mm Hg
Pulmonalvaskulärer Widerstand (PVR)	150–250 $dyn\ s\ cm^{-5}$
Rechtsatrialer Druck (RAP)	
– mittlerer	1–5 mm Hg
– a-Welle	3–6 mm Hg
– v-Welle	1–4 mm Hg

Rechtsventrikulärer Schlagarbeitsindex (RVSWI)	7–12 g m/m^2
Rechtsventrikulärer Druck (RVP) – systolisch – enddiastolisch (RVEDP)	 20–30 mm Hg 2– 7 mm Hg
Schlagvolumen (Stroke volume, SV)	60–70 ml/Schlag
Schlagindex (Stroke index, SI)	30–65 ml/Schlag/m^2
Systemvaskulärer Widerstand (SVR)	800–1200 dyn s cm^{-5}
Zentraler Venendruck (CVP/ZVD)	2–8 mm Hg

Umrechnungsfaktoren

- 1 mm Hg = 1,36 cm H_2O = 0,133 kPa
- 1 cm H_2O = 0,09806 kPa
- 1 mbar = 0,1 kPa = 100 Pa

Quellennachweis

Barthels, M., H. Poliwoda: Gerinnungsanalysen: Schnellorientierung, Befundinterpretation, klinische Konsequenzen, 5. Aufl. Thieme, Stuttgart – New York 1997

Beck, L., W. Dick (Hrsg.): Analgesie und Anästhesie in der Geburtshilfe, 3. Aufl., Thieme, Stuttgart – New York 1993

DeSimone, C.A., M.C. Norris, B.L. Leighton: Intravenous nitroglycerin aids manual extraction of a retained placenta. Anesthesiology 73 (1990) 787

Dick W., A. Encke, H.P. Schuster (Hrsg.): Prä- und postoperative Behandlung: Präoperative Phase, postoperative Phase, Besonderheiten nach typischen Eingriffen. Wissenschaftliche Verlagsgesellschaft, Stuttgart 1995

Georgieff M., U. Schirmer (Hrsg.): Klinische Anästhesiologie: praxisorientierter Leitfaden unter besonderer Berücksichtigung des operativen Vorgehens. Springer, Berlin – Heidelberg – New York 1995

Heisler, N., R. Schorer: Eine graphische Darstellungsweise des Säure-Basen-Haushaltes. Anästhesist 19 (1970) 96

Jacob, M.: Normalwerte pocket: ein Vademecum – kurz und findig. Börm Bruckmeier, Grünwald 1996

Keck, W.: Pädiatrische Kardiologie, 3. Aufl. Urban & Schwarzenberg, München – Wien – Baltimore 1980

Koller, F., K. Neuhaus: Internistische Notfallsituationen, 5. Aufl. Thieme, Stuttgart – New York 1992

Kottler BM, G. Lenz: Anaesthetic management in endoscopic surgery. In: Cuschieri A, G. Buess, J. Périssat (eds) Operative Manual of Endoscopic Surgery 2. Springer, Berlin – Heidelberg – New York 1994, pp 91–101

Levesque, P.R.: Acid base disorders: Application of total body carbon dioxide titration in anesthesia. Anesthesia & Analgesia – Current Researches 54 (1975) 299

Ohler, W.: Störungen der Hämostase. In: Dick W., A. Encke, H.P. Schuster (Hrsg.): Prä- und postoperative Behandlung: präoperative Phase, postoperative Phase, Besonderheiten nach typischen Eingriffen. Wissenschaftliche Verlagsgesellschaft, Stuttgart 1995, S. 156–162

Podlesch, I.: Anästhesie und Intensivbehandlung im Säuglings- und Kindesalter. Thieme, Stuttgart 1977

Radford, E.P.; Jr.: Nomogram for predicting standard ventilation from breathing frequency, weight, and sex. N. Engl. J. Med. 251:877 (1954)

Schulz, V., M. Jackowski, M. Wiebel: Präoperative Funktionsdiagnostik bei thoraxchirurgischen Eingriffen. Anästhesiol. Intensivmed. Notfallmed. Schmerzther. 28 (1993) 433–437

Seuffer R.H.: MEMO Labordiagnostik. Enke, Stuttgart 1993

Stern R.J.: Drugs, Diseases & Anesthesia. Lippincott-Raven, Philadelphia 1997

Vender J.S., B. D. Spiess (eds.): Post Anesthesia Care. W. B. Saunders, Philadelphia 1992

Sachverzeichnis

T

Desfluran

1–5 Vol%
hoher Verbrauch

neg. inotrop
Vasodil. RR↓

Lachgas

zur Ergänzung

max insp. Konzent. 70%

normalerw. 50–70%

neg inotrop

Lachgasdiffusions-
hypoxie!
Diffundiert in
Hohlräume

Enfluran (Ethrane)

Konz. anfängl. 4 Vol%
zur Aufrechterh. 1,5–3 Vol%

- neg inotrop
- atemdepres
- Bronchodilat.

Isofluran (Forene

Dos 3–4 Vol% bei Rauml.
o. O_2
1,5–3,5 Vol% mit Lachgas

RR ↓↓ durch Vasodilat.

Rasche Ausleitung

Volantile Anästh.

Halothan

1-3 Vol%. bei Spontanatm.
0,8 " bei Zusatz v. 65%
Lachgas

- neg. inotrop
- Bronchodilatatorisch
- atemdepress.
- Leberschädigend
- Speicher im
Fettgewebe

Depolarisierend. M
Succi

W.eintritt 30-60s
W.dauer ≈ 5 min

Dos. 1mg/kg/KG

langsam spritzen
mögl. Präcurarisieren
(Vorangeht .v. Teildosis)

Kontraind. :

- Verbrennungen
- ↑ K^+
- Myotoni
- atyp. Cholinesterase

Tracrium (Atracrium)

W.-eintritt 2,5 min
W.-dauer ~~≈ 45 min~~ 20–30

Intubationsd. 0,5–0,6 mg
Relaxant. 0,3–0,6
Nachinj. 0,1–0,2

Histaminfreisetzung
→ Hautrötung Bronchosp.

Hoffmann Elimination

Alloferin (Alcuronium)

W.-eintritt 3–4 min
W.-dauer 15–20 min

Dos. 0,16 mg/kg KG

Enke CompAss